ビジュアル百科

日本の城 1000城

1冊でまるわかり！

大野信長
有沢重雄
加唐亜紀 共著

西東社

目次

ビジュアル百科 日本の城 1000城 1冊でまるわかり！

特集1 歩きたい 日本が誇る美しき名城 — 7

- 姫路城 …… 8
- 熊本城 …… 12
- 大坂城 …… 16
- 名古屋城 …… 20
- 松本城 …… 24
- 江戸城 …… 28
- 安土城 …… 30
- 彦根城 …… 32
- 犬山城 …… 34
- 竹田城 …… 36
- コラム　現存する12の天守 …… 38

地域別 北海道・東北・関東甲信越地方の城 — 39

地域の名城

- 〔青森県〕弘前城 …… 40
- 〔北海道〕五稜郭 …… 42
- 〔福島県〕若松城 …… 43
- 〔岩手県〕盛岡城 …… 44
- 〔北海道〕松前城／根室半島チャシ跡群 …… 45
- 〔宮城県〕仙台城／白石城 …… 46
- 〔秋田県〕多賀城／久保田城 …… 47
- 〔山形県〕米沢城／山形城 …… 48
- 〔福島県〕二本松城／小峰城 …… 49
- 〔神奈川県〕小田原城 …… 68
- 〔茨城県〕水戸城 …… 70
- 〔山梨県〕甲府城 …… 71
- 〔群馬県〕鉢形城 …… 72
- 〔埼玉県〕金山城／箕輪城 …… 73
- 〔埼玉県〕川越城／春日山城〔新潟県〕 …… 74
- 〔東京都〕八王子城／佐倉城〔千葉県〕 …… 75
- 〔長野県〕松代城／上田城 …… 76
- 〔長野県〕小諸城／高遠城 …… 77

都道府県の城

- 北海道 …… 50
- 青森県 …… 52
- 岩手県 …… 54
- 秋田県 …… 56
- 山形県 …… 58
- 宮城県 …… 60
- 福島県 …… 62
- 茨城県 …… 78
- 栃木県 …… 80
- 群馬県 …… 82
- 埼玉県 …… 84
- 千葉県 …… 86
- 東京都 …… 88
- 神奈川県 …… 90
- 山梨県 …… 92
- 新潟県 …… 94
- 長野県 …… 97

- コラム　これぞ日本100名城【1】 …… 100

2

特集2 知りたい 戦国武将ゆかりの城 …101

姫路城

- 徳川家康 ゆかりの城 …120
- 織田信長 ゆかりの城 …118
- 豊臣秀吉 ゆかりの城 …116
- 伊達政宗 ゆかりの城 …114
- 上杉謙信 ゆかりの城 …111
- 武田信玄 ゆかりの城 …108
- 長宗我部元親 ゆかりの城 …105
- 立花宗茂 ゆかりの城 …102

地域別 北陸・東海・近畿地方の城 …123

地域の名城

- 〔岐阜県〕岐阜城 …124
- 〔三重県〕伊賀上野城 …126
- 〔福井県〕丸岡城 …127
- 〔静岡県〕掛川城/駿府城 …128
- 〔富山県〕高岡城 …129
- 〔石川県〕金沢城/七尾城 …130
- 〔岐阜県〕岩村城 …131
- 〔愛知県〕岡崎城/長篠城 …132
- 〔三重県〕松坂城/津城 …133
- 〔京都府〕二条城 …154
- 〔滋賀県〕小谷城 …156
- 〔滋賀県〕長浜城 …157
- 〔京都府〕伏見城 …158
- 〔大阪府〕千早城 …159
- 〔兵庫県〕篠山城 …160
- 〔兵庫県〕明石城/赤穂城 〔奈良県〕高取城 …161
- 〔和歌山県〕和歌山城 …

都道府県の城

- 富山県 …134
- 石川県 …136
- 福井県 …138
- 静岡県 …140
- 岐阜県 …142
- 愛知県 …145
- 三重県 …148
- 京都府 …162
- 大阪府 …164
- 兵庫県 …166
- 奈良県 …168
- 和歌山県 …170
- 滋賀県 …172

犬山城

特集3 極めたい 歴史を彩る城の合戦 … 175

- 合戦時の城の役割 … 176
- 千早・赤坂城の戦い … 178
- 桶狭間の戦い … 180
- 秀吉の中国攻め … 182
- 三木城の戦い … 183
- 鳥取城の戦い … 184
- 高松城の戦い … 185
- 賤ヶ岳の戦い … 186
- 小田原城攻め … 188
- 忍城の戦い … 190
- 上田合戦 … 192
- 大坂の陣 … 194
- 会津戦争 … 196
- 箱館戦争 … 198
- 西南戦争 … 199

江戸図屏風

コラム これぞ日本100名城【2】 … 200

地域別 中国・四国・九州・沖縄地方の城 … 201

地域の名城

- 〔愛媛県〕松山城 … 202
- 〔岡山県〕備中松山城 … 204
- 〔香川県〕丸亀城 … 205
- 〔島根県〕松江城 … 206
- 〔山口県〕岩国城 … 207
- 〔鳥取県〕鳥取城〔島根県〕津和野城 … 208
- 〔広島県〕広島城〔岡山県〕鬼ノ城 … 209
- 〔広島県〕吉田郡山城〔山口県〕萩城 … 210
- 〔徳島県〕徳島城〔香川県〕高松城 … 211
- 〔愛媛県〕今治城〔高知県〕高知城 … 212
- 〔愛媛県〕大洲城/宇和島城 … 213
- 〔長崎県〕島原城 … 236
- 〔沖縄県〕首里城 … 238
- 〔佐賀県〕佐賀城 … 239
- 〔福岡県〕小倉城 … 240
- 〔福岡県〕福岡城/大野城 … 241
- 〔佐賀県〕名護屋城〔長崎県〕平戸城 … 242
- 〔熊本県〕人吉城〔大分県〕大分府内城 … 243
- 〔大分県〕岡城〔宮崎県〕飫肥城〔沖縄県〕今帰仁城 … 244
- 〔鹿児島県〕鹿児島城 … 245

都道府県の城

- 徳島県 … 214
- 香川県 … 216
- 愛媛県 … 218
- 高知県 … 220
- 鳥取県 … 222
- 島根県 … 224
- 岡山県 … 226
- 山口県 … 228
- 広島県 … 230
- 福岡県 … 246
- 佐賀県 … 248
- 長崎県 … 250
- 熊本県 … 252
- 大分県 … 254
- 宮崎県 … 256
- 鹿児島県 … 258
- 沖縄県 … 260

コラム 日本三大○○城を探せ！ … 262

解説 城の歴史と構造 263

- 城の歴史をたどる ……………………………… 264
- 城の種類と縄張 ………………………………… 268
- 石垣の歴史と種類 ……………………………… 270
- 城の防備・堀と土塁 …………………………… 272
- 城の象徴、天守 ………………………………… 274
- 虎口・城門・櫓など …………………………… 278
- 城名索引 ………………………………………… 280

名城秘話

- 〔築城名人の城を見る〕
  - 〔要塞造りの名人芸〕加藤清正 …… 64
  - 〔江戸城を造った男〕藤堂高虎 …… 65
  - 〔美しい城を造る〕黒田孝高 ……… 66
  - 〔平和な時代の築城術〕軍学 ……… 67
- 近代日本城事情
  - 〔軍隊が置かれた城〕佐倉城ほか … 150
  - 〔戦災で焼かれた城〕名古屋城ほか 151
  - 〔市民が造った城〕大坂城 ………… 152
  - 〔彦根城を救った天皇〕彦根城 …… 153
- 城にまつわる悲劇の物語
  - 〔浅井長政、自害の城〕小谷城 …… 233
  - 〔女城主が辿った運命〕岩村城 …… 234
  - 〔赤く染まった滝〕八王子城 ……… 235

● 本文中に記した市町村名は2012年2月現在のもの。
● 「都道府県の城」で扱う城は、いわゆる天守を持った城郭以外にも陣屋や台場も扱っている。一般的に天守は「天守閣」といわれるが、本書では天守に統一している。
● 築城年代はその城がはじめて築城された時期を記している。はっきりしない城には「不明」と記した。
● 築城者はその城をはじめて作った人名を記した。
● 天守など建造物はすべて「現存」と「復元」(復)で表記している。最近になって「再建」「復元」「復興」された建造物はすべて「復元」(復)で統一している。

松江城

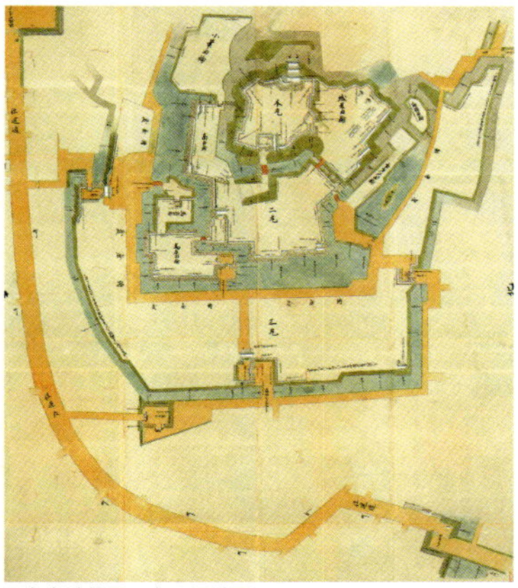

日本古城絵図・小田原城図

熊本城

岡城

彦根城

本書の使い方

本文中に記した市町村名はすべて2012年2月現在のものです。

特集 1

歩きたい
日本が誇る
美しき名城

見どころ 3 天守群

南西から見た天守群。右から大天守、西小天守、乾小天守。各天守の造りもそれぞれ個性があり、見る角度によって姿を変える。

P8〜11の写真協力／姫路市

姫路城（ひめじじょう）

史蹟区分　天守群が国宝指定　櫓・城門・塀などが国の重要文化財　世界遺産

築城主　赤松貞範、池田輝政、豊臣秀吉

兵庫県
1346年築
1580年築
1601年築

城番号 572
参照頁 ▶ P167

西国大名を睨む拠点

　姫路城は、白漆喰総塗籠造の美しい姿が、天空に翼を広げた白鷺を連想させることから、**白鷺城**とも呼ばれる。

　南北朝時代の貞和2年（1346）、**赤松貞範**が姫山に城を築いたのが姫路城の始まりとされているが、現存する天守など多くの建造物は、慶長6〜14年（1601〜1609）にかけて、**池田輝政**によって造営されたものである。輝政は、徳川家康の次女である督姫と結婚し、慶長5年（1600）の関ヶ原の戦いでは東軍に与した。その戦功で、三河国吉田から、播磨52万石の領主として、姫路城の城主となったものである。

　関ヶ原の戦いを勝利した家康は、なお不穏な西国諸大名に睨みをきかせることに加えて、名古屋城、彦根城などとともに、豊臣家の大坂城の包囲網を形成する拠点のひとつとして、堅固で壮大な城に造るよう輝政に命じた結果、姫路城はこのような巨大な城郭となった。

　「**不戦不燃**」の城といわれ、築城以来およそ400年の間、戦いの舞台になることなく、また第二次世界大戦の戦火に見舞われることも

歴史

城を治めた歴代城主

　貞和2年（1346）、赤松貞範の築城後、赤松氏の臣の小寺氏が城主となった。天文14年（1545）には、小寺氏の臣の黒田氏が城代となり、黒田官兵衛孝高のとき、羽柴秀吉の播磨平定を助け、城を秀吉に譲った。秀吉の後、弟の羽柴秀長、正室北の政所の兄である木下家定と城主が替わり、さらに池田輝政が城主となった。

　元和3年（1617）、池田氏が転封されると、以後、本多、松平、榊原、酒井など、城主は替わり、酒井氏で明治維新を迎えた。

歴代城主の家紋がついた軒丸瓦（のきまるがわら）が展示されている。

城知識　秀吉が建てた天守の礎石は、昭和の大修理のときに移され、現在は菱の門の手前、入城口の側にある。

乾小天守　左から乾小天守、大天守、乾小天守が連なる見どころ。このポイントからはさまざまな破風の形も楽しめる。

天守群と破風の魅力

　大天守は五層七階。入母屋造りの屋根を持つ櫓の上に、二重の望楼を乗せた望楼型天守である。初期の形式である望楼部が小さい犬山城などと違い、バランスを考えた後期望楼型天守で優美である。
　乾小天守は西北(乾)にあり、三層五階で3つの小天守の中で最大である。西小天守は三層五階。乾・西小天守には華頭窓(上部が曲線状になっている窓)があり、大天守と趣を異にしている。東小天守は三層四階で小天守中で最小、破風や華頭窓はない。
　また、天守群の屋根に施された破風には、唐破風、入母屋破風、千鳥破風があり、それらが重なり合って城の表情を変える。

乾小天守と大天守　大天守の石垣は16m、建物の高さは31.5mと迫力の一言。

大天守と東小天守　東小天守の南面は「イの渡櫓」に、西面は「ロの渡櫓」に接続している。

天守の魅力はこれだけじゃない

屋根の連なり　建物を安定させるため各層の軒先は違った方向を向いている。石垣角には石落としが見える。

心柱　姫路城は東心柱と西心柱という2本の大柱で支えられている。高さ24.6m、根元直径95cmで地階から6階まで延びている。

天守からの眺め　大天守から縄張と市街が眺められる。屋根の鯱は防火のまじない。鯱瓦は高さ約1.9m、重さは300kgだ。

最高の築城技術による天守群

　それぞれ堀で囲まれた内曲輪、中曲輪、外曲輪の三重の城域を形成している。内曲輪は、本丸(備前丸)、二の丸、三の丸、西の丸、出丸があり、姫山と鷺山の丘陵を利用した**梯郭式縄張**である。建物群は、17世紀初頭の木造建築として美的完成度の最高点にあるということで、平成5年(1993)、**世界遺産**に登録された。
　姫路城の見どころの中心となるのは、何といっても、慶長14年(1609)に完成した、姫山の頂上に立つ国宝の**4基の建物からなる天守群**である。大天守、東・西・乾小天守、およびそれらを結ぶ二層の渡櫓で構成される**連立式**といわれる形式の天守である。
　入母屋破風、千鳥破風、大千鳥破風、唐破風が複雑に組み合わされた意匠の屋根を持つ天守群は、見る方角によってさまざまな姿を変え、飽きることがない。
　姫路城を特徴づけ、別名の白鷺城の由来ともなっている白漆喰総塗籠造の壁は、防火、耐火、防弾を本来目的にしたものであるが、なく、築城当時の姿を留める奇跡の城である。

 天守は平成26年度まで、化粧直しのために工事用の足場で囲われ、さらに素屋根で覆われていて、外から姿を見ることができない。

姫路城 見取り図（ひめじじょう）

地図ラベル：
- 内堀
- ほの門
- にの門
- はの門
- 化粧櫓 ❾
- 油壁
- 二の丸
- 水の二門
- への門
- 東小天守
- 乾小天守
- 大天守 ❸
- 西小天守
- 備前丸
- との一門 ❻
- ぬの門
- いの門 Ⓐ
- Ⓒ
- 西の丸
- 三国堀
- 菱の門 ❹
- るの門
- お菊井戸 ❷
- りの門 ❺
- 備前門 ❽
- 腹切丸 ❶
- Ⓑ
- 三の丸広場

❹ 菱の門
姫路城の追手門とでもいうべき門。枡形門であるが、外側の門は設けられていない。門の上部に櫓を造った櫓門である。

❺ りの門と太鼓櫓
塀の先には時を知らせる太鼓が置かれた「太鼓櫓」と「りの門」がある。

❻ との一門
搦め手口に通じる門。櫓門の形式で、城内の櫓門がほとんど白漆喰で塗られているのに対して、この櫓門は板張りである。

❽ 備前門
石垣の材料不足から、この門の石垣には石棺が使われている。

❼ 水の門
水の門を5つくぐると天守に至る。いずれも門自体はせまく、敵が一気に攻め上がれない。

西の丸のみどころ

元和3年（1617）、池田輝政が鳥取城に移封されると、譜代大名の**本多忠政**が姫路城の城主となった。忠政の嫡男である忠刻は、家康の孫娘**千姫**を嫁に迎えた。千姫は豊臣秀頼に嫁いでいて、大坂夏の陣で大坂城内から助け出されたのであった。忠政・忠刻父子は、千姫のために姫山の西にある鷺山に西の丸を築いた。御殿はすでにないが、西の丸の西部から北部を**化粧櫓**と渡櫓がぐるりと囲む。化粧櫓の内部は畳敷きで、また長く続く渡櫓の内部は百間廊下といわれる通路となっている。通路に面してたくさんの部屋があり、部屋は侍女の居室であった。千姫や侍女のための施設にもかかわらず、渡櫓には屈曲部が設けられ、敵に横矢を掛けられる構造で、内部の要所要所には石落を配置するなど、城砦としての顔もある。天守群ばかりが注目されるが、建物の構造や配置の意味をとらえて鑑賞すると、西の丸の渡櫓と櫓の連なりは機能美にあふれ、内部は重厚で見応え十分である。

はからずも天守群の美しさを引き立てる役割を演じている。

城知識 化粧直し用の素屋根内部に「天空の白鷺」という見学施設が設置され、漆喰壁や屋根を修理する職人の技を見学できる。

撮影 四季折々の姫路城を楽しむ

姫路城は四季を通して同じ角度からでも違った風情が楽しめる稀有な城だ。特にすばらしいのが春の姫路城であろう。また、三国堀から見た天守の連なりは、その特徴をもっともよく捉えられるポイント。

📷 Ⓑ

春の姫路城。天守の南に位置する三の丸広場から撮影したもの。

📷 Ⓒ

冬の姫路城。三国堀から天守方面を狙う。三つの天守が連なる撮影スポットだ。

特集1 日本が誇る美しき名城

見どころ1 腹切丸の伝説

腹切丸は帯郭櫓と石垣に囲まれた広場。出入り口はひとつしかなく、武士が切腹を行ったといわれてもおかしくない雰囲気だが俗称といわれる。敵が城内に侵入したとき、奇襲のために兵を隠す隠し砦なのである。

見どころ2 播州皿屋敷のお菊井戸

上山里丸という曲輪に『播州皿屋敷』のお菊井戸がある。家宝の皿10枚のうち1枚を隠され、お菊は不始末として井戸に投げ込まれる。その後に毎夜「1枚、2枚」と皿を数える声が聞こえる…という物語の舞台である。

内堀

❾ 化粧櫓と百間廊下

千姫が本多忠刻に再嫁した際の化粧料10万石で建てられた。渡櫓の内部は通路があり、その長さから百間廊下といわれる。

歴史 「姥が石」の伝説

羽柴秀吉が姫山の地に、城を築いたとき、城の石垣の材料集めに苦労した。それを聞いた老婆が、古い石臼を寄進し、秀吉は大いに喜んで石垣に使い、それ以後、石垣の材料は順調に集まったという。石を集めるのは難事業だったようで、石棺や石臼も使われた。

姫路城の石垣のうち、3分の2が打込接の工法で、備前丸の石垣、帯櫓東面の石垣などあちこちで見られる。数は少ないながら野面積もある。秀吉時代の石垣が野面積で、菱の門の東に続く石垣、下山里の石垣がそれにあたる。

姥が石は、水の一門側の乾小天守の石垣にある。

城知識 二の丸にある三国堀は、姫路城大改修のとき、池田輝政が播磨、淡路、備前の三国から労働者を集めたことから、名づけられたといわれる。

熊本城

熊本県 1607年築
城番号 904
参照頁 ▶P252

史蹟区分：櫓、長塀などが国の重要文化財
築城主：加藤清正

熊本城遠景　大天守と小天守の手前には本丸御殿、その手前には高石垣の上に櫓群が並んでいる。その姿はまさに最強の要塞にふさわしい。

P12〜15写真協力／熊本市

築城名人加藤清正造営

熊本城の前身は、鹿子木氏が茶臼山に築城した隈本城で、現在見られる黒板の壁が印象的な熊本城（別名銀杏城）は、加藤清正によって築かれたものである。慶長6年（1601）に着工、慶長12年（1607）に完成した。加藤清正は城の完成の4年後に没し、忠広が継ぐ。しかし、寛永9年（1632）に忠広は改易となり、替わって小倉から細川忠利が入城し、明治まで細川家は11代城主を勤め上げた。

熊本城の真価を天下に知らしめたのは、築城から270年もたった明治10年（1877）の西南戦争のときであった。西郷隆盛に率いられた西郷軍が、明治政府に対して蜂起し、約4000名の政府軍の将兵が守る熊本城を攻撃した。政府軍の将兵は懸命に防備し、簡単に落とせるだろうとたかをくくっていた西郷軍は、城に容易に近づくことさえできなかった。この戦いの中、西郷は「清正公と戦をしているようだ」と言ったといわれている。落城はしなかったが、西郷軍の攻撃の前に、城内で謎の出火があり、大小天守、本丸御殿など多くを焼失した。

不思議な模様 地図石の秘密

コラム

打込接という方法で、箱型に99個の切石が組まれた場所がある。組み合わせた境界が地図のように見えるため、「地図石」と呼ばれる。その模様は熊本城の縄張を表すとも、日本地図に見えるとも、城下町の地図ともいわれてきた。実はこの空間は古地図には「御待合」と記されている。来客者を遊興の場である数寄屋丸へ案内するための待合所として利用されたようで、人の目を楽しませるために石垣と敷石をきれいに組んだものとみられる。

数寄屋丸にある地図石

城知識　加藤清正は「城内の銀杏が天守と同じ高さになったとき、異変が起きる」と予言。予言通り西南戦争が勃発したという。

大天守は三層六階に地下一階、小天守は二層四階に地下一階。

熊本城　3つの美

見どころ1　清正流石垣

石垣は下部は勾配が緩やかなので、何となく登れるような気がするが、途中まで登って上を見上げると、石垣が覆いかぶさってくるような錯覚を覚えるという。これこそ清正流石垣である。城内には高さの違う石垣がいくつもあり、それぞれに勾配が違うことを確かめてみるのも楽しい作業である。

見どころ2　大天守・小天守

昭和35年(1960)の外観復元。西面から石垣を見ると、大天守の石垣は勾配が緩く、小天守の石垣は急で技術的に新しい。このことから、当初は大天守のみで、その後、石垣を積み増して小天守を建てたと推測されている。また、大天守から小天守側を見ると、小天守が西にずれていることがわかる。これは大天守からの北面の眺望を大切にした結果ではないかとされている。

見どころ3　宇土櫓

三層五階。現存する11の櫓のひとつ。第三の天守ともいわれ、ほかの城では天守級の大きさである。破風が直線を生かした造りで、一種幾何学的でさえある。

東十八間櫓と石垣　石垣は約20メートルの高さがある。

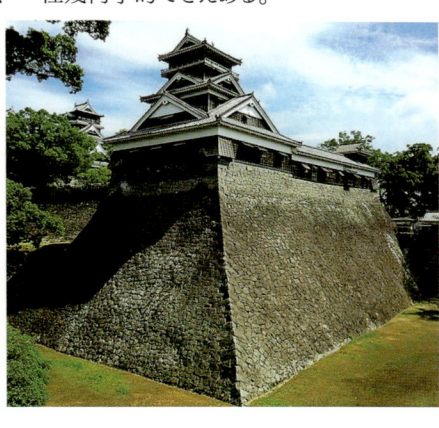

城内にある加藤神社から眺めると、30メートルの高さの石垣の上にそびえる宇土櫓が楽しめる。

二様の石垣　左の勾配の急なのが細川時代、右の勾配の緩やかなのが加藤時代。

特集1　日本が誇る美しき名城

当時最高の石垣の技術

熊本城は、茶臼山の全域を利用した梯郭式縄張を持ち、大天守、小天守、櫓49、櫓門18、城門29を備える。現在の大小天守は、昭和35年(1960)の外観復元である。天守の形式は、大天守に小天守が接続された連結式である。西面から見ると、13メートルの石垣の上に30メートルの大天守が聳える。

熊本城はやはり、高石垣を鑑賞したい。高低を巧みに利用して曲輪を配置し、主要な曲輪は、高さ10数メートルを超える高石垣、中には空堀から30メートルもの高石垣で防備され、見るものを圧倒する。

扇の勾配という、上に行くほど勾配が急になる清正流石垣である。茶臼山は、阿蘇山の火山灰が積み重なった脆弱な地盤のため、巨大な建造物をのせるのなら、固な石垣を積んで、足元をしっかり固めなければならなかった。熊本城の石垣が豪壮で、安定感があるのはこのためである。石は表に見えるものだけでも、15万個以上とされている。

築城当時は49あった櫓は、わずか11しか現存していない。しかし、熊本城の櫓の中には、ほかの城の

城知識　熊本城全域98ヘクタールを対象に、往時の姿に復元する整備事業が平成29年(2017)まで、進められている。

❻ 本丸御殿の昭君の間
本丸御殿にある最も重要な部屋である。壁や天井は、絢爛の絵が描かれている。

❼ 長塀
坪井川沿いに続く長塀は、約242メートル。瓦と黒の下見板に挟まれた白壁が美しい対比を見せる。桜の名所でもある。

❽ 戌亥櫓
西出丸の西北(戌亥の方角)にある隅櫓、木造で二層三階。平成15年8月に復元された。

見どころ4 空堀と水堀
熊本城の堀は空堀が多く、水堀は備前堀だけである。水堀が少ないのは、空堀は昔のまま残り、水堀は埋められたことによる。

備前堀 本丸と出丸の間にある水堀。

本丸の空堀 熊本城には昔から残る空堀が多く見られる。

見どころ5 地下通路
本丸御殿に入るための地下通路は、闇り通路(くらがり)と呼ばれる。御殿は2つの石垣を跨ぐように造られたので、通路を地下につくる必要があった。ここが御殿への正式な入口である。

闇り通路 石垣の上に梁が掛けられ、そこに柱が建てられている。

撮影 天守と石垣をうまく収めよう
石垣と天守を収めるなら竹の丸から。幾重にも連なる石垣が雄大な撮影ポイントだ。また二の丸広場には熊本城の見どころ大天守と小天守、宇土櫓を一度に撮影できるポイントがある。

📷 Ⓐ

竹の丸から。まさに難攻不落の要塞を感じ取れる風景だ。

📷 Ⓑ

二の丸公園から。宇土櫓を中心に長塀越しに天守群を収めよう。

コラム 横手五郎の「首掛石」
本丸の西側、平左衛門丸(へいざえもんまる)に首掛石といわれる凹形の石がある。数人がかりでも運べなかったこの石を、横手の五郎は首に掛けて運んだといわれる。五郎が城造りを手伝ったのは、加藤清正と一騎打ちを行い戦死した父親の仇を討つために城に入り込むことだった。

だが五郎は取り押さえられ、井戸に投げ込まれる。上から石を次々と落とされたが、五郎はそれを受け止めては足元に置き、どんどん上ってくる。そこで砂が落とされ、生き埋めにされたという伝説が残されている。

城知識 宮本武蔵は、寛永17年(1640)、熊本藩主細川忠利の招きで客分となり、『兵法三十五箇条』『五輪書』を著わした。

熊本城 見どころ

❾ 源之進櫓
普段は武器・武具の倉庫として使われていた。外壁には狭間、石落としが備えられている。

❿ 不開門
城の北東にある門。北東は鬼門で、この方角は塞いでも、開放してもいけないとされ、扉が閉ざされていた。

特集1 日本が誇る美しき名城

西南戦争の展示と復元された本丸御殿

西南戦争では、西郷隆盛率いる西郷軍と、城を鎮台とする政府軍の間ですさまじい戦いが繰り広げられた。その戦禍が今も石垣に残り、大天守内にある熊本博物館天守閣分館には、西南戦争関連の展示がされ、発掘された大砲の弾などが見られる。城内を巡り、西南戦争の跡もぜひ探してみたい。

その西南戦争で失われた**本丸御殿**はかつての工法を再現し、平成20年（2008）工事が完了し、当時の姿が忠実に復元された。土壁塗りで目地は白漆喰、本瓦葺きで、昭君の間、大広間、茶室、大御台所、縁側を配した風格のある御殿である。**昭君の間**は御殿の中でも格式の高い場所とされ、豊臣秀頼を迎えるための部屋ともいわれる書院造りで、壁、襖などに、匈奴に嫁がされた前漢の美女、王昭君の絢爛な絵が描かれている。

城知識 底の断面がV字形の堀を薬研堀というが、西出丸にある薬研堀はやや埋もれて、形が変わっている。

15

内堀と天守　西の内堀より天守を見上げる。高石垣とその上にそびえる天守の規模には圧倒される。大坂城は敷地も広大で見どころは豊富だ。

大坂城

史蹟区分　大手門・焔硝蔵など13の建造物が重要文化財　本丸と二の丸が国指定特別史跡

築城主　豊臣秀吉　徳川秀忠

大阪府
1583年築
1620年築

城番号 547
参照頁 ▶P164

地の利に恵まれた城

大坂城が立地するのは、大阪湾に面した上町台地の北端で、この台地は北、東、西が淀川、旧大和川などの河川や湿地に囲まれた天然の要害である。また、商工業や政治文化の中心である奈良、堺、京都に近く、河川や大阪湾を利用した海運による貿易のための港を開くことができた。

大坂城築城以前は有利な立地条件のためか、古代には**難波宮**、中世には**石山本願寺**と寺内町が造営されて繁栄した。この魅力的な地に目をつけたのが**織田信長**であった。10年以上もの攻防の果てに、天正8年（1580）、石山本願寺は明け渡しを受け入れた。天下人を目指す信長は築城を開始したが、天正10年（1582）、本能寺の変で野望は潰えた。

信長の後継として躍り出た**豊臣秀吉**は、天正11年（1583）築城を開始。数期の工期を経て、秀吉死後の慶長4年（1599）頃に完成した。秀吉死後に秀頼が城主となるが、関ヶ原の戦い、冬の陣、夏の陣を経て大坂城は落城した。夏の陣の後、大坂の地は松平忠明に下されたが、元和5年（16

歴史

太閤はんのお城

現在見られる大坂城の遺構は、すべて徳川時代のものである。しかし、大阪の人々は大坂城をよく「太閤はんのお城」と呼ぶ。徳川家康によって滅亡に追い込まれた豊臣氏に対する憐憫の情なのだろうか。

徳川によって地下に埋められた秀吉の大坂城だが、秀吉時代の遺構がいくつかある。秀吉時代の三の丸石垣は、追手前学園小学校の地下で見つかり、東側道路沿いに移築展示されている。また大阪府女性総合センター建設時にも石垣は見つかり、地上に展示されている。

大阪府女性総合センター前の石垣

城知識　豊臣氏の大坂城には西の丸にも天守があった。西の丸には徳川家康が入り、政務を執ったそうだ。

大坂城の見どころ

見どころ 1　天守

大坂城には豊臣期に建てた天守、徳川期に建てた天守、昭和になって建てた天守の3つが存在したことになる。

徳川時代の天守は、寛文5年(1665)、北側の鯱に落雷して焼失した。それから昭和6年に再建されるまで、大坂城は天守のない城であった。現在の天守は、昭和6年(1931)に建設、外観復元で内部は鉄筋コンクリート八階建て、高さは54.8メートルで、「大坂夏の陣図屏風」を参考に、豊臣時代の天守を再現した。最上層の黒壁と金箔の伏虎と鶴が最大の特徴である。天守台は徳川時代のものである。

見どころ 2　石垣

本丸の東、北、西の三方は水堀、南は空堀である。横矢をかけやすい屏風折の石垣が特徴。南に行くほど高くなっていて、水面からの高さが24メートル、堀の底に据えられた根石から32メートルという高石垣である。

大坂城空堀　ここに敵を引き寄せ戦闘を行ったという
大坂城内堀　本丸北東の石垣と水堀。堀の幅も非常に広い。

見どころ 3　千貫櫓

西の丸庭園の西南隅にある二層の隅櫓。織田信長が石山本願寺を攻撃している最中、この付近にあった櫓からの攻撃に悩まされ、「千貫払ってでもその櫓を奪いとりたい」と言ったという故事に由来する。

大手口を守る位置にある隅櫓。造営は元和6年(1620)で大坂城最古の建築物といわれる。

見どころ 4　大手門

寛永5年(1628)に造営された大坂城の大手口の正門で、高麗門様式。親柱と後ろの控柱との間にも屋根を載せている。大手門の南北に続く塀には岩岐(石段)があり、鉄砲狭間が開けられている。門、塀とも重要文化財に指定されている。

屋根は本瓦葺き、扉と親柱は黒塗総鉄板貼りである。

壮麗な大天守と石垣

大坂城は本丸を二の丸、三の丸が囲む輪郭式の巨大な平城で、築城技術の完成期に造営された。現在の天守は外観復元の五層、内部はコンクリート造りの八階。四層目までの壁は白漆喰仕上げで、最上層の壁には金箔で虎、鶴の絵が描かれ、豊臣時代の天守を再現している。屋根は銅瓦葺き、軒先の丸瓦、平瓦は金箔瓦である。金箔の絵、青味を帯びた緑色の屋根と、軒先瓦の金箔の対比が典雅で美しい。

高層ビルがなく、沖の埋め立てが進んでいなかった豊臣、徳川時代当時、大坂湾に入ってきた船、淀川を行き来する船からは、圧倒的な迫力を持って天守が目に飛び込んできたことだろう。石垣を積み上げる技術は最高に

19()、大坂は幕府の直轄領となった。2代将軍**秀忠**の命で、翌年正月から大坂城の再築工事が始まり、3代将軍**家光**のときに完成。徳川幕府は豊臣の時代の終わりを示すために、大坂城に残る豊臣の痕跡を完全につぶした。現在見られる遺構は、ほとんど徳川時代のものである。

城知識　豊臣秀吉は大坂城の城主でありながら、もっぱら京都の聚楽第、伏見城を居城とし、大坂城にはあまりいなかったといわれる。

大坂城 見どころ

5 多聞櫓
大手口の枡形の石垣にある櫓。大門の上部を跨ぐ渡櫓、南に直角につながる続櫓で構成されている。高さは14.7メートルで全国でも最大規模。

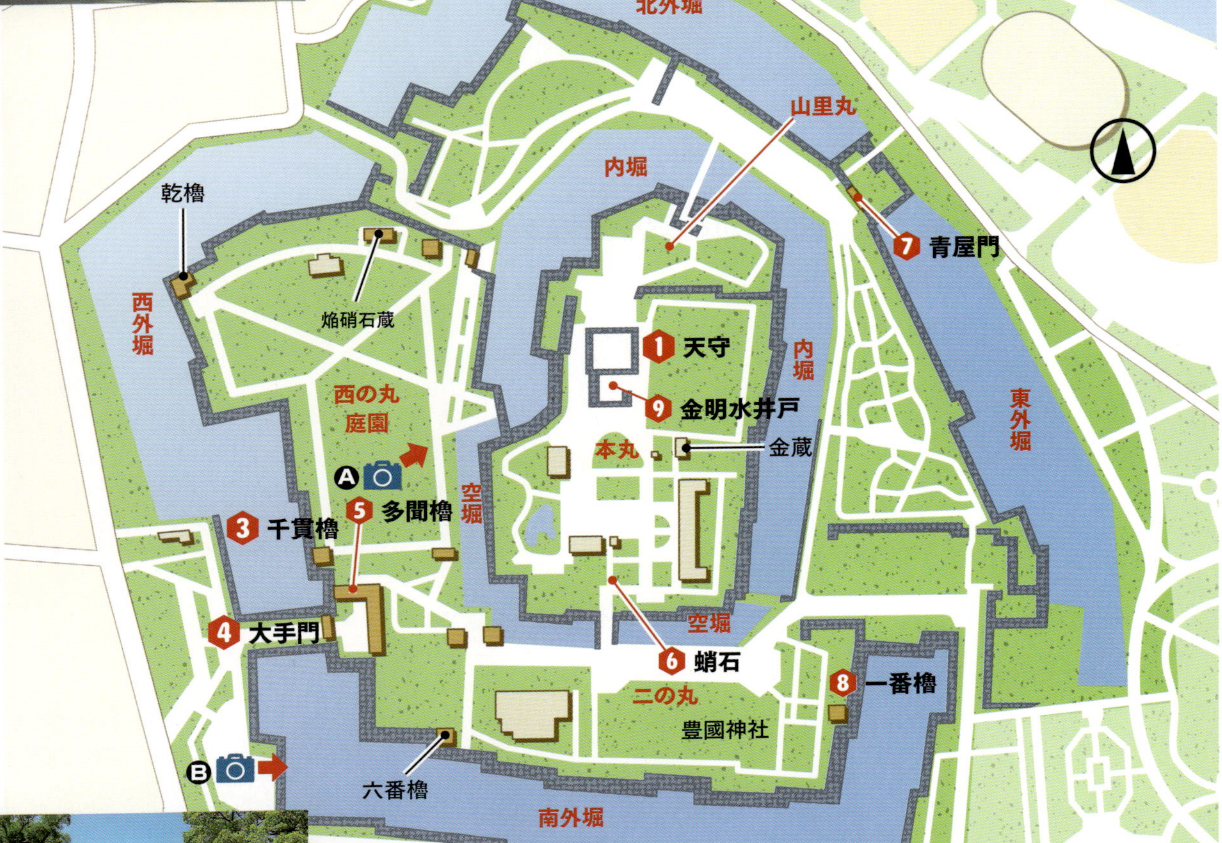

6 桜門枡形の巨石
本丸の正門にあたる桜門の枡形にある巨石で、表面左下に蛸に見える模様があり、蛸石と呼ばれている。

9 金明水井戸屋形
約33mの深井戸。寛永3年(1626)の銘があり、天守と同時期に造営された。

8 一番櫓
二の丸南面の東にある二層の櫓。大坂城は南面が陸続きであるために、二の丸の南外堀に向けて一～七番の櫓を設けて、防御とした。

7 青屋門
二の丸東北にある櫓門。戊辰戦争で焼失して復元されたが、再び第二次世界大戦の空襲で焼失。昭和44年に復元された。

城知識 徳川秀忠は、水堀の幅を広げて堀を深くし、その土砂で本丸と二の丸をかさ上げして埋めさせた。

大坂城4つの顔

大坂城には徳川大坂城のほか、4つの城の痕跡がある。

1 大化　難波宮

1950～1960年代の発掘で、回廊跡、柱列跡などが発見され、大化元年（645）から天平15年（743）までの間に、三期に渡り難波宮という都城があったことが判明した。大坂城南西馬場町、法円坂、大手町四丁目にかけて遺跡があり、その一帯は難波宮跡公園で、大阪歴史博物館では難波宮に関する展示が見学できる。

2 天文　石山本願寺

明応5年（1496）、一向宗本願寺の蓮如が山科本願寺の別院として、大坂・石山の地に御坊を建てた。山科本願寺が戦国の騒乱に巻き込まれたために、天文元年（1532）、石山の御坊を一向宗本願寺の本山とした。堀、塀、土塁などを備えた、戦国武将の攻撃に備えた城砦となっていた。広大な寺内町が形成され、それが大坂の町並みの原型となった。

3 天正　信長大坂城

元亀元年（1570）から11年に及ぶ戦いの末に、天正8年（1580）、顕如は織田信長に石山本願寺を明け渡した。織田信長は、甥の織田信澄と丹羽長秀に築城を命じ、天正10年（1582）5月には城門、櫓などが竣工し、かなりできあがっていたが、同年の本能寺の変で信長の野望は潰えた。

4 天正　豊臣大坂城

天正11年（1583）築城を開始、慶長4年（1599）頃に完成。天守は天正13年（1585）に完成され、絵画資料から外観五層で推定約40メートルの高さとされている。大坂夏の陣で、豊臣氏の大坂城は焼失し、徳川幕府によってその上に新しい大坂城が築かれた。

大坂夏の陣図屏風（一部）（図版・大阪城天守閣）

広い敷地を生かそう

いろんな撮影ポイントがある。西の丸庭園からビジネスパークを望めば勇壮な天守閣と近代ビル群を一緒に収められる（写真Ⓐ）。外堀の写真なら大手門の南側、六番櫓を手前に広がる南外堀は景色がいい（写真Ⓑ）。

天守閣とビジネスパーク

六番櫓と南外堀

達し、堀と城壁の石垣は規模が大きい。石材は京都の加茂、兵庫県の六甲、瀬戸内海の島々から運ばれた。瀬戸内の石は良質の花崗岩で、多くの石が海路で運ばれた。

本丸内堀、二の丸の南面と西面の石垣は、水面から約20メートルもの高さを誇り、屏風のように折れ曲る**屏風折**という横矢掛けや、向かい合わせに突出部を設けた合横矢など、防御の技巧が凝らされた石垣が続く。打込接（→P.270）という工法で積み上げ、角は強度を確保した算木積みである。

また、桜門枡形の巨石など、とにかく巨石がふんだんに使われているのも大坂城の特徴で、当時の石垣加工技術が高いレベルにあったことを実感するのも大坂城めぐりの醍醐味であろう。

二百数十年という長い歴史を持つ大坂城には、ゆかりの人物の史跡も多く残る。

例えば、夏の陣で秀頼、淀殿が逃げ込んだ山里曲輪、城内に建立されている自刃の地碑、曲輪などないが、東軍に大打撃を与えて奮闘した真田幸村の戦死跡之碑が建つ安居神社などを訪ねるのもよいだろう。

昭和6年（1931）に再建された現在の大坂城天守の再建資金は、全額大阪市民の寄付で賄われた。

名古屋城

愛知県
1610年築
城番号 **476**
参照頁 ▶ P145

史蹟区分：隅櫓、門、御殿にあった襖絵・杉戸絵などが国の重要文化財
築城主：徳川家康

名古屋城天守
緑に囲まれた広大な敷地の中に、雄大な天守がそびえ立つ。屋根には象徴ともいえる金鯱が見える。

(P20～23写真協力／名古屋城総合事務所)

家康による天下普請の命が下る

勇壮な**金鯱**をいただいた**大天守**を持つ名古屋城は、御三家筆頭尾張徳川家の居城として威容を誇ったものの、明治に入って廃城を免れたものの、第二次世界大戦末期、昭和20年（1945）5月14日の米軍の空襲により、天守と本丸御殿、東北隅櫓などを焼失した。

名古屋城を築いたのは、**徳川家康**である。関ヶ原の戦いに勝利した徳川家康は、なお隠然とした影響力を持つ豊臣秀頼の存在を危惧し、大坂城の豊臣氏に対する牽制、関東防衛の**一大防衛線の構築**の必要性を痛感した。

清洲城にいた豊臣秀吉子飼いの福島正則を安芸に移し、第九男の徳川義直を城主に据えた。しかしながら清洲城は規模が小さく、水害もあったために、新しい城を建てる必要があった。名古屋、古渡、小牧の候補地の中から、廃城となっていた那古野城のあった名古屋台地が選ばれた。名古屋台地は北面と西面は高さ10メートルの崖で、その先は広大な湿地、さらに庄内川、木曽三川と続く天然の要害であったためである。また、南

織田信長の居城でもあった那古野城

名古屋城の前身は、戦国時代に駿河の守護である今川氏が築いた那古野城で、現在の名古屋城二ノ丸庭園付近に位置していた。二ノ丸には那古野城古碑が建てられている。今川氏の一族の氏豊を城主としたが、享禄5年（1532）、織田信秀（信長の父）によって氏豊は追放された。織田信秀の後を継いで、信長が城主となり、天文24年（1555）、清洲城に移るまでこの城で成長した。信長の後、叔父の織田信光、家臣の林秀貞らが城主となったが、天正10年（1582）に廃城となったとされる。

二の丸にある那古野城跡

コラム

城知識：石垣には、工事を担当した大名や家臣のさまざまな印が刻まれている。ほかの大名たちのものと間違わないようにするためである。

名古屋城の２つの天守と３つの櫓

金鯱

鯱は中国に伝わる伝説の海獣で、水に縁起があるということで、防火のまじないで天守に飾られた。本丸方向から見て、右(北)が雄、左が雌。大阪造幣局が復元・製作し、雌43.39キロ、雄44.69キロの金が使用されている。

剣塀

軒先に槍の穂先を並べて突き出させた忍び返しの意匠。大天守と小天守をつなぐ橋台の西面と不明門の北面にある。

金の茶釜

二ノ丸庭園茶室に飾られている。第二次世界大戦で燃えた金鯱の残骸の6.6キロを使って、実物の20分の1のミニチュア金鯱と、この茶釜が作られた。

天守台 20メートルにもなる高さがある高石垣である。徳川家康の天下普請の命を受けて、築城名人の加藤清正が築いた。小天守の石垣の北東部の石には、「加藤肥後守　内小代下総」と刻まれている。

見どころ1　大天守・小天守

名古屋城の天守は空襲で焼失したあと、昭和34年(1959)に再建された。連結式の天守で、大天守は五層七階で地下1階、小天守は二層二階で地下1階。大天守の屋根には名古屋城の象徴でもある金の鯱鉾が鎮座している。大天守の最上階からは広々とした景色を一望でき、晴れた日は中央アルプスまで見ることができる。

見どころ2　東南隅櫓（辰巳櫓）
二層三階。初層の東面は入母屋破風、南面は切妻破風があり、それぞれ石落としを備える。

見どころ3　西南隅櫓（未申櫓）
二層三階。初層南面に入母屋破風と唐破風を重ねた重破風、それぞれ石落としを備える。

見どころ4　西北隅櫓（清洲櫓）
三層三階。北面と西面の千鳥破風は、落狭間（石落とし）を備える。清洲城の天守だったと言い伝わる。

特集1　日本が誇る美しき名城

重厚さと優美さを併せ持つ大天守

縄張は、天守が建つ本丸を囲んで、西北に御深井丸、東から東南に二ノ丸、南から西に西ノ丸があり、さらにそれらの曲輪を広大な三ノ丸が凹の字に取り囲み、防御する**輪郭式縄張**である。現在、三ノ丸跡地には、名古屋市役所、名古屋高等裁判所などが立っているが、縄張と外との境にあたる場所に、石垣の一部と空堀が残っている箇所があり、往時の城域の広さを実感することができる。

天守は**連結式天守**で、大天守と小天守は橋台によって結ばれている。大天守は外観五層の典型的な面方向には平地が広がり、城下町を築くことができたのも、目的にかなった地であったようである。

家康に**天下普請**を命じられたのは、秀吉ゆかりの加藤清正、福島正則、池田輝政ら20家の大名である。これら大名の財力を削ぐのが目的でもあった家康に対する忠誠を試し、家康ゆかりの忠義を誓わせるための大々的な工事が慶長15年(1610)に工事は始まり、慶長17年(1612)には天守や櫓類が完成、元和元年(1615)には**徳川義直**が本丸に入り、翌年二ノ丸御殿が完成した。

大天守には築城当時、もうひとつ内堀側に小天守を設ける予定だったらしい。その入口跡が大天守西面石垣に残る。

見どころ 名古屋城(なごやじょう)

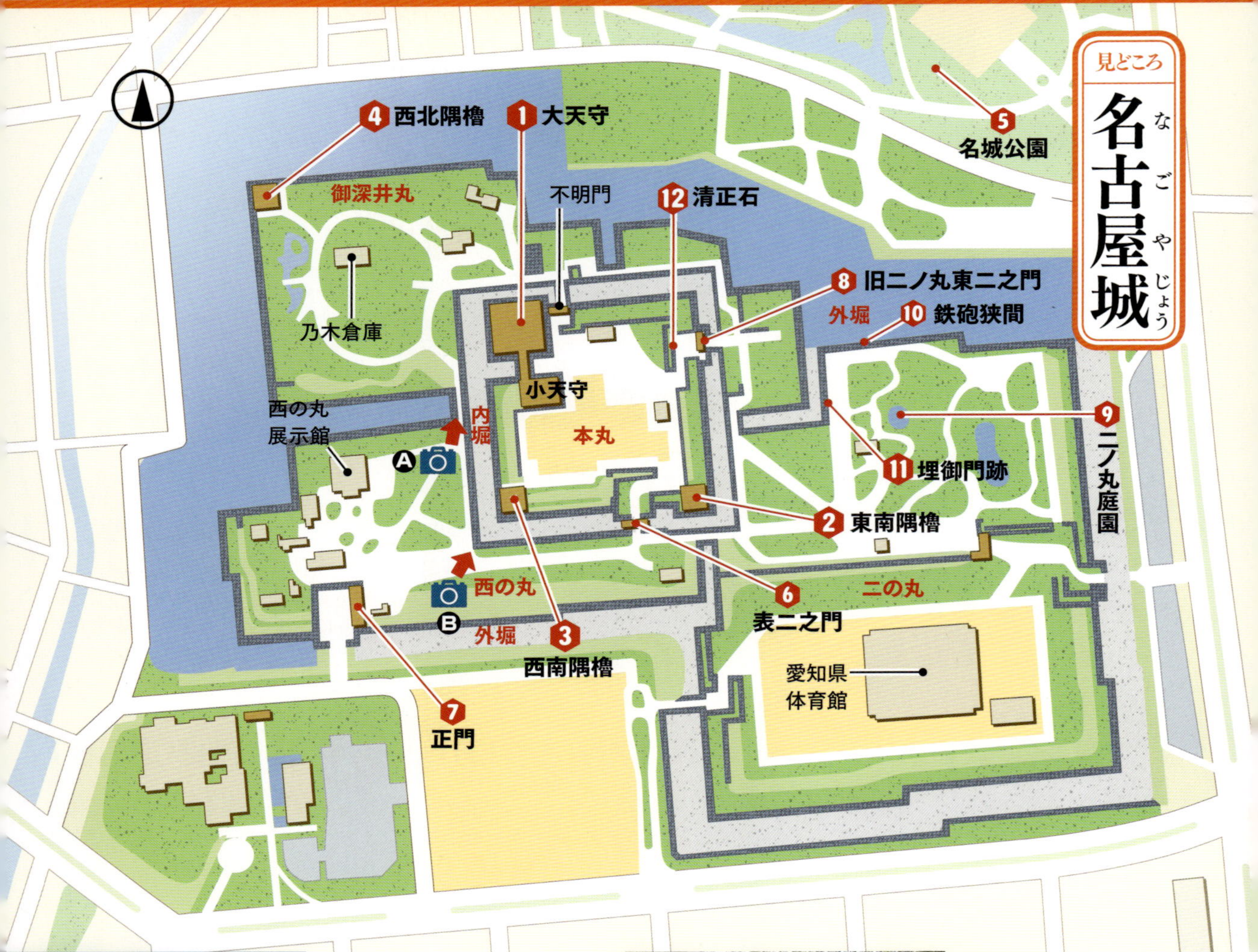

地図凡例:
- ❶ 大天守
- ❷ 東南隅櫓
- ❸ 西南隅櫓
- ❹ 西北隅櫓
- ❺ 名城公園
- ❻ 表二之門
- ❼ 正門
- ❽ 旧二ノ丸東二之門
- ❾ 二ノ丸庭園
- ❿ 鉄砲狭間
- ⓫ 埋御門跡
- ⓬ 清正石

その他地図表記: 御深井丸、不明門、乃木倉庫、西の丸展示館、小天守、本丸、内堀、西の丸、外堀、二の丸、愛知県体育館

❻ 表二之門
本丸の入り口にあたる。門柱に冠木を渡した高麗門で、門柱、冠木とも鉄板張り。左右の袖塀は土塀で、鉄砲狭間が設けられている。

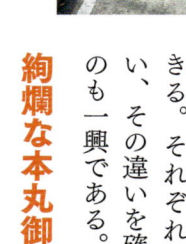

❺ 名城公園
一般に名古屋城の二の丸〜三の丸にかけてある北公園を指し、かつては湿地〜沼地であった。体育館、テニス場、野球場などの施設がある。

絢爛な本丸御殿を復元

本丸御殿は、約3000平方メートルの平屋建て。当初は、藩主の義直の居室・政務の場所だったが、その後、将軍の上洛の折の殿舎として使用された。

近世城郭御殿の傑作として、国宝の京都・二条城の二ノ丸御殿と並び称されたが、第二次世界大戦の空襲で焼失した。現在、襖絵、杉戸絵、天井板絵など1047面が残り、重要文化財に指定されている。

空襲を危惧し、疎開していたためである。本丸御殿は、最近まで

層塔型で、非常に安定感・重厚感がありながら、破風が最も多い天守といわれ、千鳥破風、唐破風の優美な重なりが、きめ細やかな印象も与える。

大小天守は昭和34年(1959)の外観再現のコンクリート造りだが、本丸の東南、西南、御深井丸の西北の隅櫓は、戦禍を免れて当時の姿を今にとどめている。いずれも重要文化財に指定されていて、趣のある姿を楽しむことができる。それぞれに形や破風が違い、その違いを確認しながら歩くのも一興である。

城知識 西南隅櫓と旧二ノ丸東二之門は修繕中で、完了は平成26年(2014)10月の予定である。本丸御殿復元工事は平成30年(2018)に完了・公開予定だが、途中の平成25年、28年には部分公開される。

撮影 天守プラスアルファを収めよう!

まずは雄大な大天守とその天守台から。城の北側、御深井丸から大天守と高石垣を撮ろう。名古屋城では櫓の写真もぜひ押さえたい。城の南側、正門口のある西の丸から西南隅櫓、大天守を石垣とともに撮ることができる。

📷 Ⓐ

御深井丸広場から、高石垣と大天守を収める

📷 Ⓑ

西の丸広場から西南隅櫓と天守

8 旧二ノ丸東二之門

かつての門は第二次世界大戦で焼失した。現在の門は、二ノ丸東枡形にあった東鉄門を移築したものである。

10 鉄砲狭間

二ノ丸の北側、石垣の上にある塀で、円形の鉄砲狭間が開いている。

見どころ 12 清正石の伝説
本丸東門枡形の中の石垣に置かれた、縦2×横6メートル余りの巨大な鏡石。加藤清正が運んだ石と伝えられる。

7 正門

明治43年、旧江戸城の蓮池御門が移築されていたが、第二次世界大戦で焼失、のちに再建された。

9 二ノ丸庭園

二ノ丸造営時に、二ノ丸御殿の北側に造られた。名勝に指定されている。

見どころ 11 秘密の脱出路 埋御門跡
二ノ丸北側にある城主の脱出用の門。有事の際は、ここから抜け出し、尾張藩領の木曽に逃げることになっていた。

コラム 数奇な運命をたどった金鯱

最初に作られた金鯱の高さは、雄が2.57m、雌が2.51m。寄木の木型に鉛板を貼り、鱗型の銅板をとめ、その銅板に金の延べ板をかぶせて造られた。使われた金は、慶長大判1940枚、重さ320キロであった。ちなみに現在の復元された鯱は、ブロンズの原型に漆を焼き付け、銅板に金板を貼りつけた鱗をつけた。慶長大判の金の純度は高く、藩は財政困窮の際に、鱗を鋳なおして使い、そのたびに鱗の金の純度は下がっていったという。

姿をとどめていたこともあり、古写真や実測図などの資料が多くあり、忠実に復元されることになった。

表書院、対面所、御湯殿書院、上洛殿などが障壁画、襖絵などの模写とともに復元、公開される。天守と御殿が建ち並ぶことで、城郭としての風格が完成するという楽しみである。

 城知識　本丸復元の時代設定は、将軍の上洛のために上洛殿が増築され、御殿の格式が最も高かった寛永期(1624〜1644)の頃とされている。

松本城

松本城遠景 黒門前から撮影した天守群の姿。遠く北アルプスまで視界に収めるこの城は、東山道、北国街道を睨む拠点に建つ。

(P24～27写真協力／松本市)

長野県
1597年築
城番号 346
参照頁 ▶P98

史蹟区分：国宝
築城主：石川数正・康長、小笠原秀政

親藩・譜代大名が城主となる

松本城は、長野県松本平に築かれた**平城**で、五層の天守を持つ城郭として国宝に指定されている。黒い外観の天守群から**烏城**とも呼ばれる。

松本城の前身は、信濃の守護である小笠原氏一族が在城していた**深志城**である。天文19年（1550）、武田晴信（信玄）は小笠原長時を襲い、奪われた深志城は武田氏によって、東・北信濃への進出の拠点として利用された。武田氏滅亡の後、織田信長の援助を得た木曽義昌が、深志城と城下町を領地とした。本能寺の変後、天正10年（1582）、徳川家康の後援を受けた、小笠原長時の長男・貞慶が故地を回復し、松本城と改称した。

豊臣秀吉の小田原城攻めの後、天正18年（1590）、徳川家康の関東移封に従って、小笠原貞慶の子、秀政は下総に所替えとなった。代わりに松本城に入封したのは、**石川数正**である。数正と、子の康長は、松本城の大規模な改築に着手し、文禄3年（1594）には天守は完成したとされる。**小笠原秀政**が康長は改易され、この後、

コラム

松本城を守った二人の人物

明治4年（1871）頃から、松本城では門や櫓が壊されはじめた。天守は個人に売却されたが、松本町の副戸長の市川量造は募金や博覧会を開いて資金を調達し、買い戻した。

明治18年（1885）、県立松本中学校は二の丸に建てられ、本丸が校庭として使われた。初代校長の小林有也は寄付を募り、修繕工事を明治36年から大正2年（1888～1913）まで行った。この工事で建物の傾きなどが補修された。

明治30年（1900）に撮影された松本城

城知識 松本城の石垣は低いのが特徴で、最高でも天守台の6.6メートルである。

天守閣の眺望 天守閣の上からは堀の周囲と松本市街をぐるりと一望できる。晴れた日には西の方向に北アルプス連峰を望むことができる。

辰巳附櫓 二層二階。天守がマツ、ツガを主な建材としているのに対し、辰巳附櫓と月見櫓はヒノキを主な建材としている。

乾小天守 大天守とは、渡櫓をはさんでつながる。三層四階。破風はないが、最上層には典雅な華頭窓がある。

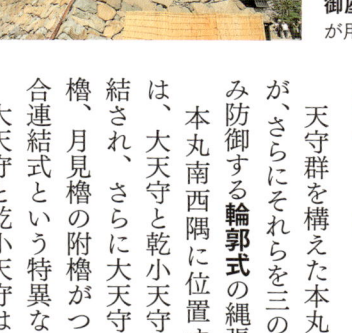

月見櫓 一層二階。三方吹き抜けでまったく無防備の櫓で、遊興のための望楼である。

天守の魅力

 見どころ 1 大天守

高さ29.4メートル。一～四層は寄棟の屋根、五層目は入母屋屋根で本瓦葺きである。破風は唐破風が2つ、千鳥破風が3つと少ないのも特徴で、装飾を極力省いた実戦を意識した城であることがわかる。

大天守の天井 南北に2本梁を渡し、その上に東西に2本梁を井桁に組んで屋根を支える。

御座所 大天守の四階に城主の居場所が用意されている。書院造りとなっている。

大天守の階段 大天守の階段は7つある。天守の各層は非常に狭いので、階段はまるで梯子のような勾配で、それぞれの層で異なった位置につけられている。

戦闘を意識した大小天守と遊興を目的とした附櫓

天守群を構えた本丸を、二の丸が、さらにそれらを三の丸が取り囲み防御する**輪郭式**の縄張を持つ。

本丸南西隅に位置する天守群は、大天守と乾小天守が渡櫓で連結され、さらに大天守には辰巳附櫓、月見櫓の附櫓がつながる、複合連結式という特異な形である。

大天守と乾小天守は、関ヶ原の戦い以前に造営され、いまだ不穏な世相を反映してか、窓をほとんど持たず、長方形の矢狭間と正方形の鉄砲狭間を規則的に配し、大天守の一層にも石落としを備えるなど、角のほかに中央にも石落としを備えるなど、戦闘を意識している。それに対して、

入封した。実は大天守、乾小天守といった天守の建造年には諸説あり、はっきりとは定まってはいない。

その後、城主は戸田康長に変わり、寛永10年(1633)、康長の後に越前大野から入ったのが**松平直政**(家康の次男である結城秀康の三男)で、大天守に付属する辰巳附櫓、月見櫓などを増築した。

松平直政の後は、くるくると城主が替わっていき、戸田氏で明治を迎える。

特集1 日本が誇る美しき名城

 **城知識** 大手門は現在の千歳橋あたりにあった。枡形があり、大きな櫓門と高麗門で、番所役人が通行を見張った。

見どころ2 枡形を作る太鼓門

二の丸の正門にあたる。石垣の凹部を渡櫓が跨ぐ櫓門が一の門で、高麗門である二の門とともに枡形を作る。一の門の北の石垣の上に、太鼓と半鐘が設置された太鼓櫓があった。城内への合図を送っていた。

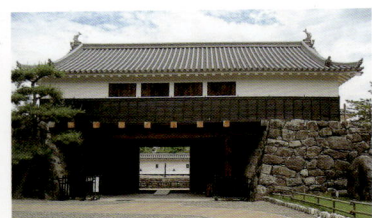

見どころ3 月見櫓前の牡丹園

植わっている牡丹の品種のひとつ、小笠原牡丹は、小笠原長時が育てていた株を、戦国時代の戦乱を避けて家臣の久根下氏が保護、今に伝えたもので、昭和35年(1960)、久根下家より寄贈されたもの。

撮影 いろんな角度から天守を撮ろう

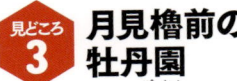

天守群が絶好の被写体となる。まずは黒門前から北アルプスと天守を撮影してみよう（→P24Ⓐ）。その後は朱色の埋橋と黒い天守閣のコントラストをカメラに収めよう（Ⓑ）。本丸庭園越しに天守を狙ってもよく、四季折々の違った景色が楽しめる（Ⓒ）。

📷Ⓑ

5 玄蕃石

太鼓門一の門の石垣にある高さ4メートル、周囲7メートルの巨石。石川康長(玄蕃頭)にちなんだ伝承からその名がついた。

4 本丸御殿跡

書院棟、客座敷棟、御居間棟、大広間棟などがあったが、享保12年(1727)の火事で焼失し、今は庭園とされている。

埋橋越しに天守群を撮る

📷Ⓒ

7 埋橋

二の丸から埋門にかかる橋なので、この名がある。かつての橋がどのような構造かわからないまま、わたされた朱塗りの橋。

6 黒門

本丸の正門で、堀に向かって外に突き出た外枡形。一の門は櫓門で、平面がL字の矩折り櫓である。櫓門は昭和35年(1960)に復元された。

登閣口の正面、本丸庭園から

コラム 加助の祟りが天守を傾けた！

17世紀後半、凶作が続く中、藩は農民に増税を言い渡した。貞享3年(1686)10月、庄屋の多田加助(嘉助)を代表に農民たちは反対運動に立ち上がった。しかし、加助は捕えられて処刑された。そのとき加助は「一念で天守を傾ける」といったという。その言葉通り天守は傾き、何度も修理を試みたが、すぐに傾いてしまったそうだ。

もちろんこれは伝承で、天守を支えていた柱が老朽化していたのが傾きの原因である。

加助の起こした貞享騒動に関する展示保管施設『貞享義民記念館』

城知識

玄蕃石を運んでいた人夫が不満をもらしたところ、石川康長(玄蕃頭)の耳に入り、康長は人夫の首を刎ねて穂先にさして、ほかの人夫を鼓舞した。このことから、玄蕃という名がついたという伝承がある。

松本城 見どころ

❽ 加藤清正駒つなぎの桜
石川康長が天守を完成させた後、加藤清正が祝賀のために訪れたとき、お礼にわたす馬をつないだという桜。

（地図上のラベル）
- ❾ 埋門
- ❽ 駒つなぎの桜
- 天守 ❶
- 本丸
- 二の丸御殿跡
- ❼ 埋橋
- 内堀
- ❺ 玄蕃石
- 外堀
- ❹ 本丸御殿跡
- ❸ 牡丹園
- 二の丸
- 松本城公園
- ❻ 黒門
- ❷ 太鼓門
- 松本市立博物館

❾ 埋門
本丸北西部の石垣を、通路の幅だけ空けて設けた門。石垣に埋もれているようなので、この名がある。

特集1 日本が誇る美しき名城

豊かな湧水の水堀

松本城は、内堀、外堀、総堀の三重の堀に囲まれているが、内堀と外堀は、本丸の北で一体になっている。一部を除いて埋め立てられているが、堀はすべて水堀である。城周辺は低湿地であり、女鳥羽川、牛伏川、薄川、田川、奈良井川が流れ、湧水に恵まれていて、堀の水は湧水によるものといわれている。

それらの堀に映り込む建物群の姿を楽しむのも一興で、特に二の丸跡、松本城公園の黒門から見る、**北アルプス**を背景にした天守群と、内堀に映る像はまさに絶景である。

辰巳附櫓と廻縁と朱塗りの手摺りまで備えた月見櫓と、後に城主となった、松平直政が増築した遊興・宴席のための望楼で、平和な時代背景を反映している。この城は、両者の対比を鑑賞するのが見どころのひとつといえる。

また、烏城の異名となった外壁は、下見板の**黒漆塗り**で丁寧に仕上げられていて、厳めしさはあるが、アルプスの山々を背景にすると優美ささえ感じる。

🏯 **城知識** 辰巳附櫓と月見櫓を造営した松平直政は、在城6年で、出雲松江に転封になり、出雲松江藩松平家初代となった。

江戸城（えどじょう）

東京都
1457年築
1606年築

城番号 241
参照頁 ▶P88

史蹟区分：江戸城跡が特別史跡　田安門・清水門・外桜田門などが国の重要文化財
築城主：徳川家康、秀忠、家光

見どころ 1　富士見櫓
万治2年（1659）の建築で、いまも残る遺構の中では最古の三重櫓である。明暦の大火で天守が焼失した後、事実上の天守であった。

火事に苦しめられた江戸城

江戸城はおよそ270年の間、将軍徳川家の居城として、また江戸幕府の政庁として威容を誇った。

天正18年（1590）、徳川家康が入城した当時の江戸城は、長禄元年（1457）に太田道灌が築城した当時の姿を残す、小規模で質素な城だった。城と現在の東京駅あたりとの間には江戸湾が入り込み、日比谷入江と呼ばれる浅い海となっていて、神田川の前身の平川は竹橋あたりに河口があったようである。

慶長8年（1603）、家康は征夷大将軍となり、江戸幕府を開くと、幕府に相応しい城の造営に乗り出した。工事は家康、秀忠、家光の3代にわたって実施され、惣構えがほぼできあがった寛永13年（1636）頃まで、約40年にも及んだ。

ただ江戸城は火事に苦しめられ、幾度となく大火に見舞われ、多くの建物を焼失しては、再建するという繰り返しであった。中でも4代将軍の家綱の時代、明暦3年（1657）1月18日に発生した明暦の大火は史上最大の火災で、江戸の町もろとも城はほとんどの建物を焼失した。本丸や二の丸などは再建されたが、これ以後、天守は再建されることはなかった。

すべてのもののスケールが大きい

江戸城の内郭は、本丸の周りを二の丸、三の丸、西の丸、北の丸が渦巻き状に取り巻く**輪郭式縄張**で、この内郭を外堀、神田川、隅田川を惣構えとした周囲約20キロの巨大な外郭が、さらに「の」の字を書くように取り巻く**国内最大の城郭**である。

遺構は櫓、門、石垣、土塁などで、残念ながら天守は天守台しか残っていないが、それでも将軍の居城・幕府の政庁としてスケールが非常に大きく、このスケールの大きさを楽しむのが江戸城鑑賞の醍醐味であろう。

2　高石垣
本丸の北側、北桔橋門横の石垣で、高さは約10メートル。江戸城の石垣は、切込接の手法で積まれている。

城知識　江戸城が初めて築かれたのは長禄元年（1457）。関東管領扇谷上杉氏の家臣であった太田道灌が、下総国の古河を治める足利成氏に対抗する拠点として築いた。

5 大手門の櫓門
大手門は枡形構造で、写真は内部から見たもの。伊達政宗が工事を担当したといわれる。

3 天守台石垣
東西約41メートル、南北約45メートル、高さ11メートルの大きさ。加賀藩の前田氏によって焼けた石垣が積みなおされた。

田安門／日本武道館／清水濠／清水門／北の丸公園／北桔橋門／2 高石垣／平川濠／平川門／千鳥ヶ淵／乾門／乾濠／3 天守台／本丸／二の丸／大手濠／三の丸／三の丸尚蔵館／蓮池濠／5 大手門／4 百人番所／半蔵濠／1 富士見櫓／桔梗濠／巽櫓／蛤濠／坂下門／西の丸／6 伏見櫓／馬場先濠／桜田濠／6 二重橋／桜田門／日比谷濠

特集1　日本が誇る美しき名城

6 伏見櫓と二重橋
西の丸の南にあり、二重橋の奥に見える。

4 百人番所
大手門から本丸へ入る際の検問所。昼夜交代で警固した。数少ない江戸城の現存遺構のひとつでもある。

3代の天守

　江戸城には、徳川家康、秀忠、家光の3代それぞれの天守が創建された。
　慶長（家康時代）の天守は、慶長12年（1607）完成。いろいろな説があるが、五層六階で層塔型の大天守があり、その北に小天守があったという。元和（秀忠時代）の天守は、元和9年（1623）完成。独立式で、五層六階の層塔型の天守であったとされる。寛永（家光時代）の天守は、寛永15年（1638）完成。独立式で、五層六階の層塔型の天守であった。

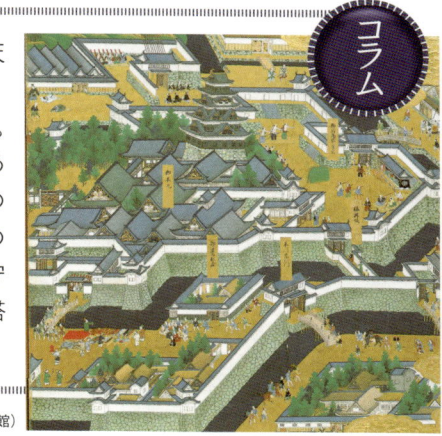
寛永の天守が描かれた「江戸図屏風」（図版：国立歴史民俗博物館）

城知識　有名な「松の廊下」は、本丸御殿の大広間から将軍との対面所の白書院まで、全長50メートルあったそうだ。

29

安土城

史蹟区分 国指定の特別史跡
築城主 織田信長

滋賀県
1576年築
城番号 625
参照頁 ▶P172

見どころ1 大手道
安土城の正面玄関ともいうべき大手門から、山頂の天主・本丸に至る道である。両側に石敷きの側溝があり、その外側に石塁がある。平成元年からの発掘調査を基に復元された。

（写真協力／安土町観光協会）

❷ 天主台
天主台の石垣は不等辺七角形。天主の礎石が東西10列、南北10列に配されている。

天下統一を目指す拠点

安土城は**日本で最初の天主**を構えたといわれ、織田信長以後、江戸時代初期にかけて築城された**近世城郭の手本**となった。

嫡男の信忠に美濃の岐阜城（→P124）を譲り、信長は天正4年（1576）1月、琵琶湖の東岸に位置する安土山に築城を開始した。現在の安土山の山頂に建ち、周囲に遮るものはなく、しかも築城当時は湖岸際だったことを考えると、さぞや周囲を圧倒したに違いない。地勢的には、岐阜城より京に近く、北陸街道と京を結ぶ要衝であり、さらに琵琶湖の水上交通・水運も利用できるなど、**天下取り**を目指す信長の拠点としてこの地は選ばれた。

天正7年（1579）5月に天主が完成し、すべてが完了したのは天正9年（1581）頃といわれている。しかし、信長が心血を注いだ安土城も、天正10年（1582）の本能寺の変の後、まもなく原因不明の火災で**天主・本丸を焼失**。その後、廃城になった。

周囲を睥睨する壮麗な天主

安土城は、安土山全体を使った**平山城**である。天主は五層七階で、高さは約46メートルだったようだ。麓からの高さ約100メートルの安土山の山頂に建ち、周囲に遮るものはなく、しかも築城当時は湖岸際だったことを考えると、さぞや周囲を圧倒したに違いない。屋根は瓦葺きで、軒瓦は金箔押しであった。最上層は内も外も金箔で装飾され、その下の層は八角形、内部は黒漆塗りで絢爛な障壁画で飾られていた。その壮麗さは、ヨーロッパにまで伝えられた。

総石垣造りの城郭も安土城がはじまりとされ、石垣は技能集団の**穴太衆**によって積まれ、これ以後、穴太衆は、全国の城の普請に関わっていくこととなった。天主、本丸、二の丸、三の丸の主要部を囲む石垣は、屈曲を設けて横矢が掛けられるように配置されるなど、近代城郭がならうこととなった技巧がすでに採用されているなど、石垣はみどころが多い。

城知識 近世の城郭では天守は居住施設ではないことが多いが、織田信長は天主で生活していたようだ。

❸ 西の湖を望む

西の湖の向こうに長命寺山、さらに向こうには比良山地が見える。山々の間には琵琶湖があり、築城には天主直下に琵琶湖を臨めたようだ。

コラム 安土城の瓦

多量の焼けた瓦が天主跡付近や黒金門跡付近から発掘され、中に菊紋、桐紋などの天皇から下賜されたと思われる高貴な文様の瓦や、金箔瓦があったことから、絢爛の城郭であったことが想像される。

瓦は当時、寺社の瓦を提供していた職人集団である奈良衆が焼いたとされ、安土城から出土する瓦は非常に丁寧に製作され、当時の瓦としては最高級であったと評価されている。

出土された金鯱瓦（写真／滋賀県教育委員会）

❻ 本丸跡
東西約34×南北約24メートルに、119個の礎石が碁盤の目状に配置されている。本丸御殿があったといわれる。

❼ 信長廟
二の丸跡には、豊臣秀吉が建立したとされる、信長の霊廟がある。秀吉は、一周忌には大々的に法要を営んだ。

❹ 摠見寺三重塔
摠見寺は臨済宗の寺院で、織田信長によって城郭内に創建された。廃城後も信長の菩提寺として存続。

❺ 伝徳川家康邸跡
大手道の左右には伝羽柴秀吉邸跡、伝徳川家康邸跡が並ぶ。現在、伝徳川家康邸跡には摠見寺本堂がある。

特集1 日本が誇る美しき名城

城知識 安土城周辺の施設「安土城天主信長の館」に、安土城天主上部を原寸で再現したものが展示されている。

彦根城

史蹟区分 天守と付櫓・多聞櫓が国宝　天秤櫓・馬屋などが国の重要文化財
築城主 井伊直継

滋賀県
1622年築
城番号 634
参照頁 ▶P172

見どころ1 天守
天守には付櫓と多聞櫓が付属する。下層から上層までの通柱がなく、各階を積み上げていく構造である。

(写真協力／彦根市)

見どころ2 天井の梁
付櫓の天井の梁は、曲がりくねった材が巧みに組み合わされている。

大阪城を包囲する拠点のひとつ

彦根城は、姫路城、犬山城、松本城とともに、**天守と付櫓、多聞櫓**が国宝に指定された趣のある城である。

井伊直継は、慶長8年(1603)、彦根城の造営に着手した。築城地の彦根山は、西は琵琶湖、東に佐和山がある天然の要害であることに加えて、京と北陸街道の交通の要衝で、琵琶湖を利用した水上交通や運送が可能という利便性で選ばれた。

名古屋城、和歌山城、姫路城などとともに、豊臣秀頼の**大坂城を睨む包囲網**の拠点のひとつとして、彦根城築城を重視した家康の命により、12の大名が助力をしたにもかかわらず、元和8年(1622)頃の完成まで、およそ20年の歳月がかかった。

多くの城は、城主が目まぐるしく替わっているが、江戸時代初期より彦根城は**井伊家の城**としてあり続け、明治を迎えた。明治時代、城は多くの建物が撤去されたにもかかわらず、天守やいくつかの櫓、門が残り、今に至っている。

典雅さをたたえた国宝天守

城は**平山城**で、標高136メートルの丘陵に、本丸、西の丸、鐘の丸、山崎曲輪などの曲輪を**連郭式**に配す。本丸や西の丸とは別に城主の居館である表御殿を麓に構え、堀切を施すなど、戦国期の山城の特徴があちこちにあることも興味深い。

国宝となっている天守は、大津城の天守を解体、部材を利用して造営された。櫓の上に望楼を載せた**望楼型天守**で、三層四階、付櫓が接続された複合型の形式である。千鳥破風、唐破風をふんだんに構え、最上層には華頭窓があって、高欄と廻縁(手すり付き縁側)をめぐらせ、他の単純な形の櫓とは趣が違う典雅さで、見応え十分である。

城知識 彦根城の天守は大津城の天守の再利用、そのほかの櫓は佐和山城の再利用といわれている。

コラム 石垣の秘密

天秤櫓の下の高石垣は左右で積み方が違う。右は牛蒡積みと呼ばれる工法で積み上げてあり、築城当初の姿を留めている。左は切り石の落とし積みで、幕末の嘉永7年（1854）に積まれた新しい石垣である。

◀牛蒡積み

▶落とし積み

❸ 天秤櫓
天秤のような形なのでこの名がある。門の手前は堀切をまたぐ廊下橋である。橋を落とせば敵の侵入を防ぐことができる。

❹ 太鼓門櫓
本丸への入口となる外枡形の門。門櫓の南には、続櫓が「L」字に付く。東側は壁がなく、柱の間に高欄をつけて廊下にしている。

❺ 佐和口多聞櫓
佐和口を中心に、長屋のように長く伸びた櫓が特徴。写真左に見える櫓は火災で焼失後、明和8年（1771）に再建されたもの。

❻ 西の丸三重櫓
西の丸の西北隅にあり、東側と北側に続櫓がつく。壁の全体を総漆喰塗りで仕上げている。

特集1 日本が誇る美しき名城

城知識　彦根城の山頂部から下に向けて設けられた石垣を、竪石垣（登り石垣）という。敵が斜面を移動するのを防ぐためのものといわれる。

犬山城

愛知県
1469年築
城番号 475
参照頁 ▶P145

史蹟区分：天守が国宝
築城主：織田信康

見どころ1 天守と付櫓

昭和10年(1935)に国宝に指定された三重四階地下二階の望楼型天守。天守の南東隅には切妻付櫓がある。

（写真協力／犬山市）

個人所有の城であった

犬山城（別名白帝城）は、木曽川の左岸にある高さ約40メートルの最も高いところで、そこから南の断崖上に造営された平山城で、姫路城、松本城、彦根城とともに国宝に指定されている。

犬山城を最初に築城したのは、織田信康で天文6年（1537）のことである。現存唯一の室町時代の天守とされていたが、昭和30年代の解体修理で否定された。天守がいつ創建されたのかは、はっきりわかっていない。もともとあった櫓の上に、望楼を乗せたとされ、元和3年（1617）に城主となった成瀬正成が、1620年頃に望楼部分を改築したという。

正成以後、明治まで成瀬氏が変わることなく城主であったが、廃藩置県で城は愛知県の所有となり、明治5年（1872）、天守以外の建物が取り壊された。明治24年（1891）の濃尾大地震で損壊、県は修繕費用を負担することを条件に、城を旧城主の成瀬氏に譲り渡した。

それ以来、全国で唯一の個人所有の城であったが、平成16年（2004）、財団法人犬山城白帝文庫の所有となった。

初期望楼型天守の典型

天守が建つ川に近い部分が断崖の傾斜地に、曲輪が段状につながる連郭式縄張を持つ。

天守は三層六階、北西の隅に出張り、南東の隅に付櫓が附属する複合型の天守で、高さ24メートル（内石垣5メートル）である。二層の櫓の上に、望楼を載せた初期望楼型天守の典型で、名古屋城や大坂城のすっきりとした層塔型の天守と比べると素朴ではあるが、歴史を経た味わいで、見飽きない。

望楼部は高欄と廻縁が取り巻き、印象的な大唐破風、最上層に華頭窓を設けるなど、典雅さも演出されている。

本丸正面からの姿もよいが、木曽川の河原から眺める断崖に建つ天守は風格があって人気である。

2 天守からの眺め

東を眺めれば、木曽川にかかる犬山橋があり（写真）、西を眺めればライン大橋と伊木山が見える。

城知識 犬山城の別名の白帝城とは、李白の詩にある、中国の長江に臨む白帝城になぞらえて荻生徂徠がつけたとされる。

3 神木大杉様
築城以前から存在する大杉で、天守と同じ高さがあり、天守への落雷を再三防いだといわれる。

4 一階上段の間
上段の間は、やや高くした床に畳敷きで床と違い棚をつけた書院造り。城主の部屋といわれる。

5 地階の穴倉
天守へ入るとまずあるのが、天守台石垣の中にある穴倉と呼ばれる場所で、地階にあたる。

6 本丸七曲門跡
木曽川方面の水手門を通り、七曲道を抜けると辿り着く。

コラム

250年かかった犬山藩独立

　元和3年（1617年）、尾張藩を治める徳川義直の付家老、成瀬正成が犬山城を拝領した。石高は3万石と大名に準ずる立場であったが、尾張藩を補佐する役目であり、独立した大名とは見られなかった。大名としての独立を試みるも失敗している。

　慶応3年（1867）、新政府より大名に認定され、犬山藩はようやく独立を承認された。しかし250年もかかった悲願の独立にもかかわらず、4年後の廃藩置県で、犬山城は成瀬氏の手から離れて愛知県の所有となったのである。

犬山城では、中山道・美濃街道を制し、濃尾平野の北辺を守る要衝として、城をめぐる攻防が繰り返され、目まぐるしく城主が替わった。

竹田城

兵庫県
1443年築

史蹟区分：国の指定遺跡
築城主：太田垣氏、山名持豊（宗全）、羽柴秀長、赤松広秀

城番号 587
参照頁 ▶P167

竹田城遠景　川霧の雲海に浮かぶ竹田城の姿は実に幻想的。ちなみに石垣だけではあるが、麓からも見ることができる。

（写真協力／JTBフォト、朝来市）

中国と近畿の接点

竹田城は、標高353・7メートルの古城山の山頂にある総石垣の山城で、別名虎臥城とも呼ばれている。

この地は、京に通じる山陰道と播磨からの播但道が交わる地点で、古くから交通の要衝であった。また、生野銀山も近くにあることで、古くから重要な拠点として認識されてきた。

永享3年（1431）、但馬国の守護である山名持豊（宗全）が築城に着手し、嘉吉3年（1443）に完成したと伝えられている。織田信長の中国攻めで、天正8年（1580）羽柴秀長が落とし、秀長の配下である桑山重晴を城に配した。桑山重晴が転封になると、天正13年（1585）、赤松広秀が城主となり、石積みを整備して、いまある姿に改修した。

圧倒される石の量

古城山の最高地点に本丸を置き、尾根筋の広がりに合わせて、北方向に二の丸、東の丸、北千畳の曲輪、南方向に南二の丸、南千畳の曲輪、西方向に花屋敷の曲輪が梯郭状に展開された縄張を持つ。遺構は石垣や竪堀などで、建物はないが周囲には視界を遮る樹木がなく、天守台に立つと大規模な総石垣の威容のすべてを見渡すことができる。

山城は自然の地形を利用して、必要最小限の工事で防御施設を造るという考えであるのに、この城の石垣に使われた石の量には圧倒される。石垣は野面積で、高さが10メートルを超える場所もある。積まれた当時のままのところが多く、石積みの技術の高さを示している。

この城を著名にしているのは何といっても、晩秋から早春にかけての早朝、円山川に発生する川霧が浮かぶ様はまさに天空の城で、山城マニア以外にも多く人を魅了している。向いの立雲峡から見る、川霧の雲海に石垣群が浮かぶ様はまさに天空の城で、

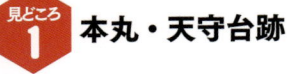

見どころ1　本丸・天守台跡
南二の丸から見る本丸・天守台。二層の天守があったといわれる。

城知識　別名の虎臥城は縄張が虎が伏せているように見えることからついたとされる。

❷ 南千畳
天守台から見た南千畳方向。各曲輪が段をなして続き、変化に富む石垣が見られる様は、城跡で一番の見どころである。

花屋敷

南千畳

南二の丸

本丸

天守台

正門

東の丸

二の丸

北千畳

❸ 北千畳
眺望がよく、どこから敵が攻めてきても発見できる。北千畳から北東に延びる尾根には、観音寺城という遺構があり、2つの曲輪を有していた。竹田城の一部であろう。

大手門

コラム
川霧に浮かぶ竹田城を見る

夜間に冷やされた空気が、早朝、円山川の川面の水温よりも低くなると川霧が発生し、谷などの低い部分にたまると、山の高い部分が取り残されて、雲の海に突出して見える。

この川霧による雲海が出る時期は、9月下旬〜4月上旬である。インターネットの朝来市のサイトでは、「日本海に高気圧の中心があり、よく晴れて、朝と日中の気温差が大きいこと」が川霧が出やすい条件という。刻々と表情を変える霧に浮かぶ竹田城、一見の価値ありである。

❹ 花屋敷
本丸から西側に張り出した曲輪である。写真左奥の隅にも櫓が建っていたようである。

❺ 大手門跡
北戦場の東にある大手口。枡形で城外から向かうと左L字に折れる。右には櫓があったようで、横矢を掛けられる構造である。

特集1　日本が誇る美しき名城

城知識　平成元年（1989）に映画「天と地と」の撮影が行われ、天守などのセットが竹田城跡に造られた。

現存する12の天守

現在、国内には廃城令や戦災の焼失を免れ、江戸期またはそれ以前より現存する天守が12城存在する。

023 弘前城（ひろさきじょう）
【青森県弘前市】
文化7年(1810)に建造。当時の幕府をはばかって「御三階櫓」と呼ばれる。最北かつ最東の天守。
⇒P40　⇒P52

346 松本城（まつもとじょう）
【長野県松本市】
大小天守のほか2つの櫓が連結する黒塗りの天守群。見る角度によってさまざまな表情を見せる。
⇒P24　⇒P98

418 丸岡城（まるおかじょう）
【福井県坂井市】
最古の現存天守との説もある二重三階の天守。昭和23年(1948)の福井地震の際に倒壊したが古材を用いて再建された。
⇒P127　⇒P139

475 犬山城（いぬやまじょう）
【愛知県犬山市】
文明元年(1469)に砦ができ、天守ができた時期については諸説ある。三重四階の天守で木曽川沿いに建つits風情から白帝城とも。
⇒P34　⇒P145

634 彦根城（ひこねじょう）
【滋賀県彦根市】
現在の天守は慶長11年(1606)に建造された三重三階の天守。城の構造と意匠が実に美しい。
⇒P32　⇒P172

572 姫路城（ひめじじょう）
【兵庫県姫路市】
4つからなる天守群は慶長14年(1609)の大改修により建造された。日本最大の天守であり白亜の外壁から「白鷺城」とも呼ばれる。
⇒P8　⇒P167

749 松江城（まつえじょう）
【島根県松江市】
慶長15年(1610)に建造された五重六階の天守。天守の南に付櫓が付く。現存天守の中で内部に唯一井戸がある。
⇒P206　⇒P224

788 備中松山城（びっちゅうまつやまじょう）
【岡山県高梁市】
現在の天守は元和元年(1681)に建造された二重二階のもの。臥牛山山頂に建ち、現存天守唯一の山城で、天守の高さも一番低い。
⇒P204　⇒P227

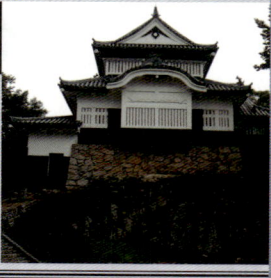

690 丸亀城（まるがめじょう）
【香川県丸亀市】
現在の天守は万治3年(1660)に建造。幕府をはばかって「御三階櫓」と呼ばれる。高さ66mの石垣の上に立っている。
⇒P205　⇒P217

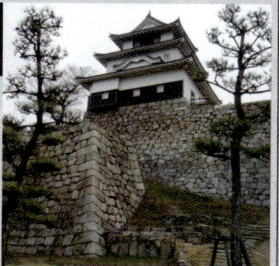

691 伊予松山城（いよまつやまじょう）
【愛媛県松山市】
現在の天守は嘉永5年(1852)に建造。勝山の山頂に大小天守と櫓2基を連結した連立式の天守がそびえ立つ。
⇒P202　⇒P218

693 宇和島城（うわじまじょう）
【愛媛県宇和島市】
寛文6年(1666)に建造された三重三階の天守。現存天守中最南、最西端にある。白漆喰の外壁や飾りが美しい。
⇒P213　⇒P218

712 高知城（こうちじょう）
【高知県高知市】
延享4年(1747)に建造された四重六階の天守。天守のほかに御殿や門など本丸の建造物がほぼ完全に残っている。
⇒P212　⇒P220

北海道・東北・関東・甲信越地方の城

地域別

- 北海道
- 青森県
- 岩手県
- 秋田県
- 山形県
- 宮城県
- 福島県
- 茨城県
- 栃木県
- 群馬県
- 埼玉県
- 千葉県
- 東京都
- 神奈川県
- 山梨県
- 新潟県
- 長野県

弘前城

史蹟区分 国指定史蹟・重要文化財9件
築城主 津軽信枚

青森県
慶長16年（1611）築
城番号 023
参照頁 ▶P52

（写真協力／弘前市）

A 天守 東北地方に現存する唯一の天守。築城当初は五重の天守であったが落雷によって焼失し、江戸後期に三重櫓を改築し再建された。

築城400年を迎えた東北を代表する名城

　美しい三重三階の天守が目を見張る**弘前城**は、隣接する南部氏から津軽地方を守るために築かれた居城である。もともと津軽地方は南部氏の所領であったが、戦国末期、南部氏の家臣であった**津軽為信**がその支配を嫌い独立。この地を手中に収め弘前藩を開いた。

　こうした経緯もあり、津軽氏と南部氏は江戸時代を通じて犬猿の仲となる。この影響を受けて築城された弘前城は、当時4万7千石（のちに10万石）に過ぎなかった弘前藩と思えないほど広大であり、その規模は**30万石の大名**に匹敵するとさえいわれている。

　築城を計画したのは初代藩主・津軽為信だが、為信は志半ばにして世を去り、跡目を継いだ2代目藩主・津軽**信枚**によってわずか1年で完成された。以降、津軽氏によって幕末まで世襲される。

　城の構造は典型的な**梯郭式縄張**となっており、本丸、二の丸、三の丸など7つの曲輪、天守をはじめとする8つの櫓、12の城門を備え、東西約615m、南北約950mに広がっている。石垣は本丸

人物
機知に富む行動で弘前藩の礎を築く

　弘前藩の藩祖・津軽為信は非常にしたたかな人物として知られている。為信は津軽地方を平定すると、「小田原攻め」へ向かう豊臣秀吉に南部氏に先駆けて謁見し、4万5千石を安堵される。為信は中央政権の確約を取ることで、南部氏の津軽侵攻を事前に食い止めたのである。さらに、「関ヶ原の戦い」では東軍として参戦し、戦後2千石を加増。幕末まで続く、弘前藩10万石の礎を築きあげた。

弘前城主津軽為信の像

城知識 天守焼失の原因は、城のシンボルであった鯱に雷が落ちたためと記録されている。このとき、天守内にあった多くの武器や宝物、記録書などが失われたという。

Ⓑ 追手門 積雪を考慮して一般的な城門より一層目が高く造られている。城の正面玄関「大手門」で、弘前城では追手門と呼ばれる。

Ⓐ 天守
東内門
Ⓒ 未申櫓
南内門
蓮池
Ⓑ 追手門
亀甲門
Ⓓ 辰巳櫓
東門
丑寅櫓

Ⓒ 未申櫓 弘前城の櫓には普通備えられている石落としがない。現存する3つの櫓はほぼ形が同じだが、窓や屋根の構造が少しずつ異なる。

Ⓓ 辰巳櫓 櫓はそれぞれ三階三層、屋根は入母屋、銅板葺き、防弾・防火のために土蔵造りとなっている。

時代の波を見事に読み切り往時の姿を今に伝える

東北地方の諸藩の多くは、明治維新のさいに旧幕府軍として参戦したため、新政府発足後に懲罰的な意味合いを込めて城が取り壊されてしまう。しかし、弘前藩は新政府軍に協力したため惨事を免れ、往時の姿を数多く残している。

そのなかでも目を惹くのは、やはり天守だろう。前述したとおり江戸後期に再建されたものであるが、雪国でも割れにくい**銅瓦葺き**を屋根に用いるなど、他の城内建造物とは雰囲気を異にしている。ほかにも辰巳櫓、未申櫓、丑寅櫓。追手門、南内門、東内門、北門。本丸、二の丸、三の

丸、北の丸の堀が往時の姿を留め、天守及び3つの櫓と5つの城門は、いずれも国の重要文化財に指定されている。

櫓は「石落とし(→P.277)」が作られていないのが特徴で、敵の侵攻を防ぐというよりは、敵の様子をうかがうための**物見台**としての役割が高かったようだ。

弘前城は四季折々で美しいが、特に春は桜の名所として有名である。

のみで、その他は土塁で築かれているが、城の西を流れる岩木川、東の土淵川が防御の一端を担う。当初は本丸に**五重の天守**を備えていたが、寛永4年(1627)に落雷によって焼失。文化8年(1811)に、本丸東側の隅にあった三重櫓を改築し、現在の天守が築かれた。なお、当時「武家諸法度」では天守の新築が禁止されていたため、幕府には隅櫓の名目で改築の申請をしたという。

主な城主と出来事

1603	津軽為信、高岡(弘前の旧名)に築城を計画。江戸幕府に許可を求める
1607	為信が京都で死去
1610	津軽信枚、高岡城の築城を開始
1611	新城完成。堀越城から信枚が移り住む
1627	落雷により五重天守焼失
1628	本丸、本丸御殿を改修。高岡を弘前と改称
1811	隅櫓を改築し三重天守を新築
1871	廃藩に伴い廃城。東北鎮台の分営が置かれる
1895	弘前公園として開放
1937	天守などが旧国宝(現、重要文化財)に指定
1952	国の史蹟に指定

地域別 北海道・東北・関東甲信越地方の城

城知識 弘前城は現在、弘前公園として一般公開されており、2月の「弘前城雪灯籠まつり」、4月の「弘前さくらまつり」をはじめ、四季を通じて多くのイベントが開催されている。

五稜郭
ごりょうかく

北海道

元治元年(1864)築

城番号 001
参照頁 ▶P50

史蹟区分　国指定特別史蹟
築城主　江戸幕府（設計は武田斐三郎）

「戊辰戦争」最後の舞台となった五稜郭。毎年5月には、城の歴史を後世に伝えることを目的とした、「箱館五稜郭祭」が開催されている。

大国の侵略に備え築かれた国内最大級の稜堡式城郭

　安政元年（1854）、日米和親条約が締結されると、下田とともに**箱館**（函館）が外国船舶の補給港として開港されることになった。江戸幕府はこれを機に松前藩領であった箱館を直轄地とし、**箱館奉行所**を設置。さらには、欧米列強の脅威から箱館港を守るため、蘭学者の**武田斐三郎**に設計を命じ築城したのが、**五稜郭**（正式名称「亀田役所土塁」）である。

　五稜郭最大の特徴は、それまでの日本で主流であった、高さを持つ和式城郭ではなく、高さを抑えた**稜堡式城郭**を採用しているところにある。これは、発達する火器類に対応するため16世紀にフランスで考案された築城様式であり、四方八方に飛びだした稜堡によって死角を無くし、効率良く敵を迎え撃つことが可能となっている。

　築城当時は郭内に箱館奉行所庁舎などが建てられたが、「箱館戦争」（↓P198）で一部が焼失。さらに明治政府によって大半の建物が解体された。しかし、平成22年（2010）に箱館奉行所の一部を復元し、現在は一般公開されている。

歴史
新しい時代を開いた戊辰戦争最後の舞台

　五稜郭といえば、「戊辰戦争」最後の戦いとなった「箱館戦争」の舞台としても有名だ。明治元年（1868）10月26日、榎本武揚、土方歳三らが旧幕府軍を率いて五稜郭を占拠。翌年、5月18日の戦争終結まで、五稜郭を中心に戦闘が繰り広げられる。同年、「箱館」は「函館」と改称され、日本は新たな時代を歩むことになるが、欧米の侵攻を防ぐために築城された五稜郭が、日本人同士の争いの場になるとは皮肉なものである。

写真/国立国会図書館

箱館戦争で旧幕府軍を率いた総大将・榎本武揚。

城知識　平成18年（2006）に完成した隣接する新五稜郭タワー（高さ107m）からは、5つの稜堡と1つの半月堡を含む、地上からでは伺い知れない五稜郭の全貌を楽しむことができる。

42

若松城

史蹟区分 国指定史蹟
築城主 蘆名直盛

福島県
至徳元年
(1384) 築

城番号 **113**
参照頁 ▶P62

明治7年(1874)に解体された天守を再建。屋根には寒さに強い赤瓦が使用されている。

代々の城主により改築されより堅牢な城へと変貌する

若松城は南北朝時代にこの地を治めていた**蘆名直盛**が至徳元年（1384）に黒川城を築城したのがはじまりとされる。天正17年（1589）に**伊達政宗**が蘆名氏を滅ぼし黒川城へ入城。しかし翌年「奥州仕置」によって政宗は移封され、**蒲生氏郷**が会津に入る。氏郷は地名を黒川から会津へ改め、中世の城を**七重天守**の近世城郭に改築、鶴ヶ城と命名する。深い堀を張り巡らし、町割りを行うなど、氏郷時代に会津の町の基礎が築かれた。その後城主は次々に代わり、現在の**五重天守**となったのは加藤氏の時代である。寛永20年（1643）、**保科氏**（のちに松平姓へ改名）が入り、幕末の落城まで世襲される。「戊辰戦争」では1ヵ月にも及ぶ攻防戦に耐えてその堅牢ぶりを見せつけるも落城。明治7年（1874）に取り壊された。

昭和40年（1965）に天守と走長屋、続いて干飯櫓・南走長屋も再建された。最近では幕末当時の姿を再現するため赤瓦へ葺き替えが完了。国内唯一の赤瓦の天守となっている。

歴史

戊辰戦争に散った白虎隊隊士の悲劇

白虎隊自刃の地に立つ少年像

戊辰戦争に旧幕府軍として参戦した会津藩は、西洋にならい部隊を年齢別に組織した。このとき、部隊の最年少となる、16、17歳の少年で編成されたのが白虎隊である。慶応4年（1868）8月23日、命を受けて出陣した白虎隊は戦いに敗れ敗走。19名の隊士が若松城北東の飯盛山に逃れ、自刃して果てた。自刃の理由は城下の炎を若松城落城と勘違いしたためといわれており、戊辰戦争が生んだ悲劇として語り継がれている。

地域別 北海道・東北・関東甲信越地方の城

城知識 再建された若松城の城内は郷土博物館となっており、歴代藩主を中心とした会津若松の歴史紹介や、戊辰戦争で自刃した白虎隊隊士19名の肖像画の展示などが行われている。

盛岡城

史蹟区分 国指定史蹟
築城主 南部信直

岩手県

慶長2年（1597）頃築

城番号 038
参照頁 ▶P54

膨大な年月と予算を掛け築きあげられた石の芸術

盛岡城の建築開始年には諸説あり、正確な年号は分かっていない。しかし1590年代に、盛岡藩初代藩主・南部信直によって開始されたのは確かなようである。現在では北上川が東へ移されてしまったが、当時は北上川と中津川の合流地点に築かれ、東・西・南の三方向を天然の水濠が囲む形となっていた。だがこれが災いし、川の氾濫が相次いだために工事は難航。全城が完成したのは寛永10年（1633）、3代藩主・重直のときである。

築城当初は**三重天守**が東南にそびえていたが、明治に入って取り壊され、今は本丸、二の丸、三の丸、淡路丸の曲輪と堀が残るのみである。けれども、土塁の多い東北では珍しい**白御影石**を用いた曲輪の石垣は、日本でも有数の規模を誇り、見応えは十分。毎年12月下旬から2月末まで、夜間はライトアップされ美しさを際立たせる。また、**石川啄木**が学生時代によく訪れていたことで知られ、城内には彼の読んだ歌碑や詩碑が設置されている。

全ての曲輪が石垣によって囲まれているのが盛岡城の特徴。江戸中期に改修されたものもあり、さまざまな年代の特徴ある石垣を見ることができる。（写真・盛岡市）

鎌倉時代より続く南部一族の繁栄

南部氏は清和源氏、甲斐源氏の流れを汲む御家人であり、鎌倉時代に奥州藤原氏討伐の功により源頼朝から奥羽を安堵。初代当主・光行が三戸に城を築いたのがはじまりである。戦国時代には北奥羽全域に勢力を広げるが、一族の分立などもあり一時衰退。だが、26代当主・信直によって再び建て直され、盛岡藩の礎が築かれた。以降、幕末に至るまで、南部氏の国替えは行われず、東北の名家として君臨し続ける。

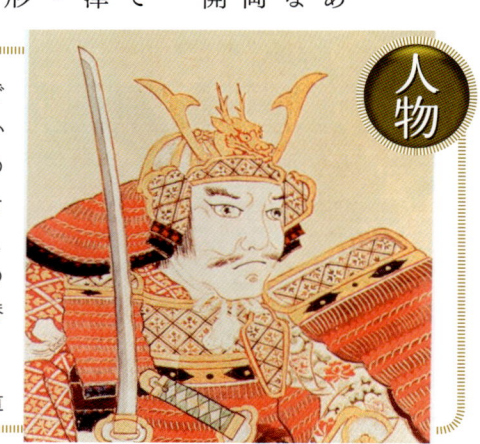

人物

南部信直

城知識 盛岡はその昔、「誰も来ない所」という意味から不来方と呼ばれていた。そのため、盛岡城は不来方城とも称される。現在の地名は城の完成時に、「盛り上がり栄える岡」の願いを込め改名された。

松前城

史蹟区分 国指定史蹟、重要文化財1件、道指定有形文化財1件
築城主 松前慶広

北海道
慶長5年（1600）築
城番号 019
参照頁 ▶P51

松前城天守

津軽海峡防衛のために築いた最後の日本式城郭

松前半島の南、津軽海峡を望む**松前城**は、外国の脅威に備えて築城された日本最北かつ最後の日本式城郭である。元来この地には、**松前慶広**によって**福山館**が築城されていた。しかし、ロシア南下に伴う警備強化の必要性から、12代藩主・**崇広**が幕府の命を受け、嘉永3年（1850）にこれを大改修。7基の砲台と計37門の大砲を備えた、日本式城郭ながら**西洋の軍事様式**も取り入れた城が誕生。縄張は高崎藩の兵学者・**市川一学**によるもので、25門の大砲を津軽海峡へ向けて配置し、城壁には鉄板を仕込むなど海防を重視。そのため、**戊辰戦争**では手薄となった背後から土方歳三らに攻められ、わずか1日で落城してしまう。しかも、肝心の海側への砲撃も、飛距離不足のため敵軍艦には届いていなかったという。戦いの痕跡は現在でも残されており、城の石垣に弾痕を見ることができる。

天守は昭和24年（1949）に焼失。現在の**三重天守**は昭和36年（1961）に再建されたものである。本丸御門と本丸御殿の一部が往時の姿を留めており、本丸御門は国の重要文化財に指定されている。

根室半島チャシ跡群

史蹟区分 国指定史蹟
築城主 不明

北海道
16〜18世紀
城番号 005
参照頁 ▶P51

面崖式のオンネモトチャシ

自然の地形を利用したアイヌの人々の砦

北海道には約700ヵ所のチャシ跡があり、根室市内には32ヵ所が現存。このうち24ヵ所が国の指定史蹟となっている。チャシは16世紀から18世紀にかけて築かれたものだが、根室半島のものは比較的新しく、寛政元年（1789）の「クナシリ・メナシの戦い」に使用されたと考えられている。

その形状からチャシは「孤島式」「丘頂式」「面崖式」「丘先式」に分類され、根室半島のものは大半が半円形、またはコの字型に壕を張り巡らせた「面崖式」である。主に海抜5〜50mの海岸断崖上の台地に、オホーツク海を臨むように築かれ、保存状態は極めて良好である。

その他

アイヌ文化の遺跡

チャシとはアイヌの言葉で「砦」や「柵の囲い」を意味し、北海道を中心に青森、山形、岩手の東北3県に渡って分布している。城としての役割だけでなく、祭事や集会など多目的に利用されており、アイヌの伝承を伴うことも多い。

地域別 北海道・東北・関東甲信越地方の城

城知識 チャシの「孤島式」は平野や湖に孤立している丘や島を利用したもの。「丘頂式」は山の頂を利用したもの。「丘先式」は岬などの突出した台地を利用したもの。「面崖式」は崖地の上に半円形の堀を築き、その内部を砦とした。

仙台城

史蹟区分	国指定史蹟
築城主	伊達政宗

宮城県
慶長5年（1600）築
城番号 112
参照頁 ▶P61

大手門脇櫓

みちのくの英雄が築いた豪華絢爛な本丸御殿

青葉山の山頂に位置することから「青葉城」とも呼ばれる仙台城は、城の三方を広瀬川の断崖と龍ノ口の渓谷が囲む、天然の要害に守られた山城である。本丸は仙台藩62万石に相応しい大規模なもので、東西245m、南北267mと日本最大級。天守は築かれなかったものの、本丸には豪華な本丸御殿が建ち並び、崖に張り出した懸造の御殿も造営されていた。初代藩主・伊達政宗もこの御殿で暮らしていたとされ、跡地からは多くの華麗な調度品が出土している。

本丸を囲む石垣は長い年月によって劣化が進んでいたが、平成9年（1997）から7年をかけて修復された。同時に行われた発掘調査によって異なる時期の石垣が埋没していることが明らかとなっている。

政宗の死後、2代藩主・忠宗は、本丸よりも一段低い山麓部に二の丸を造営する。二の丸には、大手門と付属の脇櫓が備えられていた。明治に入り大半の建物が破棄されるなか、これらは昭和の初めまで現存していたが、第二次世界大戦中の空襲により焼失し、脇櫓のみが再建されている。

白石城

史蹟区分	特になし
築城主	蒲生氏郷

宮城県
天正19年（1591）築
城番号 100
参照頁 ▶P61

白石城天守

仙台藩家老・片倉氏の居城として受け継がれる

戦国時代、白石は伊達氏の支配下にあったが、移封になり、代わりに蒲生氏郷が入る。氏郷の家臣・蒲生郷成によって築かれたのが、白石城である。

のちに上杉領となり、家臣の甘粕景継によって改築される。さらに、慶長5年（1600）、再び伊達領となった白石城は家臣の片倉景綱に与えられ、片倉氏の代でも改修が加えられた。現在そびえ立つ三重天守は平成7年（1995）に木造にて復元されたものだが、白石城は「一国一城令」以降も、例外的に片倉氏の居城として明治維新まで受け継がれていた。

明治維新では「奥羽越列藩同盟」締結の舞台となるなど、歴史の転換期に名前が登場する城としても知られている。

人物
名参謀・片倉景綱

白石城は「関ヶ原の戦い」において、片倉景綱（小十郎）によって攻め落とされた。景綱は伊達政宗の右腕として知られ、豊臣秀吉に政宗が冤罪を受けた際、重臣19名の1人として誓紙に名を連ね、政宗の命を救った逸話が残っている。

城知識 仙台城の本丸跡からはヴェネチアングラス、中国製の陶磁器などが出土しており、派手好きで知られる伊達政宗の当時の生活をうかがい知ることができる。

多賀城（たがじょう）

史蹟区分：国指定特別史蹟
築城主：律令政府
宮城県
神亀元年（724）築
城番号 095
参照頁 ▶P60

東北地方の政治・軍事の中心として一時代を築く

松島丘陵の先端に築かれた多賀城は、約900m四方の不均等な四角形をしており、周囲には築地塀や柵が張り巡らされていた。中央に約100m四方の政庁が建てられ、ここで政治が行われたと考えられている。奈良時代には陸奥国府及び鎮守府が置かれ、東北地方の政治、軍事拠点であった。

近年の発掘調査で多賀城は幾度となく戦禍、災害に遭っていたことが分かっており、宝亀11年（780）の「伊治呰麻呂の乱」、貞観11年（869）に発生した大地震での倒壊など、過去に5回の建て替えが行われた。往時のものは現存していないが、政庁跡が復元された。

多賀城政庁跡

歴史を記す多賀城碑

多賀城南門近くの堂には、城の位置などを141文字で記した多賀城碑が残されている。天平宝字6年（762）の多賀城修復のときに建てられたもので、歴史を知る貴重な碑として重要文化財に指定されている。日本三古碑のひとつにも数えられる。

久保田城（くぼたじょう）

史蹟区分：市指定文化財1件
築城主：佐竹義宣
秋田県
慶長8年（1603）築
城番号 057
参照頁 ▶P56

久保田城隅櫓

石垣をほとんど用いず土塁中心で築かれた城

久保田城は「関ヶ原の戦い」であいまいな態度を取ったために、常陸水戸54万石から出羽秋田20万石に転封となった佐竹義宣が築いた平山城である。ほとんど石垣を使わず土塁と堀のみで造営されているのが大きな特徴で、城内に天守はもちろん、三重櫓さえない質素な造りであった。こうした質素な背景には、転封を命じた徳川家康への配慮があったとされている。しかし、常陸の水戸城（→P70）も土塁で築かれており、義宣が土塁での築城を得意としていたことが本当の理由のようだ。また、減封による財政難も理由のひとつといわれる。

幕末まで佐竹氏の居城として存続し、戊辰戦争の戦禍も免れた久保田城だが、明治13年（1880）に焼失してしまう。現在の隅櫓は、平成元年（1989）に市制100周年を記念して再建されたものである。往時のものは二重櫓であったが、展望台を増築した三重四階となっている。さらに、平成13年（2001）には、発掘調査をもとに表門が復元された。唯一往時の姿を伝える「御物頭御番所」は、秋田市の指定文化財に指定されている。

地域別：北海道・東北・関東甲信越地方の城

城知識：慶長20年（1615）に発布された「一国一城令」によって支城を持つことは原則禁止されていたが、佐竹氏は久保田城に加え、横手城、大館城の3つの城を許されていた。

米沢城

史蹟区分：特になし
築城主：大江時広（長井時広）

山形県
暦仁元年（1238）築
城番号 077
参照頁 ▶P58

伊達政宗が生まれ直江兼続の眠る町

米沢城の堀

暦仁元年（1238）、鎌倉幕府の重鎮・大江広元の次男、時広がこの地の地頭となり、城を築いたのが米沢城のはじまりといわれている。時広は地名を取って長井姓を名乗り、代々に渡って長井氏が地頭を務めた。

しかし康暦2年（1380）、8代広房のとき、長井氏は伊達宗遠によって滅ぼされ伊達領となる。天正17年（1548）には伊達晴宗が本拠を移し、本格的な城が築かれた。伊達政宗もここで誕生している。

戦国末期、豊臣秀吉の「奥州仕置」によって蒲生氏郷の所領となるが、ほどなく蒲生氏は宇都宮城へ移され、越後より上杉景勝が転封。米沢城は重臣の直江兼続に与えられる。「関ヶ原の戦い」以後、会津120万石から米沢30万石へ減封となった上杉景勝の本拠地となり、明治維新まで上杉氏の居城となった。

城は兼続によって改修され舞鶴城と称される。城の整備より内政に力を入れた兼続らしく、土塁と水堀中心の質素なもので、天守も築かれなかった。だが、代わりに本丸東北隅と北西隅に三重櫓がふたつ築かれ、明治初期の取り壊しまで城の象徴として威風を誇った。

山形城

史蹟区分：国指定史蹟
築城主：斯波兼頼

山形県
延文2年（1357）築
城番号 075
参照頁 ▶P58

織豊時代に栄華を誇った最上氏の居城として繁栄

二の丸東大手門

山形城は南北朝時代、清和源氏の流れを汲む斯波兼頼が築いたと伝えられている。その後、兼頼は最上姓を名乗り、地名を山形へと改称。そのまま土着し、戦国屈指の大名となる最上氏の祖として礎を築いた。慶長6年（1601）、11代義光のとき近代城郭へと改修し、二の丸東大手門を記念し、木造建築にて二周年を（1991）に市制100周年を記念し、木造建築にて二の丸東大手門が復元された。

現在の山形城の原型が造りあげられた。やがて最上氏が改易になり鳥居忠政が入城すると、忠政はさらに改修を加え、二重堀を張り巡らせ、十数基の櫓を備えた、輪郭式縄張（→P269）の城が完成する。

明治に入り、堀は埋め立てられ、建物は解体されてしまうが、平成3年（1991）に市制100周年を記念し、木造建築にて二の丸東大手門が復元された。

歴史：城主が次々と交代

最上氏によって長らく受け継がれてきた山形城だが、最上氏の改易後、鳥居氏、保科氏、松平氏など11度城主が入れ替わった。その度に石高は減少していき、最上氏時代には57万石を誇った山形藩も、最後の城主水野氏のころには5万石となっていた。

城知識：現在、米沢城跡は公園として整備され、本丸跡は上杉謙信を祀る「上杉神社」となっている。NHK大河ドラマ『天地人』で人気を博した、直江兼続ゆかりの地ということもあり訪れるファンは多い。

二本松城

史蹟区分 県指定重要文化財1件、市指定文化財3件
築城主 畠山満泰
福島県
嘉吉元年（1441）築
城番号 130
参照頁 ▶P63

二本松城二重櫓

少年たちが命を賭して守ろうとした山頂の城

標高345mの白旗が峰に残る二本松城は、嘉吉年間に奥州探題を命じられた畠山満泰に築かれた山城である。以降、長年に渡り畠山氏の支配が続くが、天正14年（1586）に奥州制覇を狙う伊達政宗に攻められ畠山氏は滅亡する。天正18年（15 20）より蒲生氏、松下氏、加藤氏と城主を代える。この間、石垣を用いた近代城郭に改修、近世の平山城へと姿を変えた。寛永20年（1643）からは丹羽氏10万石の居城となり、幕末を迎える。しかし、「戊辰戦争」では新政府軍に攻められ落城し、城内の建物すべてが焼き払われた。現在は、箕輪門、二重櫓、本丸石垣などが再建されている。

【歴史】 悲運の二本松少年隊

「戊辰戦争」の悲劇といえば若松城の白虎隊が有名だが、二本松城でも12歳から17歳までの少年で編成した部隊が戦死を遂げている。彼らは後世「二本松少年隊」と呼ばれるようになり、城内には二本松少年隊像が建てられている。

小峰城

史蹟区分 市指定史蹟
築城主 結城親朝
福島県
興国元年（1340）築
城番号 127
参照頁 ▶P63

三重櫓と前御門

奥州の関門に築かれた代表的な梯郭式平山城

白河の地にはじめて城が築かれたのは南北朝時代、結城親朝の手によるといわれている。その後、伊達氏、蒲生氏、上杉氏と城主が代わり、寛永4年（1627）、築城の名手として知られる丹羽長重が入城する。長重は徳川幕府の命を受けて寛永6年（1629）から城の大改修に着手し、4年の歳月をかけて二の丸、三の丸などを配置した近代城郭を完成させた。幕府の命の背景には、奥州への重要拠点であった白河に城を築くことで、上杉氏、伊達氏といった奥州大名を牽制する意味合いがあったとされる。

奥州関門の名城と謳われるだけあり、城下を流れる阿武隈川の流れを変えて城下町を造営するなど、白河藩の発展に努めた。その後「寛政の改革」で知られる松平定信ら7家21代の居城となる。幕末には戊辰戦争の舞台となり城内の建物が焼失したほか、平成23年（2011）の東日本大震災では石垣が崩落するなど大きな被害を出した。

忠実に再建されている。また長重は、城下を高く堅固に築かれた石垣は見事なもの。現在残る三重櫓と前御門は平成に入って復元されたものだが、史実に基づき忠実に再建されている。

地域別 北海道・東北・関東甲信越地方の城

城知識 二本松は藩政時代より菊の愛好者が多く、毎年10月から11月にかけて霞ヶ城公園（二本松城跡）で「二本松の菊人形」が開催されている。毎年20万人が訪れる、日本最大の菊の祭典である。

北海道の城

北海道
（ほっかいどう）

北海道の城砦は、一般的にイメージされる城の姿とは異なり、「チャシ」と呼ばれる柵で囲まれた拠点を指すことがほとんどである。松前城や五稜郭は、同地においてはむしろ特殊な城郭だと考えるべきだろう。

002 四稜郭（しりょうかく） 史跡
- 構造：平城／土塁・砲座
- 築城年：明治2年(1869)
- 築城者：旧幕府脱走軍
- 特徴：明治政府軍に対抗するため、五稜郭の鬼門にあたる位置に造られた。別名は新五稜郭。城内に建物はなく、土塁と堀だけを持つ。
- 住所：函館市陣川町
- アクセス：JR函館本線・函館駅よりバス

003 茂別館（もべつだて） 重文 史跡
- 構造：山城／土塁・空堀・小館曲輪
- 築城年：嘉吉3年(1443)
- 築城者：茂別家政
- 特徴：メインとなる大館と、戦いの際に砦として機能する小館からなる。コシャマインの戦いで攻め落とされなかった館のうちのひとつ。
- 住所：北斗市矢不来
- アクセス：JR江差線・茂辺地駅より徒歩

004 松前大館（まつまえおおだて） 史跡
- 構造：山城／土塁・空堀・居館跡
- 築城年：応永7年頃(1400)
- 築城者：安東氏
- 特徴：別名は徳山館。永正10年(1513)に、アイヌの攻撃を受け滅ぼされる。翌年、蠣崎光広によって改築。蠣崎氏の居城となる。
- 住所：松前郡松前町
- アクセス：JR江差線・木古内駅よりバス

001 五稜郭（ごりょうかく） ▶P42 史跡
- 構造：平城／遺構総構え・堀・石垣など
- 築城年：元治元年(1864)
- 築城者：江戸幕府
- 特徴：幕末、蝦夷地を管理するため、8年の歳月をかけて築かれた。設計・監督を担当したのは諸学に通じた武田斐三郎。特徴的な星形の曲輪から、五稜郭の名がついた。城内には函館奉行所が置かれた。
- 住所：函館市五稜郭町
- アクセス：JR函館本線・函館駅よりバス・市電

五稜郭公園

五稜郭内にある函館奉行所

勝山館跡(写真／福井聡)

011 ユクエピラチャシ [史跡]
- 構造：山城／土塁・空堀
- 築城年：不明
- 築城者：不明
- 特徴：陸別町を見渡す丘にある。厚岸アイヌのチャシとする見方が有力。十勝アイヌの将・カネランの砦という説もある。
- 住所：足寄郡陸別町
- アクセス：道の駅・オーロラタウン93りくべつより車

005 根室半島チャシ跡群 [史跡]
▶P45
- 構造：山城／土塁・空堀
- 築城年：16～18世紀　築城者：不明
- 特徴：「チャシ」とはアイヌ語で囲いを意味する言葉。祭事や集会などに使われ、北海道には約500個のチャシがあるといわれる。根室市にはチャシ跡が集まっており、オンネモトチャシは見学に適している。
- 住所：根室市温根元
- アクセス：JR根室本線・根室駅よりバス

016 勝山館 [重文][史跡]
- 構造：山城／土塁・空堀・曲輪など
- 築城年：15～16世紀　築城者：蠣崎氏
- 特徴：武田(蠣崎)信広が本拠とした。高台にあり、渓谷に挟まれている。上ノ国勝山館とも呼ばれ、和喜館、脇館の別称を持つ。
- 住所：檜山郡上ノ国町勝山
- アクセス：JR江差線・上ノ国駅より徒歩・車

012 鶴ヶ岱チャランケチャシ [史跡]
- 構造：山城／空壕
- 築城年：不明
- 築城者：不明
- 特徴：春採湖に突き出た岬の上にあり、二重の空壕をめぐらして構築されている。この地は湖の神様の遊び場という言い伝えが残る。
- 住所：釧路市春湖台
- アクセス：JR根室本線・釧路駅よりバス

オンネモトチャシ

017 桂ヶ岡チャシ かつらがおかちゃし [史跡]
- 構造：山城／壕
- 築城年：不明
- 築城者：不明
- 特徴：網走市の南にある台地に築かれたチャシ。南側は斜面で北側は崖。イシメシナイチャシコツ、チャランケチャシの名も持つ。
- 住所：網走市桂町
- アクセス：JR石北本線・網走駅よりバス

013 モシリヤチャシ [史跡]
- 構造：山城／空壕・竪穴・貝塚
- 築城年：不明
- 築城者：トミカラアイノ
- 特徴：丘の上に構築された大きめのチャシ。見た目がお供え餅に似ていることから、このタイプのチャシは「お供え山型」と呼ばれる。
- 住所：釧路市城山
- アクセス：JR根室本線・釧路駅より徒歩

006 花沢館 はなざわだて [史跡]
- 構造：平山城／土塁・空堀
- 築城年：嘉吉3年(1443)頃
- 築城者：不明
- 特徴：蠣崎季繁や武田(蠣崎)信広が住んだ館。別名は花見岱館。コシャマインの戦いでは、花沢館の副将だった武田信広が大将を討ち取った。
- 住所：檜山郡上ノ国町
- アクセス：JR江差線・上ノ国駅より徒歩

018 チャルコロモイチャシ [史跡]
- 構造：山城／空壕
- 築城年：不明
- 築城者：不明
- 特徴：根室半島には20個以上のチャシがあるが、そのなかで最も大きい。半島西部の海岸沿いに位置し、温根湖や風蓮湖を望む。
- 住所：根室市温根沼
- アクセス：JR根室本線・根室駅より車

014 志苔館 しのりだて [史跡]
- 構造：平山城／土塁・空堀・門構え跡
- 築城年：14世紀末
- 築城者：小林氏
- 特徴：コシャマインの戦いで和人側の重要拠点となった道南十二館のひとつ。永正9年(1512)に館主・小林良定が戦死し、廃館となる。
- 住所：函館市志海苔町
- アクセス：JR函館本線・函館駅よりバス

007 館城 たてじょう [史跡]
- 構造：平山城／土塁・礎石
- 築城年：明治元年(1868)
- 築城者：松前徳広
- 特徴：戊辰戦争の渦中、明治元年(1868)9月に建設がはじまるも、同年12月、土方歳三らが率いる徳川脱走軍に攻め落とされた。
- 住所：檜山郡厚沢部町
- アクセス：JR江差線・江差駅よりバス・車

019 松前城 まつまえじょう [重文][史跡]
▶P45
- 構造：平山城／(復)天守・本丸表御殿玄関・本丸御門など
- 築城年：慶長5年(1600)
- 築城者：松前慶広
- 特徴：慶長年代に松前慶広が福山館を造る。嘉永3年(1850)、松前崇広が福山館を拡幅し松前城が完成する。福山城とも呼ばれる。和式城郭としては築城時期が最も遅い。城跡は現在、松前公園となっている。
- 住所：松前郡松前町松城
- アクセス：JR江差線・木古内駅よりバス

志苔館跡(写真／福井聡)

015 松前藩戸切地陣屋 まつまえはんへきりちじんや [史跡]
- 構造：平城／(復)門・土塁・曲輪
- 築城年：安政2年(1855)
- 築城者：松前崇広
- 特徴：江戸幕府から蝦夷地の警備を任された松前藩が造った陣屋。明治元年(1868)、箱館戦争で徳川脱走軍に攻め落とされた。
- 住所：北斗市野崎
- アクセス：JR江差線・清川口駅より車

009 シベチャリチャシ [史跡]
- 構造：山城／空壕
- 築城年：17世紀中期
- 築城者：カモクタイン
- 特徴：寛文9年(1669)に起こったシャクシャインの乱におけるアイヌの拠点。崖の上にあり、戦闘の際は非常に強固な砦となった。
- 住所：日高郡新ひだか町
- アクセス：JR日高本線・静内駅より車

010 浜益毛陣屋 はまましけじんや [史跡]
- 構造：不明／土塁・空堀
- 築城年：文久元年(1861)
- 築城者：酒井忠篤
- 特徴：蝦夷地の治安維持を任せられた庄内藩が、警備拠点として建設。警備だけでなく、領地拡大も視野に入れて建築計画を練った。
- 住所：石狩市浜益区
- アクセス：JR函館本線・札幌駅よりバス

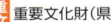

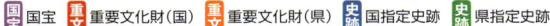

松前城天守

地域別　北海道・東北・関東甲信越地方の城

東北地方の城
青森県 (あおもりけん)

奈良時代から平安時代に、地域の長が多くの館を築いたエリア。やがて、青森にも平泉・奥州藤原氏の支配力が及ぶが、源頼朝に討たれると、南部氏が定着する。戦国時代には南部氏が津軽統一を成し遂げた。

024 堀越城 (ほりこしじょう) 史跡
- 構造：平城／曲輪・堀・土塁
- 築城年：延元元年(1336)
- 築城者：曾我貞光
- 特徴：文禄3年(1594)に大浦城から移ってきた大浦為信がこの城に住んだ。元和元年(1615)の一国一城令により廃城となる。
- 住所：弘前市堀越字川合・柏田
- アクセス：JR奥羽本線・弘前駅よりバス

023 弘前城 (ひろさきじょう) 史跡 重文
▶P40
- 構造：平山城／天守・櫓・城門など
- 築城年：慶長16年(1611)
- 築城者：津軽信枚
- 特徴：津軽統一を果たした津軽為信が築城計画を立てるも志半ばで死去。三男の津軽信枚が跡を継ぎ城を完成させ、津軽氏代々の居城となる。築城当初は高岡城と呼ばれていたが、後に「弘前城」と改称。
- 住所：弘前市下白銀町
- アクセス：JR奥羽本線・弘前駅よりバス

020 唐川城 (からかわじょう)
- 構造：山城／曲輪・堀
- 築城年：不明
- 築城者：安東氏
- 特徴：福島城からほど近い場所にある支城。南部氏の攻撃を受けた安東盛季がこの城に籠った。室町時代中期の築城とする説が有力。
- 住所：五所川原市相内字岩井
- アクセス：津軽鉄道・津軽中里駅よりバス

021 大浦城 (おおうらじょう)
- 構造：平城／土塁・堀
- 築城年：文亀2年(1502)
- 築城者：南部(大浦)光信
- 特徴：光信が古城を改修して大浦城とした。光信は子・盛信を城主に据えたが、その盛信の子孫が津軽統一を成し遂げる津軽為信である。
- 住所：弘前市賀田・五代
- アクセス：JR奥羽本線・弘前駅よりバス

022 湯口茶臼館 (ゆぐちちゃうすたて)
- 構造：山城／曲輪・堀・土塁
- 築城年：不明
- 築城者：不明
- 特徴：オタマジャクシを思わせる特徴的な形をした丘にある館。先住民が築いた館を当時の領主が改築したものと思われる。蝦夷館とも。
- 住所：弘前市大字湯口
- アクセス：JR奥羽本線・大鰐温泉駅より徒歩

堀越城跡

弘前城天守

034 八戸城 （はちのへじょう） 重文

- 構造：平城／土塁
- 築城年：寛文4年(1664)　築城者：南部直房
- 特徴：前身は、根城の支城である中館。築城から明治4年(1871)の廃藩置県を受けて廃城となるまで、八戸南部氏が居城とした。
- 住所：八戸市内丸三八城公園
- アクセス：JR八戸線・本八戸駅より徒歩

八戸城本丸跡

035 種里城 （たねさとじょう） 史跡

- 構造：山城／曲輪
- 築城年：延徳3年(1491)
- 築城者：南部(大浦)光信
- 特徴：津軽氏の始祖、南部(大浦)光信が築城。津軽氏発祥の場所として、江戸幕府が一国一城令を出した後も明治にいたるまで城は保存された。
- 住所：西津軽郡鰺ヶ沢町
- アクセス：JR五能線・鰺ヶ沢駅よりバス

036 深浦館 （ふかうらだて）

- 構造：山城／曲輪
- 築城年：室町時代
- 築城者：不明
- 特徴：大光寺城の葛西頼清が南部氏の攻撃から逃れて居館。その後の詳細はわかっていないが、最後の城主は千葉氏だったと推測される。
- 住所：西津軽郡深浦町
- アクセス：JR五能線・深浦駅より徒歩

037 根城 （ねじょう） 史跡

- 構造：平城／曲輪・空堀・土塁
- 築城年：建武元年(1334)
- 築城者：南部師行
- 特徴：5つの曲輪を持つ大規模な城。鎌倉攻めで名を上げた南部師行が築城した。以降、寛永4年(1627)に城主・南部直栄が岩手県遠野へ移るまで八戸南部氏が拠点とし、数々の戦で活躍した。
- 住所：八戸市
- アクセス：JR八戸線・八戸駅よりバス

028 七戸城 （しちのへじょう） 史跡

- 構造：平山城／本丸・曲輪・土塁など
- 築城年：鎌倉末期〜南北朝初期
- 築城者：不明
- 特徴：矢館、大池館、坂本館、砂子田館などが集まる七戸町界隈に築かれた城。七戸南部氏が拠点とした。九戸政実の乱で廃城となる。
- 住所：上北郡七戸町字七戸
- アクセス：東北新幹線・七戸十和田駅よりバスか車

029 芦名沢館 （あしなざわだて）

- 構造：山城／曲輪・障塀・土塁など
- 築城年：不明
- 築城者：不明
- 特徴：大規模な障塀、多数の空堀など、厳重な防御機構を備えた城。尻八館や湯口茶臼館と同じく、もともとは先住民の砦とする説が有力。
- 住所：十和田市沢田字芦名沢
- アクセス：JR花輪線・十和田南駅よりバス

030 三戸城 （さんのへじょう）

- 構造：山城／(復)天守・(復)網御門・城門跡など
- 築城年：永禄年間(1558〜1569)　築城者：南部晴政
- 特徴：三戸盆地の中央あたりに位置する。三戸南部氏の居城。盛岡城が完成して南部氏が移ったあとも、しばらく城代が置かれていた。
- 住所：三戸郡三戸町梅内城山公園
- アクセス：青い森鉄道・三戸駅よりバス

隅櫓を模した三戸城温故館

031 大光寺城 （だいこうじじょう）

- 構造：平城／不明
- 築城年：正慶2年(1333)
- 築城者：曾我氏
- 特徴：永享年間に三戸南部氏に攻められ、以後、南部氏の居城となる。新城、古館、五日市城があり、大光寺城といえば通常、新城を指す。
- 住所：平川市大光寺
- アクセス：弘南鉄道弘南線・平川駅より徒歩

032 中里城 （なかさとじょう） 史跡

- 構造：平山城／曲輪・帯曲輪・堀
- 築城年：縄文〜15世紀
- 築城者：不明
- 特徴：津軽中里駅北側の台地に位置する。南部氏と対立していた安東氏の一拠点と捉える説もある。付近には縄文時代の遺構も見られる。
- 住所：北津軽郡中泊町
- アクセス：津軽鉄道・津軽中里駅より徒歩

033 福島城 （ふくしまじょう）

- 構造：平城／(復)城門・曲輪・堀・土塁など
- 築城年：正和年間(1312〜17)
- 築城者：安東貞季
- 特徴：十三湖に面する台地上に築かれた城。寛喜元年(1229)にこの地に移住してきた安東氏が交易によって力を蓄えて築城した。
- 住所：五所川原市相内字実取・露草
- アクセス：津軽鉄道・津軽中里駅よりバス

025 黒石陣屋 （くろいしじんや）

- 構造：陣屋／不明
- 築城年：明暦2年(1656)
- 築城者：津軽信英
- 特徴：廃藩置県まで215年の間使用された陣屋。黒石城といえば通常この陣屋を指し、黒石市境松にある同名の城は旧黒石城と呼ばれる。
- 住所：黒石市内町
- アクセス：弘南鉄道黒石線・黒石駅より徒歩

026 浪岡城 （なみおかじょう） 史跡

- 構造：平城／曲輪・堀・土塁
- 築城年：15世紀後半
- 築城者：北畠顕義
- 特徴：津軽で強い勢力を誇った北畠氏の城。北の御所、浪岡御所とも呼ばれた。天正6年(1578)に大浦為信に落とされ、廃城となる。
- 住所：青森市浪岡
- アクセス：JR奥羽本線・浪岡駅より徒歩

027 尻八館 （しりはちだて）

- 構造：山城／主曲輪・腰曲輪・堀など
- 築城年：寛喜2年(1230)
- 築城者：安東氏
- 特徴：アイヌの古い砦を安東氏が改築し、館として利用したといわれる。ふたつの川に挟まれた場所に位置している。別名は霊光城。
- 住所：青森市後潟字後潟山・六枚橋山
- アクセス：JR津軽線・後潟駅より車

根城主殿

地域別 北海道・東北・関東甲信越地方の城

東北地方の城
岩手県（いわてけん）

岩手県には世界遺産で有名な奥州藤原氏の支配した平泉があるが、その他にも源氏の流れを汲む名門武家、南部氏の遺構が数多く残されている。また陸奥土着のさまざまな武家の居城が点在しているのも特徴だ。

038 盛岡城（もりおかじょう） ▶P44　史跡

構造：平城／本丸・二の丸・三の丸など
築城年：慶長2年(1597)頃
築城者：南部信直
特徴：文禄2年(1593)に着工。しかし築城者の信直が竣工前に死去。度重なる災害にも見舞われ完成まで41年もの歳月を要した。長い年月を経て完成をみた城はその後230年以上に渡り南部氏の居城となる。
住所：盛岡市内丸岩手公園
アクセス：JR東北本線・盛岡駅より徒歩

盛岡城跡公園

盛岡城の石垣

051 大槌城 (おおつちじょう) 〔史跡〕
- 構造：山城／曲輪・空堀・砦
- 築城年：建武元年(1334)　築城者：大槌次郎某
- 特徴：小槌川と大槌川に挟まれた場所に築かれた城。代々の城主は大槌氏。しかし謀反を恐れた南部氏によって殺害され大槌氏は滅亡する。
- 住所：上閉伊郡大槌町
- アクセス：JR山田線・大槌駅より徒歩

大槌城跡（写真／大槌町）

045 柳之御所 (やなぎのごしょ) 〔重文〕〔史跡〕
- 構造：不明／不明
- 築城年：12世紀初期
- 築城者：不明
- 特徴：奥州藤原氏の政庁「平泉館」の跡と思われる。貴重な遺跡が多数発掘されたことでも有名。現在は整備され公園になっている。
- 住所：西磐井郡平泉町
- アクセス：JR東北本線・平泉駅より徒歩

046 土沢城 (つちざわじょう)
- 構造：平山城／空堀・平坦地
- 築城年：慶長17年(1612)
- 築城者：南部利直
- 特徴：南部藩が伊達藩に対抗するために築いた城。南部利直は築城翌年に江刺隆直を入城させ、伊達藩の動向を見張らせた。別名は江刺城。
- 住所：花巻市東和町土沢
- アクセス：JR釜石線・土沢駅より徒歩

039 花巻城 (はなまきじょう)
- 構造：平山城／円城寺門・鐘楼・堀
- 築城年：15世紀頃　築城者：不明
- 特徴：もとは稗貫氏の本拠・鳥谷ヶ崎城。天正19年(1591)に南部信直の命を受けて北秀愛が城代となり、城名が花巻城と改められた。
- 住所：花巻市城内
- アクセス：JR東北本線・花巻駅より徒歩

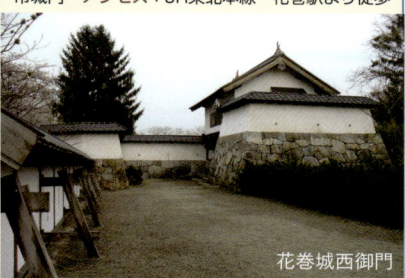

花巻城西御門

047 鍋倉城 (なべくらじょう) 〔重文〕
- 構造：山城／本丸・空堀・土塁
- 築城年：天正元年(1573)
- 築城者：阿曽沼広郷
- 特徴：遠野の鍋倉山に築かれた城。かつては横山城と呼ばれていたが、寛永4年(1627)に南部直義が改築し、城名を鍋倉城とする。
- 住所：遠野市遠野町
- アクセス：JR釜石線・遠野駅より徒歩

040 姉帯城 (あねたいじょう)
- 構造：不明／不明
- 築城年：不明
- 築城者：姉帯兼政
- 特徴：馬淵川に面する崖の上にある城。南が川、北が谷という難攻の地に築かれた。九戸政実の内乱の際、豊臣の大軍に滅ぼされる。
- 住所：二戸郡一戸町姉帯
- アクセス：IGRいわて銀河鉄道・小鳥谷駅より車

052 座主館 (ざすだて)
- 構造：不明／不明
- 築城年：不明　築城者：不明
- 特徴：伝法寺右衛門が住んだとされる館。南には、天台宗の寺々を総監する天台座主が置かれたと伝えられる屋彦山伝法寺の跡がある。
- 住所：紫波郡矢巾町大字北伝法寺
- アクセス：JR東北本線・矢幅駅より車

048 浄法寺城 (じょうぼうじじょう)
- 構造：山城／本丸・二の丸・大手門跡など
- 築城年：明応元年(1492)　築城者：浄法寺修理
- 特徴：南部氏に重用された浄法寺氏の居城。八番館、大館、新城館の3館を持つ大規模な城である。豊臣秀吉の城破却令により廃城となる。
- 住所：二戸市浄法寺町
- アクセス：JR東北新幹線・二戸駅よりバス

041 昼沢館 (ひるさわだて)
- 構造：不明／不明
- 築城年：不明　築城者：不明
- 特徴：三重の堀を設けるなど、特徴的な構造を持つ館。築城者や築城時期が不明で規模も小さいが、珍しい造りで、貴重な館といえる。
- 住所：岩手郡葛巻町葛巻
- アクセス：IGRいわて銀河鉄道・いわて沼宮内駅より車

053 高水寺城 (こうすいじじょう)
- 構造：平山城／曲輪・建物跡・池跡など
- 築城年：建武2年(1335)　築城者：斯波家長
- 特徴：斯波氏の居城とされる。天正19年(1591)に南部信直が攻め落とし、郡山城と改称。寛文7年(1667)に廃される。現在は公園。
- 住所：紫波郡紫波町二日町古館
- アクセス：JR東北本線・紫波中央駅より車

049 岩谷堂城 (いわやどうじょう)
- 構造：山城／本丸・二の丸・三の丸など
- 築城年：不明
- 築城者：千葉胤道
- 特徴：かつてこの地は葛西氏の領地で城には一門の江刺氏が住んだ。江刺氏が去った後、城に入った溝口氏は一揆により殺されてしまう。
- 住所：奥州市江刺区岩谷堂
- アクセス：JR東北新幹線・水沢江刺駅より車

042 雫石城 (しずくいしじょう)
- 構造：平城／本丸・二の丸・三の丸など
- 築城年：暦応3年(1340)頃
- 築城者：斯波雫石氏
- 特徴：もとは「滴石城」といい、戸沢氏の居城だったが、後に斯波氏が占領。1573年から1592年の間に改修が行われ、「雫石城」となる。
- 住所：岩手県雫石町
- アクセス：JR田沢湖線・雫石駅より徒歩

054 九戸城 (くのへじょう) 〔史跡〕
- 構造：平山城／本丸・二の丸・館など
- 築城年：明応年間(1492～1500)
- 築城者：九戸光政
- 特徴：九戸光政が築いたとされるが九戸政実による築城とする説もある。九戸政実は天正19年(1591)に三戸信直を敵に回して九戸城に籠ったが、豊臣軍に鎮圧された。以後、信直の本拠に。
- 住所：二戸市福岡字城ノ内
- アクセス：IGRいわて銀河鉄道・二戸駅より車

050 二子城 (ふたごじょう)
- 構造：平山城／空堀・曲輪
- 築城年：室町初期
- 築城者：和賀氏
- 特徴：和賀郡で最大規模を誇る和賀氏の本拠。和賀氏は天正18年(1590)に豊臣秀吉の小田原攻めに協力しなかったため城を追われた。
- 住所：北上市二子町
- アクセス：JR東北本線・北上駅より車

043 安倍館 (あべたて)
- 構造：不明／不明
- 築城年：不明
- 築城者：不明
- 特徴：前九年の役で源頼義・義家が安倍頼任・宗任を倒した砦（厨川柵）の跡とされているが、厨川柵の支城の跡とする見方もある。
- 住所：盛岡市安倍館町
- アクセス：JR東北本線・盛岡駅よりバス

044 一戸城 (いちのへじょう)
- 構造：平山城／不明
- 築城年：建長年間(1249～1256)
- 築城者：南部義実
- 特徴：北館、八幡館、神明館の三館を持つ。天正9年(1581)に城主・一戸政連が暗殺される。その後、一戸城を舞台に九戸氏と南部氏が争う。
- 住所：二戸郡一戸町
- アクセス：IGRいわて銀河鉄道・一戸駅より徒歩

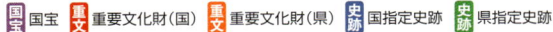

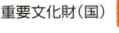

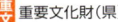

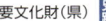

九戸城の堀

地域別　北海道・東北・関東甲信越地方の城

東北地方の城

秋田県
（あきたけん）

戦国時代に突入するころ、秋田氏（安東氏）が勢力を拡大したエリア。関ヶ原の戦いが終わり、常陸から佐竹氏が国替えで送り込まれると、秋田氏、戸沢氏、本堂氏など、周辺の大名は反対に常陸へと転封された。

055 十狐城 とっこじょう
- 構造：平山城・曲輪・出丸・空堀
- 築城年：永正年間（1504～1521）
- 築城者：浅利則頼
- 特徴：源頼朝の奥州征伐に参加して、比内地方の地頭になった浅利氏の本城。浅利氏は要所に支城を造り、比内での支配力を強めていく。
- 住所：大館市比内町
- アクセス：JR奥羽本線・大館駅よりバス

056 大森城 おおもりじょう
- 構造：平山城／本丸・二の丸・帯曲輪
- 築城年：文明年間（1469～1487）
- 築城者：小野寺道高
- 特徴：天正初期の城主は小野寺康道（大森五郎）。天正19年（1591）に上杉景勝が入城し、刀狩令で取り上げた武器の保管場所とされた。
- 住所：横手市大森町
- アクセス：JR奥羽本線・横手駅よりバス

057 久保田城 くぼたじょう
▶P47
- 構造：平山城／(復)天守・本丸・二の丸など
- 築城年：慶長8年（1603）
- 築城者：佐竹義宣
- 特徴：関ヶ原の戦いで徳川方に協力せず、秋田へ移封された水戸城主・佐竹義宣が本城として築いた。石垣を持たないが、五重の堀を設けるなど守りは堅い。現在、城跡は整備されて公園になっている。
- 住所：秋田市千秋公園
- アクセス：JR奥羽本線・秋田駅より徒歩

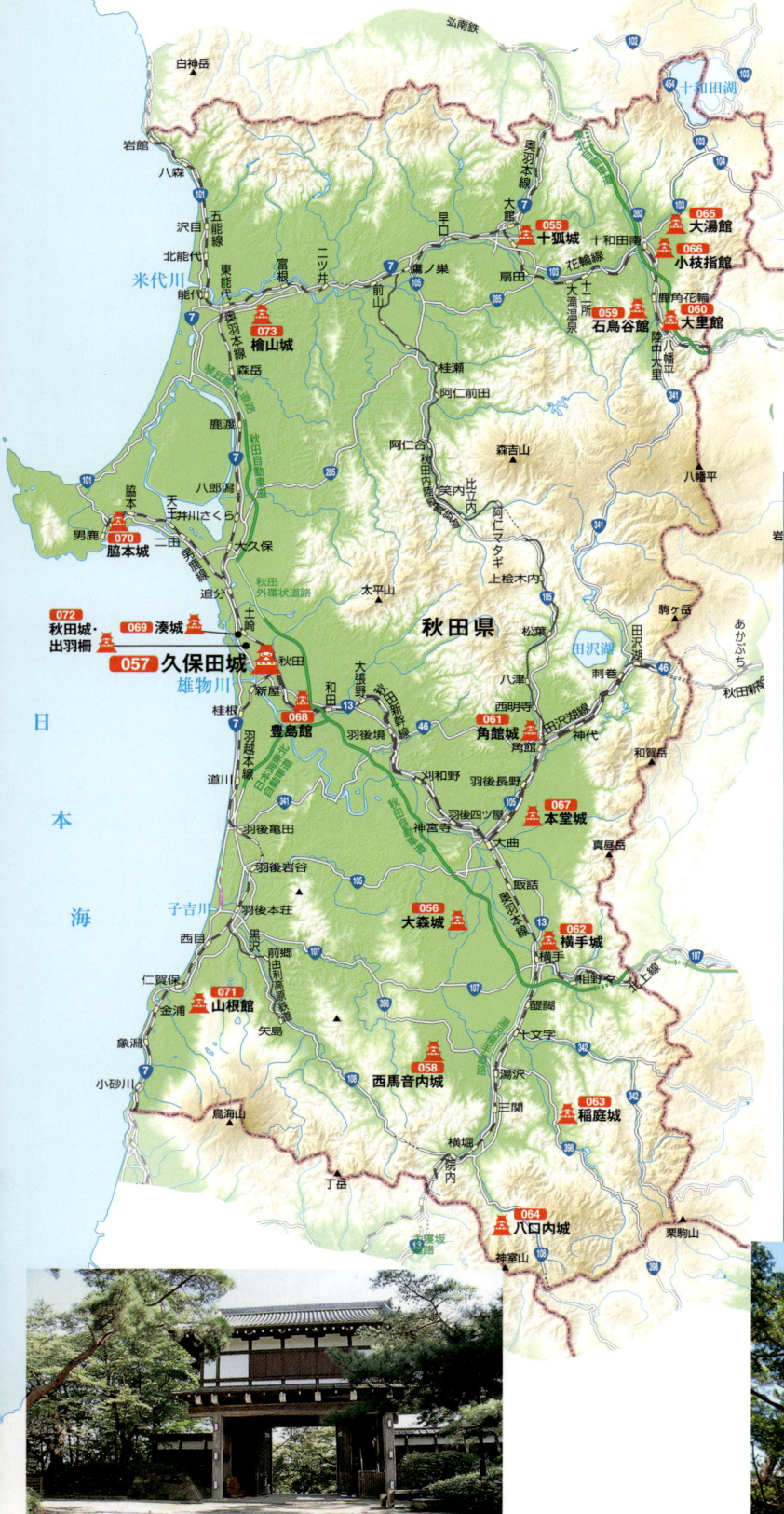

久保田城本丸表門

久保田城御隅櫓

070 脇本城 【重文・史跡】
- 構造：平山城／曲輪・土塁・井戸
- 築城年：16世紀後期　築城者：不明
- 特徴：檜山、湊とあわせて安東氏の三城。天正15年(1587)に城主・修季が内乱を起こすが檜山安東実季が鎮圧し、安東氏を統合した。
- 住所：男鹿市脇本字脇本
- アクセス：JR男鹿線・脇本駅より徒歩

脇本城跡

071 山根館 【史跡】
- 構造：山城／本丸・礎石建物跡・石塁など
- 築城年：応徳2年(1085)　築城者：由利維安
- 特徴：由利氏の山根館を応仁元年(1467)に仁賀保氏が改修し、その後100年以上にわたって代々の本拠とした。別名は仁賀保館。
- 住所：にかほ市小国
- アクセス：JR羽越本線・仁賀保駅より車

072 秋田城・出羽柵 【史跡】
- 構造：丘城／築地・土塁・建物跡など
- 築城年：天平5年(733)頃
- 築城者：不明
- 特徴：出羽国の北地域における軍事・政治の要所。庄内から移された出羽柵に秋田城の名がつけられた。現在は一部が公園になっている。
- 住所：秋田市寺内
- アクセス：JR奥羽本線・秋田駅よりバス

073 檜山城 【史跡】
- 構造：山城／本丸・二の丸・三の丸など
- 築城年：14世紀中期　築城者：安東兼季
- 特徴：檜山安東氏の居城。室町時代、安東氏は檜山と湊に分裂していたが秋田・青森・北海道において勢力を広げた。檜山安東氏が最も栄えたのは愛季・実季の時代で、実季は安東氏統一を果たした。
- 住所：能代市檜山
- アクセス：JR五能線・東能代駅より車

063 稲庭城
- 構造：山城／曲輪・堀切・櫓台
- 築城年：鎌倉時代初期
- 築城者：小野寺経道
- 特徴：鎌倉時代、室町時代における小野寺氏の本拠地。稲庭城主の経道は、息子たちに支城を築かせ、徐々に勢力を拡大していった。
- 住所：湯沢市稲庭町
- アクセス：JR奥羽本線・湯沢駅よりバス

064 八口内城 やくないじょう
- 構造：不明／不明
- 築城年：不明
- 築城者：役内氏
- 特徴：築城者の役内氏は小野寺氏の家臣。最上氏の侵攻に備えて築かれた城だが、文禄2年(1593)に最上氏により攻め落とされた。
- 住所：湯沢市秋ノ宮
- アクセス：JR奥羽本線・横堀駅よりバス

065 大湯館 おおゆだて
- 構造：山城／本丸・二の丸・曲輪
- 築城年：不明
- 築城者：大湯五兵衛
- 特徴：地形を巧みに利用して築かれた大規模な館。大湯氏の本拠。大湯氏の直系は正保年間に滅び、その後は明治まで北氏の居館になった。
- 住所：鹿角市十和田大湯
- アクセス：JR花輪線・十和田南駅より車

066 小枝指館 こえさしだて
- 構造：平山城／曲輪・空堀
- 築城年：中世
- 築城者：小枝指左馬助
- 特徴：鹿角に築かれた多数の館のひとつ(鹿角四十二館)。奈良氏一族の小枝指氏の居館。7つの曲輪を有することから七ツ館の別称を持つ。
- 住所：鹿角市花輪
- アクセス：JR花輪線・十和田南駅より車

067 本堂城 ほんどうじょう 【史跡】
- 構造：平城／本丸・内堀・外堀
- 築城年：天文4(1535)頃
- 築城者：不明
- 特徴：本堂氏の居館。天文年間(1532～1555)に山城から平城にされたといわれる。慶長5年(1600)に本堂茂親が転封され廃城。
- 住所：仙北郡美郷町
- アクセス：JR奥羽本線・大曲駅よりバス

068 豊島館 としまだて 【史跡】
- 構造：平山城／本丸・二の丸
- 築城年：永正3年(1504)
- 築城者：畠山玄蕃頭
- 特徴：畠山玄蕃頭は、源平の合戦で活躍した畠山重忠の末裔。もともと豊島にあった黒川肥後守の桑木城を改修したものと考えられる。
- 住所：秋田市河辺戸島
- アクセス：JR奥羽本線・和田駅より車

069 湊城 みなとじょう
- 構造：平城／水堀
- 築城年：14世紀末
- 築城者：安東鹿季
- 特徴：湊安東氏の本城。湊安東氏は貿易で力を蓄えたが、檜山安東氏との争い(湊騒動)に敗北し、湊城も安東実季の居城になった。
- 住所：秋田市土崎港中央
- アクセス：JR奥羽本線・土崎駅より徒歩

058 西馬音内城 にしもないじょう 【史跡】
- 構造：山城／曲輪・堀切・空堀など
- 築城年：建治3年(1277)
- 築城者：小野寺道直
- 特徴：小野寺道直によって西馬音内に配された道直の城。関ヶ原の戦いの後、山形の最上氏に攻められ城主・茂道が城に火を放って逃げた。
- 住所：雄勝郡羽後町西馬音内堀回
- アクセス：JR奥羽本線・湯沢駅よりバス

059 石鳥谷館 いしどりやだて
- 構造：平山城／曲輪・空堀
- 築城年：中世
- 築城者：石鳥谷五郎
- 特徴：鹿角四十二館に数えられる石鳥谷氏の居館。国境・黒沢口を守る館のひとつ。永禄9年(1566)に檜山城の安東愛季に攻め落とされた。
- 住所：鹿角市八幡平石鳥谷
- アクセス：JR花輪線・鹿角花輪駅より車

060 大里館 おおざとだて
- 構造：平山城／本丸・曲輪・空堀
- 築城年：鎌倉時代
- 築城者：大里上総
- 特徴：安保氏一族の大里氏の館。豊臣秀吉の奥羽仕置において九戸政実方だった大里親基が処刑され、大里氏は滅亡。館も廃された。
- 住所：鹿角市八幡平場合・大里
- アクセス：JR花輪線・陸中大里駅より徒歩

061 角館城 かくのだてじょう
- 構造：平山城／高城・中城・空堀
- 築城年：不明
- 築城者：不明
- 特徴：築城時期は諸説あるが14世紀・菅氏の築城とする説が有力。菅氏の後は戸沢氏が住み、慶長8年(1603)に蘆名重盛が城主に。
- 住所：仙北郡角館町古城山
- アクセス：JR田沢湖線・角館駅より徒歩

062 横手城 よこてじょう
- 構造：平山城／(復)天守・曲輪・腰曲輪など
- 築城年：不明
- 築城者：小野寺氏
- 特徴：秋田地方で安東氏に並ぶ勢力を誇った小野寺氏の居城。関ヶ原の戦い後は佐竹氏の城になり、城代が置かれた。朝倉城とも呼ばれる。
- 住所：横手市城山町
- アクセス：JR奥羽本線・横手駅より徒歩

地域別　北海道・東北・関東甲信越地方の城

檜山城跡

横手城天守

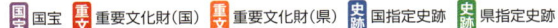

国宝：国宝　重文：重要文化財(国)　重文：重要文化財(県)　史跡：国指定史跡　史跡：県指定史跡

東北地方の城

山形県
（やまがたけん）

南北朝時代の内乱の際、北朝方の斯波兼頼によって、一定の基盤が築かれた。兼頼の子孫は最上氏を名乗り、庄内地方の武藤氏、陸奥国伊達郡の伊達氏と争った。また、江戸時代になって入った上杉氏ゆかりの城もある。

074 尾浦城（おうらじょう）
構造：山城／不明
築城年：鎌倉中期
築城者：武藤晴時
特徴：武藤氏の居城。敵の攻撃で大宝寺が損傷したため尾浦城に移った。その後最上氏や上杉氏が城主となり、元和元年（1615）に廃城。
住所：鶴岡市大山大山公園
アクセス：JR羽越本線・羽前大山駅より徒歩

075 山形城（やまがたじょう） ▶P48 史跡
構造：平城／（復）二の丸大手門・水堀・石垣など
築城年：延文2年（1357）
築城者：斯波兼頼
特徴：最盛期には山形のほぼ全域を支配した最上氏の本城。北朝方の命を受けて出羽国から入部した兼頼は山形城を築き、最上氏の祖となる。10代目最上義光により拡張整備され、日本有数の大城になった。
住所：山形市霞城町霞城公園
アクセス：JR奥羽本線・山形駅より徒歩

077 米沢城（よねざわじょう） ▶P48 史跡
構造：平城／本丸・塁濠
築城年：暦仁元年（1238）
築城者：大江時広
特徴：伊達政宗が生まれた城。伊達輝宗、政宗の代における伊達氏の本拠。政宗移封後に直江兼続が入った。江戸時代は米沢藩上杉氏の居城に。
住所：米沢市丸の内
アクセス：JR奥羽本線・米沢駅より徒歩

076 鮭延城（さけのべじょう）
構造：山城／空堀・土塁
築城年：天文4年（1535）
築城者：鮭延綱貞
特徴：天正9年（1581）に最上氏に攻め落とされる。当時の城主は19歳の鮭延秀綱。後に戸沢氏が入り、寛永2年（1625）に廃された。
住所：最上郡真室川町内町
アクセス：JR奥羽本線・真室川駅より徒歩

米沢城の堀

山形城二の丸東大手門

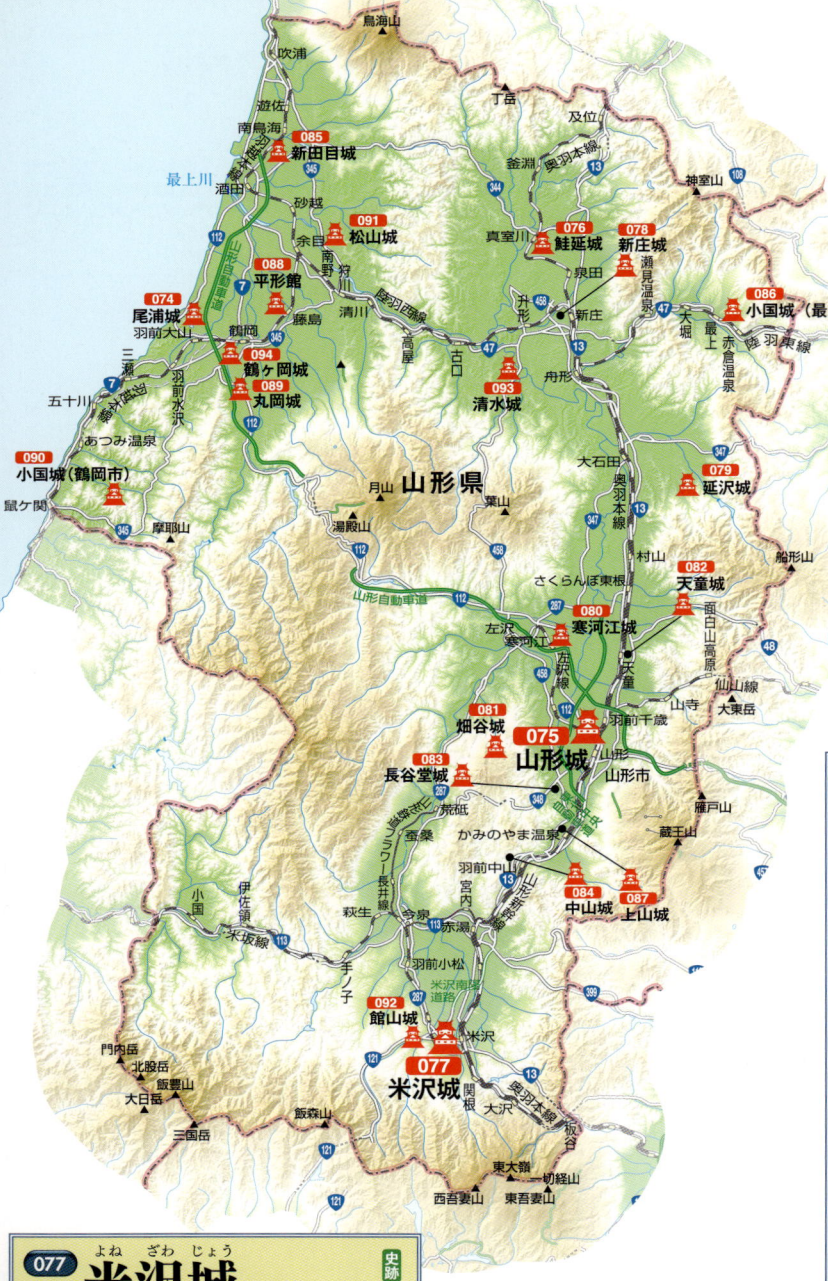

新庄城の水堀

091 松山城 (まつやまじょう)
- 構造：平城／大手門・堀・土塁
- 築城年：天明元年(1781)　築城者：酒井忠休
- 特徴：酒井忠休が7年かけて築城。18世紀末に落雷で大手門を失うも再建。明治に入って城が廃された後も大手門だけは残されている。
- 住所：酒田市新屋敷
- アクセス：JR羽越本線・酒田駅よりバス

松山城大手門

084 中山城 (なかやまじょう)
- 構造：山城／天守台・石垣・空堀
- 築城年：不明
- 築城者：中川弥太郎
- 特徴：米沢藩・伊達輝宗が、最上氏の侵攻に対する拠点のひとつとした。慶長3年(1598)に上杉氏の領地になり、城代が置かれた。
- 住所：上山市中山
- アクセス：JR奥羽本線・羽前中山駅より徒歩

085 新田目城 (あらためじょう) 史跡
- 構造：平城／堀・土塁
- 築城年：11世紀末
- 築城者：須藤氏
- 特徴：庄内平野の北部に築かれた山形県最古の城。源義家に出羽の管理を任された須藤氏が築城。現在、跡地の一部が神社になっている。
- 住所：酒田市本楯
- アクセス：JR羽越本線・本楯駅より徒歩

078 新庄城 (しんじょうじょう) 史跡
- 構造：平城／水堀・土塁
- 築城年：寛永元年(1624)
- 築城者：戸沢政盛
- 特徴：築城者は戸沢藩の初代藩主。大火に見舞われ損傷するも復興され、約250年に渡って戸沢氏の本拠となった。戊辰戦争で落城。
- 住所：新庄市堀端町
- アクセス：JR奥羽本線・新庄駅より徒歩

092 館山城 (たてやまじょう)
- 構造：平山城／曲輪・空堀・石垣
- 築城年：天正15年(1587)　築城者：伊達政宗
- 特徴：家督を継いだ18歳の伊達政宗が築城。しかし城が完成する前に政宗は移封された。奥州藤原氏一族の居館とも伝えられる。
- 住所：米沢市館山
- アクセス：JR奥羽本線・米沢駅よりバス

086 小国城(最上郡) (おぐにじょう)
- 構造：山城／空堀・土塁・曲輪
- 築城年：天正12年(1584)
- 築城者：小国光基
- 特徴：かつては岩部館。細川氏が統治していたが、天正8年(1580)に最上氏が攻め落とす。その際に功を上げた家臣の息子が小国光基。
- 住所：最上郡最上町
- アクセス：JR陸羽東線・最上駅より徒歩

079 延沢城 (のべさわじょう) 史跡
- 構造：山城／曲輪・空堀・土塁など
- 築城年：天文16年(1547)
- 築城者：野辺沢満重
- 特徴：城主・野辺沢氏は、最上氏と天童氏の争いにおいて、天童氏の重臣だったが、後に最上氏についた。寛文7年(1667)に破却。
- 住所：尾花沢市延沢
- アクセス：JR奥羽本線・大石田駅よりバス

093 清水城 (しみずじょう)
- 構造：平山城／空堀・土塁
- 築城年：文明8年(1476)
- 築城者：清水満久
- 特徴：最上氏が北方守備の拠点を作るため清水満久を派遣して築かせた。清水氏は何代にも渡って武藤氏と戦いを繰り返し、勝利している。
- 住所：最上郡大蔵村
- アクセス：JR羽越本線・新庄駅よりバス・車

087 上山城 (かみのやまじょう)
- 構造：不明／不明
- 築城年：天文4年(1535)　築城者：不明
- 特徴：後に上山を名乗る武永氏の城。武永氏は最上氏の一族で、この城を舞台に上杉軍との激しい戦いが繰り広げられた。月岡城とも。
- 住所：上山市元城内
- アクセス：JR奥羽本線・かみのやま温泉駅より徒歩

080 寒河江城 (さがえじょう)
- 構造：平城／堀
- 築城年：嘉禄年間(1225〜1227)
- 築城者：大江親広
- 特徴：大江氏(寒河江氏)が築く。天正12年(1584)に最上氏に攻め落とされ、元和年間に最上氏が改易された後は鳥居氏の城になる。
- 住所：寒河江市丸内
- アクセス：左沢線・寒河江駅より徒歩

094 鶴ヶ岡城 (つるがおかじょう) 史跡
- 構造：平城／本丸・御隠殿跡・二の丸の堀
- 築城年：鎌倉中期　築城者：武藤景頼
- 特徴：武藤景頼が築いた大宝寺城を直江兼続が修復。関ヶ原の戦いの後、最上義光がさらに改築し城名を改めた。その後城主となった酒井氏は、50年以上かけて拡張。明治にいたるまで酒井氏の本拠となる。
- 住所：鶴岡市馬場町
- アクセス：JR羽越本線・鶴岡駅より徒歩

088 平形館 (ひらかただて) 史跡
- 構造：平城／土塁・堀
- 築城年：14世紀
- 築城者：不明
- 特徴：庄内平野の中央付近に位置する館。築城者は不明だが、館名から平賀氏とする意見がある。南方にある藤島城の支館と考えられる。
- 住所：鶴岡市藤島町
- アクセス：羽越本線・藤島駅より徒歩

081 畑谷城 (はたやじょう)
- 構造：山城／堀
- 築城年：16世紀末
- 築城者：江口五兵衛
- 特徴：最上氏家臣の江口五兵衛の城。慶長5年(1600)の出羽合戦で上杉の大軍を迎え、わずかな兵で激しく抵抗するも滅ぼされた。
- 住所：東村山郡山辺町畑谷
- アクセス：JR左沢線・羽前山辺駅より車

089 丸岡城 (まるおかじょう)
- 構造：平城／周濠
- 築城年：中世
- 築城者：押切備前守
- 特徴：戦国時代に押切備前守が築城。押切備前守が本拠を変えた後、庄内地方の勢力変化に伴い武藤氏、本庄氏、最上氏と城主が移った。
- 住所：鶴岡市丸岡
- アクセス：JR羽越本線・鶴岡駅より車

082 天童城 (てんどうじょう)
- 構造：山城／曲輪・井戸
- 築城年：天授元年(1375)
- 築城者：天童頼直
- 特徴：築城者は最上兼頼の孫・頼道。頼道の子孫が代々居城とし、天童氏を名乗るが、宗家最上との間に確執が生まれ最上義光に滅ぼされた。
- 住所：天童市天童
- アクセス：JR奥羽本線・天童駅より徒歩

090 小国城(鶴岡市) (おぐにじょう) 史跡
- 構造：山城／曲輪・空堀・土塁
- 築城年：南北朝時代
- 築城者：小国氏
- 特徴：越後国と庄内の境界地点に位置する。武藤氏、上杉氏、最上氏が奪い合った重要拠点。元和元年(1615)に廃城となる。
- 住所：鶴岡市小国
- アクセス：JR羽越本線・あつみ温泉駅より車

083 長谷堂城 (はせどうじょう)
- 構造：山城／曲輪
- 築城年：不明
- 築城者：不明
- 特徴：16世紀初期の築城か。最上氏の山形城の支城。慶長5年(1600)に上杉勢に攻められるが、敵が撤退するまで防戦し続けた。
- 住所：山形市長谷堂
- アクセス：JR奥羽本線・山形駅よりバス・車

鶴ヶ岡城の堀

地域別　北海道・東北・関東甲信越地方の城

国宝 国宝　重文 重要文化財(国)　重文 重要文化財(県)　史跡 国指定史跡　史跡 県指定史跡

東北地方の城
宮城県
みやぎけん

南北朝時代、奥州探題の斯波氏（後に大崎氏）が勢力を拡大し、南朝方の葛西氏と戦国の世まで対立した。のちに伊達氏が巨大勢力を作り上げる。同地では、土塁や空堀を備えた拠点を「館」と呼ぶのが特徴的。

095 多賀城・多賀柵
たがじょう・たがのき
史跡 重文
▶P47

- **構造**：不明／政庁跡・築地跡・門跡など
- **築城年**：神亀元年(724)
- **築城者**：律令政府
- **特徴**：奈良時代に築かれた陸奥国の国府。東北地方における政治・軍事の中心地で、城内中央部に政庁が置かれていた。斯波氏が大崎に本拠を移すまで、600年以上の間、国府としての役割を担っていた。
- **住所**：多賀城市市川
- **アクセス**：JR東北本線・国府多賀城駅より徒歩

多賀城政庁跡

097 佐沼城
さぬまじょう

- **構造**：不明／平場・土塁・堀など
- **築城年**：平安末期
- **築城者**：不明
- **特徴**：大崎氏の属城。葛西・大崎一揆における戦が有名で、天正19年(1591)に、城に籠った一揆軍を伊達政宗が倒した。鹿ヶ城とも。
- **住所**：登米市迫町佐沼
- **アクセス**：JR東北本線・新田駅よりバス

096 涌谷城
わくやじょう

- **構造**：不明／(復)天守・平場・空堀など
- **築城年**：15世紀初頭　**築城者**：不明
- **特徴**：涌谷氏の居城。天正18年(1590)に涌谷氏が滅んだ後は、伊達氏の家臣である亘理重宗が入城。現在、跡地には資料館がある。
- **住所**：遠田郡涌谷町
- **アクセス**：JR石巻線・涌谷駅より徒歩

涌谷城二階隅櫓

109 岩切城 いわきりじょう 〔史跡〕
- 構造：山城／平場・空堀・土橋など
- 築城年：南北朝時代　築城者：留守氏
- 特徴：陸奥国留守職を任された留守氏の居城。鎌倉時代、徐々に留守職は形だけの役職になるが、留守氏は岩切城を拠点に力を拡大した。
- 住所：仙台市宮城野区岩切
- アクセス：JR東北本線・岩切駅より徒歩

岩切城跡の碑（写真／todo）

110 川崎城 かわさきじょう
- 構造：平山城／平場・土塁・空堀
- 築城年：慶長年間（1596〜1615）　築城者：砂金実常
- 特徴：丘の先端部にある城。築城者の砂金氏は伊達氏の家臣。跡継ぎが決まらず元禄15年（1702）に砂金氏が滅びた後は伊達村興が入った。
- 住所：柴田郡川崎町
- アクセス：JR東北本線・大河原駅よりバス

111 寺池城 てらいけじょう
- 構造：不明／平場
- 築城年：天文5年（1536）
- 築城者：不明
- 特徴：葛西氏の城だったが移封されて、水沢から移ってきた白石氏が城主になる。跡地には裁判所や民家が建てられ当時の面影はほぼない。
- 住所：登米市登米町
- アクセス：JR気仙沼線・柳津駅よりバス

112 仙台城 せんだいじょう 〔史跡〕 ▶P46
- 構造：山城／（復）大手門櫓・本丸跡・石垣など
- 築城年：慶長5年（1600）　築城者：伊達政宗
- 特徴：岩出山から移ってきた伊達政宗が築城。青葉山の山頂に位置することから「青葉城」とも呼ばれる。仙台藩62万石にふさわしく壮大な城だったが、ほとんどが破棄され、現在は脇櫓のみ再建。
- 住所：仙台市青葉区川内
- アクセス：JR東北本線・仙台駅よりバス

仙台城大手門脇櫓

102 岩ヶ崎城 いわがさきじょう
- 構造：山城／平場・腰曲輪・土塁など
- 築城年：南北朝時代
- 築城者：富沢道祐
- 特徴：葛西氏の流れを汲む富沢氏の城。天正19年（1591）の九戸政実の乱では、関白・豊臣秀次の陣所になった。鶴舞城や鶴丸城とも。
- 住所：栗原市栗駒岩ヶ崎
- アクセス：JR東北本線・石越駅よりバス

103 若林城 わかばやしじょう
- 構造：平城／土塁・堀
- 築城年：寛永5年（1628）
- 築城者：伊達政宗
- 特徴：伊達政宗が晩年を過ごした城。寛永13年（1636）に正宗がこの世を去り、城も廃された。城跡は宮城刑務所になっている。
- 住所：仙台市若林区古城
- アクセス：市営地下鉄・河原町駅より徒歩

104 船岡城 ふなおかじょう
- 構造：山城／平場・土塁・空堀
- 築城年：天文年間（1532〜1555）
- 築城者：四保定朝
- 特徴：柴田氏の祖・四保定朝が築いた柴田氏代々の居城。一度は城を追われるも取り戻し、明治時代まで存続。柴田城、四保城とも。
- 住所：柴田郡柴田町船岡
- アクセス：JR東北本線・船岡駅より徒歩

105 金山城 かねやまじょう
- 構造：山城／本丸・石垣・通路など
- 築城年：永禄9年（1566）
- 築城者：井戸川将監
- 特徴：伊達政宗が初陣で攻めた城。父・輝宗とともに戦った伊達政宗は見事勝利を収め、金山城はこのときの戦で活躍した中島氏のものになる。
- 住所：伊具郡丸森町金山
- アクセス：阿武隈急行・丸森駅より徒歩・車

106 亘理城 わたりじょう
- 構造：平山城／平場・堀
- 築城年：天正年間（1573〜1592）
- 築城者：亘理元宗
- 特徴：亘理町の真ん中あたりに位置する亘理氏の居城。天正19年（1591）に亘理氏が移封された後は片倉景綱が入った。臥牛城とも。
- 住所：亘理郡亘理町
- アクセス：JR常磐線・亘理駅より徒歩

107 角田城 かくだじょう
- 構造：平山城／水堀
- 築城年：天正年間（1573〜1592）
- 築城者：伊達成実
- 特徴：伊達成実の居城。文禄4年（1595）に成実と政宗との間に確執が生じ成実が城を移る。政宗は成実の家臣が籠る城を攻め落とした。
- 住所：角田市角田
- アクセス：阿武隈急行・角田駅よりバス

108 七尾城 ななおじょう
- 構造：山城／平場・腰曲輪・土塁など
- 築城年：中世
- 築城者：山内首藤貞通
- 特徴：別名は七王館。貞通は永正8年（1511）に葛西宗清との戦いに敗れ、一度は和解するも翌年再び葛西氏に攻められ落城。山内首藤氏も滅びた。
- 住所：石巻市中野
- アクセス：JR石巻線・石巻駅より車

098 岩出山城 いわでやまじょう 〔史跡〕
- 構造：山城／平場・土塁・入口など
- 築城年：応永年間（1394〜1427）
- 築城者：氏家氏
- 特徴：大崎氏の重臣・氏家氏の本拠。天正18年（1590）の奥州仕置で大崎氏とともに氏家氏が滅び、その後伊達政宗の居城になった。
- 住所：大崎市岩出山
- アクセス：JR陸羽東線・有備館駅より徒歩

岩出山城跡

099 宮崎城 みやざきじょう
- 構造：不明／平場・土塁・門跡
- 築城年：正平年間（1346〜1370）
- 築城者：笠原重広
- 特徴：城主の笠原重広は大崎氏の家臣。葛西・大崎一揆における一揆軍の拠点のひとつ。一揆軍は伊達政宗軍と激しく抗戦し、敗北した。
- 住所：加美郡加美町宮崎
- アクセス：JR陸羽東線・古川駅より車

100 白石城 しろいしじょう ▶P46
- 構造：平山城／（復）三階櫓・門・本丸など
- 築城年：天正19年（1591）
- 築城者：蒲生氏郷
- 特徴：会津城を本拠とする蒲生氏の支城。関ヶ原の戦いの後は伊達政宗の城となり、家臣の片倉景綱が城主になった。別名は益岡城。
- 住所：白石市益岡町
- アクセス：JR東北本線・白石駅より徒歩

白石城天守

101 名生城 みょうじょう
- 構造：平城／曲輪・土塁・堀
- 築城年：南北朝初期
- 築城者：大崎家兼
- 特徴：大崎氏の居城。大崎氏は名生城を拠点に代々勢力を拡大するが、内紛をきっかけに衰退し、最後は豊臣秀吉に領地を没収され滅んだ。
- 住所：大崎市古川大崎
- アクセス：JR陸羽東線・東大崎駅より徒歩

地域別　北海道・東北・関東甲信越地方の城

国宝｜国宝　重文｜重要文化財（国）　重文｜重要文化財（県）　史跡｜国指定史跡　史跡｜県指定史跡

東北地方の城
福島県

相馬地方の相馬氏に、会津地方の蘆名氏、県北の伊達氏などが力を誇った福島県。さらに安積郡の伊東氏、岩瀬郡の二階堂氏、白川庄の結城氏と、多数の勢力が覇権を争い、のちに伊達政宗がほぼ手中にした。

114 神指城 こうざしじょう
- 構造：平城／本丸・二の丸・土居など
- 築城年：慶長5年(1600)　築城者：上杉景勝
- 特徴：若松城の上杉景勝が百二十万石の全領土から人員を集めて着工。しかし動乱の時勢にあり、城の完成を待たず景勝は米沢に移る。
- 住所：会津若松市神指町
- アクセス：JR磐越西線・会津若松駅よりバス

115 久川城 ひさかわじょう 〔史跡〕
- 構造：不明／空堀
- 築城年：天正15年(1588)　築城者：河原田氏
- 特徴：この地を支配していた河原田氏が、伊達氏の侵攻に備えて築城。伊達氏を退けた後、蒲生氏が移封されて、蒲生氏郷が城主になった。
- 住所：南会津郡南会津町青柳
- アクセス：会津鉄道・会津田島駅よりバス

116 鴫山城 しぎやまじょう 〔史跡〕
- 構造：山城／曲輪・門跡・櫓跡など
- 築城年：不明　築城者：不明
- 特徴：天正18年(1590)に城主が長沼氏から蒲生氏に変わる。その後、上杉氏、加藤氏と支配が移り、寛永4年(1627)に廃された。
- 住所：南会津郡南会津町田島
- アクセス：会津鉄道・会津田島駅より徒歩

117 長沼城 ながぬまじょう
- 構造：平山城／本丸・二の丸・三の丸など
- 築城年：文応元年(1260)　築城者：長沼氏
- 特徴：戦国時代には蘆名氏が居城にした。蘆名氏は磨上原の戦いで伊達政宗に敗北している。城は寛永4年(1627)に廃された。千代城とも。
- 住所：須賀川市長沼
- アクセス：JR東北本線・須賀川駅よりバス

113 若松城 わかまつじょう 〔史跡〕 ▶P43
- 構造：平山城／(復)天守・本丸・二の丸など
- 築城年：至徳元年(1384)
- 築城者：蘆名直盛
- 特徴：名門・蘆名氏の居城を伊達政宗が攻め落とした。当時の名称は黒川城。奥州仕置で豊臣秀吉が政宗から領地を没収し、城を蒲生氏郷に与えた。氏郷が大幅な改修を施し見事な城が完成した。
- 住所：会津若松市追手町
- アクセス：JR磐越西線・会津若松駅よりバス

若松城天守

地域別 北海道・東北・関東甲信越地方の城

130 二本松城 ▶P49 [史跡]
- 構造：平山城／(復)櫓・本城・西館など
- 築城年：嘉吉元年(1441)　築城者：畠山満泰
- 特徴：畠山氏が代々住んだ城。縄張を変えることなく明治まで残った貴重な城のひとつ。戊辰戦争では幼い少年も兵として駆り出された。
- 住所：二本松市郭内
- アクセス：JR東北本線・二本松駅より徒歩

二本松城箕輪門と二重櫓

131 須賀川城 すかがわじょう
- 構造：平山城／土塁・堀
- 築城年：文安5年(1448)　築城者：二階堂氏
- 特徴：岩瀬郡を領地としていた二階堂氏の城。四方を有力武将に囲まれた立地で、幾度も戦の舞台となり、天正17年(1589)に落城。
- 住所：須賀川市諏訪町
- アクセス：JR東北本線・須賀川駅よりバス

132 黒木城 くろきじょう
- 構造：平山城／内曲輪・外曲輪・堀など
- 築城年：建武年間(1334～1338)　築城者：黒木正光
- 特徴：南北朝時代に築かれた黒木氏代々の居城。黒木氏は南朝方の有力な武将だったが、伊達氏の内紛の際に相馬顕胤に敗北し、滅びた。
- 住所：相馬市黒木
- アクセス：JR常磐線・相馬駅よりバス

133 猪苗代城 いなわしろじょう [史跡]
- 構造：山城／本丸・二の丸・三の丸など
- 築城年：不明　築城者：佐原経連
- 特徴：若松城の支城。築城者の佐原経連は後に猪苗代氏を名乗る。会津の有力大名蘆名氏に対して従属と対立を繰り返したが、天正17年(1589)、猪苗代盛胤は伊達正宗に内応し、蘆名氏を滅亡に追い込む。その後猪苗代氏は正宗に付いて城を離れた。江戸期も会津藩の拠点として存続し、幕末まで城代が入った。
- 住所：耶麻郡猪苗代町古城町
- アクセス：JR磐越西線・猪苗代駅より徒歩

猪苗代城の堀

124 駒ヶ嶺城 こまがみねじょう [史跡]
- 構造：不明／不明
- 築城年：天正年間(1573～1592)
- 築城者：相馬盛胤
- 特徴：伊達氏の侵攻に備えて、新地城とあわせて相馬盛胤が築城。しかし天正17年(1589)に政宗に攻め落とされた。臥牛城の別称を持つ。
- 住所：相馬郡新地町
- アクセス：JR常磐線・駒ヶ嶺駅より徒歩

125 桑折西山城 こおりにしやまじょう [史跡]
- 構造：山城／土塁・空堀
- 築城年：鎌倉時代
- 築城者：伊達稙宗
- 特徴：天文年間(1532～1555)における伊達氏の本拠。稙宗の代に伊達氏の内紛(天文の乱)が起こり、その後に城は廃された。
- 住所：伊達郡桑折町
- アクセス：JR東北本線・桑折駅より徒歩

126 梁川城 やながわじょう [史跡]
- 構造：平山城／本丸・三の丸・心字池など
- 築城年：不明　築城者：不明
- 特徴：天文元年(1532)以前の伊達氏の居城。伊達稙宗が本拠を桑折西山城に移したあとは支城になった。鶴岡城の別称もある。
- 住所：伊達郡梁川町
- アクセス：阿武隈急行・やながわ希望の森公園前駅より徒歩

127 小峰城 ▶P49 こみねじょう [史跡]
- 構造：平山城／(復)御三階櫓・本丸・腰曲輪など
- 築城年：興国元年(1340)
- 築城者：結城親朝
- 特徴：源頼朝の家臣・結城親朝が築城。親朝の子孫は小峰氏を継ぐ。小峰氏は豊臣秀吉の小田原攻めに参加せず、領地を没収された。
- 住所：白河市郭内
- アクセス：JR東北本線・白河駅より徒歩

小峰城　前御門と三重櫓

128 赤館城 あかだてじょう
- 構造：山城／土塁・空堀
- 築城年：不明　築城者：不明
- 特徴：標高345mの丘陵にある山城。常陸勢と陸奥勢の対峙する場所であり、常陸佐竹氏の陸奥侵出、陸奥伊達氏の常陸防衛の拠点にもなった。現在は公園になっている。
- 住所：東白川郡棚倉町棚倉
- アクセス：JR水郡線・磐城棚倉駅よりバス

129 小浜城 おばまじょう
- 構造：不明／不明
- 築城年：不明　築城者：不明
- 特徴：大内氏の居城。大内氏は一度は伊達氏につくも、蘆名氏に寝返る。政宗が攻め込んでくると大内氏は逃亡し、城を明け渡した。
- 住所：二本松市小浜
- アクセス：JR東北本線・二本松駅よりバス

118 向羽黒山城 むかいはぐろやまじょう [史跡]
- 構造：山城／本丸・二の丸・三の丸など
- 築城年：永禄11年(1568)　築城者：蘆名盛氏
- 特徴：蘆名盛氏が隠居生活を送るために築城。しかし跡継ぎの盛興が早世したため盛氏は本拠・黒川城に戻り、この城には入らなかった。
- 住所：大沼郡会津美里町本郷
- アクセス：JR只見線・会津本郷駅より徒歩

向羽黒山城跡(写真／福井聡)

119 棚倉城 たなくらじょう [史跡]
- 構造：平城／本丸・土塁・堀
- 築城年：寛永元年(1624)　築城者：丹羽長重
- 特徴：幕府の命令で丹羽長重が築城。長重は寛永4年(1627)に白河に転封された。戊辰戦争で板垣退助がわずか一日で攻め落とした。
- 住所：東白川郡棚倉町棚倉
- アクセス：JR水郡線・磐城棚倉駅より徒歩

120 三春城 みはるじょう
- 構造：平山城／本丸・二の丸・三の丸など
- 築城年：永正元年(1504)
- 築城者：田村義顕
- 特徴：三春田村氏の城。田村氏はいったん途絶えるが、寛永年間(1624～1644)に伊達宗良が幕府に断った上で再興させた。
- 住所：田村郡三春町大町
- アクセス：JR磐越東線・三春駅よりバス

121 中村城 なかむらじょう [史跡]
- 構造：平山城／本丸・二の丸・三の丸など
- 築城年：慶長16年(1611)
- 築城者：相馬利胤
- 特徴：相馬利胤が築城し、小高城から本拠を移した。以後、明治維新にいたるまで代々相馬の居城となった。別名は馬陵城。現在は公園。
- 住所：相馬市中村
- アクセス：JR常磐線・相馬駅より徒歩

122 小高城 おだかじょう [史跡]
- 構造：平山城／本丸・土居・堀
- 築城年：嘉暦元年(1326)
- 築城者：相馬重胤
- 特徴：中村城に本拠を移す前の相馬氏の居城。相馬氏はこの城に300年近く住み、17代目の利胤が中村城を築いた。別名を浮船城という。
- 住所：南相馬市小高区小高
- アクセス：JR常磐線・小高駅より徒歩

123 平城 たいらじょう
- 構造：平城／石垣・堀
- 築城年：慶長7年(1602)
- 築城者：鳥居忠政
- 特徴：徳川家康の命を受けて鳥居忠政が築城。磐城平藩の藩庁が置かれた。戊辰戦争で攻め落とされ、城の大部分は焼失。磐城平城とも。
- 住所：いわき市平
- アクセス：JR常磐線・いわき駅より徒歩

名城秘話 ① 築城名人の城を見る

要塞造りの名人芸

加藤清正〈かとう きよまさ〉

　築城名人といって真っ先に名前が挙がるのが加藤清正だろう。尾張の刀鍛冶の子として生まれたが、幼少の頃に父親と死別し、母親の遠縁にあたる羽柴秀吉のもとで小姓を務めながら育つ。

　天正11年（1583）の賤ヶ岳の戦いの際、賤ヶ岳の七本槍の一人に数えられて頭角を現す。清正が築いた城が熊本城である。日本三大名城に数えられ、一年間に訪れる観光客数でもベストスリーに入る日本を代表する城だ。明治10年（1877）の西南戦争では近代兵器を用いても落城せず、堅固な造りを実証した。

　加藤清正が熊本城築城に着手したのは天正16年（1588）、肥後半国を秀吉から与えられて入ってからである。東から南に坪井川と白川が、西には井芹川が流れる茶臼山を城地に選び、坪井川の流れを付け替える大工事を行った。途中文禄・慶長の役によって工事は中断する。朝鮮半島にわたった清正は、現地で蔚山倭城などを築いている。この時の経験が熊本城に活かされているかも知れない。城は、慶長12年（1607）に完成する。本丸御殿には絢爛豪華な昭君の間が造られた。亡き主君の子豊臣秀頼をこの城に招くために非常に格式の高い部屋を造ったといわれている。

　熊本城の特徴は、見事な反りを持つ石垣といえるだろう。その形から扇の勾配とも清正流石垣とも呼ばれる石垣だ。一方、天下普請として参加した名古屋城では率先して石垣を築き、名古屋城天守台には、清正の名が刻まれた石が現在でも残っている。

　城造りの中でも土木工事を得意としたことから、江戸城築城の際に子供を集めて遊ばせ、土を踏み固めさせたといわれている。しかし、これは清正死後の工事であった。

熊本城
熊本城では清正流石垣と呼ばれる反りを持つ石垣が見られる。

加藤清正像
名古屋城には加藤清正の石曳きの銅像がある。名古屋城天守台石垣は清正が自ら進んで築いたという。

64

名城秘話 ❷ 築城名人の城を見る

江戸城を造った男

藤堂高虎〈とうどう たかとら〉

伊賀上野城の石垣
本丸の高石垣。算木積で積み上げられた直線的な石垣が特徴。

今治城
直線的な石垣と幅60メートルに及ぶ水堀を持つ。

加藤清正と並んで築城名人に挙げられるのが藤堂高虎だろう。近江の土豪の子として生まれ、長じて浅井長政に仕えた。しかし、長政が織田信長によって滅ぼされると主を替える。その後は、何度も主を替えることで生き抜いた武将であった。生き残るための処世術として、徳川家康の下では築城術を駆使したともいえるだろう。

豊臣恩顧の大名出身でありながらも徳川家康に重用された。譜代の家臣同等の扱いだったという説もある。特に築城に関しては、徳川幕府が命じた天下普請の城の縄張を担当するほど信用が厚かったのだ。自分の居城今治城の天守を、天下普請で担当した丹波亀山城の天守として

流用したのだ。他の津城や伊賀上野城にも広大な堀とそれを取り囲む高い石垣を築いており、水を意識して縄張に取り込む武将であった。

また、最初に大修築を行った板島丸串城（後の宇和島城）や自分の居城として築いた今治城では、巧みに海を縄張に取り入れている。

高虎の城も清正の城同様に、石垣に特徴がある。清正の反りのある石垣とは対照的な直線の石垣だ。高石垣とも呼ばれる石垣の高さは、最大で堀底から天辺まで約30メートルにも及ぶ。さらに屏風折れと呼ばれる、折れを多用しているのも高虎流である。

今治城であったとされている。層塔型天守は、統一した部材を用いて建てることができる。それまでの望楼型天守に比べて格段に短い工期での築城を可能にしたのだ。加藤清正が長い時間をかけて難攻不落の名城を築いたのに対し、高虎が短期間にいくつもの城を築けたのは、こうした技術革新を行ったからではないだろうか。

差し出すなど信頼を得るための努力を惜しまなかったからであろう。

また、史上初の層塔型天守は、今治城であったとされている。

名城秘話 3　築城名人の城を見る

美しい城を造る

黒田孝高〈くろだ よしたか〉

築城名人といえば加藤清正、藤堂高虎、この二人については誰もが異論を挟む余地はないだろう。しかし、もう一人上げるとなるとどうだろうか。

江戸城や川越城を築いた太田道灌は関東で人気があり、旧武蔵国あたりで築城者がよく分からない城は、ほとんど太田道灌作にされている。また、武田二十四将の一人に数えられる馬場信春（信房）も、円形の縄張を持つ田中城など独特のスタイルを持つ城を造った。キリシタン大名として名高い高山右近は、前田利家に客将として加賀に招かれ、金沢城、高岡城の築城に携わっている。また、小峰城を造った丹羽長重を上げる人もいるだろう。

しかし、ここではあえて黒田孝高をとりあげる。残念ながら黒田孝高が築いた城がほとんど残っていないため築城名人というイメージはないのだろう。

黒田孝高は天文15年（1549）、播磨姫路に生まれる。一説によると父が姫路城代であったため、姫路城内で誕生したという。その後、父の後を継ぎ姫路城代となり、秀吉が中国平定の時に主小寺政識を見限り、秀吉の下へと走る。この時、秀吉に姫路城を差し出したのだ。秀吉はその後の中国平定の拠点として姫路城を利用した。また、この戦いにおける水攻めや兵糧攻めといった歴史に残る攻城戦は、孝高の発案だと伝わる。

これらの作戦はいずれも大成功を収め、織田信長の横死がなければ、中国は平定できていただろう。

こうした経験を活かした孝高の城は、中津城にしろ、福岡城（息子長政の時代になってからの築城）にしろ、近くの海や川を巧みに縄張に取り込んでいる。中津城は山国川を堀として利用し、周防灘に広がる三角州に築いた三角形の城である。福岡城もやはり博多湾に面した城下町を持つなど海に近い場所を選んだ。

このほか、肥前名護屋城の総奉行を務めた。さらに広島城、高松城の縄張も孝高の手によるものといわれ、いずれも特徴として海に近い立地という共通点が挙げられる。

黒田孝高像
黒田如水、黒田官兵衛とも呼ばれる。秀吉の軍師として名高い。

姫路城　現在の姫路城は、孝高時代の後に造られたものであるが、城の位置は、当時とそれほど変らない。

（写真／福岡市博物館）

名城秘話 **4** 築城名人の城を見る

平和な時代の築城術

軍学〈ぐんがく〉

軍学という言葉は一般に馴みのない言葉であろう。忠臣蔵で大石内蔵助が打ち鳴らす陣太鼓は、山鹿流陣太鼓である。山鹿流陣太鼓の叩き方は作り事だが、山鹿流とは軍学の流派の一つだ。祖である山鹿素行が赤穂にお預けになっていた期間に、国家老であった大石内蔵助は薫陶を受けたとされる。

軍学は、主に用兵学や戦術を研究する学問であったが、それだけではなく精神論的なものを含んでいた。江戸時代には大名らの教養として広く学ばれるようになり、各大名たちは軍学者を召し抱えていた。

軍学の中には、築城術、攻城戦、城を守る方法なども含まれている。そのため軍学者は様々な城の縄張図を収集し、分析した。そして理想の縄張を作り出した。弟子の大名にも描かせ、これを添削した絵図が残されている。軍学が盛んになった頃には、一国一城令により、新しい城を造ることは困難で、実践で活かせることはまずなかった。

軍学による築城としては、甲州流の近藤正純による赤穂城、長沼流の市川一学による松前城（福山城）が有名である。赤穂城は純粋な甲州流の城とはいいがたい。築城の頃、山鹿素行が朱子学を非難して赤穂にいるのだからと、素行の意見を所々取り入れたため、甲州流プラス山鹿流という二つの流派の特徴が取り入れられた城となった。

軍学では曲線が尊ばれたため、赤穂城には屈曲する塁線が多用されている。ただし、元々の地形や城下町などの条件もあって、理想どおりの城は実際には造れなかったようだ。

軍学による縄張は、平和な時代に机上で論じられるだけの学問で、実戦では通用しなかった。それを証明したのは、松前城である。

日本の軍学による最後の築城となった松前城は、海から攻撃してくる敵を想定して造られた。海に面した大手側は強固な構えであったが、反対の山側は、攻められることを考えられておらず、守りが甘かった。そのため箱館戦争の際、わずかな兵を率いた土方歳三に、あっという間に落とされてしまった。

山鹿素行
江戸時代を代表する軍学者の一人。赤穂でお預けの間も軍学を教え、江戸に戻って軍学を教え続けた。

（図版／赤穂市歴史博物館）

甲陽軍鑑
甲州を治めていた武田氏の戦略などを記した軍学書。徳川家康が武田氏の遺臣たちを重用したため、甲州流の軍学が尊ばれ、多くの人々に読まれた。

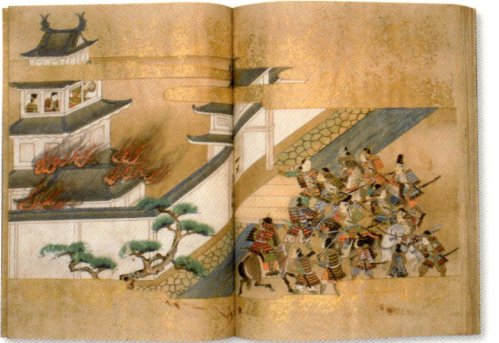

（図版／国立国会図書館）

小田原城（おだわらじょう）

神奈川県
築城年不明

史蹟区分：国指定史蹟
築城主：大森氏

城番号 264
参照頁 ▶P90

Ⓐ 天守　昭和35年(1960)に宝永時代の設計図を基に復元された天守。三重四階で付櫓、渡櫓を備えた複合式天守となっている。

軍事的要所に築かれた難攻不落の巨大堅城

相模湾を望む高台にそびえる小田原城は、応永23年(1416)の「上杉禅秀の乱」をきっかけに小田原へ進出した、**大森氏**によって築城されたのがはじまりといわれている。しかし、鎌倉時代から南北朝時代にかけてこの地を治めていた、土肥一族・小早川氏の館が起源という説もあり、確かなことは分かっていない。ただ、15世紀中頃には、大森氏の居城があったのは間違いないようである。

1500年頃には北条氏の祖として知られる**伊勢新九郎（北条早雲）**が大森氏を滅ぼし、小田原城へ入城する。以降、北条氏4代、氏綱、氏康、氏政、氏直の手によって引き継がれ、100年近くに渡り、石高250万石ともいわれる北条氏の拠点として繁栄をほこった。

この間、関東の覇権を争う上杉謙信、武田信玄らに相次いで攻められるが、堅固に築かれた小田原城はこれを退ける。だが、天正18年(1590)に羽柴秀吉の大軍に攻められ、あえなく開城した。江戸時代には徳川家の譜代大名

【人物】小田原城を落とした北条早雲の知略

北条早雲による小田原城攻めは、歴史に残る知略によって成されたものだ。小田原城を攻略しようと考えた早雲は、当時の城主・大森藤頼に鹿狩りのための勢子（狩猟を手伝う人）を領内に入れる許可を得る。早雲はこれに乗じて、勢子に仕立てた足軽と1000頭の牛を藤頼領へ送り込むことに成功した。さらに、早雲は牛の角に松明を付けて放ち混乱を誘い、慌てふためいて逃げ惑う藤頼勢を一気に蹴散らしたという。　小田原城内北条早雲像

【城知識】小田原城跡は現在「小田原城址公園」として整備され遊園地や動物園、美術館などが造られている。動物園には日本最高齢のゾウ、ウメ子がおり人気を博したが、平成21年(2009)9月に亡くなった。

後北条氏5代の手によって日本最大の中世城郭が誕生

現在の小田原城跡はJR小田原駅からやや離れた場所に位置するが、戦国時代には駅周辺も小田原城の敷地内であった。

大森氏より小田原を奪った北条氏は、2代氏綱より本格的な中世城郭の造営をはじめ、豊臣秀吉との合戦の頃には、城を取り囲む堀と土塁の総延長が9kmとも12kmともいわれる大城郭が築きあげられる。上杉謙信率いる10万の軍勢を退け、20万人を超える秀吉軍を前にしても、3ヵ月以上持ちこたえたというから、その堅城ぶりは際立っている。

江戸時代に入って**大久保忠世**が城主になると、規模は三の丸内に縮小される。その後、**稲葉正勝**が城主時代に大改修され、近世城郭へと生まれ変わった。戦国時代には小峰山のほうにあったとされる天守が、今の位置に移されたのもこの時である。

天守は元禄16年（1703）に発生した大地震で倒壊、焼失するも、宝永3年（1706）に再建され、幕末まで小田原のシンボルとして存続する。明治に入り一度解体されてしまうが、昭和35年（1960）に市制20年の復興事業として再建された。

城の内部は刀や古文書など、歴史資料の展示室となっている。また、標高約60mの最上階からの眺望は絶景であり、寛永11年（1634）に、3代将軍徳川家光が天守に登って展望を楽しんだという逸話もうなずける。

である大久保氏、稲葉氏の居城となり、幕末まで関東地方防衛の要所として役割を果たす。

主な城主と出来事

年	出来事
1416	大森氏、小田原へ進出し城を築く
1495	北条早雲、大森藤頼から城を奪う
1590	豊臣秀吉に攻められ開城
1614	大久保忠世入城。総構えの外郭を破却
1631	稲葉正勝、下野国真岡から入封
1686	大久保忠朝、下総国佐倉から入封
1703	大地震により建物の大半が倒壊。06年に天守を再建
1870	廃城。天守などが取り壊される
1923	関東大震災により石垣が倒壊
1960	復興天守建造

A 天守 / **鉄門跡** / **常盤木門**

B 隅櫓 二の丸にある隅櫓は関東大震災で崩落し、昭和9年（1934）に建て直したもの。往時のものと外見は異なる。

D 馬出門 平成21年（2009）に馬出門を史料を基に当時の工法で再現。手前には馬出門土橋（めがね橋）が掛けられている。

C 銅門 二の丸の表門。大扉の飾り金具に銅を使っていたため「銅門」と呼ばれる。平成9年（1997）に建築当時の工法で再現された。

地域別 北海道・東北・関東甲信越地方の城

城知識 小田原城址公園では昭和9年（1934）の隅櫓を皮切りに、天守、常盤木門、住吉橋、枡形、銅門、馬出門が復元された。現在も史蹟整備が続けられており、いずれ往時の全容を取り戻すかもしれない。

建物の大半は明治5年(1872)の火災と、昭和20年(1945)の空襲によって焼失。薬医門、藩校のほか土塁と空堀が残る。

水戸城

史蹟区分 ▶ 県指定史蹟
築城主 ▶ 馬場資幹

茨城県

建保2年(1214)頃築

城番号 135
参照頁 ▶ P78

城を象徴した御三階櫓は太平洋戦争により焼失する

水戸城は鎌倉時代に馬場資幹が築城して以来、200年以上に渡り馬場氏の居城として引き継がれてきた。しかし、室町時代中期に江戸通房が城を攻略、さらに天正18年(1590)には佐竹義宣が江戸氏を滅ぼして入城した。

義宣は本拠を太田城から水戸城へ移し、水戸城の大改修を開始する。だが、その半ばに秋田へ転封となり、徳川家康の5男・武田信吉に与えられた。信吉が亡くなると、家康の10男・徳川頼宣が入り、慶長14年(1609)には11男の徳川頼房が城を受け継ぐ。水戸城は頼房によって再び大改修され、徳川御三家のひとつ、水戸藩の居城として幕末まで世襲された。

城は北を那珂川、南を千波湖に挟まれた丘陵に築かれ、東から東二の丸、本丸、二の丸、三の丸が連なる連郭式縄張(▶P269)であった。城内の建物は大半が平屋だったとされ、二の丸に配された三重五階の御三階櫓が天守の役目を果たした。石垣を用いず土塁のみ造営されており、御三家のなかでは最も質素な造りといえる。

歴史

徳川慶喜も学んだ藩校・弘道館

ドラマ『水戸黄門』で有名な2代藩主・光圀は、藩士教育のために藩校の建設を計画していたが、多忙により果たすことはできなかった。その意志を継いだのが9代藩主、"烈公"こと斉昭である。

斉昭は天保12年(1841)に、真の日本人を育成することを目的とした弘道館を開館。徳川家最後の将軍となった慶喜もここで学んだ。現在も建物の一部が三の丸に残されており、国の重要文化財に指定されている。

水戸城弘道館

城知識

水戸城が土塁のみで築かれた理由には諸説あり、徳川氏が万一に備えて関東の大名に石垣普請を認めなかった、水戸藩主は江戸での生活が中心であったため、築城に力を注がなかった、などといわれている。

平成16年(2004)に伝統的な工法を用いて復元された稲荷櫓。城内の鬼門(北東)に位置することから、艮櫓とも呼ばれている。

甲府城

史蹟区分 県指定史蹟
築城主 平岩親吉、加藤光泰

山梨県
天正11年(1583)頃築
城番号 289
参照頁 ▶P93

かつての雄姿を目指し城内の復元が進められる

甲斐国は武田氏滅亡後、織田信長が統治し、「本能寺の変」で信長が討たれると徳川家康領となる。一説によると、このとき国を任された家康の側近、**平岩親吉**が築城をはじめたといわれているが定かではない。

豊臣秀吉が天下統一を成し遂げると、**加藤光泰**が甲斐に転封され築城を開始する。その後、**浅野長政・幸長**父子に引き継がれ、堅牢な城郭が築きあげられた。

「関ヶ原の戦い」以降は再び徳川領となり、**幕府の直轄地**として幕末まで続いた。途中、柳沢吉保によって城の修築が行われているが、享保時代の大火事と、明治時代の廃城令によって主要な建物は姿を消すことになる。

城は**三重の堀**で囲まれた広大な造りで、美しく積み上げられた**本丸**や**天守台**の石垣は見事なもの。しかし、これらの石垣は現存するものの、天守については実在した記録すら残されていない。だが、本格的な天守が築かれていた可能性が高いとされ、天守再建へ向けて調査が続けられている。

地域別 北海道・東北・関東甲信越地方の城

石垣に刻まれた謎の線刻画

甲府城の石垣からは五芒星や三角形、魚、鳥などの模様や絵、文字が、描かれた石が200点以上発見されている。これらの線刻画が描かれた理由は定かではないが、陰陽道に通ずる模様が多いことから、安全祈願や魔除けの意味があると考えられている。全国的にも珍しく、甲府城独特のものなので、訪れたさいには是非注目したい。

なお、線刻画は日差しが当たっているときに見えやすく、晴れた日の昼頃に探すのがおすすめ。

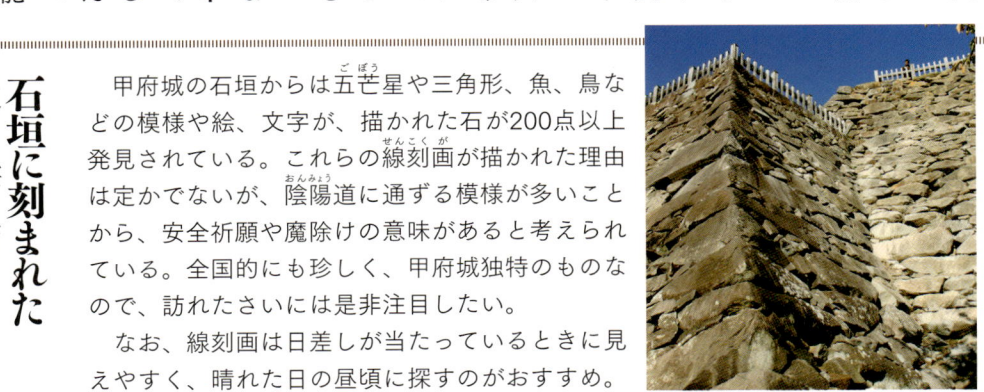

その他

甲府城の石垣。近づいて見ると、さまざまな模様が見て取れる。

城知識 甲府城は平成2年(1990)から舞鶴城公園整備事業によって復元が進められており、稲荷櫓をはじめ、山手御門、内松陰門、鍛冶曲輪門、稲荷曲輪門などが復元。往時の姿を取り戻しつつある。

鉢形城（はちがたじょう）

史蹟区分 国指定史蹟
築城主 長尾景春

埼玉県
文明8年（1476）築
城番号 217
参照頁 ▶P85

鉢形城と荒川

豊臣軍の猛攻にも耐えた要害堅固な難攻不落の城

荒川とその支流・深沢川に挟まれた鉢形城は、ふたつの川を天然の堀とした要害の城である。戦国時代には北条家の支城のひとつとして、前田利家、上杉景勝を大将とした3万を超える豊臣軍の攻撃を、わずか3千の兵で1ヵ月近く守り抜いている。

最後は、城兵の命と引き替えに開城することになるが、戦国を代表する名将を前にしても落城しなかったのは、立地に優れていたことが大きいであろう。

起源は平安時代、源経基の築いた城といわれる。だがこれについては確かな証拠もなく、史料として残されているのは文明8年（1476）、関東管領山内上杉氏の家臣、長尾景春の築城によるものだ。その後、城は北条氏の手に渡り、永禄3年（1560）ごろ、北条氏邦によって大改築され、本丸、二の丸、三の丸からなる連郭式（→P269）の平山城が完成した。

先述した「小田原攻め」後に廃城となるが、近年の発掘調査で曲輪や堀が整備、四脚門が復元され、往時の姿を思い起こさせる。なかでも本曲輪は、荒川を背にした断崖絶壁の上にあり見応えは十分。さらに、城跡には鉢形城歴史館が建てられ、地域の文化や歴史を学ぶことができる。

春日山城（かすがやまじょう）

史蹟区分 国指定史蹟
築城主 長尾氏

新潟県
正平年間（1346～1370）築
城番号 310
参照頁 ▶P94

春日山城土塁

謙信の居城として名高い全国屈指の巨大な山城

春日山城は標高180mの春日山に築かれた巨大な山城である。城の起源は定かではないが、戦国時代に長尾為景、長尾景虎（上杉謙信）らによって、全国でも屈指の防御を誇る城が完成された。

山頂に本丸が築かれ、周囲には大小200を超える曲輪を配置。さらに重臣たちの屋敷も山中に建てられ、山全体がひとつの城として機能していた。上杉氏が会津へ転封になるが、堀氏が代わって入城したため廃城に新城を築いたため廃城となる。現在でも往時の曲輪などが残るほか、平成8年（1996）に土塁や堀の一部と番小屋が復元。さらに、総延長1.5kmともいわれる、長大な堀を復元する計画も進められている。

【歴史】春日山の名の由来

春日山の地名は、天徳2年（958）、奈良県の春日大社の分霊を祭った神社が、この地に建立されたことに由来する。のちに神社は、春日山城の鬼門を守護するための社として、春日山城築城時に上越市へ移されたと伝えられている。

城知識　春日山城見学のさいには、春日山の山麓に位置する林泉寺へも足を伸ばしたい。林泉寺は上杉謙信の祖父、長尾能景が創建した長尾氏の菩提寺で、その惣門は春日山城の搦手門を移築したと伝えられている。

金山城

史蹟区分 国指定史蹟 　**築城主** 岩松家純

群馬県
文明元年（1469）築
城番号 181
参照頁 ▶P83

金山城石垣

金山の頂上に築かれた関東でも希有な石垣の城

　金山城の歴史は古く、南北朝時代に新田義重が新田城を築いたのがはじまりといわれている。しかし、これには諸説あり、文明元年（1469）に新田一族の岩松家純が築いた城が起源といういう説が現在一般的である。その後、城は下克上によって岩松氏の家臣であった由良氏の手に渡り、山頂に石垣を張り詰めた本格的な山城が築城された。

　金山城は**難攻不落の堅城**として知られており、由良氏の代には上杉謙信に2度、武田信玄、勝頼親子に各1度攻められたが、いずれも退けている。さらに北条家が押し寄せた際には、城主らを人質に取られながらも守り抜き、最後には人質の解放と引き替えに城を明け渡したという逸話も残されている。

　北条氏の支城となってより堅固な城へと改築されたが、「小田原征伐」には戦わずして開城した。特徴である**石垣**は復元が進められており、**石畳や石階段、石組みの水路**などは見事なもの。また石垣で整備されたふたつの溜め池、**日ノ池と月ノ池**も復元され、神秘的な空気を漂わせている。これらの溜め池は飲料用としてだけでなく、祭祀的な役目も担っていたようである。

箕輪城

史蹟区分 国指定史蹟 　**築城主** 長野業尚

群馬県
永正9年（1512）頃築
城番号 193
参照頁 ▶P83

鍛冶曲輪の石垣

100年足らずの間に次々と城主が入れ替わる

　16世紀前半、**長野業尚**は箕輪城を築城するが、武田氏によって度重なる襲撃を受け、あえなく落城。城は武田氏家臣の内藤**昌豊**に与えられる。その後、武田氏が滅亡すると、その機に乗じて北条氏が攻め落とすも、ほどなく織田信長の家臣・**滝川一部**が残る。

益によって城は奪われた。「本能寺の変」ののちに後北条氏に敗れ、城は戻されるが、羽柴秀吉氏に敗れ、代わって徳川家康の家臣・**井伊直政**が入城する。箕輪城は直政によって改築され、大規模な近世城郭へと変貌をとげた。しかし、直政が和田城へ移ったため箕輪城は廃城となる。現在は**土塁や空堀、石垣の一**

人物
剣聖の守った城

　長野氏時代、武田軍を迎え撃った箕輪城には、のちに剣聖として名を馳せる**上泉信綱**がいた。長野氏滅亡後、武田氏の誘いを断り剣術修行の旅に出た信綱は、そこで柳生宗厳らと出会い、自身が極めた新陰流の奥義を広めたといわれている。

地域別 北海道・東北・関東甲信越地方の城

城知識　金山城は太田城、前橋城、唐沢山城、宇都宮城、川越城、忍城とともに、関東七名城のひとつに数えられている。ちなみに関東八名城と呼ばれるものもあり、これには箕輪城が含まれている。

川越城

史蹟区分 県指定史蹟
築城主 太田道真、太田道灌

埼玉県
長禄元年 **(1457)** 築
城番号 **199**
参照頁 ▶ P84

川越城本丸御殿

江戸幕府の要所として代々譜代大名が入城する

川越城は長禄元年(1457)、扇谷上杉氏の家臣・太田道真、道灌親子によって、対抗する古河公方への備えとして築城された**平城**である。築城当初は本丸、二の丸程度の規模と考えられている。

その後、「河越夜戦」に勝利した**北条氏**が入城し、北条氏が関東一円に勢力を広げるきっかけとなった。北条氏が羽柴秀吉に敗れると、川越城は**徳川家康**の所領となり、重臣の**酒井重忠**が入城して**川越藩**の基礎を築く。江戸時代には「江戸の大手門」は小田原城、搦手(門)は川越城」といわれるほど重要視され、徳川氏の譜代大名によって幕末まで引き継がれた。

寛永16年(1639)に「知恵伊豆」こと**松平信綱**が入城。このとき三の丸および曲輪が増築され、4つの櫓と12の門を備えた近世城郭へと生まれ変わっている。

明治に入り城の大半が解体されるも、**本丸御殿**の一部が被害を免れ、「小江戸」と呼ばれた川越藩の名残を残している。ちなみに本丸御殿の遺構が残っているのは、川越城と高知城(▶P212)のみである。

佐倉城

史蹟区分 市指定史蹟
築城主 土井利勝

千葉県
慶長15年 **(1610)** 築
城番号 **238**
参照頁 ▶ P87

角馬出の空堀

幕府の権力者が入城した江戸の背後を守る要害

鎌倉時代、要害の地であった鹿島台地西端に、**千葉氏**が築いた城郭が現在の**佐倉城**の起こりといわれている。

江戸時代に入ると佐倉城は**幕府の防衛拠点**として重要な地位を占めることとなり、慶長15年(1610)に**土井利勝**によって大改築が行われた。石垣は用いずに天然の地形を活かして、土塁を張り巡らせた城郭が築き上げられた。三層の天守があったようだ。

以降、幕府の譜代大名の城として次々と城主が入れ替わっている。

現在は城郭跡は佐倉城址公園として整備され、馬出の空堀や土塁などを観察できる。また、国立歴史民俗博物館などが敷地内に建てられている。

歴史
城は陸軍に接収

佐倉城は明治に入ると取り壊され、陸軍が城内に置かれた。戦後は国立佐倉病院や中学校が建てられたが、昭和58年(1983)に国立歴史民俗博物館が開館。城跡は整備され、馬出などが復元されているほか、城の礎石や陸軍の便所跡が残されている。

城知識 川越城内には築城当初から三芳野天神が祭られている。当時は祭礼時にのみ庶民の参拝が許されており、有名な童歌『とおりゃんせ』はこの様子を歌ったものといわれている。

八王子城

東京都

史蹟区分：国指定史蹟
築城主：北条氏照
天正12年（1584）頃築
城番号：256
参照頁：P89

八王子城本丸跡

豊臣秀吉軍の猛攻の末に罪なき人々が命を落とす

戦国時代末期、武田氏との争いを繰り広げていた北条氏康の次男・氏照は、本拠としていた平山城の滝山城を離れ、深沢山の山頂に守りに適した山城を築城した。これが八王子城であٖる。当時、城は山城から平山城、平城への転換期に差し掛かっており、八王子城の築城は時代の流れに逆行する行為であった。だが、古い山城には見られない石垣が用いられるなど、ところどころに近世城郭の片鱗も覗かせている。

城は大きく本丸がある山頂の要害地区、御主殿などが建てられた山麓の居館地区、城下町などの根小屋地区に分けられる。北条氏が築いた山城のなかでは最大規模のもので、まさに要害と呼ぶに相応しい造りだったと想像される。しかし、築城から数年後の天正18年（1590）、羽柴秀吉の軍勢によって1日で落城し廃城となった。

秀吉軍が攻め入った際に、北条家の主力は小田原城へ集結しており、八王子城には僅かな兵と、女、子どもしか残されていなかった。逃げ場を失った彼女たちは、御主殿の滝に身を投げ、滝が流れ込む川は3日3晩血に染まったといわれている。

新発田城

新潟県

史蹟区分：市指定史蹟、重要文化財2件
築城主：溝口秀勝
慶長3年（1598）築
城番号：303
参照頁：P94

新発田城三階櫓

菖蒲城とも呼ばれる縄張も建造物も美しい城

北は加治川と湿地帯、西は海、東は山と、自然の地形を巧みに利用して築かれた新発田城は、城地一帯に菖蒲が咲いていたことから「菖蒲城」とも呼ばれる。城の縄張は梯郭式と輪郭式が合わさった特異なもので、本丸を二の丸と古丸が取り囲み、三の丸が横に飛び出た瓢箪のような形をしているのが特徴。また、石垣には「切込接」と呼ばれる技法が用いられる。

城を築いたのは新発田藩初代藩主の溝口秀勝で、明治に至るまで溝口氏の城として世襲された。現在でも美しい海鼠壁が目をひく二の丸隅櫓や本丸表門が残り、いずれも重要文化財に指定されている。

その他：敵の混乱を誘う鯱

天守の代役を果たしていた御三階櫓の屋根には、全国的にも珍しい3匹の鯱が配されていた。特定の方向から見ると2匹に見え、敵を混乱させる意図があったとされる。現在、御三階櫓は復元され、鯱の姿も目にすることができる。

地域別：北海道・東北・関東甲信越地方の城

城知識：八王子城では落城400年の節目にあたる平成2年（1990）に、居館地区へ続く石段や石畳が整備復元された。一節によると、これらの石造りは安土城を参考にしたといわれている。

松代城

長野県

史蹟区分：国指定史蹟
築城主：武田信玄
永禄3年（1560）頃築
城番号 351
参照頁 ▶P98

松代城太鼓門

北信濃の重要拠点として有力武将が次々と入城

武田信玄が築いた松代城は、信玄の右腕として知られる山本勘助が縄張をした城として有名である。北信濃支配の要所であり、「川中島の戦い」の舞台ともなっている。

家臣が入城している。それに伴い城名も変えられ、築城当初は海津城、松城と変化し、真田幸道が城主のころに松代城と改められた。近世城郭の平城であるが土塁を用い、「武田流築城法」のひとつである三日月堀が張り巡らされていた。城は明治に入り廃城となるも、現在は櫓門、木橋、土塁などが往時のものに近い状態で再現されている。

城主が頻繁に代わった城としても知られ、武田氏以降、織田氏、上杉氏、豊臣氏、徳川氏の

人物：上杉謙信の松代城

新潟県十日町市にも、上杉謙信の支城として使用された松代城がある。こちらの読みは「まつだい」ではあるが、信玄最大のライバルとして知られる謙信が、同じ漢字を持つ城を治めていたというのは、何かしらの因縁を感じる。

上田城

長野県

史蹟区分：国指定史蹟、県宝3件
築城主：真田昌幸
天正11年（1583）築
城番号 335
参照頁 ▶P97

上田城櫓門

徳川の軍勢を2度退けた真田昌幸・幸村親子の城

上田城は尼ヶ淵の断崖を利用して築かれた堅固な平城である。その堅城ぶりを世に知らしめたのは、天正13年（1585）のこと。徳川家康率いる7千の軍勢に対し、上田城を守る真田昌幸、幸村親子は、2千の兵にてこれを討ち破ることができる。また忠政が築いた3基の隅櫓も現存し、いずれも県宝に指定されている。

さらに慶長5年（1600）には、「関ヶ原の戦い」へ向かう徳川秀忠軍3万8千を、わずかな兵で5日間足止めすることに成功している（▶P192）。

徳川の時代になると建物は取り壊され、堀も埋め立てられたため、往時の姿を知ることはできない。近年の調査で桃山時代の特徴的な金箔瓦などが出土している。本丸には7基の櫓が建てられていたようだ。

元和8年（1622）に仙石忠政が入封すると、忠政は上田城の復興を開始する。これにより上田城は近世城郭へと整備されるが、忠政の死後、工事は中断され、本丸御殿などは築かれぬままに終わった。その後、城は松平氏7代に渡って世襲されることはなかったようである。

現在も本丸や石垣が残り、新幹線の車窓からもその姿をみることができる。

城知識：真田昌幸が築城した上田城は土塁が中心であったが、仙石忠政は本丸、二の丸部分に石垣を築いている。このときの石材は、近くの太郎山などから採掘される、緑色凝灰岩が用いられた。

小諸城

史蹟区分 重要文化財2件
築城主 仙石秀久

長野県
天正18年（1590）築
城番号 340
参照頁 ▶P97

多くの文人に愛された全国的にも珍しい穴城

小諸は関東と信州を結ぶ重要な地であり、戦国期に入ると北信濃進出を狙う**武田信玄**の格好の餌食となる。信玄は大石氏を攻略すると山本勘助、馬場信春に築城を命じ、勘助らは鍋蓋城と乙女城を取り込んだ縄張を整備。本丸を新たに築いて、小諸城の原型となる**連郭式の平山城**が完成された。

時代が豊臣政権下へと移ると、「小田原攻め」で活躍した**仙石秀久**が入城する。秀久は中世城郭だった小諸城を大改修し、城は三重天守や大手門を備えた近世城郭へと変貌を遂げた。江戸時代には徳川氏の譜代大名の城となり、幕末まで引き継がれる。

城は三の丸、二の丸、本丸と進むにつれ高くなっていくのが一般的であるが、小諸城は逆に低くなっている。これは**千曲川の河岸段丘の傾斜**を縄張に取り入れたためで、城郭部が城下町よりも低い位置にある。

小諸城の起源は平安時代まで遡り、この頃小諸を支配していた、木曾義仲の家臣・**小室太郎光兼**が建てた屋敷がはじまりとされる。南北朝時代に小室氏が衰退すると**大石氏**が入り、鍋蓋城と乙女城（白鶴城）を築いて小諸の防衛につとめた。

小諸城大手門

高遠城

史蹟区分 国指定史蹟
築城主 不明

長野県
不明、天文16年（1547）に改修
城番号 349
参照頁 ▶P98

自然を活かした武田流も信長の前にあえなく落城

古くは諏訪氏の一族である**高遠氏**がこの地を支配していたが、戦国時代に入り武田信玄が高遠氏を滅ぼして進出する。信玄は山本勘助に命じて、三峰川と藤沢川が合流する段丘上に築かれていた**高遠城（兜山城）**を大改修し、本丸、二の丸、三の丸および複数の曲輪からなる城郭を造り上げた。

自然の地形を巧みに利用し、各曲輪がすべて空堀で区切られるなど、「**武田流築城法**」の縄張であったが、織田信長の「**甲州攻め**」によって1日で落城する。堀の一部は明治に入り埋められ、建物も大半が解体、移築された。現在は**太鼓櫓**及び**城門**、藩校・**進徳館**が残るのみである。

問屋門と桜雲橋（写真・伊那市観光協会高遠町支部）

その他

現在は桜の名所に

高遠城は廃藩置県後、旧高遠藩士たちが桜の馬場から「タカトオコヒガンザクラ」を城跡に移植し、現在は日本3大桜の名所として春には全国から人が集まる。雪の残るアルプスの山々を背景に、ピンク色の桜の花が咲き乱れる姿は壮観である。

地域別 北海道・東北・関東甲信越地方の城

城知識　小諸城は島崎藤村の詠んだ「小諸なる古城のほとり、雲白く遊子悲しむ…」の書き出しではじまる、『千曲川旅情の歌』でも有名である。城跡は懐古園となっており、往時の遺構や文人たちの碑が残る。

関東地方の城
茨城県

南北朝の内乱で、常陸国も2つの勢力に分かれ、激しく火花を散らした。この争乱で北朝方の佐竹氏が発展し、文禄4年の常陸統一につながっていく。関ヶ原後、石田三成に協力した佐竹氏は、秋田に国替となった。

135 水戸城（みとじょう） 重文 史跡
▶P70
- 構造：平山城／本丸・二の丸・三の丸など
- 築城年：建保2年(1214)頃
- 築城者：馬場資幹
- 特徴：江戸氏が城主のときに佐竹氏が攻め落とし、10年かけて城を拡張した。慶長7年(1602)に佐竹氏が徳川家康に国替えさせられた後は徳川頼宣や頼房が城主を務め、徳川御三家の居城になる。
- 住所：水戸市三の丸
- アクセス：JR常磐線・水戸駅より徒歩

水戸城薬医門

134 太田城（おおたじょう）
- 構造：平山城／不明
- 築城年：天仁年間(1108～1110)
- 築城者：太田通延
- 特徴：佐竹氏が水戸城に移る以前に居城としていた。舞鶴城とも。佐竹氏はこの城を本拠に北条氏や伊達氏と激しい戦いを繰り広げる。
- 住所：常陸太田市中城町
- アクセス：JR水郡線・常陸太田駅より徒歩

137 石神城（いしがみじょう）
- 構造：平山城／空堀・土塁
- 築城年：延徳2年(1490)
- 築城者：小野崎通老
- 特徴：延徳元年(1489)に、小野崎通綱が、伊達連合軍との戦いで討ち死。その武功を称え、佐竹氏が通綱の子・通老に居城として築かせた。
- 住所：那珂郡東海村石神内宿
- アクセス：JR常磐線・東海駅より徒歩

136 守谷城（もりやじょう）
- 構造：平山城／土塁
- 築城年：鎌倉時代
- 築城者：相馬氏
- 特徴：相馬氏による築城だが、平将門が築き、その子孫である相馬氏が城主になったとする伝説が残る。城跡周辺には巨大な古木が目立つ。
- 住所：守谷市本町
- アクセス：関東鉄道常総線・守谷駅より徒歩

地域別 北海道・東北・関東甲信越地方の城

144 島崎城（しまざきじょう）
- 構造：平城／本丸跡・堀
- 築城年：応永年間（1394～1428）
- 築城者：島崎成幹
- 特徴：築城者の島崎氏は鹿島郡・行方郡を支配するほど勢力を伸ばすが、天正19年（1591）に佐竹義宣が城主をだまし討ちし、城も滅んだ。
- 住所：潮来市島須
- アクセス：JR鹿島線・潮来駅より車

145 木原城（きはらじょう）
- 構造：平城／土塁・堀
- 築城年：不明
- 築城者：不明
- 特徴：江戸崎城の支城。江戸崎城主家臣の近藤氏が15世紀初期に築城したとする説が有力。城の敷地は県で五指に入るほど広大だった。
- 住所：稲敷郡美浦村木原
- アクセス：JR常磐線・土浦駅よりバス

146 牛久城（うしくじょう）
- 構造：平城／空堀
- 築城年：天文年間（1532～1555）
- 築城者：岡見氏
- 特徴：別名は岡見城。城主の岡見氏は天正5年（1577）から10年に渡って下妻城主・多賀谷重経と火花を散らし、最終的には破れている。
- 住所：牛久市城中町
- アクセス：JR常磐線・牛久駅より徒歩

147 龍子山城（たつごやまじょう）
- 構造：山城・平城／空堀・水堀
- 築城年：応永27年（1420）
- 築城者：大塚氏
- 特徴：大塚氏の居城。大塚氏は慶長元年（1596）に福島の折木城に移る。その後、慶長9年（1604）に戸沢氏が拡張し、平城が加わった。
- 住所：高萩市下手綱
- アクセス：JR常磐線・高萩駅よりバス

148 助川海防城（すけがわかいぼうじょう） 史跡
- 構造：平山城／本丸表門礎石・二の丸跡
- 築城年：天保7年（1836）
- 築城者：徳川斉昭
- 特徴：水戸藩主の徳川斉昭が海洋の治安を守るために築いた。元和元年（1864）に天狗党の乱で落城。城は焼失し、ほぼ失われた。
- 住所：日立市助川町
- アクセス：JR常磐線・日立駅よりバス

149 那珂西城（なかさいじょう） 史跡
- 構造：平山城／本丸跡
- 築城年：久安5年（1149）
- 築城者：那珂通泰
- 特徴：那珂川流域の豪族・那珂氏が築いた城。那珂氏は建武2年（1335）に佐竹勢を破るなど、南北朝時代に南朝方の有力武将として活躍。
- 住所：東茨城郡城里町
- アクセス：JR常磐線・水戸駅よりバス

150 宍戸城（ししどじょう）
- 構造：平山城・平城／宍戸城陣屋・表門・土塁
- 築城年：鎌倉初期
- 築城者：宍戸家政
- 特徴：宍戸氏代々の居城。天和2年（1862）には徳川光圀の弟・松平頼雄が入り、陣屋を作った。縄張は古状が平山城、新城（陣屋）は平城。
- 住所：笠間市平町
- アクセス：JR水戸線・宍戸駅より徒歩

138 結城城（ゆうきじょう）
- 構造：平山城／空堀
- 築城年：治承年間（1177～1180）
- 築城者：結城朝光
- 特徴：永享12年（1440）に室町幕府によって落城。幕末には水野勝知が結城藩主として城に入るが、官軍に敗北し、城は取り壊された。
- 住所：結城市結城
- アクセス：JR水戸線・結城駅より徒歩

139 古河城（こがじょう）
- 構造：平城／観音寺曲輪・諏訪曲輪・丸の内曲輪
- 築城年：鎌倉時代
- 築城者：下河辺行平
- 特徴：康正元年（1455）年頃には、鎌倉から移ってきた足利勝知が城主となった。江戸時代には古河藩の藩庁が置かれ、土井氏などが城主をつとめた。
- 住所：古河市中央町
- アクセス：JR東北本線・古河駅よりバス

140 笠間城（かさまじょう）
- 構造：山城／天守台・石垣・土塁
- 築城年：元久2年（1205）　築城者：笠間時朝
- 特徴：築城者の笠間氏は、小田原攻めで北条氏につき、滅ぼされる。その後は蒲生氏が入り、延享4年（1747）以降は牧野氏の城になる。
- 住所：笠間市佐白山
- アクセス：JR水戸線・笠間駅よりバス

笠間城 三段石垣

141 真壁城（まかべじょう） 史跡
- 構造：平山城／城門
- 築城年：承安2年（1172）　築城者：真壁長幹
- 特徴：真壁氏の居城。もともとあった古い役所を改修した城といわれる。関ヶ原の合戦の後に真壁氏が城を移すと、浅野氏が入った。
- 住所：桜川市真壁町古城
- アクセス：JR水戸線・岩瀬駅より車

142 小幡城（おばたじょう）
- 構造：平城／堀・土塁
- 築城年：応永24年（1417）　築城者：小幡義幹
- 特徴：天文元年（1532）に江戸氏が城主・大掾春信を殺害し、城を奪う。その後、佐竹氏が江戸氏を撃破。佐竹氏の移封で廃される。
- 住所：東茨城郡茨城町小幡
- アクセス：JR常磐線・石岡駅よりバス

143 鹿島城（かしまじょう）
- 構造：山城／不明
- 築城年：養和元年（1181）　築城者：鹿島政幹
- 特徴：塚原卜伝を輩出した鹿島一族の城。天正19年（1591）に佐竹義宣が城主・春房を謀殺。家臣も佐竹軍に敗北し、鹿島氏は滅びた。
- 住所：鹿嶋市城山
- アクセス：JR鹿島線・鹿島神宮駅より徒歩

小田城跡

151 小田城（おだじょう） 史跡
- 構造：平城／本丸跡・土塁・堀
- 築城年：建久3年（1192）　築城者：八田知家
- 特徴：築城者の八田知家は、小田氏の祖。小田氏は南朝軍と激しい戦いを繰り広げるが、天正11年（1583）に佐竹氏の軍門に下った。
- 住所：つくば市小田
- アクセス：TX・つくば駅よりバス

152 難台山城（なんだいさんじょう） 史跡
- 構造：山城／空堀
- 築城年：南北朝時代
- 築城者：小田藤綱
- 特徴：要害の地に築かれた小田氏の城。北朝方の上杉朝宗軍に攻め込まれた際に抵抗し長期戦となるが、食料補給の手段を断たれて敗北。
- 住所：笠間市上郷難台
- アクセス：JR常磐線・岩間駅より徒歩

153 久下田城（くげたじょう） 史跡
- 構造：平城／本丸跡・二の丸跡・空堀
- 築城年：天文14年（1541）～永禄8年（1565）
- 築城者：水谷正村
- 特徴：藤原秀郷の子孫で、結城氏の重臣である水谷正村が築いた。元和元年（1615）に一国一城令により廃された。現在は一部が公園。
- 住所：下館市樋口
- アクセス：真岡鐵道真岡線・久下田駅より徒歩

154 土浦城（つちうらじょう） 史跡
- 構造：平城／本丸跡・二の丸跡
- 築城年：永享年間（1429～1440）
- 築城者：若泉三郎
- 特徴：小田氏に属する若泉三郎が築城。永正13年（1516）に菅谷氏に攻め落とされた。その菅谷氏は天正11年（1583）に佐竹氏の家臣になる。亀城の別名を持つ。江戸時代に入り城主は次々に変わるも土屋氏が長くつとめた。
- 住所：土浦市中央
- アクセス：JR常磐線・土浦駅より徒歩

土浦城太鼓門

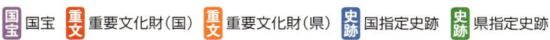

国宝　重要文化財（国）　重要文化財（県）　国指定史跡　県指定史跡

関東地方の城
栃木県(とちぎけん)

源頼朝、木曾義仲、そして平家が争う渦中で、頼朝についた小山氏が力をつけ、下野守護となる。宇都宮氏、那須氏と領地を分け合うが、度重なる争いで衰退し、小規模な勢力が割拠する時代に突入する。

佐野城山公園

156 烏山城 からすやまじょう
構造：山城／石垣・土塁・空堀
築城年：応永25年(1418)
築城者：沢村資重
特徴：那須資氏の次男、資重が築城。以後、那須氏代々の居城となる。八高山の頂上にあり、遠目に見た山の形から臥牛城とも称される。
住所：那須郡烏山町城山
アクセス：JR烏山線・烏山駅より徒歩

158 佐野城 さのじょう 史跡
構造：平山城／曲輪・堀切・水堀など
築城年：慶長7年(1602)
築城者：佐野信吉
特徴：佐野信吉が唐沢山城から移った。信吉は大久保長安事件の連座処分として慶長19年(1614)に領地を没収された。春日岡城とも。
住所：佐野市若松町
アクセス：東武佐野線・佐野駅より徒歩

157 茂木城 もてぎじょう
構造：山城／本丸・二の丸・三の丸など
築城年：建久8年(1197)
築城者：茂木知基
特徴：茂木氏の居城。天正13年(1585)に結城政勝に城を奪われるが、佐竹義重の加勢を得て、すかさず取り戻した。別名は桔梗城。
住所：芳賀郡茂木町
アクセス：真岡鐵道・茂木駅より徒歩

155 宇都宮城 うつのみやじょう
構造：平城／(復)櫓・土塁の一部
築城年：不明
築城者：不明
特徴：宇都宮氏の居城。前身は藤原秀郷もしくは、宇都宮氏の祖である宇都宮宗円の居館。その館を南北朝時代に宇都宮公綱と氏綱が改修。何百年もの間本城とするが、宇都宮氏は慶長2年(1597)に改易された。
住所：宇都宮市本丸町
アクセス：JR東北本線・宇都宮駅より徒歩

宇都宮城清明台櫓

80

171 児山城 (こやまじょう) 史跡
- 構造：平城／土塁・堀
- 築城年：建武年間(1334〜1335)
- 築城者：児山朝定
- 特徴：宇都宮氏の支城。宇都宮一族の朝定が築き、児山氏を名乗った。永禄元年(1558)に城主・児山兼朝が殺されて廃城になった。
- 住所：下野市下古山
- アクセス：JR東北本線・石橋駅より徒歩

172 皆川城 (みながわじょう)
- 構造：山城／土塁・空堀
- 築城年：寛喜年間(1229〜1232)
- 築城者：皆川宗員
- 特徴：皆川氏の居城。大永3年(1523)の川原田合戦をはじめ数々の合戦の舞台になったが、天正18年(1590)に攻め落とされた。
- 住所：栃木市皆川城内町
- アクセス：JR両毛線・栃木駅より車

173 芦野城 (あしのじょう)
- 構造：平山城／曲輪・土塁・空堀
- 築城年：室町時代
- 築城者：芦野氏
- 特徴：芦野氏の居城。明確な築城時期は不明だが、天文年間(1532〜1555)に築かれ、館山城にいた芦野氏が本拠を移したと見られる。
- 住所：那須郡那須町
- アクセス：JR東北本線・黒田原駅よりバス

174 村上城 (むらかみじょう) 史跡
- 構造：山城／本丸・櫓台跡・曲輪など
- 築城年：永和4年(1378)
- 築城者：村上良藤
- 特徴：村上観音山と呼ばれる見晴らしのいい山に築かれた村上氏の居城。三重に設けられた円状の空堀など、堅固な防御機構を有する。
- 住所：芳賀郡市貝町
- アクセス：JR羽越本線・村上駅より徒歩

175 大田原城 (おおたわらじょう)
- 構造：平山城／曲輪・土塁・堀
- 築城年：天文12年(1543)
- 築城者：大田原資清
- 特徴：那須氏の重臣・大田原氏の城。川沿いの丘に築かれており、龍城、龍体城などとも呼ばれる。大田原氏は小田原攻めや関ヶ原で功績を残して1万2千石の大名になり、大田原城に大田原藩庁を置いた。
- 住所：大田原市元町
- アクセス：JR東北本線・西那須野駅よりバス

164 祇園城 (ぎおんじょう) 史跡
- 構造：平城／土塁・空堀・櫓台
- 築城年：久安4年(1148)
- 築城者：小山政光
- 特徴：関東八館に数えられる小山氏の戦国期の居城。小山氏は北条氏の家臣になり、北条氏照によって祇園城が拡張された。小山とも。
- 住所：小山市城山町
- アクセス：JR東北本線・小山駅より徒歩

165 鷲城 (わしじょう) 史跡
- 構造：平城／土塁・空堀・物見台など
- 築城年：不明
- 築城者：不明
- 特徴：祇園城から2kmほど離れた城。小山義政の代に本拠となった。義政は鎌倉公方に反旗を翻し、小山氏は天授7年(1381)に滅びた。
- 住所：小山市外城
- アクセス：JR東北本線・小山駅よりバス

166 唐沢山城 (からさわやまじょう)
- 構造：山城／本丸・二の丸・三の丸など
- 築城年：天慶3年(940)
- 築城者：藤原秀郷
- 特徴：関東七名城のひとつ。平将門を討った藤原秀郷の築城とされ、戦国期は佐野氏の居城。上杉謙信が繰り返し攻めた城としても有名。
- 住所：佐野市富士町
- アクセス：東武佐野線・田沼駅より徒歩

167 黒羽城 (くろばねじょう)
- 構造：山城／曲輪・土塁・空堀
- 築城年：天正4年(1576)
- 築城者：大関高増
- 特徴：築城者は大田原城を築いた大田原資清の子。天文11年(1542)に資清が白旗城の大関増次を殺して、息子に大関氏を名乗らせた。
- 住所：大田原市前田
- アクセス：JR東北本線・西那須野駅よりバス

168 武茂城 (むもじょう)
- 構造：山城／曲輪・土塁・空堀
- 築城年：鎌倉時代
- 築城者：武茂泰宗
- 特徴：武茂氏の祖・泰宗が武茂川に面する丘に築いた山城。その後、武茂氏は8代続いたが、対岸の那須氏との戦いが絶えなかった。
- 住所：那須郡馬頭町
- アクセス：JR烏山線・烏山駅よりバス

169 那須神田城 (なすかんだじょう) 史跡
- 構造：館／土塁・堀
- 築城年：天治2年(1125)
- 築城者：須藤貞信
- 特徴：那須氏の居城。築城者の須藤貞信は那須氏の祖。10代目の資隆のときに神田城は廃された。ちなみに弓の名手・那須与一は資隆の子。
- 住所：那須郡小川町
- アクセス：JR烏山線・烏山駅よりバス

170 御前原城 (ごぜんばらじょう) 史跡
- 構造：平城／本丸・土塁・空堀
- 築城年：正和4年(1315)
- 築城者：塩谷頼安
- 特徴：国道4号線・矢板バイパスのそばに位置。天正18年(1590)に廃されるまで、宇都宮一族の塩谷氏が居城とした。別名は中村城。
- 住所：矢板市早川町
- アクセス：JR東北本線・矢板駅より車

159 飛山城 (とびやまじょう) 史跡
- 構造：平山城／土塁・空堀
- 築城年：永仁年間(1293〜1299)
- 築城者：芳賀高俊
- 特徴：城主の芳賀氏は、益子氏と並ぶ宇都宮氏の忠臣。天文年間に宇都宮氏の家督争いが内乱に発展して、宇都宮氏とともに衰退していく。
- 住所：宇都宮市竹下町
- アクセス：JR宇都宮線・宇都宮駅よりバス

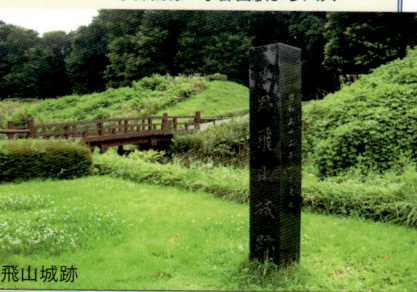

飛山城跡

160 西明寺城 (さいみょうじじょう)
- 構造：山城／曲輪・土塁・空堀
- 築城年：鎌倉前期
- 築城者：不明
- 特徴：宇都宮氏家臣・益子氏の本城。天正18年(1590)に廃された。益子町を見下ろす高舘山にあり、曲輪をはじめ状態のよい遺構が残る。
- 住所：芳賀郡益子町
- アクセス：真岡鐵道・益子駅より車

161 石那田館 (いしなだやかた)
- 構造：館／土塁・堀
- 築城年：不明
- 築城者：不明
- 特徴：創建については謎が多いが、戦国時代には宇都宮氏の家臣である小池氏が居館とし、多気の支城としての役割を担ったとされる。
- 住所：宇都宮市石那田町岡
- アクセス：JR宇都宮線・宇都宮駅より車

162 多気城 (たげじょう)
- 構造：山城／本丸・土塁・堀
- 築城年：不明
- 築城者：不明
- 特徴：多気山に位置する広大な規模の山城。宇都宮氏は北条氏の進撃に備えるため、要害の地を選んで築いた。御殿山城とも称される。
- 住所：宇都宮市田下町
- アクセス：JR東北本線・宇都宮駅よりバス

163 足利氏館 (あしかがしやかた) 史跡
- 構造：館／水堀・土塁
- 築城年：平安末期
- 築城者：足利義兼
- 特徴：築城者の足利義兼は義康の三男で、源義家の曾孫。館跡には鑁阿寺が建てられ、現在も東西南北の各方位に門と橋が設けられている。
- 住所：足利市家富町
- アクセス：東武伊勢崎線・足利市駅より徒歩

地域別 北海道・東北・関東甲信越地方の城

大田原城址(写真／福井聡)

鑁阿寺

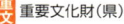

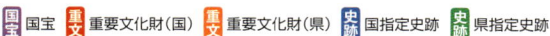

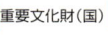

関東地方の城

群馬県

源義重を祖とする新田氏が、上野国で勢力を持つが、やがて南朝方として敗戦にまみれる。南北朝の内乱が収束しても、各地で戦いが発生し、幕府は関東管領として上杉氏憲を立てたが、混乱の時代が長く続いた。

179 前橋城 まえばしじょう
構造：平城／曲輪・土居・門跡など
築城年：15世紀末
築城者：長野賢忠
特徴：かつては厩橋城といわれていた。上杉謙信が関東攻略の拠点とし、武田氏、北条氏と戦いを繰り返した。江戸時代は譜代大名が入る。
住所：前橋市大手町
アクセス：JR両毛線・前橋駅よりバス

177 館林城 たてばやしじょう 重文
構造：平城／曲輪跡・堀・虎口など
築城年：不明
築城者：不明
特徴：天文元年（1532）もしくは弘治2年（1556）の築城といわれる。徳川家康が関東に移ってからは、譜代大名が城主を務めた。
住所：館林市城町
アクセス：東武伊勢崎線・館林駅より徒歩

180 長井坂城 ながいざかじょう 史跡
構造：山城／曲輪跡・空堀・土居など
築城年：永禄年間（1558～1570）
築城者：上杉謙信
特徴：沼田城攻めの拠点として上杉謙信が築く。天正8年（1580）に武田氏家臣の真田昌幸が占領するが、武田氏邦に攻められ退却した。
住所：渋川市赤城町・利根郡昭和村
アクセス：JR上越線・岩本駅より車

178 山上城 やまかみじょう 史跡
構造：山城／曲輪跡・空堀・堀切など
築城年：大永年間（1521～1528）
築城者：山上氏
特徴：弘治元年（1555）に北条氏康に奪われ、城主の山上氏秀は下野国に移った。その後、北条氏は上杉氏や武田氏らと激しく争う。
住所：桐生市新里町
アクセス：上毛電気鉄道上毛線・新里駅より徒歩

176 高崎城 たかさきじょう 重文
構造：平城／鳥居・乾櫓・曲輪など
築城年：慶長3年（1598）
築城者：井伊直政
特徴：徳川家康が井伊直政に命じて築かせた。一部は和田城の廃墟だった。関ヶ原の戦い後に直政は彦根へ移り、安藤重信が城主になる。安藤氏が3代かけて拡張工事を行う。江戸時代は高崎藩庁が置かれた。
住所：高崎市高松町
アクセス：JR高崎線・高崎駅より徒歩

高崎城乾櫓

北海道・東北・関東甲信越地方の城

193 箕輪城 (みのわじょう) ▶P73 【史跡】
- 構造：平山城／曲輪跡・腰曲輪・堀など
- 築城年：永正9年(1512)　築城者：長野業尚
- 特徴：山内上杉氏家臣の長野氏が築城。永禄9年(1566)に武田信玄が攻め落とした。天正18年(1590)には井伊直政が城を改修した。
- 住所：高崎市箕郷町東明屋
- アクセス：JR高崎線・高崎駅よりバス

箕輪城曲輪の石垣

187 大胡城 (おおごじょう) 【史跡】
- 構造：平山城／曲輪跡・堀・堀切など
- 築城年：天文年間(1532～1555)
- 築城者：大胡氏
- 特徴：大胡氏の居城。大胡氏が武蔵江戸へ移ると、増田繁政が城代になる。その後は上杉謙信の支配下に入り、北条高広が城主になった。
- 住所：前橋市大胡町
- アクセス：上毛電気鉄道上毛線・大胡駅より徒歩

188 桐生城 (きりゅうじょう)
- 構造：山城／館跡・核堀・遠堀など
- 築城年：治承4年頃(1180)
- 築城者：桐生六郎
- 特徴：桐生氏の祖となる桐生六郎の居館を発展させて、観応元年(1350)に桐生国綱が城を築いた。現在、居館は浄雲寺になっている。
- 住所：桐生市梅田町
- アクセス：JR両毛線・桐生駅よりバス

金山城石垣

181 金山城 (かなやまじょう) ▶P73 【史跡】
- 構造：山城／(復)大手道・曲輪跡・櫓台など
- 築城年：文明元年(1469)　築城者：岩松家純
- 特徴：関東七名城のひとつ。上杉謙信や武田勝頼、北条氏政らの進撃を繰り返し退けた。現在は石垣造りの大手道が復元されている。
- 住所：太田市金山町
- アクセス：東武伊勢崎線・太田駅より車

194 国峯城 (くにみねじょう)
- 構造：平山城／曲輪・堀切・堀など
- 築城年：戦国時代
- 築城者：小幡氏
- 特徴：城主の小幡氏は後に武田氏の家臣として活躍。赤で統一された鉄兜は、勇猛果敢な小幡軍のトレードマークとして恐れられた。
- 住所：甘楽郡甘楽町
- アクセス：上信電鉄・上州富岡駅よりバス

189 名胡桃城 (なぐるみじょう) 【史跡】
- 構造：山城／曲輪跡・空堀・馬出跡
- 築城年：明応年間(1492～1501)　築城者：沼田景冬
- 特徴：沼田城の支城として沼田氏が築いたが、上杉謙信の築城とする説もある。天正7年(1579)に小田原勢に攻められるが陥落しなかった。
- 住所：利根郡月夜野町下津
- アクセス：JR上越新幹線・上毛高原駅より車

182 宮野城 (みやのじょう)
- 構造：崖端城／曲輪跡・堀切・土居
- 築城年：不明
- 築城者：不明
- 特徴：永正年間(1504～1521)に上杉顕定が築いたとする説が有力。上杉謙信がこの城で見た奇妙な夢から、猿ヶ京という地名になった。
- 住所：利根郡みなかみ町猿ヶ京城山
- アクセス：JR上越新幹線・上毛高原駅よりバス

195 平井城 (ひらいじょう) 【史跡】
- 構造：平山城／曲輪・堀・土居など
- 築城年：永享10年(1438)
- 築城者：上杉憲実
- 特徴：本城と要害城からなる。前橋城へ移る前の山内上杉氏の本拠。一度は北条氏康に奪われるが上杉謙信に協力を求め、後に取り返した。
- 住所：藤岡市西平井
- アクセス：JR八高線・群馬藤岡駅よりバス・車

名胡桃城の土橋(写真／福井聡)

183 根小屋城 (ねごやじょう)
- 構造：山城／曲輪・空堀・堀切など
- 築城年：永禄13年(1570)
- 築城者：武田信玄
- 特徴：烏川に面する丘陵にある。麓に根小屋村があることから「根小屋城」の名がついた。放射線状に設けられた竪堀は武田氏の城の特徴。
- 住所：高崎市山名町城山
- アクセス：上信電鉄上信線・根小屋駅より徒歩

196 沼田城 (ぬまたじょう) 【重文】
- 構造：平山城／(復)鐘楼・曲輪跡・土居など
- 築城年：天文13年(1544)
- 築城者：沼田顕泰
- 特徴：永禄3年(1560)に沼田顕泰が上杉謙信に下り、以後、謙信が関東攻略の拠点とする。天正8年(1580)に真田昌幸が攻め落とし、天和元年(1681)に真田氏の改易に伴い破却。現在は公園。
- 住所：沼田市西倉内町
- アクセス：JR上越線・沼田駅より徒歩・バス

190 白井城 (しろいじょう)
- 構造：平山城／曲輪跡・空堀・土居など
- 築城年：不明
- 築城者：不明
- 特徴：白井長尾氏の城。康正元年(1455)に長尾景仲が築いたとする見方が一般的だが、康元元年(1256)の築城とする説などもある。
- 住所：北群馬郡子持村
- アクセス：JR上越線・渋川駅よりバス

184 松井田城 (まついだじょう)
- 構造：山城／曲輪・堀切・空堀など
- 築城年：天文20年頃(1551)
- 築城者：安中忠政
- 特徴：天正15年(1587)に当時の城主・大道寺政繁により大規模な改修が行われている。天正18年(1590)に豊臣軍に攻め落とされた。
- 住所：安中市松井田町
- アクセス：JR信越本線・西松井田駅より徒歩

191 小泉城 (こいずみじょう)
- 構造：平城／曲輪跡・高土台・堀など
- 築城年：延徳元年(1489)
- 築城者：富岡直光
- 特徴：足利成氏に所領を許された富岡直光が築城。その後富岡氏は上杉謙信につき、永禄5年(1562)の館林城攻めにも同行している。
- 住所：邑楽郡大泉町
- アクセス：東武小泉線・小泉町駅より徒歩

185 岩櫃城 (いわびつじょう)
- 構造：山城／曲輪・空堀・竪堀など
- 築城年：応永12年(1405)
- 築城者：斎藤憲行
- 特徴：山内上杉氏の家臣・斎藤氏が岩櫃に築いた城。永禄6年(1563)に真田軍により落城。関ヶ原の戦い後、一国一城令で廃された。
- 住所：吾妻郡吾妻町原町
- アクセス：JR吾妻線・群馬原町駅より徒歩

192 安中城 (あんなかじょう)
- 構造：平城／曲輪・堀跡・虎口跡
- 築城年：永禄2年(1559)
- 築城者：安中忠政
- 特徴：弘治2年(1556)に上杉勢として武田信玄と戦った安中忠政が、その戦いの後に武田氏の侵攻に備えて築城。子の忠成を城主にした。
- 住所：安中市安中
- アクセス：JR信越本線・安中駅よりバス

186 倉賀野城 (くらがのじょう)
- 構造：平城／曲輪・堀・土居
- 築城年：南北朝時代
- 築城者：倉賀野頼行
- 特徴：上杉憲政の重臣・倉賀野氏の居城。永禄8年(1565)に武田信玄により落城。その際、家臣・金井秀景の裏切りがあったといわれる。
- 住所：高崎市倉賀野町
- アクセス：JR高崎線・倉賀野駅より徒歩

沼田城本丸鐘楼

【国宝】国宝　【重文】重要文化財(国)　【重文】重要文化財(県)　【史跡】国指定史跡　【史跡】県指定史跡

関東地方の城

埼玉県 (さいたまけん)

武蔵国は古くから武士団の力が強く、平安後期以降の館が多く残る。鎌倉幕府の成立に尽力した武士たちは、館からより強固な城に拠点を移したが、やがて関東に転封された徳川家康によって多くが廃城となった。

197 難波田城 なんばたじょう
- 構造：平城／物見櫓・堀
- 築城年：南北朝時代
- 築城者：難波田高範
- 特徴：難波田氏の居城。武蔵七党・村山党に属する難波田高範が築城。天文15年(1546)に難波田憲重が討死し、上田氏が城主になる。
- 住所：富士見市下南畑
- アクセス：東武東上線・志木駅よりバス

198 小倉城 おぐらじょう 〔史跡〕
- 構造：山城／曲輪・空堀・土塁など
- 築城年：戦国時代
- 築城者：遠山光景
- 特徴：北条氏の家臣のひとりである遠山光景が築いたとされる。他に、上田氏を築城者とする説も。空堀や土塁など状態のよい遺構が残る。
- 住所：比企郡玉川村田黒
- アクセス：JR八高線・明覚駅より徒歩

199 川越城 かわごえじょう 〔重文・史跡〕 ▶P74
- 構造：平城／本丸・堀・櫓跡
- 築城年：長禄元年(1457)
- 築城者：太田道真・道灌
- 特徴：扇谷上杉持朝の命を受けた太田親子が築城。代々扇谷上杉氏が城主となるが、小田原城を攻略した北条早雲の子・氏綱によって天文6年(1537)に攻め落とされた。初雁城、霧隠城の別名を持つ。
- 住所：川越市郭町
- アクセス：西武新宿線・本川越駅よりバス

203 山田城 やまだじょう
- 構造：平山城／曲輪・土塁・堀
- 築城年：不明
- 築城者：不明
- 特徴：忍城主成田氏の家臣・賛田氏の居城で戦国時代には松山城の支城になったと伝えられる。現在は整備され、森林公園になっている。
- 住所：比企郡滑川町山田
- アクセス：東武東上線・森林公園駅よりバス

200 伊奈氏陣屋 いなしじんや 〔史跡〕
- 構造：陣屋／土塁・空堀
- 築城年：天正18年(1590)
- 築城者：伊奈忠次
- 特徴：徳川家康が関東入国に伴い関東郡代・伊奈忠次が築いた陣屋。忠次は四代官頭に数えられ、備前検地を実施したことでも知られる。
- 住所：北足立郡伊奈町小室
- アクセス：埼玉新都市交通・丸山駅より徒歩

204 岩槻城 いわつきじょう 〔史跡〕
- 構造：平城／大手門・新曲輪・竹沢曲輪など
- 築城年：文明10年(1478)
- 築城者：太田道真・道灌
- 特徴：扇谷上杉持朝が足利成氏の侵攻に備えて築いた城のひとつ。川越城と同じく太田親子が築いた。太田道灌の養子・資家が初代城主。
- 住所：岩槻市太田
- アクセス：東武野田線・岩槻駅より徒歩

201 深谷城 ふかやじょう 〔史跡〕
- 構造：平城／水堀
- 築城年：康生2年(1456)
- 築城者：上杉房憲
- 特徴：深谷上杉氏の本拠。小田原攻めで陥落し、その後は主に譜代大名が城主を務めた。木瓜城の別称を持つ。現在は跡地の一部が公園。
- 住所：深谷市本住町
- アクセス：JR高崎線・深谷駅より徒歩

202 松山城 まつやまじょう 〔史跡〕
- 構造：平山城／本丸・二の丸・春日丸など
- 築城年：応永6年(1399)
- 築城者：上田友直
- 特徴：武蔵国の要所に位置し、この城をめぐり名将が何度も火花を散らした。「風流歌合戦」と称される天文6年(1537)の戦いは特に有名。
- 住所：比企郡吉見町南吉見
- アクセス：東武東上線・東松山駅より徒歩

岩槻城黒門

川越城本丸御殿

忍城御三角櫓

209 足利政氏館 あしかがまさうじやかた 史跡
- 構造：館／土塁・水堀・空堀
- 築城年：永正15年(1518)
- 築城者：足利政氏
- 特徴：二代目古河公方・足利政氏の館。政氏は息子の高基と対立し、出家した後にこの館を建て、高基と和解してからもこの地で過ごした。
- 住所：久喜市本町
- アクセス：JR東北本線・久喜駅より徒歩

214 忍城 おしじょう 史跡
- 構造：平城／(復)天守・諏訪曲輪・水堀など
- 築城年：延徳2年(1490)　築城者：成田親泰
- 特徴：成田氏の居城。豊臣秀吉の小田原攻めの際、石田三成が水攻めを行うも攻略できなかったことから難攻不落の城として知られる(→P190)。
- 住所：行田市本丸
- アクセス：秩父鉄道・行田市駅より徒歩

215 千馬山城 せんばやまじょう 史跡
- 構造：山城／空堀
- 築城年：戦国時代
- 築城者：用土正光
- 特徴：北条氏邦の家臣・用土正光が居城として築く。崖と川が城の周囲を守り、さらに多数の空堀を要する堅固な造り。龍ヶ谷城とも。
- 住所：秩父郡皆野町
- アクセス：秩父鉄道・親鼻駅よりバス

216 山口城 やまぐちじょう 史跡
- 構造：平山城／土塁・空堀
- 築城年：平安末期
- 築城者：山口家継
- 特徴：山口氏が代々居城にした。もともとは館だったため、戦国時代に入ると戦を前提とした本格的な城を別に興して、本拠を移した。永禄年間には廃された。
- 住所：所沢市山口
- アクセス：西武狭山線・下山口駅より徒歩

210 源経基館 みなもとのつねもとやかた 史跡
- 構造：平城／土塁・空堀
- 築城年：平安時代
- 築城者：源経基
- 特徴：貞純親王の子・源経基の居館と伝えられる。館跡の保存状態はよく、現在も土塁や空堀から往年の面影を感じることができる。
- 住所：鴻巣市大間
- アクセス：JR高崎線・鴻巣駅より徒歩

205 大築城 おおづくじょう 史跡
- 構造：山城／曲輪・空堀・土塁
- 築城年：不明
- 築城者：不明
- 特徴：天正年間(1573～1592)の松山城主松山朝直の築城とする説と、応永年間(1394～1428)の吾那憲光の築城とする説がある。
- 住所：比企郡ときがわ町椚平
- アクセス：JR八高線・越生駅よりバス

217 鉢形城 はちがたじょう 史跡
▶P72
- 構造：平山城／本丸・二の丸・三の丸など
- 築城年：文明8年(1476)
- 築城者：長尾景春
- 特徴：天正18年(1590)に前田利家や本多忠勝らを擁する豊臣の大軍に攻め込まれ、当時の城主・北条氏邦は籠城して対抗するも、1ヵ月ほどで落城。城は廃された。城跡内には鉢形城歴史館がある。
- 住所：大里郡寄居町鉢形
- アクセス：東武東上線・鉢形駅より徒歩

211 赤山城 あかやまじょう 史跡
- 構造：平城／空堀
- 築城年：寛永6年(1629)
- 築城者：伊奈忠治
- 特徴：赤山陣屋とも呼ばれる。築城者は伊奈忠次の次男で、名門・伊奈氏が代々住んだ。伊奈氏は寛政4年(1792)に領地を没収されている。
- 住所：川口市赤山
- アクセス：JR武蔵野線・東川口駅よりバス

212 河越氏館 かわごえしやかた 史跡
- 構造：平城／土塁・堀
- 築城年：平安～鎌倉
- 築城者：河越重隆
- 特徴：秩父氏に従っていた河越氏が独立し、この地に移って居館を築いた。入間川に面しており、かつて川の氾濫に悩まされた形跡が伺える。
- 住所：川越市上戸
- アクセス：東武東上線・霞ヶ関駅より徒歩

213 天神山城 てんじんやまじょう 史跡
- 構造：山城／空堀・石垣
- 築城年：戦国時代
- 築城者：藤田重利
- 特徴：藤田重利は天文15年(1546)に北条氏の軍門に下り、北条氏邦を城主として迎え入れた。天正18年(1590)に鉢形城とともに落城。
- 住所：秩父郡長瀞町
- アクセス：秩父鉄道・樋口駅より徒歩

206 菅谷城 すがやじょう 史跡
- 構造：平城／曲輪・空堀・水堀など
- 築城年：鎌倉時代
- 築城者：畠山重忠
- 特徴：川に挟まれ、谷に守られた要害の地に築かれた城。長享元年(1487)に、太田道灌の子・資康が初陣で攻めた城としても知られる。
- 住所：比企郡嵐山町菅谷
- アクセス：東武東上線・武蔵嵐山駅より徒歩

207 杉山城 すぎやまじょう 史跡
- 構造：山城／曲輪・櫓台・門跡など
- 築城年：不明
- 築城者：不明
- 特徴：基本に忠実で完成度の高い造りになっており、中世城郭のお手本といわれる城。築城者は金子家忠、庄主水などいくつかの説がある。
- 住所：比企郡嵐山町杉山
- アクセス：東武東上線・武蔵嵐山駅より徒歩

208 花園城 はなぞのじょう 史跡
- 構造：山城／本曲輪・二の曲輪・三の曲輪
- 築城年：平安末期
- 築城者：藤田政行
- 特徴：景観に優れた山頂にある城。北条氏邦が鉢形城に移った後、天正18年(1590)に鉢形城とともに花園城も攻め落とされた。
- 住所：大里郡寄居町末野
- アクセス：JR八高線・寄居駅より徒歩

鉢形城本丸跡

地域別　北海道・東北・関東甲信越地方の城

国宝　重要文化財(国)　重要文化財(県)　国指定史跡　県指定史跡

関東地方の城
千葉県
（ちばけん）

安房、上総、下総の房総三国で乱を起こした平忠常の後裔・千葉氏が基盤を築いたあと、里見氏が台頭し、戦国時代には安房国を支配した。天下統一後は、江戸に近い「将軍のお膝元」として有力大名が配された。

218 大多喜城（おおたきじょう）史跡
- 構造：平山城／(復)天守・空堀・裏門など
- 築城年：大永元年(1521)
- 築城者：真里谷氏
- 特徴：真里谷氏が築いた城は小田喜城と呼ばれていた。天正18年(1590)に十万石大名の本多忠勝が入って拡張し、大多喜城が完成。現在は、当時の形を模して復元された天守が歴史博物館になっている。
- 住所：夷隅郡大多喜町大多喜
- アクセス：いすみ鉄道・大多喜駅より徒歩

大多喜城天守

220 久留里城（くるりじょう）
- 構造：山城／(復)天守・本丸・二の丸など
- 築城年：不明
- 築城者：里見義堯
- 特徴：里見氏の後、大須賀氏、土屋氏が城主になる。寛保2年(1742)以降は黒田氏が居城とした。現在は資料館が設けられている。
- 住所：君津市久留里
- アクセス：JR久留里線・久留里駅より徒歩

久留里城天守

219 関宿城（せきやどじょう）
- 構造：平城／(復)天守・水堀・曲輪
- 築城年：長禄元年(1457)
- 築城者：簗田成助
- 特徴：千葉最北端に位置する台地に築かれた城。天正2年(1574)に北条氏が攻め落とし、北条氏の滅亡後は譜代大名が城主を務めた。
- 住所：野田市関宿三軒家
- アクセス：東武野田線・川間駅よりバス

221 国府台城（こうのだいじょう）
- 構造：平山城／土塁・空堀
- 築城年：文明11年(1479)
- 築城者：太田道灌
- 特徴：胤直・実胤の千葉氏兄弟を支援する太田道灌が、戦に敗れて逃れてきたふたりのために城を築く。市川城や里見城などの別名がある。
- 住所：市川市国府台
- アクセス：京成本線・国府台駅より徒歩

222 佐貫城（さぬきじょう）
- 構造：平山城／大手門・本丸・二の丸など
- 築城年：応仁年間(1467～1468)
- 築城者：武田義広
- 特徴：弘治2年(1564)に里見氏の本拠となるが、徳川家康の小田原攻めに遅参し、城と領地を取り上げられた。亀城と呼ばれることもある。
- 住所：富津市佐貫
- アクセス：JR内房線・佐貫町駅よりバス

234 御茶屋御殿 おちゃやごてん
構造：不明／土塁・空堀・カマドヤマ
築城年：江戸初期
築城者：不明
特徴：徳川家康が鷹狩りを行う際の休憩施設として築かれた。カマドとして利用されたと伝えられるカマドヤマという遺構が残っている。
住所：千葉市若葉区御殿町
アクセス：千葉都市モノレール・千城台駅よりバス

235 小弓城 おゆみじょう
構造：平山城／土塁・空堀
築城年：不明
築城者：不明
特徴：千葉氏の流れを汲む原氏の城。足利義明が永正14年(1517)に攻め落として居城にした。そのため義明は小弓公方とも呼ばれる。
住所：千葉市中央区南生実町
アクセス：京成千原線・学園前駅より徒歩

236 真里谷城 まりやつじょう
構造：山城／曲輪・桝形・土塁など
築城年：康正2年(1456)
築城者：武田信長
特徴：武田信長が築き、三代目・信興が真里谷氏を称した。真里谷氏は勢力を拡大するが内乱により衰退。城跡には少年自然の家がある。
住所：木更津市真里谷
アクセス：JR久留里線・馬来田駅より徒歩

237 勝浦城 かつうらじょう
構造：山城／一の曲輪・二の曲輪・三の曲輪など
築城年：大永元年(1521)
築城者：武田信清
特徴：断崖絶壁の岬に築かれた城。崖上と海面の落差は約40m。武田氏が滅んだ後は正木氏の居城になるが、本多忠勝により落城した。
住所：勝浦市浜勝浦
アクセス：JR外房線・勝浦駅より徒歩

238 佐倉城 さくらじょう ▶P74
構造：平山城／櫓・追手門・曲輪など
築城年：慶長15年(1610)　築城者：土井利勝
特徴：かつて千葉氏が築いた城をもとに、土井利勝が6年の月日をかけて新たに築城した。現在は歴史博物館を備える公園になっている。
住所：佐倉市城内町
アクセス：京成本線・京成佐倉駅より徒歩

227 千葉城 ちばじょう
構造：平山城／(復)天守・本丸
築城年：大治元年(1126)
築城者：平忠常・千葉常重
特徴：文明16年(1484)以前の千葉氏の本拠。猪鼻台と呼ばれる台地に位置し、猪鼻城とも呼ばれる。天守を模した博物館がある。
住所：千葉市中央区亥鼻
アクセス：JR総武線・千葉駅よりバス

228 稲村城 いなむらじょう
構造：平山城／土塁・堀切
築城年：15世紀末
築城者：里見氏
特徴：里見実尭が城主のときに跡継ぎ争いで揉め、先代里見義通の嫡男・義豊が城を攻めた。実尭は自害し、後に子の義堯が義豊を討つ。
住所：館山市稲城山
アクセス：JR内房線・九重駅より徒歩

229 土気城 とけじょう
構造：平山城／本丸・二の丸・三の丸など
築城年：神亀年間(724〜729)
築城者：大野東人
特徴：大野東人が築いた城を、室町時代に土気太郎が居城にした。長享元年(1487)に酒井定隆が攻め落として改修し、本拠とした。
住所：千葉市緑区土気町
アクセス：JR外房線・土気駅よりバス

230 坂田城 さかたじょう
構造：平山城／櫓台・本丸・二の丸など
築城年：14世紀中頃
築城者：千葉氏
特徴：戦国時代には千葉氏の一族である井田氏の居城になった。豊臣秀吉による小田原城攻略とともに廃された。市場城の異名を持つ。
住所：山武郡横芝町坂田
アクセス：JR総武線・横芝駅より徒歩

231 飯高城 いいだかじょう 史跡
構造：平山城／曲輪・土塁・空堀
築城年：不明
築城者：不明
特徴：平山刑部少輔による16世紀末頃の築城とする説が有力。少輔は城の全域を寺院に寄付したと伝えられる。現在は飯高寺になっている。
住所：匝瑳市飯高
アクセス：JR総武本線・八日市場駅より車

232 師戸城 もろとじょう
構造：平山城／曲輪・腰曲輪・土塁など
築城年：鎌倉時代
築城者：不明
特徴：臼井城の支城。印旛沼に面する師戸台地に築かれている。1.5kmほど離れた場所には、師戸城と向き合う形で臼井城がある。
住所：印旛郡印旛村
アクセス：京成本線・京成臼井駅よりバス

233 臼井城 うすいじょう
構造：平山城／曲輪・土塁・空堀
築城年：不明
築城者：臼井氏
特徴：築城時期は12世紀とも14世紀ともいわれる。永禄4年(1561)まで臼井氏代々の居城。臼井氏の後は、一族の原氏が城主になった。
住所：佐倉市臼井田
アクセス：京成本線・京成臼井駅より徒歩

223 本佐倉城 もとさくらじょう 史跡
構造：平山城／曲輪・空堀・土塁
築城年：文明16年(1484)
築城者：千葉輔胤
特徴：名門・千葉氏が千葉城から移って本拠にした。天然の地形を生かしつつ空堀で仕切りを作って城域とした。重胤を城主を務める天正18年(1590)に小田原城とともに豊臣軍に攻め落とされた。
住所：印旛郡酒々井町本佐倉ほか
アクセス：京成本線・大佐倉駅より徒歩

本佐倉城跡

224 大椎城 おおじじょう
構造：平山城／土塁・空堀
築城年：不明
築城者：平忠常
特徴：築城時期は不明だがおそらくは11世紀初頭。築城者の平忠常は千葉氏と上総氏の祖である。戦国期には酒井氏の支城になった。
住所：千葉市緑区大椎町
アクセス：JR外房線・土気駅より徒歩

225 万喜城 まんぎじょう
構造：山城／空堀・腰曲輪・望楼跡など
築城年：応永19年(1412)
築城者：土岐時政
特徴：東西および北側を夷隅川に守られた城。摂津から移ってきた土岐氏が本拠として築いた。徳川四天王の本多忠勝により落城している。
住所：夷隅郡夷隅町万木城山
アクセス：いすみ鉄道・国吉駅より徒歩

226 館山城 たてやまじょう
構造：山城／(復)天守・曲輪跡・空堀
築城年：天正16年(1588)
築城者：里見義康
特徴：「南総里見八犬伝」のモデルとして知られる里見氏の本城。昭和57年(1982)に模擬天守が作られ、歴史博物館になっている。
住所：館山市館山
アクセス：JR内房線・館山駅よりバス

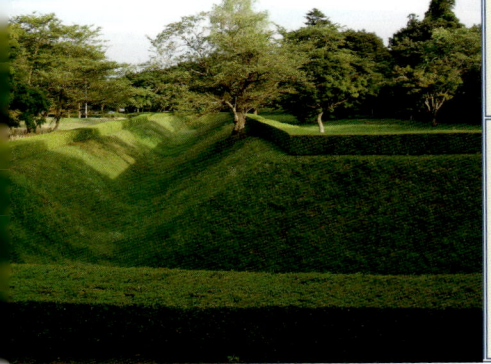

館山城天守

地域別　北海道・東北・関東甲信越地方の城

佐倉城跡

関東地方の城
東京都

関東では山内、扇谷の上杉両家の対立もあり、後北条氏が支配を拡大する。北条早雲、氏綱、氏康の3代で武蔵国の権力を握るが、豊臣秀吉による小田原の役で後北条氏は滅亡し、戦国時代は終息に向かう。

242 赤塚城（あかつかじょう）
- 構造：平山城／曲輪堀
- 築城年：康正2年(1456)
- 築城者：千葉自胤
- 特徴：相続争いで庶家の馬加氏に追われてこの地へ移ってきた千葉自胤が築城。一緒に逃げてきた兄・実胤とともに太田道灌の家臣となる。
- 住所：板橋区赤塚
- アクセス：都営地下鉄三田線・西高島平駅より徒歩

243 石神井城（しゃくじいじょう） 史跡
- 構造：平山城／土塁・空堀
- 築城年：鎌倉末期
- 築城者：不明
- 特徴：石神井川の中流あたりに位置。文明8年(1476)の長尾景春の乱で、城主の豊島泰経が景春方についたことから太田道灌に攻められる。
- 住所：練馬区石神井台
- アクセス：西武池袋線・石神井公園駅より徒歩

244 世田谷城（せたがやじょう） 史跡
- 構造：平山城／土塁・空堀
- 築城年：応永年間(1394〜1426)
- 築城者：吉良氏
- 特徴：三河国東条吉良氏の末裔にあたる世田谷吉良氏が築いた。豊臣秀吉の小田原攻めの際に落城し、石材は江戸城構築の際に用いられた。
- 住所：世田谷区豪徳寺
- アクセス：小田急線・豪徳寺駅より徒歩

241 江戸城（えどじょう） 重文 史跡
▶P28
- 構造：平城／城門・曲輪・天守閣跡など
- 築城年：慶長11年(1606)
- 築城者：太田道灌
- 特徴：徳川家康の本拠。もともとは江戸氏の館で、太田道灌が改修し城を築いた。家康が関ヶ原の戦いで勝利した後、3代に渡って大規模な拡張工事が実施され、日本を代表する壮大な城となった。
- 住所：千代田区千代田
- アクセス：JR東京駅より徒歩

江戸城巽櫓

239 平塚城（ひらつかじょう）
- 構造：平山城／土塁・空堀
- 築城年：鎌倉時代
- 築城者：豊島近義
- 特徴：城主の豊島氏は多くの領地を有する有力武将だったが、文明9年(1447)に太田道灌に城を攻め落とされて滅びた。別名は豊島城。
- 住所：北区上中里〜西ヶ原
- アクセス：JR京浜東北線・上中里駅より徒歩

240 志村城（しむらじょう）
- 構造：平山城／空堀
- 築城年：不明
- 築城者：千葉隠岐守
- 特徴：大永2年(1524)に北条氏綱に攻め落とされたが、その際に氏綱が一夜の間に砲台を築いたという伝承が残っている。千葉城、板橋城とも。
- 住所：板橋区志村
- アクセス：都営地下鉄三田線・志村三丁目駅より徒歩

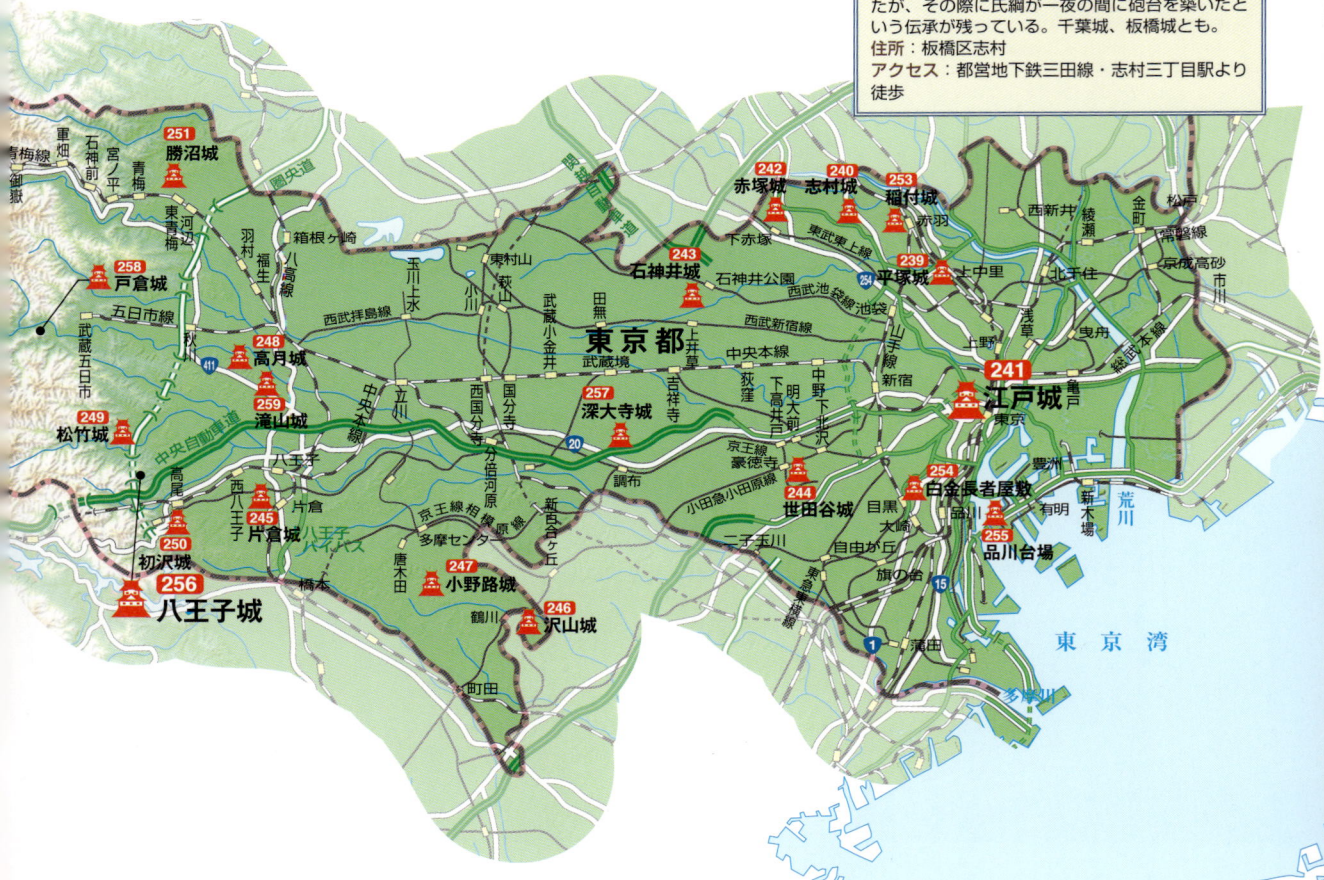

八王子城本丸跡

249 松竹城 まつたけじょう 史跡
構造：山城／曲輪・空堀・土塁
築城年：至徳元年(1384)
築城者：大石信重
特徴：北浅川の近く、恩方町の丘陵に築かれた城。浄福寺城とも呼ばれる。滝山城の出城として大石信重が築いたとされるが他の説もある。
住所：八王子市下恩方町浄福寺
アクセス：JR中央本線・八王子駅よりバス

245 片倉城 かたくらじょう 史跡
構造：平山城／曲輪・土塁・空堀
築城年：15世紀後半
築城者：長井氏
特徴：築城者の長井氏は扇谷上杉氏の家臣であり、古河公方・足利成氏に対抗するために築かれたと考えられる。現在は片倉城跡公園。
住所：八王子市片倉町
アクセス：JR横浜線・片倉駅より徒歩

片倉城跡公

256 八王子城 はちおうじじょう 史跡
▶P75
構造：山城／曲輪・空堀・土塁など
築城年：天正12年(1584)頃　築城者：北条氏照
特徴：北条氏照が晩年の居城とした。天正18年(1590)に前田利家や上杉景勝ら豊臣勢の大軍に猛攻を仕掛けられ、一日で落城。
住所：八王子市元八王子町
アクセス：JR中央線・高尾駅よりバス

250 初沢城 はつさわじょう 史跡
構造：山城／曲輪・土塁・空堀
築城年：室町時代
築城者：椚田氏
特徴：椚田氏の居城。椚田城、高乗寺城とも呼ばれる。椚田氏の庶家にあたり、建暦3年(1213)に横山氏とともに鎌倉で戦い、討死した。
住所：八王子市初沢町
アクセス：京王線・高尾駅より徒歩

257 深大寺城 じんだいじじょう 史跡
構造：平城／曲輪・空堀・土塁など
築城年：不明
築城者：不明
特徴：創築については不明な点が多いが、天文6年(1537)に、北条氏に対抗するための拠点として、扇谷上杉朝定が再興している。
住所：調布市深大寺元町
アクセス：京王線・調布駅よりバス

251 勝沼城 かつぬまじょう 史跡
構造：平山城／曲輪・土塁・空堀など
築城年：鎌倉末期
築城者：三田氏
特徴：平将門の末裔と自称する三田氏の本拠。三田氏は永禄6年(1563)に北条氏照に滅ぼされ、三田一族の師岡氏が勝沼城主となった。
住所：青梅市東青梅
アクセス：JR青梅線・東青梅駅より徒歩

246 沢山城 さわやまじょう 史跡
構造：山城／曲輪・土塁・空堀
築城年：戦国時代
築城者：不明
特徴：三輪城ともいう。鶴見川と恩田川に挟まれた丘に築かれた城。城の歴史に関する資料は乏しく、「謎の城」と呼ばれたこともある。
住所：町田市三輪町
アクセス：小田急線・鶴川駅より徒歩

258 戸倉城 とくらじょう 史跡
構造：山城／曲輪・土塁・空堀
築城年：戦国時代
築城者：小宮上野介
特徴：小宮氏が秋川の下流に築いた。後に北条氏の領地になり、檜原城と並んで、武田氏に対抗する重要拠点になる。小宮氏の別名を持つ。
住所：あきる野市戸倉
アクセス：JR五日市線・武蔵五日市駅よりバス

252 檜原城 ひのはらじょう 史跡
構造：山城／曲輪・土塁・空堀
築城年：戦国時代
築城者：平山氏重
特徴：北条氏家臣の平山氏の居城。甲斐と武蔵をつなぐ要所に位置する。武田氏の侵攻に対抗すべく見晴らしが築かせた堅固な造りの城。
住所：西多摩郡檜原村本宿
アクセス：JR五日市線・武蔵五日市駅よりバス

259 滝山城 たきやまじょう 史跡
構造：山城／曲輪・土塁・空堀など
築城年：大永元年(1521)
築城者：大石定重
特徴：都内最大規模の丘城。築城者の大石定重は山内上杉氏の家臣。永禄12年(1569)に武田氏に攻められるが、かろうじて落城を免れた。
住所：八王子市高月町ほか
アクセス：JR中央線・八王子駅よりバス

253 稲付城 いなつけじょう 史跡
構造：平山城／堀
築城年：文明年間(1469〜1487)
築城者：太田道灌
特徴：江戸城の築城で有名な太田道灌が築き城主を務めた。江戸城と埼玉の川越城・岩槻城を結ぶ場所にあり、戦略上の要所といえる。
住所：北区赤羽
アクセス：JR京浜東北線・赤羽駅より徒歩

254 白金長者屋敷 しろがねちょうじゃやしき 史跡
構造：平山城／土塁
築城年：南北朝時代
築城者：柳下氏
特徴：白金長者と称された柳下氏が住んだ屋敷。江戸時代には、高松藩主が下屋敷として利用した。現在は国立自然教育園になっている。
住所：港区白金台
アクセス：JR山手線・目黒駅より徒歩

247 小野路城 おのじじょう 史跡
構造：平山城／曲輪・土塁・空堀など
築城年：平安末期
築城者：小山田重義
特徴：小山田氏の支城。文明8年(1476)の長尾景春の乱で本城・小山田城とともに落城。桓武平氏から続く小山田氏の系譜が途絶える。
住所：町田市小野路町
アクセス：小田急線・多摩センター駅よりバス

255 品川台場 しながわだいば 史跡
構造：台場／土塁・石垣
築城年：嘉永6年(1853)　築城者：徳川幕府
特徴：寛永6年(1853)に黒船に乗ってペリーが来航した際、江戸湾防備の目的で築かれた。工事は昼夜を問わず進められたという。
住所：港区台場
アクセス：ゆりかもめ・お台場海浜公園駅より徒歩

248 高月城 たかつきじょう 史跡
構造：山城／曲輪・土塁・堀
築城年：長禄年間(1457〜1460)
築城者：大石顕重
特徴：大永元年(1521)に滝山城に移る前の大石氏の本拠。地形を巧みに利用して築かれており、城の両側を多摩川と秋川に守られている。
住所：八王子市高月町
アクセス：JR中央線・八王子駅よりバス

檜原城 252

滝山城跡

地域別　北海道・東北・関東甲信越地方の城

国宝：国宝　重文(国)：重要文化財(国)　重文(県)：重要文化財(県)　史跡：国指定史跡　史跡：県指定史跡

関東地方の城

神奈川県(かながわけん)

相模国と武蔵国という歴史的に極めて重要な土地を含む神奈川県では、鎌倉幕府はもとより、戦国時代も小田原の北条氏が強烈な存在感を示した。古都鎌倉、小田原城など、歴史散策の見どころが多数ある。

264 小田原城(おだわらじょう) 史跡 ▶P68
- 構造：山城・平山城／(復)天守・本丸・二の丸など
- 築城年：不明
- 築城者：大森氏
- 特徴：外郭の全長が9kmに及ぶ壮大な城。室町時代以降、北条氏代々の本拠になる。難攻不落と称されたが、豊臣秀吉が大軍を率いて攻め落とした。昭和35年(1960)に天守が復元された。(➡P188)
- 住所：小田原市城内
- アクセス：JR東海道本線・小田原駅より徒歩

小田原城天守

261 小机城(こづくえじょう)
- 構造：山城／曲輪・土塁・空堀
- 築城年：不明
- 築城者：不明
- 特徴：文明8年(1476)に起こった長尾景春の乱で、太田道灌に攻められて落城。後に北条氏が城を改修し、家臣の笠原信為を置いた。
- 住所：横浜市港北区小机町城山
- アクセス：JR横浜線・小机駅より徒歩

262 深見城(ふかみじょう)
- 構造：山城／空堀・土塁・曲輪など
- 築城年：宝徳4年(1452)
- 築城者：山田経光
- 特徴：交通の要所である矢倉沢往還からほど近い場所に築かれた。境川があり水運にも恵まれている。一の関城山という別名もある。
- 住所：大和市深見
- アクセス：小田急江ノ島線・鶴間駅より徒歩

263 玉縄城(たまなわじょう)
- 構造：山城／不明
- 築城年：永正9年(1512)
- 築城者：北条早雲
- 特徴：三浦氏の新井城を攻めるために築かれた。非常に堅牢な造りで、上杉謙信も攻め落とすことができなかった。甘縄城とも呼ばれる。
- 住所：鎌倉市城廻
- アクセス：JR東海道本線・大船駅よりバス

260 茅ヶ崎城(ちがさきじょう)
- 構造：山城／曲輪・土塁・空堀など
- 築城年：不明
- 築城者：北条氏
- 特徴：北条氏の支城のひとつで、早淵川に面する丘に築かれた。もともとは居館だったものを北条氏が改修して城にしたといわれる。
- 住所：横浜市都筑区茅ヶ崎町
- アクセス：横浜市営地下鉄・センター南駅より徒歩

石垣山城本丸跡

270 足柄城 （あしがらじょう）
- 構造：山城／曲輪・土塁・空堀など
- 築城年：天文5年(1536)
- 築城者：北条氏綱
- 特徴：足柄の関所をもとに北条氏綱が築いた。城の完成後も、武田軍に対する警戒心から改修が続けられ、堅固な城となる。別名は霞城。
- 住所：南足柄市矢倉沢
- アクセス：伊豆箱根鉄道大雄山線・大雄山駅よりバス

265 桝形山城 （ますがたやまじょう）
- 構造：山城／不明
- 築城年：不明　築城者：不明
- 特徴：室町時代の築城とする説が有力。居城として長期的な利用を想定した構造ではなく、陣屋的な役割を担う城だったと思われる。
- 住所：川崎市多摩区枡形
- アクセス：小田急線・向ヶ丘遊園駅より徒歩

277 石垣山城 （いしがきやまじょう）【史跡】
- 構造：山城／天守台・本丸・二の丸など
- 築城年：天正18年(1590)
- 築城者：豊臣秀吉
- 特徴：小田原城攻めで豊臣秀吉が短期間で築いた城。4月に着工し、6月に完成。築城の早さから、太閤一夜城、石垣山一夜城と称された（→P188）。
- 住所：小田原市早川
- アクセス：JR東海道本線・早川駅より徒歩

271 今井陣場 （いまいじんば）
- 構造：陣場／曲輪・土塁
- 築城年：天正18年(1590)
- 築城者：徳川家康
- 特徴：豊臣秀吉の大軍が小田原城を攻めた際に、徳川家康が本陣とした場所。現在は記念碑が建てられている。別名を御陣場という。
- 住所：小田原市寿町
- アクセス：JR東海道本線・小田原駅よりバス

桝形山跡入口

278 荻野山中藩陣屋 （おぎのやまなかはんじんや）
- 構造：陣屋／不明
- 築城年：天明3年(1783)
- 築城者：大久保教翅
- 特徴：83年間に渡って大久保氏が代々住んだ。慶応3年(1867)に浪士隊の攻撃を受け焼失。山中城、山中御役所とも呼ばれる。
- 住所：厚木市中荻野
- アクセス：小田急線・本厚木駅よりバス

272 鷹ノ巣城 （たかのすじょう）
- 構造：山城／不明
- 築城年：不明
- 築城者：北条氏
- 特徴：標高837mの鷹ノ巣山に築かれたとされる城。現在はハイキングコースになっているが、遺構らしい遺構は何も残っていない。
- 住所：足柄下郡箱根町鷹巣山
- アクセス：JR東海道本線・小田原駅よりバス

266 岡崎城 （おかざきじょう）
- 構造：山城／曲輪・空堀・井戸
- 築城年：不明
- 築城者：不明
- 特徴：平安末期に岡崎義実が築いたといわれるが、詳細は不明。大庭城と同じく、天正9年(1512)に北条早雲によって攻め落とされている。
- 住所：伊勢原市岡崎・平塚市岡崎
- アクセス：小田急線・伊勢原駅よりバス

279 土肥城 （といじょう）
- 構造：山城／曲輪・竪堀・土塁など
- 築城年：平安末期
- 築城者：不明
- 特徴：伊豆半島や房総半島などが一望できる絶景の地に位置し、山の麓には土肥氏の居館が残されている。近くには湯河原温泉がある。
- 住所：足柄下郡湯河原町
- アクセス：JR東海道本線・湯河原駅よりバス

273 鎌倉城 （かまくらじょう）【史跡】
- 構造：都城／切通し・切岸
- 築城年：鎌倉時代
- 築城者：源頼朝
- 特徴：平安時代の築城理念に則って築かれた都城。当時の切通し（丘を削って作った道）や切岸（斜面を削って作った断崖）が残っている。
- 住所：鎌倉市
- アクセス：JR横須賀線・鎌倉駅よりバス

267 神奈川台場 （かながわだいば）
- 構造：台場／石垣
- 築城年：万延元年(1860)　築城者：伊予松山藩
- 特徴：ペリー来航に危機感を覚えた幕府が伊予松山藩に築かせた江戸湾防衛の拠点。設計者は勝海舟で、14本の大砲を備えていた。
- 住所：横浜市神奈川区神奈川
- アクセス：京浜急行・神奈川駅より徒歩

神奈川台場

280 津久井城 （つくいじょう）
- 構造：山城／曲輪・空堀・井戸
- 築城年：鎌倉初期
- 築城者：津久井氏
- 特徴：三浦一族の津久井氏が築き、後に北条氏の城になる。天正18年(1590)に豊臣秀吉が小田原城を攻めた際に落城し、廃城になった。広範囲にわたって城山の斜面に竪堀が設けられている。
- 住所：相模原市緑区根小屋
- アクセス：JR相模線・橋本駅よりバス

274 衣笠城 （きぬがさじょう）
- 構造：山城／井戸
- 築城年：康平5年(1062)
- 築城者：三浦為通
- 特徴：三浦為通が源頼義から所領を認められて築城した。三浦氏は鎌倉時代には有力な御家人になるが、北条氏に城を攻め落とされた。
- 住所：横須賀市衣笠町
- アクセス：JR横須賀線・衣笠駅よりバス

275 新井城 （あらいじょう）
- 構造：平山城／空堀・土塁
- 築城年：鎌倉後期
- 築城者：不明
- 特徴：北条早雲に攻められた際、城主・三浦氏は城に籠って3年間も耐え続けた。しかし結局は落城し、名門・三浦氏も滅亡した。
- 住所：三浦市三崎町
- アクセス：京浜急行・三崎口駅よりバス

268 大庭城 （おおばじょう）
- 構造：大山城／空堀・土塁・曲輪など
- 築城年：平安末期
- 築城者：大庭氏
- 特徴：相模丘陵の南側に位置する。大庭氏の後、扇谷上杉氏が城主になるが、天正9年(1512)に北条早雲に攻め落とされ、北条氏の城になった。
- 住所：藤沢市大庭
- アクセス：JR東海道本線・藤沢駅よりバス

276 小沢城 （こさわじょう）
- 構造：山城／空堀・曲輪
- 築城年：戦国時代
- 築城者：金子掃部助
- 特徴：文明9年(1477)に起こった長尾景春の乱で金子掃部助が城に籠って戦った。400mほど離れた場所に小沢古城と呼ばれる城がある。
- 住所：愛甲郡愛川町
- アクセス：JR相模線・上溝駅よりバス

269 河村城 （かわむらじょう）【史跡】
- 構造：山城／曲輪・空堀・井戸
- 築城年：南北朝時代
- 築城者：河村氏
- 特徴：河村氏の後は足利持氏家臣の大森氏が城主になり、戦国期には北条氏の城のひとつになった。戸張城、猫山城という別名がある。
- 住所：足柄上郡山北町山北
- アクセス：JR御殿場線・山北駅より徒歩

津久井城のあった城山

地域別　北海道・東北・関東甲信越地方の城

国宝　重要文化財（国）　重要文化財（県）　国指定史跡　県指定史跡

甲信越地方の城

山梨県
やまなしけん

南アルプスをはじめ、多くの山々が自然の障壁となった山梨県。他国と交戦することは珍しく、安定した時代が長く続いたが、武田氏滅亡後に起きた天正壬午の乱では、甲斐も大規模な戦闘の舞台となった。

282 駒宮城 こまみやじょう
- 構造：山城／堀・土塁・曲輪
- 築城年：戦国時代
- 築城者：不明
- 特徴：天神山の頂に位置。昭和3年(1928)に発見された城跡で、詳細は不明だが、岩殿城の支城として築かれたものと推測される。
- 住所：大月市七保町駒宮
- アクセス：JR中央本線・大月駅よりバス

283 岩殿城 いわとのじょう 史跡
- 構造：山城／堀・曲輪
- 築城年：不明
- 築城者：不明
- 特徴：東西および南側を川に守られた要害の地にある。築城者は不明だが、立地から、甲斐武田氏が敵の侵攻に備えて築いた城と思われる。
- 住所：大月市賑岡町岩殿
- アクセス：JR中央本線・大月駅より徒歩

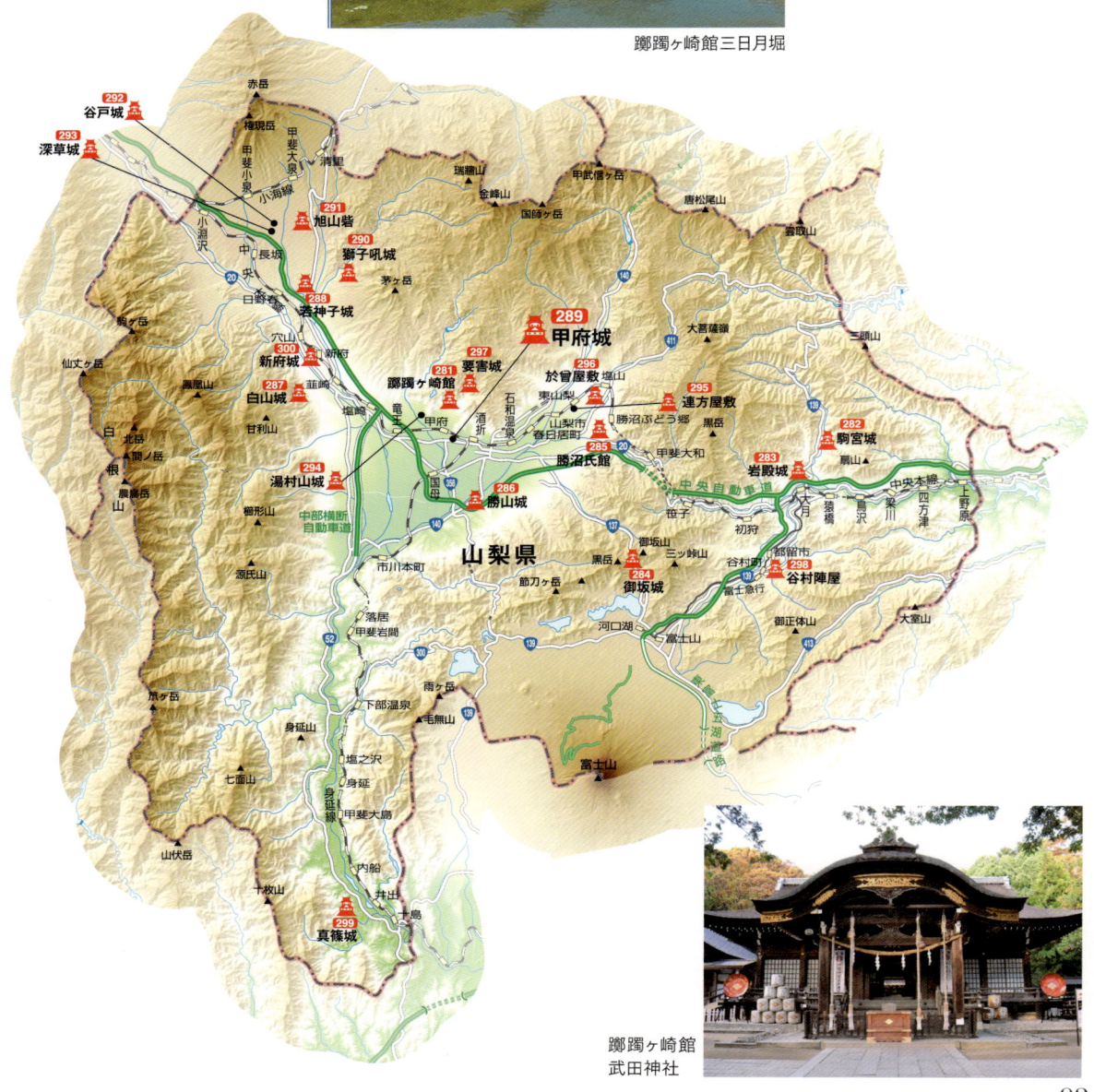

281 躑躅ヶ崎館 つつじがさきやかた 史跡
- 構造：平城／天守台・曲輪・土塁など
- 築城年：永正16年(1519)
- 築城者：武田信虎
- 特徴：武田信虎、信玄、勝頼が居城にした。武田氏は、最盛期として知られるこの三代で、甲斐を統一している。躑躅ヶ崎館は政治・軍事の中心地となった。現在は信玄を祀った武田神社が置かれている。
- 住所：甲府市古府中町
- アクセス：JR中央本線・甲府駅よりバス

躑躅ヶ崎館三日月堀

躑躅ヶ崎館 武田神社

要害城跡（写真／福井聡）

290 獅子吼城 （ししくじょう）
- 構造：山城／曲輪・石積み・門跡など
- 築城年：不明
- 築城者：不明
- 特徴：江草富士と呼ばれる山に築かれた城。大量の石積みを使用した造りが特徴的。天正10年（1582）に北条軍と徳川軍が火花を散らした。
- 住所：北杜市須玉町江草
- アクセス：JR中央本線・日野春駅よりバス

284 御坂城 （みさかじょう）
- 構造：山城／土塁・堀・曲輪
- 築城年：戦国時代
- 築城者：不明
- 特徴：甲斐と駿河をつなぐ鎌倉街道に設けられた城。関所としての機能も備え、交通の要所として北条氏と徳川氏が激しく奪い合った。
- 住所：南都留郡富士河口湖町河口、笛吹市御坂町藤野木
- アクセス：富士急行・河口湖駅より車

297 要害城 （ようがいじょう） 史跡
- 構造：山城／門・曲輪・帯曲輪など
- 築城年：永正17年（1520）　築城者：武田信虎
- 特徴：躑躅ヶ崎館の詰城。合戦で、武田信虎の正室である大井の方がこの城に避難中に信玄が生まれた。「信玄生誕の地」の記念碑がある。
- 住所：甲府市上積翠寺町
- アクセス：JR中央本線・甲府駅よりバス

291 旭山砦 （あさひやまとりで）
- 構造：山城／土塁・空堀・曲輪
- 築城年：天正10年（1582）
- 築城者：北条氏
- 特徴：かつての狼煙台を北条氏が陣城に作り替えた。土塁と空堀で囲んだ3つの曲輪がある。遺構の保存状態はよく、かつての面影が残る。
- 住所：北杜市高根町村山北割
- アクセス：JR中央本線・韮崎駅よりバス

285 勝沼氏館 （かつぬましやかた） 史跡
- 構造：館／土塁・堀・門跡など
- 築城年：15世紀頃
- 築城者：不明
- 特徴：甲斐東部における武田氏の拠点。武田一族の信友が勝沼氏を名乗った。発掘調査により構造や時代背景がかなり詳しくわかっている。
- 住所：東山梨郡勝沼町勝沼字御所
- アクセス：JR中央本線・勝沼ぶどう郷駅よりバス

298 谷村陣屋 （やむらじんや）
- 構造：陣屋／不明
- 築城年：宝永元年（1704）
- 築城者：不明
- 特徴：谷村藩主の秋元氏が転封された後、幕府により陣屋が置かれた。遺構は少ないが記念碑が建てられ、現在は甲府裁判所の支部。
- 住所：都留市下谷
- アクセス：富士急行・谷村町駅より徒歩

292 谷戸城 （やとじょう） 史跡
- 構造：山城／曲輪・土塁・空堀
- 築城年：不明
- 築城者：不明
- 特徴：平安時代の大治5年（1130）に源済光が築いたとする伝承があり、山梨における最古の城とされる。城跡一帯は茶臼山とも呼ばれる。
- 住所：北杜市大泉村谷戸
- アクセス：JR中央本線・長坂駅よりバス

286 勝山城 （かつやまじょう）
- 構造：平山城／曲輪・土塁・堀
- 築城年：不明
- 築城者：油川信恵
- 特徴：甲斐・駿河をつなぐ交通の要所に位置。武田一族の油川氏が築く。後に徳川氏の支配地になり、服部半蔵が修築工事を行った。
- 住所：甲府市上曽根
- アクセス：JR中央本線・甲府駅よりバス

299 真篠城 （ましのじょう） 史跡
- 構造：山城／土塁・堀切
- 築城年：永禄年間（1532～1569）
- 築城者：不明
- 特徴：富士川の水運を監視する役割を担った城。築城者は不明だが、武田信玄とする説が有力。後に真篠氏が居館にしたものと思われる。
- 住所：南巨摩郡南部町
- アクセス：JR身延線・井出駅より徒歩

293 深草城 （ふかくさじょう）
- 構造：館／土塁・堀・曲輪など
- 築城年：不明
- 築城者：不明
- 特徴：武田氏の重臣・堀内氏が住んだ。かつては壮大な規模を誇っていたと推測されるが、現在残っている遺構は少ない。深草館とも。
- 住所：北杜市長坂町
- アクセス：JR中央本線・長坂駅より車

287 白山城 （はくさんじょう） 史跡
- 構造：山城／曲輪・土塁・堀
- 築城年：平安末期
- 築城者：武田信義
- 特徴：小規模ながら堅固。武田氏の城に多く見られる放射状の竪堀を有する。鍋を裏返したような山の形から、鍋山砦の別名がある。
- 住所：韮崎市神山町鍋山
- アクセス：JR中央本線・韮崎駅よりバス

300 新府城 （しんぷじょう） 史跡
- 構造：平山城／曲輪・堀・土塁
- 築城年：天正9年（1581）
- 築城者：武田勝頼
- 特徴：織田信長・徳川家康の連合軍に対抗するために築かれるが、織田信長により、築城から半年も経たずに陥落。城主・武田勝頼は城に火を放って逃げるが、小山田信茂に裏切られて自害した。
- 住所：韮崎市中田町中条上野
- アクセス：JR中央本線・新府駅より徒歩

294 湯村山城 （ゆむらやまじょう）
- 構造：山城／曲輪・帯曲輪・土塁など
- 築城年：大永3年（1523）
- 築城者：武田信虎
- 特徴：湯村山に築かれた城。躑躅ヶ崎館の西側を守るために築かれたとされる。土塁や堀切を駆使し、攻めにくい構造になっている。
- 住所：甲府市湯村
- アクセス：JR中央本線・甲府駅よりバス

288 若神子城 （わかみこじょう）
- 構造：山城／居館・曲輪・空堀・土塁
- 築城年：不明
- 築城者：不明
- 特徴：「大城」をメインとする3遺構の総称。天正10年（1582）には、新府城の徳川家康との戦いで北条氏直が本陣とした。現在は公園。
- 住所：北杜市須玉町若神子
- アクセス：JR中央本線・日野春駅より徒歩

295 連方屋敷 （れんぼうやしき） 史跡
- 構造：屋敷／土塁・堀
- 築城年：不明
- 築城者：不明
- 特徴：詳細は明らかではないが、豪族屋敷とは思えない構造から、庁所だったとする説がある。屋敷跡のそばには国宝の清白寺仏殿がある。
- 住所：山梨市三ヶ所
- アクセス：JR中央本線・東山梨駅より徒歩

289 甲府城 （こうふじょう） 重文 史跡
P71
- 構造：平山城／(復)櫓・天守台・本丸など
- 築城年：天正11年（1583）　築城者：徳川家康
- 特徴：築城者の家康は完成前に移封。後の城主が工事を引き継ぎ、浅野氏のときに完成された。舞鶴城とも呼ばれ、現在は舞鶴城公園。
- 住所：甲府市丸の内
- アクセス：JR中央本線・甲府駅より徒歩

296 於曾屋敷 （おぞやしき） 史跡
- 構造：館／土塁・堀跡
- 築城年：15世紀中頃
- 築城者：於曾氏
- 特徴：織田軍の侵攻に際し、家臣・板垣権兵衛が自害して主人を逃がしたという伝承が残る。城跡そばには板垣権兵衛腹切石が祀られている。
- 住所：甲州市塩山下於曾
- アクセス：JR中央本線・塩山駅より徒歩

新府城の空堀

甲府城稲荷櫓

地域別　北海道・東北・関東甲信越地方の城

国宝　国宝　重文　重要文化財（国）　重文　重要文化財（県）　史跡　国指定史跡　史跡　県指定史跡

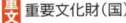

甲信越地方の城

新潟県

南北朝の内乱では、南朝の軍勢が力を持っていたが、足利尊氏は上杉憲顕を越後守護に投入し、南朝方を破った。やがて上杉謙信の登場で越後は統一され、関東や川中島など、各地へ勢力を広げようとする。

---

310 春日山城 (かすがやまじょう) 【史跡】
▶P72
- 構造：山城／曲輪・空堀・堀など
- 築城年：正平年間(1346〜70)
- 築城者：長尾氏
- 特徴：春日山に築かれた難攻の城。別名は鉢ヶ峰城。長尾高景が基礎を築き、為景が近代的な城郭に発展させ、謙信が整備・拡大した。謙信の養子で四代目城主の長尾景勝が会津に転封した後は堀氏が入る。
- 住所：上越市中屋敷
- アクセス：JR信越本線・直江津駅よりバス

春日山城本丸跡

311 鮫ヶ尾城 (さめがおじょう) 【史跡】
- 構造：山城／曲輪跡・堀切・土塁など
- 築城年：不明
- 築城者：不明
- 特徴：天正6年(1578)の上杉謙信の死をきっかけに家督争いが勃発。争いに敗れた景虎が城主・堀江宗親に裏切られ、この城で自害した。
- 住所：妙高市大字宮内・雪森
- アクセス：JR信越本線・北新井駅より徒歩

312 大葉沢城 (おおばさわじょう) 【史跡】
- 構造：山城／曲輪跡・塁壕・畝形阻塞
- 築城年：室町時代
- 築城者：鮎川氏
- 特徴：要害の地にあって厳重な防御設備を有する城。最大の特徴は連続して設けられた畝形阻塞と呼ばれる空堀。堀の数は50以上にのぼる。
- 住所：岩船郡朝日村
- アクセス：JR羽越本線・村上駅よりバス

313 江上館 (えがみだて) 【史跡】
- 構造：館／(復)門・曲輪跡・土塁など
- 築城年：鎌倉時代
- 築城者：三浦和田(中条)氏
- 特徴：上杉謙信の下で数々の武功を立てた中条藤資が居館とした。現在は奥山荘城館遺跡として国の史跡に指定され資料館が置かれている。
- 住所：胎内市本郷町
- アクセス：JR羽越本線・中条駅より徒歩

314 本与板城 (もとよいたじょう) 【史跡】
- 構造：山城／曲輪・空堀・土塁
- 築城年：不明
- 築城者：不明
- 特徴：信濃川を見下ろす丘に位置。飯沼氏の居城だったが永正11年(1514)に落城。その後直江氏が入り、与板城に移るまで本拠にした。
- 住所：長岡市与板町
- アクセス：JR信越本線・長岡駅よりバス

304 津川城 (つがわじょう) 【史跡】
- 構造：平山城／本丸・二の丸・櫓台など
- 築城年：建長4年(1252)
- 築城者：金上氏
- 特徴：会津領主・蘆名氏が重臣の金上氏を置き、越後に攻め入る際の拠点とした。狐戻城、麒麟山城とも呼ばれる。慶安4年(1651)に廃城。
- 住所：東蒲原郡阿賀町津川
- アクセス：JR磐越西線・津川駅より徒歩・バス

305 与板城 (よいたじょう) 【史跡】
- 構造：山城／曲輪・堀・土塁
- 築城年：天正年間(1573〜1593)
- 築城者：直江氏
- 特徴：別称を直江城といい、上杉氏家臣の直江氏が本与板城から移って本城とした。上杉氏の家督争いの際は景勝側の拠点になった。
- 住所：長岡市与板町本与板
- アクセス：JR信越本線・長岡駅よりバス

306 坂戸城 (さかどじょう) 【史跡】
- 構造：山城／曲輪・空堀・堀など
- 築城年：不明　築城者：不明
- 特徴：鎌倉末期もしくは南北朝時代に新田氏が築いたと伝えられる。戦国期には上田長尾氏が城主になった。上杉景勝や直江兼続が生まれた城としても有名。慶長15年(1610)に廃城となる。
- 住所：南魚沼市坂戸
- アクセス：JR上越線・六日町駅より車

坂戸城跡(写真・福井聡)

307 栖吉城 (すよしじょう) 【史跡】
- 構造：山城／曲輪・空堀・畝形阻塞
- 築城年：永正年間(1504〜1521)
- 築城者：古志長尾氏
- 特徴：古志長尾氏は長尾景晴の子孫で、一時は強い勢力を誇ったが、上杉氏の家督争いで景虎を支持して衰退した。姫城という別名がある。
- 住所：長岡市栖吉町
- アクセス：JR信越本線・長岡駅よりバス

308 北条城 (きたじょうじょう) 【史跡】
- 構造：山城／本丸・二の丸・曲輪など
- 築城年：不明
- 築城者：北条氏
- 特徴：北条氏は毛利氏の嫡系。北条高広は天文23年(1554)に上杉謙信に対して反乱を起こすが、後に許されて謙信に重用された。
- 住所：柏崎市北条
- アクセス：JR信越本線・北条駅より徒歩

309 高田城 (たかだじょう) 【史跡】
- 構造：平城／(復)三階櫓・本丸跡・塁壕
- 築城年：慶長19年(1614)
- 築城者：松平忠輝
- 特徴：堀氏に代わって福島城に入った松平忠輝が、福島城を廃して高田城を築いた。江戸幕府の天下普請を受けて築城された城のひとつ。
- 住所：上越市本城町
- アクセス：JR信越本線・高田駅より徒歩

301 平林城 (ひらばやしじょう) 【史跡】
- 構造：山城／館跡・曲輪跡・櫓台など
- 築城年：室町時代
- 築城者：色部氏
- 特徴：合戦用の山城と麓に設けた居住用の館からなる。色部氏は上杉氏の重臣。本庄氏とは同族で、お互い競い合うように勢力を拡大した。
- 住所：岩船郡神林村平林
- アクセス：JR羽越本線・平林駅より徒歩

302 鳥坂城 (とっさかじょう) 【史跡】
- 構造：山城／曲輪跡・塁壕・桟敷状の小階段
- 築城年：平安末期
- 築城者：城資盛
- 特徴：城主の城資盛は建仁元年(1201)に幕府に対し兵を挙げるが、鎮圧される。その後は和田氏が城主になる。別名は鶏冠城。
- 住所：胎内市羽黒
- アクセス：JR羽越本線・中条駅より車

303 新発田城 (しばたじょう) 【重文】
▶P75
- 構造：平城／(復)辰巳櫓・隅櫓・表門など
- 築城年：慶長3年(1598)　築城者：溝口秀勝
- 特徴：新発田重家が城主のときに、上杉氏の家督争いで上杉景勝と対立し、天正15年(1587)に城を攻め落とされた。菖蒲城、浮舟城とも。
- 住所：新発田市大手町
- アクセス：JR羽越本線・新発田駅より徒歩

新発田城天守

320 村上城（むらかみじょう）
- 構造：平山城／天守台・門・曲輪跡など
- 築城年：戦国初期
- 築城者：本庄氏
- 特徴：城主の本庄繁長は上杉氏の家臣。永禄11年(1568)に武田信玄と通じて反乱を起こすが、謙信が鎮圧。以後忠臣となり、上杉景勝が会津に移る際も同行した。本庄氏の後は堀氏が城主となった。
- 住所：村上市本町
- アクセス：JR羽越本線・村上駅より車

村上城跡（写真／福井聡）

317 樺沢城（かばさわじょう） 史跡
- 構造：平山城／曲輪・土塁・空堀
- 築城年：不明
- 築城者：栗林政頼
- 特徴：上杉氏家臣の栗林氏が坂戸城の支城として築いたとされる。上杉謙信の死後に起こった家督争いの際、北条氏に攻め落とされた。
- 住所：南魚沼市樺野沢
- アクセス：JR上越線・上越国際スキー場前駅より徒歩

318 荒戸城（あらとじょう） 史跡
- 構造：山城／曲輪・土塁・空堀
- 築城年：天正6年(1578)
- 築城者：上杉景勝
- 特徴：上杉景勝が景虎と家督をめぐって争った際、景虎の援軍である小田原城主・北条氏康に対抗するために築かれた。荒砥城とも。
- 住所：南魚沼郡湯沢町
- アクセス：JR上越線・越後湯沢駅よりバス

319 福島城（ふくしまじょう）
- 構造：平城／土塁・隅櫓礎石
- 築城年：慶長12年(1607)
- 築城者：堀秀治
- 特徴：直江港の近くに位置。堀秀治が工事途中に早世し、子の忠俊が跡を継いで完成させたが、徳川家康により慶長19年(1614)に廃城。
- 住所：上越市港町
- アクセス：JR信越本線・直江津駅よりバス

315 下倉山城（したぐらやまじょう） 史跡
- 構造：山城／曲輪・空堀・土塁
- 築城年：不明
- 築城者：不明
- 特徴：天文2年(1533)の上条の乱で福王寺孝重が籠城して坂戸城主・長尾房長に対抗した。慶長年間(1596～1615)に廃城。別名は下倉山。
- 住所：魚沼市下倉
- アクセス：JR上越線・小出駅より徒歩

316 大井田城（おおいだじょう） 史跡
- 構造：山城／曲輪・土塁・空堀
- 築城年：不明
- 築城者：不明
- 特徴：新田一族・大井田氏の本拠と推測されるが詳細は不明。周囲には多数の支城が築かれており、総称して大井田十八城と呼ばれる。
- 住所：十日町市中条
- アクセス：JR飯山線・魚沼中条駅より徒歩

321 箕冠城（みかぶりじょう）
- 構造：山城／門・曲輪・空堀など
- 築城年：室町時代
- 築城者：大熊備前守
- 特徴：越後上杉氏の重臣として活躍した大熊氏の居城。上杉謙信にも重用されたが、後に大熊政秀が謙信を裏切って武田信玄につく。
- 住所：上越市板倉区
- アクセス：JR信越本線・新井駅よりバス

322 直峰城（のうみねじょう） 史跡
- 構造：山城／曲輪・土塁・空堀など
- 築城年：南北朝時代　築城者：風間信昭
- 特徴：戦国期に上杉氏の支配となり、関東進撃の際の重要拠点とされた。付近には飯守城、虫川城、石橋城などいくつもの支城の跡がある。
- 住所：上越市安塚区
- アクセス：北越急行ほくほく線・虫川大杉駅より徒歩・車

地域別　北海道・東北・関東甲信越地方の城

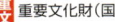

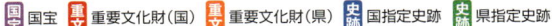

328 金山城（かなやまじょう）史跡
- 構造：館／曲輪・塁濠の一部
- 築城年：鎌倉時代
- 築城者：金山氏
- 特徴：三浦和田氏の流れを汲む金山氏によって築かれた城館群。奥山荘城館遺跡として江上館などとともに国史跡に指定されている。
- 住所：新発田市金山
- アクセス：JR羽越本線・金塚駅より徒歩

325 羽茂城（はもちじょう）史跡
- 構造：山城／曲輪跡・土塁・門跡など
- 築城年：1300年頃
- 築城者：羽茂本間氏
- 特徴：城主・羽茂本間氏は河原田氏と佐渡の覇権を争ったが、天正17年（1589）に上杉景勝に攻められ、短期間のうちに城を落とされた。
- 住所：佐渡市羽茂本郷
- アクセス：佐渡島・小木港よりバス

323 根知城（ねちじょう）史跡
- 構造：山城／曲輪跡・空堀・土塁など
- 築城年：不明
- 築城者：不明
- 特徴：根小屋城、栗山城、上城山城を総称して根知城という。武田氏の侵攻に備え、上杉謙信が城を改修して防御を固めたといわれる。
- 住所：糸魚川市根小屋
- アクセス：JR大糸線・根知駅より徒歩

329 上杉館（うえすぎやかた）
- 構造：居館／不明
- 築城年：弘治年間（1555〜1558）
- 築城者：上杉謙信
- 特徴：上杉謙信が関東管領上杉憲政を迎えるために造営した居館。御館とも呼ばれる。謙信の跡目争いをしたこと（御館の乱）で有名。
- 住所：上越市五智
- アクセス：JR信越本線・直江津駅より徒歩

326 長岡城（ながおかじょう）
- 構造：平城／不明
- 築城年：慶長10年（1605）
- 築城者：堀直寄
- 特徴：堀直寄が蔵王堂城から城を移す。その後、直寄に代わって牧野氏が入り、明治に至る。城跡は長岡駅や駅前広場になり、遺構はない。
- 住所：長岡市城内町
- アクセス：JR信越本線・長岡駅より徒歩

324 栃尾城（とちおじょう）史跡
- 構造：山城／曲輪・堀・竪堀など
- 築城年：南北朝時代　築城者：芳賀氏
- 特徴：上杉謙信が14歳で入城し、本庄実乃が城代を務めた。謙信は19歳のときに兄・晴景に代わる守護代として春日山城に移った。
- 住所：長岡市栃尾大野町
- アクセス：JR信越本線・長岡駅よりバス

330 勝山城（かつやまじょう）
- 構造：山城／曲輪跡・堀切・土塁など
- 築城年：戦国時代
- 築城者：不明
- 特徴：戦国時代には上杉氏が入り、春日山城の支城になった。景勝が城主のとき、豊臣秀吉が同盟を結ぶ為に訪れたという伝承がある。
- 住所：糸魚川市青海
- アクセス：JR北陸本線・青海駅より徒歩

327 柿崎城（かきざきじょう）
- 構造：平城／曲輪・空堀
- 築城年：不明
- 築城者：不明
- 特徴：築城について詳細は不明だが、柿崎氏が築いたとする説が有力。戦国時代には豪勇を誇った柿崎景家が本城とした。別名は木崎城。
- 住所：上越市柿崎区柿崎
- アクセス：JR信越本線・柿崎駅より徒歩

栃尾城跡（写真／福井聡）

コラム

天守閣が造られるようになったわけ

現在日本では12の天守が往時の姿を留めている。江戸時代初期の最盛期には天守の数は100を超えていたとされている。しかし、物見櫓としての実はあるもののそれ以外に実用的な用途はなく、それどころか攻撃目標とさえなってしまう天守が、なぜこれほどまでに数多く造られるようになったのだろうか。

その大きな理由は諸大名たちの威信にある。大名たちは自分の力を誇示し、また家臣や領民たちを鼓舞しようとする思いが、権力の象徴ともいえる天守造営に駆り立てたのだ。そのため、権力と天守の大きさは比例する傾向にあった。

ちなみに、天守が造られるようになったのは戦国時代に入ってからで、諸説あるが初めて天守が造られたのは永正17年（1520）、摂津の伊丹城といわれる。その後、安土桃山時代から江戸時代初期にかけて近代城郭の築城ブームが到来。各地に天守が築かれた。

これに伴い城の構造も変化していき、もともとは天守が単独で築かれていたが、やがて天守を守るために櫓や曲輪が配置されるようになっていく。また、天守の外観も時代によって異なり、時代が新しくなるにつれシンプルでバランスのよい建物へと変化していった。

江戸幕府による幕藩体制が確立すると築城ブームは終焉を迎え、天守が築かれない城や、焼失後に再建されない城も多くなる。幕府の「一国一城令」がその一因であるが、見栄にお金をかけるほど、藩政が豊かで無くなったのも大きいだろう。

豊臣秀吉時代の大坂城は江戸城よりも大きかったといわれる。

甲信越地方の城

長野県（ながのけん）

木曾義仲が挙兵した平安末期から、南北朝時代の混乱を経て、武田氏が勢力を拡大した戦国時代まで、幾度も戦いが繰り広げられた信濃。とくに戦国時代は築城技術が発展し、貴重な史跡を現在に伝えている。

340 小諸城（こもろじょう） ▶P77 [重文][史跡]
- 構造：平山城／大手門・三の門・本丸など
- 築城年：天正18年（1590）　築城者：仙石秀久
- 特徴：もともとは大石氏が築いた鍋蓋城。その後、山本勘助により拡張され、仙石氏が小諸城を完成させた。現在は懐古園と呼ばれる公園。
- 住所：小諸市丁
- アクセス：しなの鉄道・小諸駅より徒歩

341 龍岡城（たつおかじょう） [史跡]
- 構造：平城／堀・石垣・台所
- 築城年：元治元年（1864）
- 築城者：松平乗謨
- 特徴：フランスの築城家ボーバンの技術を参考にした洋式城郭。星形の縄張を持ち、五稜郭とも呼ばれる。現在は跡地の大部分が小学校。
- 住所：佐久市田口
- アクセス：JR小海線・龍岡城駅より徒歩

342 平瀬城（ひらせじょう） [史跡]
- 構造：山城／不明
- 築城年：戦国時代
- 築城者：平瀬氏
- 特徴：平瀬氏は小笠原氏の家臣。天文20年（1551）に武田軍の猛攻によって陥落した。武田氏の築城技術の特徴が随所に見られる貴重な城。
- 住所：松本市島内下平瀬
- アクセス：JR篠ノ井線・田沢駅より徒歩

335 上田城（うえだじょう） ▶P76 [史跡]
- 構造：平城／櫓・本丸・二の丸など
- 築城年：天正11年（1583）
- 築城者：真田昌幸
- 特徴：大軍を率いる徳川勢を何度も撃退した上田合戦の舞台として有名（▶P192）。7つの櫓を備え、天守はない。関ヶ原の合戦の後に、徳川家康により取り壊された。真田城、伊勢崎城、松尾城などの別名がある。
- 住所：上田市二の丸
- アクセス：しなの鉄道・上田駅より徒歩

上田城東虎口櫓門

343 高島城（たかしまじょう）
- 構造：平城／（復）天守・本丸・二の丸など
- 築城年：文禄元年（1592）　築城者：日根野高吉
- 特徴：諏訪湖に浮かぶように築かれた水城。周囲の川が天然の堀になっている。別名を浮城という。
- 住所：諏訪市高島
- アクセス：JR中央本線・上諏訪駅より徒歩

高島城天守（写真／福井聡）

344 林城（はやしじょう） [史跡]
- 構造：山城／曲輪・石垣・土塁など
- 築城年：延徳元年（1489）頃
- 築城者：不明
- 特徴：大城（別名：金華山城）と小城（別名：福山城）からなる大規模な山城。現在、大城周辺にはウォーキングコースが設けられている。
- 住所：松本市里山辺
- アクセス：JR篠ノ井線・松本駅よりバス・車

345 桐原城（きりはらじょう） [史跡]
- 構造：山城／不明
- 築城年：寛正年間（1460〜1466）
- 築城者：桐原真智
- 特徴：桐原真智の後、真実、真貞、真基と桐原氏が代々城主になった。天文22年（1553）に武田晴信（信玄）によって攻め落とされた。
- 住所：松本市入山辺
- アクセス：JR篠ノ井線・松本駅より徒歩

336 青柳城（あおやぎじょう） [史跡]
- 構造：山城／曲輪・石塁・土塁など
- 築城年：戦国時代
- 築城者：青柳氏
- 特徴：四阿山に築かれた。周辺の城を見下ろせる位置にある。幾度も合戦の舞台になっており、石垣や土塁に強度アップの工夫が伺える。
- 住所：東筑摩郡筑北村坂北
- アクセス：JR篠ノ井線・坂北駅より徒歩

337 葛尾城（かつらおじょう） [史跡]
- 構造：山城／曲輪・土塁・堀切
- 築城年：南北朝時代
- 築城者：不明
- 特徴：北信州で一時代を築いた村上氏の本拠。村上氏は武田軍に2度勝利するが、天文22年（1553）に敗北。葛尾城を攻め落とされた。
- 住所：埴科郡坂城町坂城
- アクセス：しなの鉄道・坂城駅より徒歩

338 戸石城（といしじょう） [史跡]
- 構造：山城／曲輪・堀切・土塁など
- 築城年：不明
- 築城者：不明
- 特徴：東太郎山の支脈に築かれた難攻の城。戸石城は、本城、枡形城、米山城という3つの城の総称である。天文20年（1551）に陥落した。
- 住所：上田市上野伊勢山
- アクセス：しなの鉄道・上田駅よりバス

339 真田館（さなだやかた） [史跡]
- 構造：館／曲輪・土塁・石塁など
- 築城年：不明
- 築城者：不明
- 特徴：御屋敷の別名を持つ真田氏の居館。もとは城として築かれたと思われる。館の周囲には複数の城が置かれ、鉄壁の布陣になっている。
- 住所：上田市真田町本原
- アクセス：しなの鉄道・上田駅よりバス

331 飯山城（いいやまじょう） [史跡]
- 構造：平山城／（復）門・本丸・二の丸など
- 築城年：永禄年間（1558〜1570）
- 築城者：上杉謙信
- 特徴：千曲川に面する丘に位置する。豪族・和泉氏によって築かれた館をもとに上杉謙信が築城した。現在は公園として整備されている。
- 住所：飯山市飯山
- アクセス：JR飯山線・北飯山駅より徒歩

332 葛山城（かつらやまじょう） [史跡]
- 構造：山城／曲輪・空堀・竪堀など
- 築城年：天文24年（1555）
- 築城者：上杉謙信
- 特徴：武田軍に対抗すべく築かれた。上杉氏と武田氏の戦いは和解により一応の決着をみるが、上杉氏家臣が寝返り、城は陥落した。
- 住所：長野市茂菅葛山
- アクセス：JR信越本線・長野駅より徒歩

333 牧之島城（まきのしまじょう） [史跡]
- 構造：平城／本丸・二の丸跡・堀など
- 築城年：永禄9年（1566）
- 築城者：武田信玄
- 特徴：周辺に敵の動向を監視するための城が複数置かれている。別名は琵琶城。元和2年（1616）に城主の改易に伴い廃城になった。
- 住所：長野市信州新町牧野島
- アクセス：JR信越本線・長野駅よりバス

334 木舟城（きぶねじょう） [史跡]
- 構造：山城／曲輪・土塁・空堀
- 築城年：鎌倉時代
- 築城者：仁科氏
- 特徴：馬蹄状に配された南城と北城で構成される大規模な山城。山頂と尾根だけに限っても、曲輪の数は約70、空堀は約30に及ぶ。
- 住所：大町市社
- アクセス：JR大糸線・東大町駅より徒歩

地域別：北海道・東北・関東甲信越地方の城

[国宝]国宝　[重文]重要文化財（国）　[重文]重要文化財（県）　[史跡]国指定史跡　[史跡]県指定史跡

352 飯田城 いいだじょう
- 構造：平山城／門・曲輪・堀
- 築城年：13世紀初頭
- 築城者：坂西氏
- 特徴：坂西氏は小笠原氏の子孫。戦国時代には武田氏の城になった。「赤門」の通称を持つ桜丸御門が合同庁舎前に移築・保存されている。
- 住所：飯田市追手町2丁目
- アクセス：JR飯田線・飯田駅より徒歩

353 松尾城 まつおじょう 〔史跡〕
- 構造：平山城／曲輪・空堀・石垣など
- 築城年：不明
- 築城者：小笠原氏
- 特徴：室町時代もしくは建保年間(1213～1219)の築城と思われる。天正18年(1590)に小笠原氏が武蔵国に移され、城は廃された。
- 住所：飯田市松尾代田
- アクセス：JR飯田線・毛賀駅より徒歩

351 松代城 まつしろじょう 〔史跡〕 ▶P76
- 構造：平城／(復)門・真田別邸・文武学校など
- 築城年：永禄3年(1560)
- 築城者：武田信玄
- 特徴：真田氏の居城。武田信玄と熾烈な戦いを繰り広げた川中島の戦いで有名。現在は公園で、周辺には真田邸や宝物館などがある。
- 住所：長野市松代町殿町
- アクセス：長野電鉄・松代駅より徒歩

松代城跡

346 松本城 まつもとじょう 〔国宝〕〔史跡〕 ▶P24
- 構造：平城／天守閣・月見櫓・(復)門など
- 築城年：慶長2年(1597)
- 築城者：石川数正・康長
- 特徴：小笠原氏の城をもとに、石川氏が2代かけて完成させた。明治から大正にかけて天守が修理され、昭和11年(1936)に国宝に指定された。昭和4年(1929)に国の史跡に指定されている。
- 住所：松本市丸の内
- アクセス：JR篠ノ井線・松本駅よりバス

松本城天守

347 桑原城 くわばらじょう 〔史跡〕
- 構造：平山城／曲輪・土塁・空堀など
- 築城年：不明
- 築城者：桑原氏
- 特徴：自然の丘陵を生かした堅固な城。築城時期は明確ではないが、諏訪最古の城とする意見も。高鳥屋城、水晶城、矢竹城の別称を持つ。
- 住所：諏訪市四賀上桑原
- アクセス：JR中央本線・諏訪駅より徒歩

348 上原城 うえはらじょう 〔史跡〕
- 構造：山城／曲輪・土塁・空堀など
- 築城年：康正2年頃(1456)
- 築城者：諏訪氏
- 特徴：諏訪氏が居城としていたが、武田氏が攻め落として城代を置いた。天正10年(1582)に武田氏が滅び、城も廃されたと思われる。
- 住所：茅野市ちの上原
- アクセス：JR中央本線・茅野駅よりバス・車

349 高遠城 たかとおじょう 〔史跡〕 ▶P77
- 構造：平山城／本丸・堀
- 築城年：不明　築城者：不明
- 特徴：高遠氏の居城で、後に武田氏が攻め落とした。三の丸跡に藩校が残る。現在は公園になり、春には桜が咲き乱れる。別称は兜山城。
- 住所：伊那市高遠町東高遠
- アクセス：JR飯田線・伊那市駅よりバス

350 大島城 おおしまじょう
- 構造：平山城／曲輪・堀
- 築城年：不明
- 築城者：不明
- 特徴：天正10年(1582)に織田軍により落城。かつては武田氏の支配下にあり、枡形の虎口など武田氏の城の特徴が多数見られる。
- 住所：下伊那郡松川町元大島
- アクセス：JR飯田線・山吹駅より徒歩

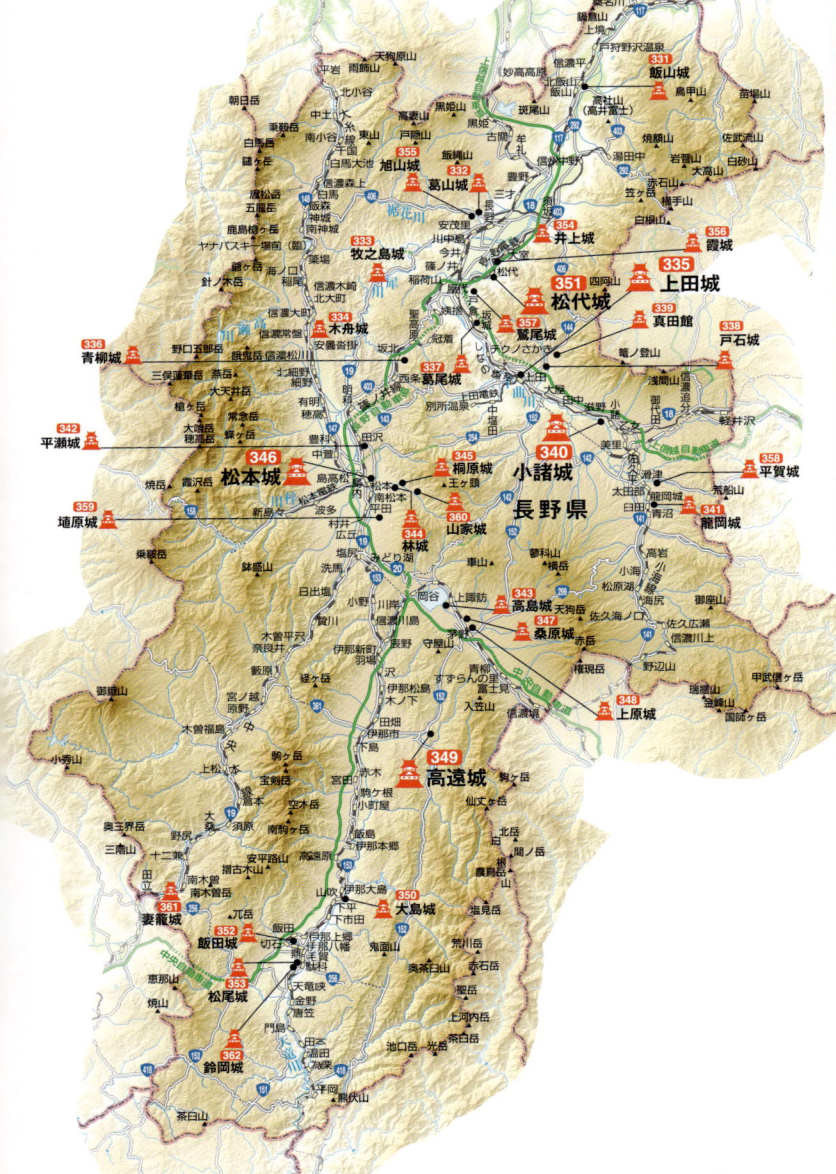

360 山家城 やまべじょう 史跡
- 構造：不明／不明
- 築城年：不明
- 築城者：不明
- 特徴：鎌倉時代には神氏が住み、室町時代には山家氏が居城とした。山家氏はその後、小笠原氏や武田氏に仕えて滅びる。中入城とも。
- 住所：松本市入山辺
- アクセス：JR篠ノ井線・松本駅より車

357 鷲尾城 わしおじょう 史跡
- 構造：山城／曲輪・石塁・堀切
- 築城年：不明
- 築城者：不明
- 特徴：北、南、西の三方を崖に囲まれた城。見晴らしのよい鷲尾山にある。村上氏の流れをくむ倉科氏の城といわれ、倉科城とも呼ばれる。
- 住所：千曲市倉科
- アクセス：しなの鉄道・東屋代駅より徒歩

354 井上城 いのうえじょう 史跡
- 構造：山城／曲輪・堀切・居館跡など
- 築城年：室町時代
- 築城者：井上氏
- 特徴：大城、小城、竹ノ城の3つの城と居館を有する城館。清和源氏頼信の子・頼季がこの地へ移り住んで、井上氏を名乗ったとされる。
- 住所：須坂市井上町
- アクセス：長野電鉄・井上駅より徒歩

361 妻籠城 つまごじょう 史跡
- 構造：山城／空堀・土塁
- 築城年：不明
- 築城者：不明
- 特徴：慶長5年(1600)の関ヶ原の戦いの際、修築して利用された。八里先まで見渡せるといわれるほど遠望に優れた場所に位置する。
- 住所：木曽郡南木曽町
- アクセス：JR中央本線・南木曽駅よりバス

358 平賀城 ひらがじょう 史跡
- 構造：山城／本丸・二の丸・三の丸など
- 築城年：中世初期
- 築城者：不明
- 特徴：田口城や荒山城などの諸城を見下ろす丘陵にある。源義朝に重用され、鎌倉幕府の有力人物だった平賀義信の築城とする伝承が残る。
- 住所：佐久市平賀
- アクセス：JR小海線・滑津駅より徒歩

355 旭山城 あさひやまじょう 史跡
- 構造：山城／曲輪・空堀・石垣など
- 築城年：戦国時代
- 築城者：不明
- 特徴：立地が険しく防御に適した城。川中島の戦い(第二次)で、栗田氏が籠城した。その後いったん取り壊されるが、上杉氏が復興。
- 住所：長野市安茂里
- アクセス：JR信越本線・長野駅より徒歩

362 鈴岡城 すずおかじょう 史跡
- 構造：平山城／曲輪・堀配石跡・土壇
- 築城年：不明
- 築城者：小笠原氏
- 特徴：丘の先端部に築かれた城。室町時代の築城とする説が有力。後に松尾城の支城となり、小笠原氏の移封に伴い廃されたと思われる。
- 住所：飯田市駄科
- アクセス：JR飯田線・駄科駅より徒歩

359 埴原城 はいばらじょう 史跡
- 構造：山城／曲輪・石垣・土塁など
- 築城年：不明
- 築城者：不明
- 特徴：信濃守護・小笠原氏の本拠で、広大な規模の城。築城に関しては不明な点が多いが、村井氏が鎌倉時代に築いたとする説が有力。
- 住所：松本市中山
- アクセス：JR篠ノ井線・南松本駅より徒歩

356 霞城 かすみじょう 史跡
- 構造：山城／曲輪・石垣
- 築城年：不明
- 築城者：不明
- 特徴：霞山に位置する。城主は大室氏。後に大室氏は上杉氏に仕え、上杉氏の移封とともに会津に移った。平石積みの見事な石垣が残る。
- 住所：長野市松代町
- アクセス：長野電鉄・大室駅より徒歩

地域別　北海道・東北・関東甲信越地方の城

コラム　日本の城と桜

日本三大桜の名所に数えられる弘前城や高遠城（残るひとつは吉野山）のように、「城と桜」の組合せは今や欠かせないものとなっている。春になると各地の城跡で桜祭りが催され、多くの人たちが雄大な天守を背景に咲き誇る、美しい桜を見るために城を訪れる。件の弘前城で開催される「弘前さくらまつり」は、毎年200万人もの観光客で賑わうという。

こうしたことから、城といえば桜という印象が少なくないが、現在のように城に桜が植えられるようになったのは明治に入ってからのことである。それ以前は、燃料や食料に適した「松」が多く植えられていた。松が食料というのはぴんと来ないかもしれないが、松の皮から取り出した繊維で、餅や団子が作られていたのだ。

ほかにも直江景綱は、実が食べられる柿や栗の植樹を推奨していたとされる。つまりは、有事に備えた実用的な植物が植えられていたのである。それが明治に入り観賞用の桜に取って代わられたというのは、城としての本来の役目を終えたということなのだろう。

もちろん桜が植えられるようになった理由はほかにもある。明治6年(1873)の「廃城令」以降、残された城跡の管理が課題となった。放って置いたのでは、雨風による風化で土塁や石垣が崩れてしまうからである。そこで、手入れの簡単な桜を植樹し、城跡とともに管理するようになったのだ。

なお、日本経済新聞が選定した「桜が似合うおすすめの城」ランキングによると、1位は弘前城、2位は姫路城、3位は高遠城となっている。

弘前城水堀と桜

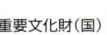

これぞ日本100名城【1】

2006年に財団法人日本城郭協会が国内の名城と呼ばれる城郭を公募し選定したもの。全国の城を巡る『日本100名城』選定記念スタンプラリー」を行っている。

北海道・東北地方

	城名	所在地	城番号	参照頁
1	根室半島チャシ跡群（オンネモトチャシ他）	北海道根室市	005	⇒P45 ⇒P51
2	五稜郭	北海道函館市	001	⇒P42 ⇒P50
3	松前城	北海道松前郡	019	⇒P45 ⇒P51
4	弘前城	青森県弘前市	023	⇒P40 ⇒P52
5	根城	青森県八戸市	037	⇒P53
6	盛岡城	岩手県盛岡市	038	⇒P44 ⇒P54
7	多賀城	宮城県多賀城市	095	⇒P47 ⇒P60
8	仙台城	宮城県仙台市	112	⇒P46 ⇒P61
9	久保田城	秋田県秋田市	057	⇒P47 ⇒P56
10	山形城	山形県山形市	075	⇒P48 ⇒P58
11	二本松城	福島県二本松市	130	⇒P49 ⇒P63
12	若松城	福島県会津若松市	113	⇒P43 ⇒P62
13	小峰城	福島県白河市	127	⇒P49 ⇒P63

関東・甲信越地方

	城名	所在地	城番号	参照頁
14	水戸城	茨城県水戸市	135	⇒P70 ⇒P78
15	足利氏館	栃木県足利市	163	⇒P81
16	箕輪城	群馬県高崎市	193	⇒P73 ⇒P83
17	金山城	群馬県太田市	181	⇒P73 ⇒P83
18	鉢形城	埼玉県大里郡	217	⇒P72 ⇒P85
19	川越城	埼玉県川越市	199	⇒P74 ⇒P84
20	佐倉城	千葉県佐倉市	238	⇒P74 ⇒P87
21	江戸城	東京都千代田区	241	⇒P28 ⇒P88
22	八王子城	東京都八王子市	256	⇒P75 ⇒P89
23	小田原城	神奈川県小田原市	264	⇒P68 ⇒P90
24	躑躅ヶ崎館	山梨県甲府市	281	⇒P92
25	甲府城	山梨県甲府市	289	⇒P93
26	松代城	長野県長野市	351	⇒P76 ⇒P98
27	上田城	長野県上田市	335	⇒P76 ⇒P97
28	小諸城	長野県小諸市	340	⇒P77 ⇒P97
29	松本城	長野県松本市	346	⇒P24 ⇒P98
30	高遠城	長野県伊那市	349	⇒P77 ⇒P98
31	新発田城	新潟県新発田市	303	⇒P75 ⇒P94
32	春日山城	新潟県上越市	310	⇒P72 ⇒P94

北陸・東海地方

	城名	所在地	城番号	参照頁
33	高岡城	富山県高岡市	378	⇒P129 ⇒P135
34	七尾城	石川県七尾市	381	⇒P129 ⇒P136
35	金沢城	石川県金沢市	388	⇒P130 ⇒P137
36	丸岡城	福井県坂井市	418	⇒P127 ⇒P139
37	一乗谷城	福井県福井市	415	⇒P130 ⇒P139
38	岩村城	岐阜県恵那市	465	⇒P131 ⇒P144
39	岐阜城	岐阜県岐阜市	451	⇒P124 ⇒P142
40	山中城	静岡県三島市	436	⇒P141
41	駿府城	静岡県静岡市	425	⇒P128 ⇒P141
42	掛川城	静岡県掛川市	426	⇒P128 ⇒P141
43	犬山城	愛知県犬山市	475	⇒P34 ⇒P145
44	名古屋城	愛知県名古屋市	476	⇒P20 ⇒P145
45	岡崎城	愛知県岡崎市	484	⇒P132 ⇒P145
46	長篠城	愛知県新城市	486	⇒P132 ⇒P145
47	伊賀上野城	三重県伊賀市	513	⇒P126 ⇒P149
48	松阪城	三重県松阪市	511	⇒P133 ⇒P149

49〜100は ▶ P200

特集 2

知りたい 戦国武将ゆかりの城

徳川家康ゆかりの城

家康は岡崎城で誕生し、信長と同盟を組んで勢力を増しつつも、秀吉時代には関東へ国替え。しかしその地で約250年に渡る江戸幕府の礎を築き、天下を治めた。

5 江戸城
天正18年（1590）
城番号 241　参照頁 ▶ P88

天下を取った江戸幕府の拠点
家康が関東へ国替えになった頃、江戸は人口も少なく未開の土地が多かった。江戸城も規模の小さい前時代的な城であったが、段階的に増改築されて国内最大規模の面積を持つ城となった。現在の皇居はその一部である。

江戸城富士見櫓

高天神城
二俣城

2 今川館
天文18年（1549）

幼～青年期を過ごした場所
戦国末期には駿河・遠江・三河を領した今川氏の居館。家康は幼年期から青年期までをここで過ごした。桶狭間の戦いに敗れ、当主義元を失って弱体化した今川氏は、武田信玄の侵攻を受けて滅亡。館も失われた。

家康勢力図
- 徳川・織田・武田同盟を結ぶ　永禄10年（1567）
- 本能寺の変の後　天正10年（1582）
- 関東へ国替え　天正18年（1590）

独立への道のり

徳川家康が生まれた三河（愛知県）の松平氏は、**岡崎城**を居城とする小領主であり、隣国尾張（愛知県）の織田氏に圧迫されていた。

そこで家康の父・松平広忠は、駿河・遠江（静岡県）を領する今川氏を後ろ盾にこれに対抗する道を選び、人質として幼い我が子**竹千代**（家康）を今川氏に差し出した。

ところがほどなく広忠が没し、松平氏も岡崎城も事実上今川の配下に組み込まれる結果となってしまった。岡崎の松平家家臣たちは今川に従属する屈辱に耐え、主家再興の日を待ち続けたのである。

一方、人質として駿河で育った竹千代は元服し**松平元康**と名乗る。そして永禄3年（1560）、主君今川義元に従い尾張織田氏攻めに参加した。しかしこの戦いで義元と今川軍本隊は敵の織田信長によって壊滅させられてしまう。**桶狭間の戦い**であった。総崩れとなり敗走する今川軍の

城知識　敵城の跡地に城を築くことは多くあった。遺構や廃材を流用できるという利点があったほか、防御面や交通の便など、城を構えるのに適した土地はそう多くなかったことも理由のひとつである。

1 岡崎城
天文11年(1542)
おかざきじょう

城番号 484　参照頁 ▶ P145

三河の拠点で家康誕生の地

三河守護代・西郷氏の居城であったが、家康の祖父・松平清康の代に松平氏の城となった。家康誕生の城であり、徳川氏躍進の拠点。家康が浜松城に移った後は、家康の嫡男で信長の娘を娶った信康が守った。

岡崎城天守

4 駿府城
天正14年(1586)
すんぷじょう

城番号 425　参照頁 ▶ P141

豊臣政権から距離を置く

武田氏滅亡の後に駿河を領した家康が、今川館の跡地に築き居城とした。その後家康に関東への国替えが命じられると、城は秀吉譜代の家臣・中村一氏が領するものの、関ヶ原の合戦の後に再び家康の居城となっている。

駿府城内の徳川家康像

関ヶ原の戦い　桶狭間の戦い　長篠の戦い

2 大坂城
慶長19年(1614)
おおさかじょう

城番号 547　参照頁 ▶ P164

豊臣政権終焉の城

家康は関ヶ原の戦いに勝利し天下の覇権を握ったが、大坂城には豊臣秀頼が勢力を保持していた。その勢力を除くために、家康は慶長19年(1614年)の冬と翌年の夏に大坂城で豊臣軍と戦闘を行い、豊臣の世を終わらせた。

3 浜松城
永禄11年(1568)
はままつじょう

城番号 420　参照頁 ▶ P140

武田氏の侵攻に備えた城

元は今川方の城で曳馬城と呼ばれた。この城を落とした家康は、武田氏の侵攻に備え、改修の後に岡崎城より本拠地を移す。この時「曳馬」の名が「馬を退く(引く)=敗北」を連想するとして「浜松」へと改めている。

特集2　戦国武将ゆかりの城

中、元康は家臣団を集めて岡崎城へ入り今川家の支配から離れる道を選択。名を**徳川家康**と改め、ここに宿願の独立を果たすのである。以降徳川家では、岡崎城を家康誕生の城として神聖視すると同時に、主従が心をひとつにして苦難を乗り越えた**精神的支柱の城**として位置づけるようになった。

武田氏との戦い

家康は旧怨を捨てて尾張の織田信長と同盟を結び、背後を守り合う形で領土を拡げることを取り決めた。支配力の衰えた今川氏の領地を侵蝕していった家康は、逆方面から今川領を狙う甲斐(山梨県)の**武田信玄と争う**ようになる。

そこで家康は元亀元年(1570)に勢力圏の東端にあたる遠江**曳馬城**を改修、**浜松城**と改名して本拠を移し、武田方の侵攻に備えた。戦国最強と謳われた武田軍に対し、対決姿勢を明確に示したのである。それは信長との同盟に全幅の信頼を寄せている証でもあった。

武田軍との戦いは、**高天神城**や**二俣城**など地域の要衝が攻防の舞台となり、家康自身が討ち死寸前の大敗を喫するなど、苦戦が続いた。浜松時代の家康は、生涯で最

> **城知識**　江戸城には他の城と同様に天守が作られたが、1657年の明暦の大火で焼失してしまった。経済的な理由などからその後再建されることはなく、現在でも天守台だけが残っている。

コラム

鳥居強右衛門と長篠城

　天正3年(1575)、徳川に属する奥平氏の長篠城は、武田勝頼率いる1万5000の武田軍に包囲された。わずか500で守る城方は家康への援軍を要請するため、鳥居強右衛門という使者を放つ。強右衛門は密かに包囲を抜けると、直線距離でも40km以上離れた家康の居城岡崎まで一晩で走破した。そして家康から、援軍として駆けつけた織田信長の軍勢とともに、間もなく長篠救援に向かうことを告げられる。

　強右衛門は、休息もとらずに長篠城への帰路についた。一刻も早くこの吉報を届けなければ、疲労困憊の城兵が援軍の到着まで持たないからである。

　ところが強右衛門は城まであと一歩のところで武田方に捕らえられてしまった。そして一命を助ける代わりに城兵に降伏を勧めるよう提案され、これを受諾する。強右衛門は長篠城から見える高台に引き立てられた。事態を見守る城兵たちに向かい、強右衛門は武田方との約束を破って「間もなく援軍は来る」と絶叫する。

　強右衛門は磔にされ処刑された。だが一命を賭した働きにより長篠城は持ちこたえ、武田軍は織田・徳川連合軍との対決を迎える。

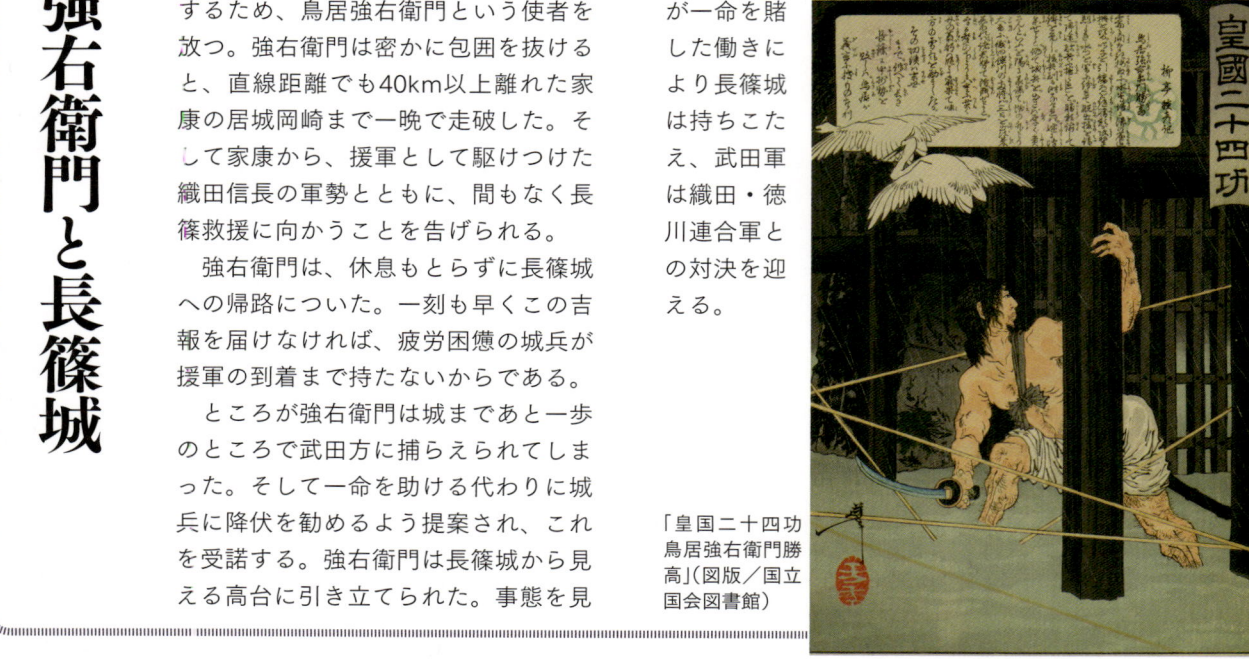

「皇国二十四功 鳥居強右衛門勝高」(図版／国立国会図書館)

しかし天正3年(1575)、織田・徳川連合軍で臨んだ長篠の戦いで武田軍に勝利を挙げたことで形勢は逆転する。天正10年には織田軍とともに甲斐に侵攻して武田氏を滅ぼし、三河・遠江・駿河を領する大名へと成長を遂げた。

豊臣氏との決戦

　同盟者であり親族でもあった信長が没すると、その後継者を目指す羽柴秀吉(のちの豊臣秀吉)との間で対立が始まる。家康が秀吉に従う形で和平が結ばれたが、両者の緊張関係はなおも続いた。

　天正14年、家康は幼少期を過ごした駿河今川館の跡地に築城し、浜松から居城を移す。秀吉に臣従する態度を示しながらも、その政権から地理的にも立場的にも距離を置いたのである。

　だがその4年後、秀吉から先祖伝来の三河を含む五ヵ国の領国を差し出し、その代わりに関東八ヵ国へと移ることを命じられた。領国数こそ増えるが実際には僻地をあてがわれたにすぎず、実質的な挑発であった。

　家康は命に従い関東に入国、江戸を本拠と定め、かつて太田道灌が築城した江戸城を大改修して居城とし、城下の整備を進めた。

　秀吉の没後、家康は即座に天下獲りに動き、自らに味方する大名を募って結集。秀吉の側近であった石田三成を関ヶ原の戦いで破る。そして朝廷から武家の頭領の位である征夷大将軍に任命され、江戸に幕府を開くのである。

　とは言え、秀吉の遺児秀頼の残る豊臣氏は未だ別格の地位にあり、心を寄せる大名も少なくなかった。そこで家康はわずか2年で将軍職を実子秀忠に譲り、江戸城を出て再び駿府城を居城とし、幕府支配体制の強化を推し進めた。朝廷からも旧政権からも隔たった未開の東国で、新しい強固な都を創設することを目指したのである。晩年の家康にとって、城とは武力以外の戦いを行う場所であった。

　慶長19年(1614)、豊臣氏征伐を発表した家康は20万の大軍で大坂城を包囲すると、堀を埋めて防御力を奪い遂に落城させた。ここに至り、天下は徳川家のもとに一元支配されることとなる。

　以降250年におよぶ支配の礎を完成させた家康は、元和2年(1616)、駿府城で没している。

> **城知識** 長篠城への伝令を果たした鳥居強右衛門は磔にされて処刑されたが、これを見ていた武田方の落合左兵次という武士はその武勇に打たれ、強右衛門の磔図を描いて自分の旗としている。

織田信長ゆかりの城

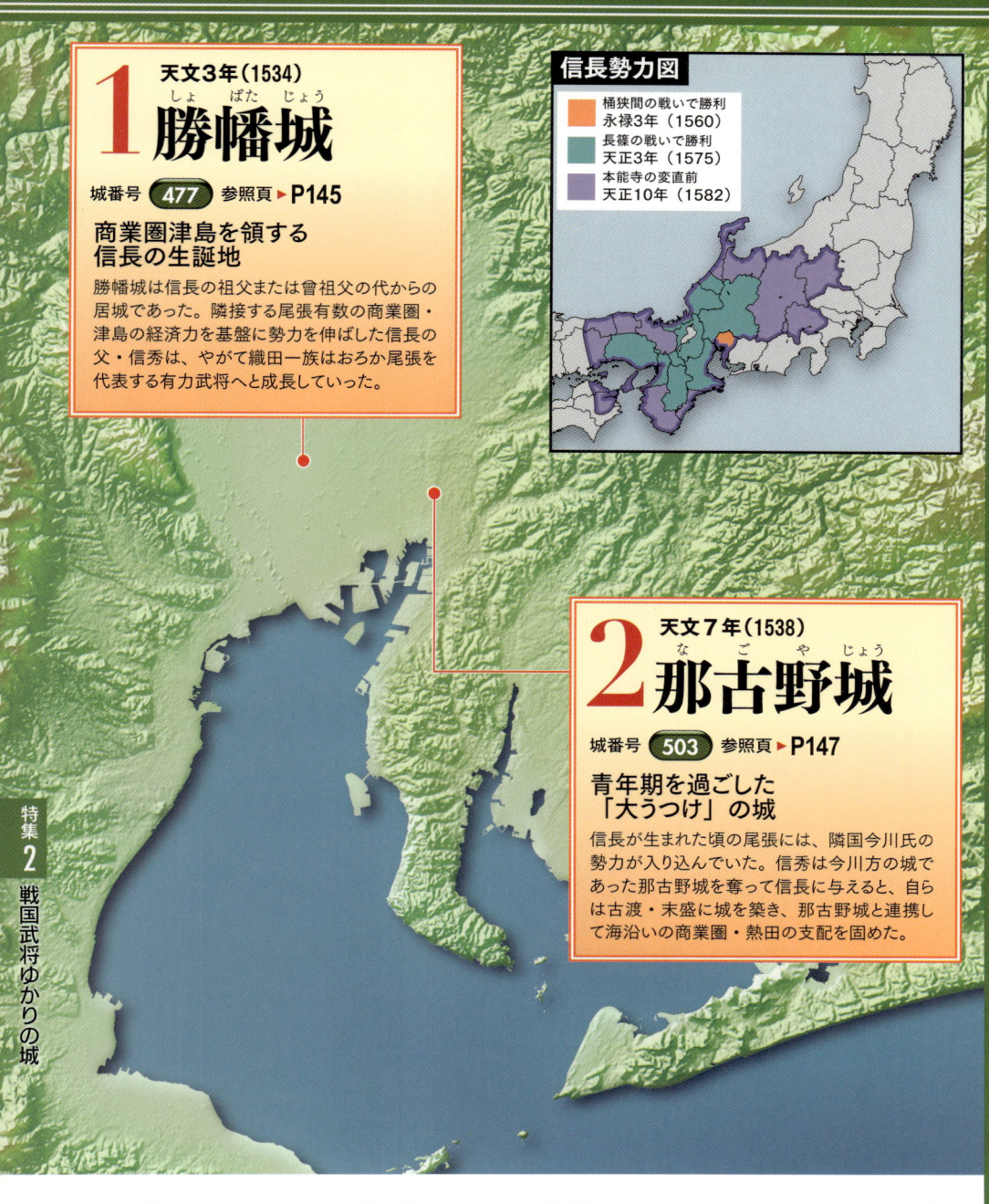

物心ついた時から一城の主だった信長は版図を広げ、獲得地に拠点を設けていった。そして天下人の象徴として前代未聞な規模の城を築く。

1 勝幡城　天文3年（1534）

城番号 **477**　参照頁 ▶ P145

商業圏津島を領する信長の生誕地

勝幡城は信長の祖父または曾祖父の代からの居城であった。隣接する尾張有数の商業圏・津島の経済力を基盤に勢力を伸ばした信長の父・信秀は、やがて織田一族はおろか尾張を代表する有力武将へと成長していった。

2 那古野城　天文7年（1538）

城番号 **503**　参照頁 ▶ P147

青年期を過ごした「大うつけ」の城

信長が生まれた頃の尾張には、隣国今川氏の勢力が入り込んでいた。信秀は今川方の城であった那古野城を奪って信長に与えると、自らは古渡・末盛に城を築き、那古野城と連携して海沿いの商業圏・熱田の支配を固めた。

信長勢力図

- 桶狭間の戦いで勝利　永禄3年（1560）
- 長篠の戦いで勝利　天正3年（1575）
- 本能寺の変直前　天正10年（1582）

大うつけから桶狭間まで

織田信長は、天文3年（1534）に尾張（愛知県）**勝幡城**で生まれたと考えられている。父の信秀は一族の中では分家だが、商業圏の津島を領し、その経済力を背景にして織田一族をまとめる尾張随一の実力者であった。

信秀はさらに、津島と並ぶ商業圏・熱田をも支配下に置くべく、熱田に近い**那古野城**を獲得、わずか4歳の我が子信長に与える。

物心ついた時から一城の主だった信長は、20歳を過ぎるまでこの那古野城で過ごしており、自らが居城とした中では最も長い。元服し、美濃（岐阜県）斎藤氏の娘と婚姻を交わし、父を失い、いわゆる「大うつけ」時代を送ったのもこの時代のことである。

父信秀が病没すると、それまで従っていた家臣や叔父・兄弟を含む親族、そして本家・分家の織田一族までもが新当主信長に背いた。

特集2 戦国武将ゆかりの城

> **城知識**　清洲城の跡地は、近代になって東海道本線・東海道新幹線が開通したことによって分断されている。そのため、現在模擬天守が建っている場所は当時城があった地点ではない。

5 岐阜城
永禄10年（1567）

城番号 451　参照頁 ▶P142

美濃を併合し天下取りへ

元は美濃国主斎藤氏の居城で、「稲葉山城」「井口（井ノ口）城」または「金華山城」などと呼ばれていた。信長の時代には山麓に四層の屋敷が作られ、標高329mの山頂にも、信長の家族などが住む居館があった。

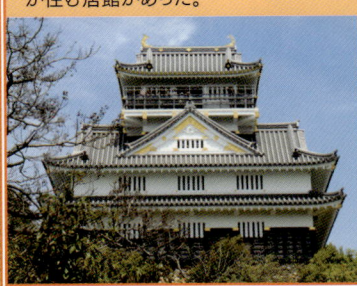

岐阜城天守

4 小牧山城
永禄6年（1560）

城番号 474　参照頁 ▶P145

美濃斎藤氏攻略用の城

隣国美濃、および美濃斎藤氏と結び信長と対立する犬山城の織田一族と戦うため築城されたのが小牧山城である。信長は清洲から家臣団はおろか政庁そのものを移転させたが、美濃の掌握によりわずか4年で廃城となった。

小牧山城（小牧山歴史館）

桶狭間の戦い

長篠の戦い

3 清洲城
弘治元年（1555）

城番号 499　参照頁 ▶P147

尾張を治める織田家盟主の城

代々尾張下半国の守護代を務めた清洲織田家の居城で、尾張守護・斯波氏も居住していた。織田氏の宗家であり、尾張上半国守護代の岩倉織田氏は岩倉城にあったが、信長は清洲・岩倉両織田家を退けて尾張を統一する。

清洲城天守（写真／福井聡）

美濃併合、そして天下人へ

信長は彼らを次々と滅ぼし、または追放して国内から一掃。そして長きにわたって尾張一国を治めてきた盟主の城・清洲城に移る。これにより、信長は父以上の実力者になったことを国内外に知らしめたのである。

桶狭間の戦いで勝利を挙げたのは清洲城主時代の出来事であった。

「人間五十年、下天のうちを比ぶれば、夢幻の如くなり」

幸若舞「敦盛」を舞って出陣し、

次いで隣国美濃への侵出を開始した信長は、美濃に近い小牧山に城を作ると家臣ともども移住し、新たな居城とした。国境付近には未だ去就の定まらぬ勢力があったため、美濃に接近することによって彼らに牽制を加え、迅速かつ安全な行程を確保したのである。これが小牧山城であった。

8年を要した美濃攻略に成功すると、信長は美濃斎藤氏の居城・稲葉山城の名を岐阜城と改めて移り住み、5番目の居城とした。新たに獲得した地域に本拠を移し、そこからさらに版図を拡げてゆくのがこの時期の信長の特徴と言えるだろう。事実、信長は岐阜城を

城知識　信長以前、わずか17名で稲葉山城を占拠した武将がいる。俗に「秀吉の軍師」と呼ばれる竹中半兵衛だ。当時は斎藤氏に仕えていたが、主君を諫めるために城を乗っ取ってみせ、間もなく返還した。

人物 女城主の城

遠山氏の美濃（岐阜県）岩村城には信長の叔母が嫁いでいた。当主の遠山景任没後はその叔母が城主を務めていたが、武田軍の攻撃を受けた信長の叔母は敵将秋山信友と婚儀を結び城を明け渡してしまう。後に織田軍の反撃で城が落ちると、信長の叔母は信長の手によって斬られたと言う（➡P234）。

6 安土城
天正4（1576）年

城番号 625　参照頁 ▶ P172

絢爛豪華な天下人の象徴

完成からわずか3年で焼失したため、安土城天主の全容は定かではない。当時に記された文献史料や発掘調査などから、今日まで数多くの復元案が提示されている。宣教師フロイスもまた本国への手紙にその威容を記した。

安土城跡から見た西の湖

●京

特集2 戦国武将ゆかりの城

拠点に、一介の国持ち大名から天下人へと大きな飛躍を遂げてゆく。

信長の美濃併合と前後して、京では将軍足利義輝が暗殺され、その弟**義昭**が諸大名に軍事協力を要請していた。信長はこれに応えて上洛戦を敢行。敵対勢力を一掃して義昭を将軍に就任させ、京都周辺の数か国を支配圏に置くことに成功する。だが次第に義昭と不仲になり、今度は義昭によって**反信長包囲網**を作られる窮地に陥った。

時に連携し、時には各地で個別に挙兵する敵陣営に対し、窮地に追い込まれながらも辛抱強く対応していった信長は、敵の主力であった**武田信玄**が没したことを契機に反撃に転じ、将軍義昭を京から追放。越前（福井県）の**朝倉氏**、小谷城の**浅井氏**を滅ぼし、その他の勢力も掃討して畿内の支配を確立する。そして室町幕府を解体し、元号を自ら定めた天正と改めて事実上「**天下人**」としての地位を獲得するのである。

天魔王、天に帰する

天正3年（1575）、**長篠の戦い**で長年の宿敵であった武田氏に決定的な勝利を収めた信長は、諸方面の侵攻戦には専門の方面軍を編成して担当させる方針をとり始めた。そして自らは、なおも健在な宗教勢力や朝廷権力の削減に力を注ぐ一方、琵琶湖畔の安土山に新たな城の建築を開始する。信長最後の居城となる**安土城**である。防御を意識的に抑えたこの城には、山頂に「**天主**」と名付けたきらびやかな高層建築が屹立していた。その内部は中国の儒教、道教、聖人たち、仏教の地獄と極楽など、当時想像し得る「**世界の全て**」を描いた障壁画で埋め尽くされ、宇宙を意味する八角形の階もあった。絶対権力者信長による**絶対統治の始まり**を宣言するに等しい空前絶後の城だったのである。

未征服の地は残るものの、数多の強敵を倒し、朝廷すら籠絡しつつある信長にとって、天下統一は約束されているかに思われた。

だが天正10年（1582）6月、信長より中国出兵を命じられた明智光秀は、居城の亀山城を出発すると突如転進して京へ入り、本能寺に宿泊中の主君信長を襲った。信長は「是非に及ばず」それが記録される信長最期の言葉である。前代未聞の威容を誇った安土城天主も、数日のうちに灰燼に帰している。

城知識　信長は絵師を呼んで安土城を屏風に描かせ、本国に帰るキリスト教宣教師に与えた。屏風はヴァチカンに届けられ保管されたが、のちに行方がわからなくなっている。

豊臣秀吉ゆかりの城

秀吉は長浜城を得てはじめて城持ちとなり、信長の後継者として天下を取ると、覇者にふさわしい絢爛豪華な城を次々に築いた。

秀吉勢力図
- 無　本能寺の変以前　天正10年（1582）
- 賤ヶ岳の戦いで勝利　天正11年（1583）
- 小田原城攻め直前　天正18年（1590）

永禄4年（1561） 墨俣城
城番号 452　参照頁 ▶ P142

美濃攻めで一夜で城を完成？

一説に、信長の重臣たちが次々と失敗した後に若き日の秀吉が見事築きあげたとされる「一夜城」。しかし墨俣にはそれ以前から斎藤方の砦があり、早々と織田軍によって奪取されていたなど食い違う記述も残っている。

1 元亀元年（1570） 横山城
城番号 636　参照頁 ▶ P172

城番として一城を預かる

姉川の合戦の後、浅井氏攻略のために秀吉が置かれた城。秀吉はこの城を守る一方、浅井氏に従う周辺勢力の切り崩しを行った。この働きにより信長は岐阜～京間の行程を確保した上、次第に浅井氏の勢力を削いでいった。

2 天正元年（1573） 長浜城
城番号 649　参照頁 ▶ P174

今浜を治めるはじめての居城

長浜の「長」は主君信長の一字から選ばれたとも伝わる。秀吉はこの長浜城主時代に、少年時代の加藤清正や福島正則、石田三成らを養育するなど、後の直臣団の形成を行っている。陸路・水路の重要拠点でもあった。

天正18年（1590） 石垣山城
城番号 277　参照頁 ▶ P91

関東平定を決めた一夜城

小田原城から3kmほど離れた笠懸山の山頂に作られた。総石垣の城は当時まだ関東では珍しく、そのため「石垣山城」と呼ばれる。小田原城攻めの陣所として実際に用いられたが、戦後は使われることなく廃棄された。

小田原城

信長の元で一城を得るまで

豊臣秀吉は若い頃、**木下藤吉郎**の名で尾張（愛知県）の織田信長に仕え、その尾張統一戦から畿内平定戦の中で頭角を現し始めた。部隊を率いて多くの合戦に参加するだけでなく、京都奉行職に抜擢されるなど次第に幅広く活躍の場を与えられてゆくが、当時は**未だ城持ちの身分ではなかった**。

さて秀吉と城の逸話と言えば、**墨俣一夜城**の一件が有名である。美濃攻めの際、国境の川を隔てた敵領に前線基地を築くという難題に挑戦した秀吉が、あらかじめ加工しておいた木材を筏に組んで川の上流から流し、見事に短期間で城を完成させたというものだ。だがこれは事実か否かで説が分かれている。秀吉と城との関わりを確かな記録から挙げれば、元亀元年（1570）に北近江（滋賀県）浅井氏の**小谷城**を攻略するため、その直近の**横山城**を任されたのが

【城知識】長浜は陸路の要所というだけでなく琵琶湖の水運の拠点でもあり、京都にも通じていた。城には城下の掌握に留まらず、このように広範囲の交通網の支配につながるものもある。

3 姫路城 天正8年(1580)

城番号 572　参照頁 ▶ P167

中国攻めのための秀吉の持ち城

秀吉が中国攻めの拠点とした城。本能寺の変が起きると、秀吉は光秀討伐を目指して驚異の速度で備中高松から引き返した。そして姫路城の蔵から金銭・米の全てを将兵に分け与え、不退転の決意で戦いに向かったと言う。

姫路城天守

5 大坂城 天正11年(1583)

城番号 547　参照頁 ▶ P164

「太閤さんのお城」

大坂城は、淀川とその支流に囲まれた天然の要害に豊臣政権の政庁として建てられた。かつて信長を苦しめた石山本願寺の跡地にあたる。大坂の陣によって焼失した後、徳川家によって再建され幕府の直轄地になっている。

大坂城天守

4 山崎城 天正10年(1582)

城番号 541　参照頁 ▶ P163

信長の後釜を勝家と争う

秀吉は明智光秀討伐のために山崎に陣取り勝利を得た(山崎の戦い)。その後は当面のライバルである柴田勝家の持つ長浜城と小谷城との戦闘に備える城として重用。山麓の宝積寺を含めて城郭として利用した。

備中高松城　賤ヶ岳の戦い

特集2　戦国武将ゆかりの城

運命の転換期

天正5年(1577)、秀吉は信長より中国方面の平定を命じられ、まず播磨(兵庫県)に進んだ。この時、織田方に属した有力武将・**小寺孝高**(後の**黒田孝高**)から中国平定の拠点にと**姫路城**を提供される。秀吉はこの城を改修し、城下も整備して持ち城とした。現代に伝わる名城の原型は、この時期に形成されたものである。

姫路城を拠点にし、但馬・淡路(兵庫県)、因幡・伯耆(鳥取県)、美作・備前(岡山県)と侵攻を進めた秀吉は、備中(岡山県)の**高松城**を包囲していた最中、主君信長が自身の同僚のひとり明智光秀に討

最初となるが、それも城主という立場ではなく、**城番**として城を預かったにすぎない。

浅井氏滅亡後、信長から浅井氏旧領を与えられた秀吉は、琵琶湖に面した今浜の地を長浜と改めると、ここに初めて自らの居城を構えた。これが**長浜城**である。

ようやく一城の主となった秀吉は、この城で後の加藤清正や石田三成ら直属の家臣団を育成し始めるなど、**織田家の有力武将**としての足場を固めていった。

城知識　1596年の慶長伏見地震で伏見城が倒壊した際、難を逃れた秀吉のもとへ真っ先に駆けつけたのは謹慎中の加藤清正だった。これにより謹慎を解かれた清正は「地震加藤」と呼ばれたと言う。

8 名護屋城　天正19年(1591)

城番号 876　参照頁▶P249

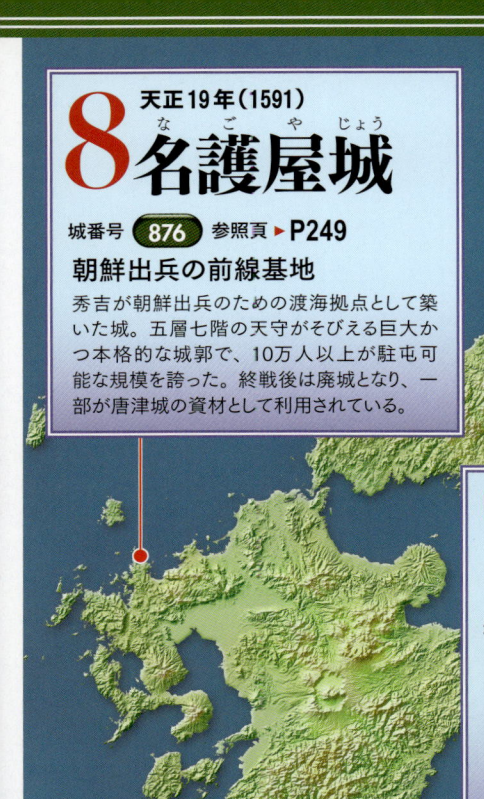

朝鮮出兵の前線基地

秀吉が朝鮮出兵のための渡海拠点として築いた城。五層七階の天守がそびえる巨大かつ本格的な城郭で、10万人以上が駐屯可能な規模を誇った。終戦後は廃城となり、一部が唐津城の資材として利用されている。

6 聚楽第　天正15年(1587)

城番号 529　参照頁▶P162

絢爛豪華、豊臣家の本邸

関白となった秀吉が築いた居館。関白職と共に甥の秀次に譲られていることから、「関白の邸宅兼政庁」という位置づけだったとも考えられる。秀次を誅殺した後には徹底的に破却されたため、遺構は現存していない。

7 伏見城　文禄元(1592)年

城番号 542　参照頁▶P163

秀吉隠居のための城

伏見城は3度築城されている。秀吉が当初指月山に築城した伏見城は慶長大地震で倒壊。秀吉は木幡山に再び伏見城を建築するが、これは関ヶ原の合戦で焼失。後に家康が3度目の城を築いた。別名を桃山城とも言う。

淀城

天下人から晩年

戦後、柴田勝家ら信長旧臣との合議で領地の再分配が行われた結果、長浜城を手放した秀吉は、山城(京都府)に**山崎城**を築き新たな居城とした。信長旧臣団は秀吉派と勝家派に分かれて対立が始まっており、姫路では畿内の情勢に対応が遅れると判断されたのだ。

天正11年、**賤ヶ岳の戦い**で柴田勝家を破った秀吉は信長旧臣団の支配を固め、信長の進めた天下統一戦を引き継いで版図を拡大していった。朝廷からは関白太政大臣の位と豊臣の姓を賜り、事実上の**天下人**と目されるようになる。摂津(大阪府)に築城を始めていた**大坂城**、および京に設けた政庁兼邸宅の**聚楽第**が豊臣政権樹立に伴う秀吉の新たな居城となった。いずれも天下人に相応しく壮大

たれたとの報に接する。

秀吉は信長の仇を討つべく即座に蔵の中の食料や財宝を全て家臣たちに分け与え、**姫路城**まで戻ると、地方の大名の中には、その規模に圧倒された者もあったと言う。自ら退路を断ち、兵の士気を高めて光秀との決戦に臨んだ秀吉は、この戦いに勝って織田家臣団の中で発言力を増すことになった。

で、派手好みの秀吉の嗜好と桃山文化が反映された**絢爛豪華な装飾**に彩られていた。大坂城を訪れた地方の大名の中には、その規模に圧倒された者もあったと言う。同じ頃、秀吉は京伏見の**淀城**を改修して側室(淀殿)に与えており、持ち城の増加速度からも権勢のほどをうかがうことができる。

四国、九州、そして関東以北も制圧した秀吉は、ついに日本全土を統一。関白位を甥の秀次に譲って太閤となり、京に**隠居の城**として**伏見城**を築いた。ところが、実子秀頼の誕生などにより、秀吉自身の人生設計に変更を余儀なくされたからである。

朝鮮出兵や自身の人生設計に変更を余儀なくされた豪壮な「**太閤の城**」へと姿を変えていった。当初隠居邸の性格が強かった伏見城は、やがて豪壮な「**太閤の城**」へと姿を変えていった。

この朝鮮出兵に際し、肥前(佐賀県)唐津に日本軍渡航拠点として築いた**名護屋城**が、秀吉の築いた最後の城となった。

秀吉自身も一時この城に在陣したものの、朝鮮での戦況が行き詰まりを見せ始めた頃に自らも健康を損ねるようになって、「太閤の城」伏見城に戻って床に伏し、そのまま没している。

城知識　現在、大坂城に復元されている「黄金の茶室」はもともと分解式で持ち運べるようになっており、秀吉は名護屋城にもこれを運ばせて茶会を開いている。

伊達政宗ゆかりの城

特集2　戦国武将ゆかりの城

1 米沢城（よねざわじょう）
永禄10年（1567）
城番号 077　参照頁 ▶ P58

政宗誕生の城

政宗の祖父・晴宗の代に桑折西山城から移り、居城となった。秀吉の天下統一後、一旦は蒲生氏の城となったが、間もなく蒲生氏が宇都宮へ移封となり、代わって上杉氏の城となる。一時は景勝の重臣・直江兼続が置かれた。

2 黒川城（くろかわじょう）
天正17年（1589）
城番号 113　参照頁 ▶ P62

会津を取り東北一の大名に

政宗が蘆名氏から奪い居城とするも、間もなく秀吉に召し上げられて蒲生氏の城となり、鶴ヶ城と改名された。若松城とも呼ばれる。その後上杉氏を経て、江戸時代は会津松平氏の城となった。幕末の白虎隊でも有名。

政宗勢力図
- 伊達家を相続　天正12年（1584）
- 会津を制圧　天正17年（1589）
- 仙台藩成立　慶長6年（1601）

郡山合戦

東北屈指の大名へ

東北地方は統一が遅れていたが、そんな情勢下で政宗は東北一の大名になる。しかし天下の情勢は秀吉と家康にあり、政宗は臣下として仙台を治めることになる。

伊達政宗は、父・輝宗の居城である出羽（山形県）米沢城で生まれた。元服して政宗と名乗ると、三春城主田村氏の娘と婚姻を交わし、18歳で家督を継ぐ。

当時、東北地方の大名家は複雑に姻戚関係を結び合うことで互いの勢力を維持していたが、他方そのために決定的な勝敗をつけきれず、**統一が遅れていた**。ところが政宗は家督継承直後からこうした慣習を破り、敵対する者には徹底した**厳罰主義**で臨んだ。

しかしその強行路線が仇となって父輝宗を失い、それまで伊達氏に従っていた蘆名氏・岩城氏・佐竹氏と結んで離反する事態にまで発展する。これより政宗とそれに敵対する連合勢力との間で**激しい抗争**が始まるのである。多数に勝る敵陣営に対し敗戦が続いた政宗だが、郡山城・窪田城をめぐる**郡山合戦**に勝利したことで

城知識　天正13（1585）年、小手森城を攻めた政宗は8000挺もの鉄砲を用いて城を落とし、城兵はおろか城内の女子どもや犬までも殺戮。「小手森城の撫で斬り」として周辺勢力に衝撃を与えた。

3 岩出山城　天正19年(1591)

城番号 098　参照頁 ▶ P61

会津と米沢城を没収される

仙台城を築くまでの12年間、政宗が居城とした。秀吉に臣従していた時代の徳川家康が検地を命じられてここに滞在。城の改修を手がけた後に政宗に引き渡したと伝わっている。後に政宗の四男の家系が居住している。

5 若林城　寛永5年(1628)

城番号 103　参照頁 ▶ P61

政宗晩年の城

政宗は幕府には隠居屋敷と届けを出しながら、堀や土塁のある城を造り居城とした。仙台城は子忠宗に譲った。政宗死後に廃された。

長谷堂城
福島城
摺上原の戦い ✕
小浜城

4 仙台城　慶長6年(1601)

城番号 112　参照頁 ▶ P61

江戸幕府下で仙台藩を開く

政宗による築城以前、政宗の叔父が居城とする小規模な城が存在した。改修の後は江戸城に次ぐ広大な城郭となり、江戸時代を通じて仙台藩の政庁となった。建てられた山の名をとって青葉城、また五城楼とも呼ばれる。

仙台城大手門隅櫓

白石城　慶長7年(1602)

城番号 100　参照頁 ▶ P61

特例で持てた城

伊達家家臣の白石宗実が居城としていたが、後に秀吉に没収され、蒲生氏、次いで上杉氏の城となった。しかし政宗は関ヶ原の合戦時に上杉氏からこれを奪還。戦後家康に許され、以降は代々重臣片倉氏の居城となった。

秀吉への臣従

体勢を立て直し、天正17年(1589)の摺上原の戦いに勝って、一連の抗争に終止符を打った。この時点で、政宗は陸奥南部から出羽南部(福島県内陸部から宮城県および山形県南部)に至る150万石相当を領する東北一の大名へと成長していた。そして生まれ育った米沢城から、新たに獲得した会津(福島県)の黒川城(若松城)へと居城を移すのである。

だがこの頃、豊臣秀吉が関東以西を統一し、事実上の天下人として紛争停止を発令していた。そうした情勢の中で行われた政宗の領土拡張は秀吉の命に背くものとされ、さらに秀吉から招集された小田原城攻めにも遅れたことで、天下人に敵対する行為を重ねたと見なされてしまう。戦えば滅亡必至の圧倒的な戦力差を理解した政宗は、秀吉に服属する道を選択した。

これにより政宗は会津地方を没収され米沢城へ戻った。ところがその翌年、今度は一揆を煽動した疑惑によって秀吉にその米沢城も没収される。領地も58万石まで減らされたうえ、岩手沢城(後に岩手山城に改名)に移るよう命じられた。

城知識　家康が片倉景綱に白石城を与え特別待遇としたのは、伊達家の分断を謀ったとする考え方がある。秀吉も同様に上杉家の直江兼続、大友家の立花宗茂、島津家の島津義弘を優遇している。

コラム 政宗にその他の居城？

政宗にはその他にも、居城と呼ぶべき城がある。陸奥小浜城（福島県）は、元は大内義綱の居城であったが、これを逐った政宗が二本松城主・畠山氏攻撃のための拠点と定め、一年ほど在城した。父輝宗が拉致された当時、政宗がいたのがこの城である。また、仙台城を築いた晩年の政宗が過ごしたのが花壇と呼ばれる屋敷、そして隠居の城とも言うべき若林城であった。青葉山に建てられた仙台城の不便さからか、政宗は居城ではなくこの花壇や若林城で過ごすことが多かったと言う。ただし、一国一城令が布かれていたため、若林城は幕府に対しては屋敷として届けを出し許可を得ている。

政宗 全国を転戦する

天正18年（1590） 小田原城
城番号 264　参照頁▶P90

秀吉の命を無視し続けていた政宗だが、最終的にはその軍門に下る道を選択、遅ればせながら小田原攻めに参陣した。この時政宗は死を覚悟した証として切腹の際に用いる白装束をまとい、自ら磔柱を担いで秀吉の前に進んだと伝わっている。

天正19年（1591） 名護屋城
城番号 876　参照頁▶P249

文禄の役で朝鮮に出兵する際、伊達軍は旗・甲冑・陣羽織などを濃紺と金を基調としたきらびやかな色調で揃えた。この派手な装束は見物人の間で話題となり、それ以降派手で人目を惹く装いをする者を指して「伊達者」と呼ぶようになっている。

慶長19年（1614） 大坂城
城番号 547　参照頁▶P164

大坂の陣に参加した政宗率いる伊達軍は、政宗の側近片倉重長隊が道明寺の戦いで大坂方の後藤基次を討ち取り、その後真田幸村隊とも激突した。戦後、片倉重綱は大坂城から脱出した真田幸村の娘を保護して継室に迎えている。

特集2 戦国武将ゆかりの城

部氏領をも侵蝕しようとしたことが発覚したため、戦前に交わした**約束を取り消されて**しまった。得たものは、2万石ほどの加増と、**千代へ拠点を移し藩を開く許可**。そして一国一城令が布かれる中の例外として、重臣片倉景綱にも一城（**白石城**）を与えるというわずかなものであった。

それでも、関ヶ原の翌年に千代に入った政宗は、かつて一族の城であった**千代城**を**仙台城**と改名して築城を始めた。仙台藩の始まりである。

群雄が切り取り次第に領土を拡張できる時代に、少しばかり遅れて生まれてしまった政宗は、戦略的に、または戦術的に城を運用する機会にも恵まれなかった。天下人の命じるままに城を移り、許可なくしては改修すら覚束ない立場は、他の大名家と何ら変わりはない。

しかし60歳を過ぎた頃、政宗は仙台城の直近に**若林城**を建て居城としている。幕府には隠居屋敷として届けたが、実際には25メートル幅の堀を持つ「城」に相違なかった。老いてなお**戦国武将の気概**を見せた逸話である。

仙台藩の設立

美濃（岐阜県）で関ヶ原の戦いが始まると、東北でも上杉氏を軸とした戦いが始まる。家康に与した最上氏の**長谷堂城**に対し、上杉方直江兼続の部隊が攻撃を開始するや、政宗は最上方に援軍を送って直江隊を撃退。さらに上杉方の**湯原城**、**福島城**を攻撃させるなどして上杉との戦いを続けた。

関ヶ原の戦いは家康方の勝利に終わったが、政宗は家康に協力した一方、同じく家康に味方した南部氏領をも侵蝕しようとしたことが発覚したため、戦前に交わした約束を取り消されてしまった。

れたのである。

貪欲に南への領土拡大を狙う政宗とそれを阻止しようと図る秀吉のせめぎ合いは、秀吉の勝利で幕を閉じた。その後政宗は、秀吉の命に従って朝鮮へ出兵するなど豊臣政権の一大名として服している。

しかし秀吉が没し、石田三成と徳川家康の衝突が迫ると、政宗は旧領の奪還を目指す秀吉に接近する。三成と結ぶ上杉景勝は旧領が没収された政宗が会津黒川城を秀吉から与えられており、かつて米沢城を居城にしていたばかりか新たに49万石の領地を約束されたと伝わる。

城知識　『荒城の月』の作詞者土井晩翠は、作中の城のモデルに仙台城または若松城（黒川城）を、一方作曲者の瀧廉太郎は大分県の岡城または富山県の富山城をイメージしたと考えられている。

上杉謙信ゆかりの城

越後の虎、謙信は春日山城を拠点に、信濃では武田氏、南関東では北条氏と熾烈な戦いを繰り広げた。だが、勢力を拡大する信長との決戦を前に春日山城で没する。

黒滝城
黒滝城の戦い
栃尾城の戦い
川中島の戦い
小田原城

2 栃尾城　天文12年(1543)
城番号 324　参照頁 ▶P96

景虎初陣の舞台となる
14歳で元服した後、古志郡司を務めていた間に謙信は居城とした。15歳の時、周辺の敵対勢力に城を襲われたが、謙信は少数の守兵を巧みに指揮し、これを撃退した。この「栃尾城の戦い」が謙信の初陣であった。

栃尾城跡(写真/福井聡)

3 御館　天文21年(1552)
城番号 329　参照頁 ▶P96

関東管領上杉氏を迎える館
謙信が関東管領上杉憲政を越後に迎えるために建てた居館。関東管領を継いだ後には謙信自身も用いている。春日山城が戦時の防衛拠点であるのに対し、平時の政庁的性格が強い。御館の乱で主戦場となり落城した。

謙信勢力図
- 越後守護代に 天文17年(1548)
- 越中を平定 永禄12年(1569)
- 謙信没する 天正6年(1578)

「義の戦」を貫いた生涯

上杉謙信は、越後(新潟県)守護代を務める長尾家の居城・**春日山城**に生まれた。三男とも四男とも言う。その当時、越後は守護の越後上杉氏、守護代の長尾一族、そして有力小領主たちが激しい勢力争いを繰り広げていた。父為景の隠居後、家督および守護代職を継いだのは兄の晴景である。

元服し**長尾景虎**と名乗った若き日の謙信は、初め古志郡司として**栃尾城**に入り、兄を助けて国内の平定に従事していた。しかしまだ10代半ばながら**栃尾城の戦い**や**黒滝城の戦い**で非凡な活躍を見せることから注目を集め、春日山城に戻って兄に代わり**守護代**を務めることになる。その後、守護の上杉定実が没したために守護を代行し、事実上の**越後国主**にもなった。ここまでの来歴は他の戦国大名と大差ない。だがこの後は、生涯を通じて他と一線を画していた。形骸化した室町幕府の支配を離

城知識 謙信の小田原城包囲は、関東管領上杉氏の旧臣団を中心にした10万余の軍勢で行われた。だが越後の一大名にすぎない当時の謙信の立場では他国の軍勢を長期間拘束出来ず、失敗に終わっている。

コラム

謙信死後に起こった「御館の乱」

　御館は居城を逐われた関東管領（上杉憲政）の居館として築いたもので、上杉館とも呼ぶ。謙信も関東管領を継いで以降この御館を用いた。しかし御館は、後に上杉家を揺るがす騒動の舞台となった。

　妻を娶らず、実子もなかった謙信には複数の養子がいたが、誰を跡継ぎに指名するかは未定であった。そのため謙信の死後、家督をめぐり家中を二分する争いが始まる。謙信の姉の子上杉景勝は春日山城に、そして北条氏から養子に入った上杉景虎は御館に籠り、家臣団はおろか武田氏や北条氏、伊達氏や蘆名氏ら周辺の大名家まで巻き込み激しく争った。

　争いを制し家督を継承したのは景勝だったが、この間に織田信長によって加賀、能登、越中を奪われ国力が低下。また荒廃した国内の立て直しにも時を要し、中央政権の混乱に乗じる機会を逸した。

　気付けば秀吉に臣従する以外、存続する道は残されていなかったのである。

御館跡（前関東管領・上杉憲政の館）（写真／上越市）

七尾城

手取川の戦い

1 享禄3年（1530）
春日山城
城番号 **310** 参照頁 ▶ **P94**

景虎の生まれた長尾家の居城

謙信の生家である長尾氏の居城で、景勝の代まで用いられた。謙信は出陣に際し、城内にあった毘沙門堂に籠って戦勝祈願をしたと伝わる。上杉氏の後に領主となった堀氏が福島城を建てたことで廃城となっている。

春日山城跡にある上杉謙信像

れ、他国を侵略して領土拡大を図るのが常識だった時代に、幕府による天下静謐を助け、国内の治安維持と侵略に苦しむ他国の救援のために兵を動かしたのである。

　宿敵武田信玄との10年におよぶ川中島の戦いは北信濃を奪われた村上氏の要請であったし、年をまたいで相模（神奈川県）の小田原城攻めも、力を失った関東管領上杉憲政の旧領回復が目的だった。

　そのため、70度におよぶ合戦の多くで勝利を挙げた割には、謙信が生涯を通じて拡大した領地は思いのほか少ない。居城が代々の城・春日山城と、平地に設けた政務の館・上杉館（御館）に限られたのも必然であったと言える。

　勢力を拡大する織田信長との対決も、契機となったのは将軍足利義昭からの要請であった。天正4年（1576）、謙信は能登（石川県）七尾城を攻め落として加賀（石川県）に進み、柴田勝家率いる織田軍を手取川の戦いで破った。

　しかし、信長との決戦を間近に控えた謙信は、出陣の数日前に春日山城で倒れ、そのまま息絶えた。義に生きた武将は、病によって生涯を閉じたのである。

城知識　御館は「上杉館」とも呼ばれるが、御館以前にも「上杉館」と呼ぶべき館が存在したと考えられている。越後守護上杉氏が用いた館がそれで、現在では区別のため「至徳寺館」と呼ばれることが多い。

特集2　戦国武将ゆかりの城

武田信玄ゆかりの城

信玄は戦の最中に生まれ、戦の最中に死んだ。信玄は居城は変えなかったが、他国侵攻の熱はすさまじく、甲斐を中心に四方に戦いを挑んでいる。

1 要害山城
大永元年（1521）

城番号 **297**　参照頁 ▶ P93

避難先の城で信玄生まれる

躑躅ヶ崎館の防御を強固にするため、緊急時の最終防衛拠点兼退避所（詰めの城）として信玄の父・信虎により築かれた。躑躅ヶ崎館からは直線距離にしておよそ2.5kmの要害山中腹にある。信玄はここで生まれたという。

要害山城跡

- 川中島の戦い
- 岩村城
- 野田城
- 三方ヶ原の戦い

「甲斐の虎」侵攻の一生

武田信玄が生まれた時、父の信虎は戦の最中だった。そのため信玄が生まれたのは武田家の居城・**躑躅ヶ崎館**ではなく、母が避難していた**要害山城**だったと伝わる。天文5年（1536）に元服し晴信と名乗る。その後家臣団と協力して父信虎を国外へ追放、武田家の家督および甲斐（山梨県）守護職を継承すると、小領主の集合体であった家臣団を統率し、巧みな外交戦を展開しながら周辺国を侵略していった。

出家して信玄と号し、**北条氏康**や**上杉謙信**ら強敵との激戦を経て50歳を迎えた頃、その版図は本国甲斐のほか、信濃（長野県）、駿河（静岡県）、遠江（静岡県）、飛騨（岐阜県）、上野（群馬県）、越中（富山県）、三河（愛知県）の一部にまで達していた。

しかし信玄は**居城を移さず**、引き続き躑躅ヶ崎館に留まり続けた。大きな改修を加えることも、国内

城知識　躑躅ヶ崎館には水洗式のトイレが作られていた。合図によって城外から水を引き入れる方式であり、信玄が政務を執れるよう、硯なども用意されていたと言う。

野田城の謎

三方ヶ原で大打撃を与えた家康の本拠岡崎城は目と鼻の先、それを落とせば信長の領国尾張（愛知県）に達するという局面で、武田軍は突然撤退を始めた。

この遠征は武田家単独の作戦ではなく、信長と対立する将軍足利義昭の号令によるものだった。浅井・朝倉連合軍が北近江（滋賀県）に、義昭の軍勢が南近江に、畿内では松永氏・三好氏が、伊勢長島（三重県）では一向一揆がそれぞれ挙兵。信長に武田軍を迎え撃つ余裕はなく、状況はきわめて武田軍に有利だったにもかかわらず、突如撤退してしまったのである。

その理由を、武田方の記録は信玄の病の悪化が原因と記し、現在これが通説となっている。だが徳川方の記録には別の理由をにおわす記述もある。野田城内から聞こえる笛の音色に誘われ本陣から出て聞き入っていた信玄が、城方から銃撃されたというものだ。

銃声の後に信玄本陣が大騒ぎになった、としか書かれておらず、命中したかどうかまでは定かでないものの、その後城を落としたにもかかわらず撤退を始めた経緯から推測して、信玄が負傷したために撤退を決断、その傷がもとで死に至ったとする説も生まれている。

野田城跡（写真／福井聡）

信玄勢力図

- 信玄生まれる 大永元年（1521）
- 川中島の戦い開始 天文22年（1553）
- 信玄没する 天亀4年（1573）

② 大永元年（1521） 躑躅ヶ崎館

城番号 281　参照頁 ▶ P92

信虎が築いた武田氏三代の居城

信玄の父である信虎が築き、信玄、勝頼の三代にわたり武田氏の居城となった。長篠の戦いに敗れた勝頼は新たに新府城を築いて移転したが、武田氏が滅亡した後には再び躑躅ヶ崎館が織田、徳川氏の支配拠点となった。

武田神社

に城を増やすこともしていない。「人は石垣、人は城」——国を守るのも滅ぼすのも人心の掌握次第——。信玄が語ったとも伝わるこの一節に従うなら、信玄は城を**純粋に軍事施設として捉えていた**ことになる。山に囲まれ防御に有利な甲斐国は数十年にわたり敵の侵入を許しておらず、「**勝っている間は城を移さない**」という旧時代の常識に沿った方針と言える。

三河（愛知県）の徳川家康との戦いが本格化するにつれ、家康の同盟者である織田信長との直接対決も次第に現実化していった。

元亀3年（1573）、大軍勢を率いて出陣した信玄は二俣城などを落として進み、別働隊に命じて織田方の岩村城も陥落させた。浜松城から迎撃に出た家康率いる徳川軍に大勝利を挙げる（**三方ヶ原の戦い**）と、そのまま信長の領国・尾張（岐阜県）を目指して進軍を続ける。

ところが、三河**野田城**を落城させたのを最後に武田軍の西進は止まり、作戦を中止して帰路についた。信玄はその途中で陣没。病が悪化したとも狙撃されたとも伝わる。戦の中に生まれた武将は、戦の中で没したのであった。

🏯 **城知識**　信玄の没後家督を継いだ勝頼は、織田軍に対する備えのために新府城を築き、躑躅ヶ崎館から居城を移した。だが織田軍の侵攻が始まると家臣団が次々と投降し、一戦も交えず新府城を放棄している。

長宗我部元親ゆかりの城

土佐の小領主から土佐を統一した元親は近隣の有力勢力との戦いに苦しみながらも四国を平定。だが秀吉の四国攻めには耐えられず土佐一国に戻された。

2 大高坂城（おおたかさかじょう）
天正16年（1588）
城番号 712　参照頁 ▶P220

土佐に減封された元親の居城
秀吉の命によって土佐一国に減封された後に元親が築城し、岡豊城より移る。ところが治水に難があったため間もなく岡豊城に戻り、新たに浦戸城を築いて居城とした。元親が居城とした城の中では最も在城期間が短い。

瓜生野城（うりゅうのじょう）
朝倉城（あさくらじょう）

1 岡豊城（おこうじょう）
天文8年（1539）
城番号 726　参照頁 ▶P221

長宗我部氏居城で四国統一の拠点
長宗我部氏が歴代の居城としていたが、永正5年（1508）、本山氏らの連合軍によって落城。元親の父・国親の代に改修を加え再び居城となった。その後、長宗我部氏が勢力を回復し、四国を統一するまでの拠点となった。

岡豊城跡（写真／福井聡）

四国統一への苦闘

長宗我部元親は**土佐（高知県）の小領主から四国全土に支配圏を拡げた戦国大名**である。

天文8年（1539）、父の居城である**岡豊城**で生まれ、幼少時は「**姫若子**」とあだ名されるほど頼りなく見えたと言う。だが初陣で勇猛さを発揮し味方の勝利に貢献。その後、父の死去に伴い家督を継ぐと、宿怨の本山氏をその居城朝倉城から本山城へ、そして瓜生野城へと追い込み、**長年の戦いに終止符を打った**。続いて安芸氏、一条氏も倒して天正3年（1575）には**土佐一国の統一**に成功する。

四国の残る3ヵ国、伊予（愛媛県）、阿波（徳島県）、讃岐（香川県）にも勢力拡大を進めた元親の存在は、天下統一を進める織田信長や、その後継者となった羽柴秀吉（後の豊臣秀吉）にとっても無視できないものとなっていった。信長からの恫喝、さらに秀吉配下の仙石秀久率いる軍勢の侵攻に

城知識　元親の妻は明智光秀の重臣・斎藤利三の妹であったため、一説には山崎の戦いで敗れた斎藤利三の娘（後の春日局）を岡豊城に匿ったとも伝わる。そのため本能寺の変と元親を結びつける考えもある。

> コラム

大高坂城から高知城へ

　長宗我部元親の跡を継いだ盛親は、関ヶ原の戦いで石田三成方に属したため、戦後、徳川家康によって領地を没収され浪人となった。新たに土佐の領主に任命されたのは山内一豊である。

　一豊は土佐に入国すると一旦は浦戸城に入ったが、浦戸は城下町の拡張には手狭だと判断、かつて元親が居城としていた大高坂城を改修し、河中山城と改名してこちらを新しい居城に定める。

　もともと湿地帯が広がる河中山城の周辺には改めて治水工事が施されたものの、その後も水害が続いた。そこで慶長15年（1610）、城名から「河中」の文字を外し高智山城とした。そして時を経て現在の高知城と呼ばれるようになる。

　山内氏が土佐に入った後も、旧長宗我部家の家臣たちは盛親の復帰を願い、山内氏の支配を拒んだ。そこで山内氏は彼ら長宗我部旧臣を「郷士」として一段低い立場に留める。幕末に坂本龍馬らを生んだのはこうした郷士たちであった。

高知城天守と御殿

元親勢力図

- 初陣で本山氏に勝利　永禄3年（1560）
- 土佐を平定　天正3年（1575）
- 四国を平定　天正12年（1584）

3 浦戸城

天正19年（1591）

城番号 719　参照頁 ▶P221

元親最後の居城

桂浜に近い海岸に立地した元親最後の居城。元親は内陸部の岡豊から、大高坂、浦戸と段階的に沿岸地域に居城を移したことがわかる。ただし浦戸城については、朝鮮出兵のための一時的な拠点であったとの説もある。

浦戸城跡（写真／福井聡）

　も耐えた元親は、天正13年頃までに四国をほぼ平定する。しかし、秀吉が総力を挙げて臨んだ四国攻めの前に長宗我部軍は為す術なく降伏。土佐一国のみの領有を許されて秀吉の軍門に下った。

　元親は四国統一を目指した理由について、「家臣に充分な領地を与えるため」と語ったと伝わる。事実、土佐は総面積の八割を山林が占めており、開墾にも自ずと限界があった。だが、今後はその土佐一国で長宗我部家を潤してゆく必要に迫られたことになる。

　そこで元親は居城を岡豊から大高坂城（後の高知城）へ移し、さらに海に面した浦戸城を築く。防御には有利だが利便性の悪い山城を捨て、平野部への移転を選んだのだ。大高坂城は水はけの悪さから早々に廃棄されたとも、朝鮮出兵に伴う水軍基地として築造されたもので、大高坂城と並行して用いられたとも言われるが、何れにしろ元親はこの二城に面した平野部に活路を求め、街道を整備して城下を拡大していった。

　四男盛親に家督を譲り、長宗我部家の将来を託した元親は、慶長4年（1599）、関ヶ原の戦いの前年に没した。

城知識　関ヶ原の戦に敗北し土佐を追われた長宗我部氏だが、復帰を願う旧臣団の抵抗は激しかった。代わって土佐を領した山内一豊は襲撃を怖れ、高知城築城の視察を行う際に6人の影武者を用いたと言う。

立花宗茂ゆかりの城

九州の覇権争いから関ヶ原の戦いまでを駆け抜けた卓越した武将、立花宗茂。天下の情勢に翻弄されつつも柳川藩に落ち着くまでの城の変遷と生涯を追う。

1 岩屋城
天正9年（1581）

城番号 **840**　参照頁 ▶ P246

島津氏を退け続けた城

宗茂の実父・高橋紹運（旧名・吉弘鎮理）が、滅亡した高橋氏の名跡と共に受け継いだ居城。紹運は2万の大軍を率いて攻め寄せた島津軍に対し、わずか700ほどの城兵で抗戦。全員が討ち死にするまで戦い続けた。

村中城（龍造寺氏の居城）
丹生島城（大友氏の居城）
内城（島津氏の居城）

宗茂勢力図

- 無：宗茂、道雪の養子に　天正9年（1581）
- 無：棚倉藩を得る　慶長8年（1603）
- 柳川藩へ復帰　元和6年（1620）

紹運と道雪「猛将」二人を父に持つ

立花宗茂は部隊指揮官として傑出した戦果を残し、敵味方を問わずその人柄を愛された武将である。

戦国時代末期、九州の覇権を争っていたのは薩摩（鹿児島県）の島津氏、肥前（佐賀県）の龍造寺氏、そして豊後（大分県）丹生島城（臼杵城）の大友氏であった。

宗茂はそのうちの一家、大友氏の重臣の家に生まれ、同じく大友氏の重臣の家に婿養子に入る。実父は後に**岩屋城**・宝満城主となり、高橋紹運と名乗る吉弘鎮理。義父は**立花山城**を与えられた戸次鑑連（**立花道雪**）。いずれも大友家の軍事を司る有力武将であった。

天正6年（1578）、耳川の合戦で島津軍に大敗した大友氏は弱体化の一途をたどる。さらに島津氏は龍造寺氏を倒して勢力を拡大、周辺勢力を従えて大友領に四方から侵攻し始めるようになっていった。宗茂は実父の高橋紹運、

城知識　宗茂の妻である立花誾千代は女傑として知られる。宗茂の留守には自ら武装して城の守りを固めたと言う。関ヶ原の合戦時には柳川城を守るために鉄砲隊を率いて出陣、敵を迎撃したとさえ伝わる。

2 立花山城
天正14年（1586）

城番号 838　参照頁 ▶P246

島津氏の軍勢を迎え撃つ

もとは滅亡した名族・立花氏の居城であった。立花氏の名跡と立花山城は戸次道雪が拝領し、その婿養子となった宗茂に受け継がれる。若き日の宗茂はこの城に籠り、数に勝る秋月氏や島津氏の軍勢を退けている。

立花山城跡（写真／福井聡）

3 柳川城
天正15年（1587）

城番号 848　参照頁 ▶P246

豊臣・徳川政権下の宗茂の居城

蒲池氏が築き難攻不落の堅城と評された。龍造寺方の城であった時代、宗茂の義父・戸次道雪もこの城を攻めたが、落とせぬまま城攻めの最中に病により陣没している。豊臣・徳川両政権下での宗茂の居城である。

柳川城跡（写真／福井聡）

熊本城

特集2　戦国武将ゆかりの城

義父の立花道雪と共にこれら諸勢力との戦いに臨み、苦戦を強いられながらも敵を退け続けた。城を包囲されたら敵が退くまで持ち堪えればよい。だが宗茂は計略で敵を撤退に移らせた後に少勢で追撃をかけて敵将を討ち、あるいはその帰路に油断する敵城を攻め落とすなど島津方を翻弄する。

しかし圧倒的な兵力差を覆すことはできず、天正14年、宗茂の実父高橋紹運が岩屋城で玉砕して果てた。この時すでに立花道雪も病没しており、**大友家は戦闘継続が困難な状況に陥る**。そこで大友宗麟は天下統一を進める豊臣秀吉に誼を通じ、その傘下に入って島津氏に対抗する道を選ぶのである。

豊臣家の大名として

これを機に、宗茂は大友家を離れて**秀吉の直臣**になっている。宗麟の推薦によるものとも、秀吉の要望であったとも言う。

豊臣軍の島津掃討戦が始まると、宗茂はその最前線で働き、島津方の諸城を陥落させた。そしてこの戦功により、秀吉から**筑後**（福岡県）**13万石**と、かつて龍造寺氏の支城だった**柳川城**を与えられる。こうして豊臣家の大名となった

城知識　隈本城を大規模改修し熊本城に改めた加藤清正は勇猛な武将として名高いが、築城術にも定評があり、熊本城のほかに名護屋城や江戸城も手がけている。特に石垣の工法に長けていたとされる。

コラム 柳川藩と「御花」

柳川藩では三代藩主立花鑑虎の時代、柳川城外に藩主の別邸を築き、「御花」と呼んだ。その後時代を経て城の奥（側室や子などの居所）機能も移されて「御花畠」と称されるようになり、幕末には実質的な藩主の居館として機能するまでになった。建物自体は時代に合わせて改築されたが、現在も「御花」は旅館として現存している。

御花の庭園「松涛園」

4 赤館城 慶長8年（1603）

城番号 128　参照頁 ▶P63

大名として復帰

大名に復帰した宗茂は磐城国（福島県）棚倉藩主となり、最終的には3万5000石を領した。その居城が赤館城である。宗茂が柳川に移った後に棚倉藩は丹羽氏の領国となったが、この際に山城の赤館を破棄し、代わって棚倉城が造られた。

柳川への帰還

ところが慶長3年（1598）、秀吉が病没。徳川家康と秀吉の側近だった石田三成が対立し、全国の大名が両陣営に分かれての決戦が始まる。**関ヶ原の戦い**である。

宗茂は三成方に属して近江（滋賀県）**大津城攻め**に加わった。しかしこの間に主戦場の決戦で石田方は敗北。宗茂は無事に柳川城まで戻ったが、間もなく家康方に属した黒田孝高、加藤清正、鍋島直茂らの攻撃を受けることとなる。立花勢は奮戦を続けたものの、家臣の多くを失ったことで城を開け渡し降伏。所領は没収されて改易となり、**宗茂自身は一浪人へと立場を落とした**。加賀（石川県）の前田氏、そして直前まで敵として戦っていた加藤清正までもが宗茂の武勇を惜しみ、家中に迎えることを申し出たという。

その後、宗茂は、隈本城（熊本城）主**加藤清正の元に食客**として留まっていたが、慶長8年（1603）、徳川家康から召し出されて**陸奥棚倉**（福島県）一万石、**赤館城**を居城とする徳川家の大名に迎えられた。九州から遠い棚倉を与えたのは、家康が宗茂を評価しつつも一方で警戒していた証である。

宗茂は、慶長19年の大坂の陣でも豊臣方に与さず、家康方として参陣している。城攻めに加わることそなかったが、大名として遇された恩には報いたといえる。

そして元和6年（1620）年、旧領柳川を領していた田中氏に跡継ぎがなく改易されると、宗茂に対し**柳川藩主への復帰**が許された。関ヶ原の合戦で家康に敵対し所領を没収された後、旧領に返り咲いたのは宗茂ただ一人である。宗茂が歴代居城とした城は全て与えられたもので、宗茂固有の特徴として指摘すべき共通点もない。与えられた城を恭しく拝領し、更なる武功で恩に応える。この時代の「**主持ち**」武将が目指すべき倫理だった。宗茂はそれを体現したのである。

城知識　宗茂はその後、寛永14（1637）年に発生した島原の乱にも兵5000あまりを率いて従軍し、一揆方の籠る有馬城攻略に携わっている。この時、宗茂は70歳という高齢であった。

北陸・東海・近畿地方の城

地域別

- ◆富山県
- ◆石川県
- ◆福井県
- ◆岐阜県
- ◆静岡県
- ◆愛知県
- ◆三重県
- ◆京都府
- ◆大阪府
- ◆兵庫県
- ◆奈良県
- ◆和歌山県
- ◆滋賀県

岐阜城

史蹟区分	市指定史蹟
築城主	二階堂行政

岐阜県

建仁元年(1201)築

城番号 451
参照頁 ▶P142

A 天守 現在の岐阜の街を見下ろすように建つ岐阜城。徳川家康により廃城となったため、天守は昭和31年(1956)に再建されたものである。

岐阜の象徴ともいえる織田信長ゆかりの城

織田信長が「天下布武」を掲げ、天下取りへの意思を明確に示したのは、岐阜城へと本拠地を移したころであった。天下取りの足がかりとなった城だが、その起源は鎌倉時代、建仁元年(1201)と大きく時代をさかのぼる。当時は城が築かれた山の名前から「稲葉山城」と呼ばれていた。室町期には一旦廃城となるが、室町末期に美濃守護代・斎藤利永により修復された。

戦国初期の混乱から、城主は斎藤道三へと移り、山城として改修される。しかし防衛、籠城のためよりも、景観や居住性を重視した城となっており、事実攻めにくくはあるものの史上7度も攻め落とされている。

斎藤氏の時代にも信長により2度攻められ、1度目はこれを退けたが、2度目は木下藤吉郎(豊臣秀吉)の搦手への奇襲により落城の憂き目にあった。この時に奇襲成功の合図として打ち振られたのが「ひょうたん」で、秀吉の馬印・千成びょうたんの由来となっている。

永禄10年(1567)には信長が稲葉山城に本拠を移し、その後岐阜城と改称したのである。

主君への諫言のため城を乗っ取る半兵衛

斎藤道三自体がお家乗っ取りで知られる下克上の体現者だが、稲葉山城も頻繁に城主を変えている。道三の孫にあたる斎藤龍興の代には、当時斎藤氏臣下であった竹中半兵衛により一時的に乗っ取られるという事件もあった。暗愚な主君であったと伝えられる龍興を、策士・半兵衛が城から追い出してしまったのだ。しかし半兵衛は城を返却し、自身はそのまま隠棲する。主君に対する諫言であり、また忠義の美談としても知られている。

人物

竹中半兵衛像(写真/垂井町)

城知識 岐阜城は天守の建つ頂上部分にほぼ平地がなく、また井戸も雨水を溜め置くためのもので、日常はともかく籠城戦などには弱い。稲葉山自体が自然の城塞とはなっていたが、基本的に防衛には不向きな城である。

Ⓐ **天守からの眺望** 防衛用よりも居住性を重視した城だけに山頂から見る城下の風景は圧巻。長良川や伊勢湾も展望できる。

Ⓐ **天守の石垣** 自然石を積んだ石垣は信長時代の石を積みなおしたもの。保存のために石垣には負担がかからないよう工夫されている。

信長居館跡 ふもとには信長の住居跡があり、現在も石垣が残る。宣教師フロイスは居館を「宮殿」とたたえている(場所は山麓のロープウェー乗り場のそば)。

Ⓐ 天守
井戸
本丸井戸
二の丸門
岐阜城資料館

徳川の時代に廃城に明治期に再建される

阜城へと名を改めた。

当時、信長の元にいた宣教師ルイス・フロイスの著書『日本史』には、岐阜城の華麗さが事細かに書き記されている。それによると、第一層の大座敷には金箔が貼られ、天守第二層には大奥、第三層には閑静な茶室が儲けられ、最上階となる第四層は展望台となっていたという。信長はのちに安土城を築き居城を移すが、これも**岐阜城がモデル**となっている。

が、再び建てられたものだ。明治期の再建は、日本初の「**観光用天守**」であった。

山頂への道となる大手道には斎藤氏時代に整備されたと見られる堀切、石垣も残るが、当時を偲ばせる史跡などは多くはない。しかし、城下を見下ろす絶景と絢爛豪華な復興天守は、現在の岐阜のシンボルとして愛されている。

その後岐阜城は信長の子である**信忠**の居城となるが、本能寺で明智光秀の謀反に逢い父子ともに殺される。第三子・信孝が入るが、秀吉に背いたため攻められ敗死し、その後は池田輝政、豊臣秀勝、織田秀信と主を替えた。そして、慶長5年(1600)の関ヶ原の戦いで、西軍に付いた秀信を池田輝政、福島正則らが攻め落とす。その翌年には廃城とされた。

これよりのちの世には、もはや山城は必要なしとされたのである。

現在**金華山**(稲葉山)山頂に建つ天守は明治43年(1910)に再建され、その後火災により焼失する

主な城主と出来事

年	出来事
1201	二階堂行政、金華山に砦を築く。4代城主・稲葉光資、「稲葉城」と命名
1259	一旦、廃城となる
1412	斉藤利永、城を修築
1539	斉藤道三入城。山城へ改修される
1567	織田信長に攻められ開城。信長、「岐阜城」と名を改める
1582	信長、本能寺の変で自刃。信長の三男・信孝入城
1583	羽柴(豊臣)秀吉に攻められ開城
1601	廃城。天守、櫓、石垣などは加納城へ移築
1910	復興天守建造
1943	復興天守焼失
1956	現在の天守再建

地域別 北陸・東海・近畿地方の城

城知識 宣教師ルイス・フロイスの『日本史』には、岐阜の町の様子も記されている。それによると、町の人口は8千〜1万人ほどで、古代オリエントの都市バビロンを彷彿とさせるほど繁栄していたという。

大坂城・豊臣方に対する橋頭堡として、家康の命を受けた藤堂高虎が大改修を加えた伊賀上野城。戦国時代晩年に築かれた実戦的な城といえる。

伊賀上野城

三重県

史蹟区分｜国指定史蹟、市指定文化財1件
築城主｜筒井定次

天正13年（1585）築
城番号 513
参照頁 ▶ P149

関ヶ原直前に大改修され徳川方の「切っ先」となる

天正13年（1585）、大和郡山城（奈良県）より転封された**筒井定次**により築かれた**伊賀上野城**は、豊臣秀頼と徳川家康の決戦が目前に迫る、慶長13年（1608）に入封した**藤堂高虎**の手により大改築を受ける。家康は大坂城に拠る秀頼方への備えとすべく、高虎に命じ徹底的な改修改築を命じたのである。この大改修により城地は約3倍の面積に拡張され、また内堀、高石垣も整備され、**五重の天守**も建てられた。

しかし、この五重の天守は完成直前に即取り壊されたとも、完成寸前に暴風雨により倒壊したとも伝えられ、いずれにせよ、その後伊賀上野城に天守が建てられることはなかった。現在残る**三重の天守**は、昭和10年（1935）に建設されたものである。

築城名人・藤堂高虎の手による伊賀上野城の特徴は、日本一の高さを持つともいわれる**高石垣**である。本丸西の内堀から、約30メートルの高さに積まれた高石垣は、現在もその姿を悠々と保っている。

対豊臣の最前線だけに豊臣家滅亡後は放置

幻となった「五重の天守」に代表されるように、伊賀上野城は未完成部分が多い城としても知られている。本丸西側こそ固められたが、その城域を取り囲む外堀や土塁はところどころで途切れ、本丸すら無防備となる部分もあった。城普請自体が豊臣氏が滅んだ元和元年（1615）で中止され、以後は手付かず。あくまでも対豊臣のための城であり、備える相手が滅んだことで、城としての役目も終わったということだろう。

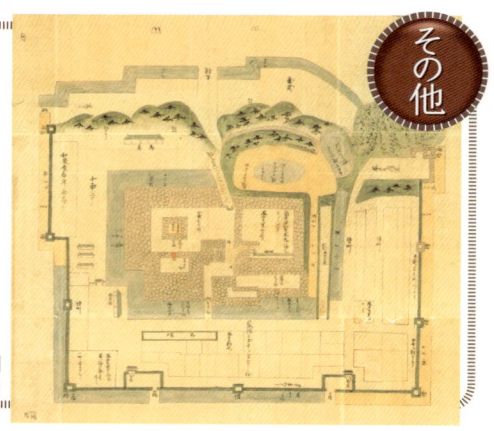

「日本古城絵図　伊賀上野城」
（図版）国立国会図書館

その他

城知識｜現在の伊賀上野城内には、再建された天守、事実上の本丸として機能した城代屋敷跡、松尾芭蕉を祀る俳聖殿が残る。天守は藤堂家の資料館として利用されており、城代屋敷跡は発掘調査が行われている。

昭和23年（1948）の福井地震により倒壊するも、極力倒壊前の建材を再利用し再建され、かつての姿を留めている。

丸岡城

史蹟区分 重要文化財1件（天守）
築城主 柴田勝豊

福井県
天正4年（1576）築
城番号 418
参照頁 ▶P139

北陸唯一にして日本最古の天守を持つ城

北陸に唯一現存する「天守を持つ城」が丸岡城だ。現存天守では最古の天守とも言われる。天正3年（1517）に織田信長は越前を平定し、その領地を柴田勝家に与えた。その勝家の甥・勝豊によって築かれたものである。

現在も残る二重三階の天守は、笏谷石と呼ばれる石製の瓦を葺いている。これは通常の瓦では寒さに耐えきれず割れてしまうためで、豪雪地方の城らしい工夫が施されている。また天正4年（1576）築とされる天守の構造は、戦国期の建築事情を示す貴重な資料ともなっている。

天守を取り囲むように五角形の内堀、その外周にも複雑に折れ曲がる外堀を配した。現在も外堀の一部は水路として残されている。天正10年（1582）に勝豊が近江に移ると安井氏、青山氏、今村氏と城主を変え、慶長17年（1612）には**本多成重**の居城となる。現存する石垣はこの頃に積まれたと見られている。元禄8年（1695）には**有馬氏**が入り、以後は明治期まで領有された。

地域別 北陸・東海・近畿地方の城

歴史

日本最古の天守だが成立年代に謎も残る

日本最古の現存天守というだけあって、その建築様式はその後におこる絢爛な様式とは異なり、無骨なものとなっている。石垣と天守の間に隙間があり庇で覆い隠している点、天守3階部分には外から柱がむき出しで覗く点、外壁に白木がそのまま使われている点などである。ただ天守の築城年には異説もあり、慶長年間に本多成重によって建てられたともいわれる。石垣は成重によるものだけに、同時期に一部改築された可能性もあるだろう。

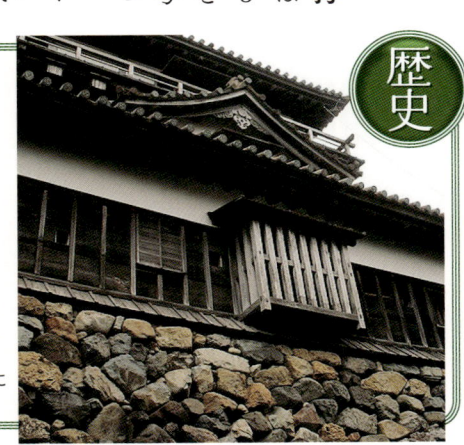

天守と石垣の間の庇は天守台に雨が入らないようにするもの

城知識 丸岡城の別名は「霞ヶ城」。城の建つ地には大蛇が守護神として住んでおり、いざとなれば霞を吐き城を隠してしまう、との伝説からつけられた呼称だ。実際に多湿な地域でよく霧が立ちこめていたようである。

掛川城

史蹟区分	重要文化財1件
築城主	朝比奈泰煕

静岡県 永正9年（1512）築
城番号 426
参照頁 ▶ P141

かつては今川氏の平城 山内一豊が改築を施す

戦国期、駿河守護の今川氏親が朝比奈泰煕に命じて築かれた**掛川城**は、その後豊臣政権下で**山内一豊**の居城となり、大改築を受けることとなる。

一豊が掛川城へと入り改築を始めたのは天正18年（1590）。三重の天守と櫓を築き、城下町には堀を巡らせ外郭で取り囲んだ。一豊は慶長5年（1600）に土佐へと移るが、わずか10年の間に掛川の城下町は大いに繁栄することとなる。

一豊の転封後は松平氏をはじめ多くの城主が所有、最後は延享2年（1745）に太田道灌の子孫である**太田資俊**が入城し、その後幕末明治期まで治めた。天守は幕末に取り壊されるが、平成に入って木造で再建されている。

掛川城天守

人物
笠の緒密書の舞台に

山内一豊を「内助の功」で支えた妻・見性院。その名は「千代」とも「まつ」とも伝えられ定かではない。この見性院の逸話で特に有名なのが、石田三成方から徳川方へと夫を導いた「笠の緒の密書」だが、その舞台となったのが掛川城である。

駿府城

史蹟区分	特になし
築城主	徳川家康

静岡県 天正13年（1585）築
城番号 425
参照頁 ▶ P141

家康苦難の幼少期と 天下取り後の居城に

天下人・**徳川家康**が今川氏の人質として幼少時代を過ごしたのが、駿府の地であった。最初に**駿府城**が築かれたのは天正13年（1585）、信長により今川義元が討たれたあと、家康と武田信玄とが共謀し今川氏を追ったのちのこととなる。

その後時代を経て、関ヶ原を制して天下人となった家康は、隠居し居城を駿府城に定める。慶長12年（1607）、家康は駿河城を改築し、六重七階（五重七階とも）の天守を持つ城を築いた。駿府城は御隠居・家康の居城としてふさわしい絢爛な城へと改築された。駿府城は家康終の棲家ともなり、この地で没している。寛永12年（1635）、天守は焼失し再建はされなかった。

三重の水路が本丸を取り囲む**輪郭式縄張**（→P269）を持つが、各堀は細かく折れ曲がる様式となり、横矢を射掛けやすいよう計算されている。この縄張は**藤堂高虎**の手によると伝えられる。

現在は二の丸、三の丸の堀の一部や馬出曲輪の石垣、大手御門の虎口などが残るほか、近年発見された資料から**東御門、巽櫓**が復元された。天守は寛永12年（1635）の出火で焼け落ちたのち、再建はされていない。

二の丸東御門と巽櫓

城知識
現在の駿府城は本丸、二の丸あたりが「駿府公園」として利用されており、三の丸あたりには静岡県庁他高層ビルが建ち並んでいる。また再建された巽櫓は資料館として公開されている。

高岡城（たかおかじょう）

史蹟区分 県指定史蹟
築城主 前田利長

富山県
慶長14年（1609）築
城番号 378
参照頁 ▶P135

築城名人・高山右近の描いた縄張は今も残る

加賀藩の礎を固めた前田利長の居城・富山城（→P134）が火災により焼失したため、それに代わる城として慶長14年（1609）に築かれたのが高岡城である。築城名人としても名高い高山右近。豊臣秀吉による「伴天連追放令」により領地、財産を捨て隠遁した右近は、その後に前田利家に招かれ高岡城の普請にも参加したのだ。

元和元年（1615）に「一国一城令」が発せられ廃城となり、城内の建物は解体されるも、打込接の乱積による石垣や堀、島状に連結する曲輪、土塁などはほぼそのままの形を留めている。

高岡城の石垣

人物

高山右近のその後

「伴天連追放令」により播磨国の領地を捨て加賀に招かれた高山右近は、客将として前田利家とともに小田原の役にも参加。さらに徳川の世になると、慶長19年（1614）の「キリシタン国外追放令」を受けマニラへと渡り、その地で病没する。

七尾城（ななおじょう）

史蹟区分 国指定史蹟
築城主 畠山氏

石川県
15世紀築
城番号 381
参照頁 ▶P136

七つの尾根に渡る難攻不落の山城

七尾城は能登を治めた畠山氏により築かれたとされているが、正確な築城年は不明である。戦国時代前期、1400年代半ばから1500年頃に成立したと見られている。

七尾城の名の由来は、城が7つの尾根にまたがっているためている。

七尾城桜馬場石垣（写真／七尾市教育委員会）

といわれ、松尾山を中心とした山中に曲輪が連なる、難攻不落の山城として知られている。天正5年（1577）には上杉謙信により落城するが、戦上手の謙信にしても、折良く流行した疫病と畠山家臣団の内応により、ようやく落とすことができたほどであった。

山の斜面を活かした縄張は現在も残るが、築かれた石垣の大部分は、後にこの城を治めた前田利家の手によるものだといわれている。また、尾根沿いに長大に伸びた曲輪を配しており、当時山頂部には重臣・長氏などの屋敷が置かれていたとされる。本丸から見下ろすように家臣の屋敷が配されるという、畠山家内の主従関係を偲ばせる縄張だ。

石垣の高さは最高でも4m弱程度で、天正期の石垣構築技術では、高石垣は組めなかったことを物語る貴重な資料ともなっている。

地域別 北陸・東海・近畿地方の城

城知識 七尾城には遊歩道が整備されており、山歩きすることも可能。ただし本丸周辺の石垣は昭和期に入り積み直された部分も多い。

金沢城

史蹟区分 特になし
築城主 佐久間盛政
石川県
天正8年（1580）築
城番号 388
参照頁 ▶P137

金沢城石川門

加賀百万石を治める壮大な名城となる

加賀一向一揆の拠点だった金沢御堂を織田信長の命により陥落させた柴田勝家が、佐久間盛政に築かせたのが金沢城である。その後天正11年（1583）に前田利家に領有されると、文禄元年（1592）には前田家に客将として招かれていた高山右近により大改修を受ける。さらに、利家の子・利長の代にも度々改修されている。

かつては五重の天守を持ち、長々と石垣、櫓が連なる壮大な城だったが、江戸期、明治期の度重なる失火で失われてしまう。だが現在でも高麗門と菱櫓からなる石川門、三十間長屋、丑寅櫓石垣などは残り、平成18年（2006）には五十間長屋や一部の櫓も再建されている。

その他　三大名園・兼六園

日本三大名園のひとつとして知られる兼六園は、金沢城と隣接して存在している。加賀歴代藩主により長い歳月をかけて形がつくられた庭園で、当時は金沢城の外郭の一部ともなっていた。現在のような庭園となったのは13代・斉泰の時代である。

一乗谷城

史蹟区分 国指定特別史蹟、国指定特別名勝
築城主 朝倉孝景
福井県
文明3年（1471）築
城番号 415
参照頁 ▶P139

一乗谷城朝倉館跡

城下町と山城が別個に築かれた朝倉氏の本拠

戦国時代、織田信長と覇権を競い合った朝倉氏の居城が一乗谷城である。城の成立は戦国以前、室町後期となる文明3年（1471）。朝倉氏初代・孝景により、一乗山とその谷間を城塞化することで築かれた。

南北に延びる狭い谷間の平地部の中心に一乗谷城が置かれ、その周辺には城下町が形成される。谷への入り口となる部分には頑強な2つの城戸（門）が築かれ、谷間の城下町を守護した。一方で一乗山に築かれた山城は、一の丸、二の丸、三の丸が無数の畝状空堀と土塁に囲まれるようにして縄張された。今なお残る空堀群は、山中の移動を妨害するための備えである。

京に近いこともあり、「応仁の乱」から逃げてきた人々で城下町は多いに賑わっていたとされる。しかし、5代・義景が信長に敗れ、一乗谷城にも火が掛けられ灰燼に帰す。

昭和43年（1968）には発掘調査が行われ、当時の繁栄を示す礎石群や茶室跡など、数々の史跡が発見されている。さらに、現在では朝倉氏の館や武家屋敷、町屋などの復元が進んでおり、往時の賑わいを肌で感じることもできる。なお、前述した発掘の出土品は、資料館にて展示、紹介されている。

城知識　織田信長により焼き落とされた一乗谷城だが、武力により攻め落とされたのではなく、朝倉義景が城を放棄した後に落とされている。落城時の一乗谷城に残る朝倉方は、わずか数百名だったと伝えられる。

岩村城

史蹟区分：県指定史蹟　築城主：遠山氏

岐阜県　鎌倉中期築

城番号 465　参照頁 ▶P144

本丸の六段石垣

女城主の悲劇を伝える日本三大山城のひとつ

別名「霧ヶ城」の名が示すように、霧の立ちこめるような山間に築かれた岩村城。その標高は717mにも達し、日本三大山城に数えられる。正確な築城年は不明だが、鎌倉時代中期には存在していたと考えられている。戦国期に入ると遠山氏の居城となり、また武田信玄と織田信長の間で領有を争われた。遠山氏最後の領主景任は、信玄の侵攻を信長の助けも得て退けるが、元亀2年（1571）に病没。嫡男御坊丸がまだ幼かった（6歳とも）ため、景任の妻にして信長の叔母・おつやの方が実質上の城主となった。

世にも珍しい女性の領主だが、このおつやの方は武田氏の将・秋山虎繁に城を攻め落とされると、なんと虎繁の妻となってしまう。その後再び織田氏がこの城を落とした際には、信長は虎繁とともにおつやの方を逆磔にして切り捨てている。

天守は持たず、本丸、二の丸が無数の石垣で囲まれていた。追手門の手前には堀切があり、そこに畳橋と呼ばれる橋が架けられ、橋に面しては三重櫓が建てられていた。全て明治期に取り壊されるが、現在は太鼓櫓などが再建された。

清洲城

史蹟区分：特になし　築城主：斯波義重

愛知県　応永12年（1405）築

城番号 499　参照頁 ▶P147

清洲城天守

信長初期の居城は名古屋城の建材に

はじめて城が築かれたのは応永12年（1405）のことといわれ、尾張守護斯波義重によるものである。その後斯波氏は織田家の台頭により衰え、弘治元年（1555）に織田信長が入城して以降は尾張の中心地として栄えた。信長が桶狭間の戦いの際、「敦盛」を舞った城としても知られる。

信長の死後、信長の次男信雄が入り、天正14年（1586）に改築が施される。徳川氏の世となると名古屋への遷府がなされ、清洲の城下町がそのまま名古屋城下へ移転された。これが世にいう「清洲越し」で、その際に天守なども解体され、名古屋城築城の建材とされた。

その他

現在の清洲城

名古屋遷府により廃城となった清洲城だが、現在は三重四階の天守などが再建され、城内には清洲の歴史を知るさまざまな史料が展示されている。ただしかつての城趾内を東海道新幹線の路線が横切るなど、縄張は大きく変わってしまった。

地域別：北陸・東海・近畿地方の城

城知識：清洲城は織田信雄以降、羽柴秀次、福島正則、松平忠吉（家康の4男）、徳川義直（同9男）らに引き継がれるが、名古屋城完成ののちに廃城となる。

岡崎城

史蹟区分	市指定史蹟、県指定文化財1件
築城主	西郷氏

愛知県
康正元年（1455）築
城番号 484
参照頁 ▶ P145

岡崎城天守

徳川家康生誕の城として重要視される

徳川家康生誕の城として知られるのが**岡崎城**だ。築城は康正元年（1455）、土地の豪族**西郷氏**により建てられた城を、家康の祖父・**松平清康**が奪い享禄4年（1531）に改築した。天文11年（1542）にこの城で生まれた**松平竹千代**（家康の幼名）は、その後今川家へと人質に出され、苦難の幼少期を送る。桶狭間の戦い後は岡崎城へと戻り、この城を居城として三河一帯を平定した。

築城当初は丘陵部を利用した平山城であったが、「関ヶ原の戦い」後は**徳川氏の聖地**として重視され、元和3年（1617）には**本多康紀**により近世城郭として改築を受け、**三重三階の天守**が築かれた。それ以前では、豊臣秀吉により家康が関東へ移された際に入った田中吉政によって、関東への抑えとして、天正18年（1590）ごろ堅牢な城壁、石垣などが普請されている。

明治に入り天守などが取り壊されており、現在の天守は昭和34年（1959）に再建されたものである。ただしこの天守は明治期の写真を参考に建てられたもので、本来は存在しない高欄（手すり）があるなど、正確なものではない。また、城趾は岡崎公園として整備されている。

長篠城

史蹟区分	国指定史跡
築城主	菅沼元成

愛知県
永正5年（1508）築
城番号 486
参照頁 ▶ P145

宇連川と寒狭川の合流点にある長篠城

武田勝頼の猛攻を凌いだ断崖に築かれた堅固な城

長篠城は武田勝頼と織田信長、徳川家康が雌雄を決した「**長篠の戦い**」の舞台となった城である。その起源となったのは永正5年（1508）、土豪の**菅沼元成**が2本の川の合流地である断崖に築いた城で、一時期は武田氏が治めたが、後に家康が奪い大改築した。

天正3年（1575）には勝頼により激しく攻め立てられるも、家康の家臣**奥平貞昌**が落城寸前で死守。その後応援に来た織田・徳川連合軍に勝頼は大敗を喫し、武田家滅亡へと至ることになる。

現在、城趾内には飯田線の線路が走っているが、土塁や堀などは多く跡を残している。また**本丸跡**や**勝頼本陣跡**などが史跡として整備されている。

人物
長篠の合戦を偲んで

長篠城本丸跡のそばには、新城市長篠城址史跡保存館がある。ここには長篠の合戦に関する資料が保存、展示されており、「長篠合戦図屏風」などを見学できる。また毎年5月には長篠合戦のぼりまつりがあり、合戦行列や火縄銃実演が行われる。

城知識 岡崎城の城下町は東海道の宿場町として、また矢作川を利用した水運にも恵まれたこともあり、本多氏統治時代には「5万石でも岡崎様はお城下まで船がつく」と歌われるなど、小藩ながら発展していた。

松阪城

史蹟区分	県指定史蹟
築城主	蒲生氏郷

三重県
天正16年（1588）築
城番号 511
参照頁 ▶P149

蒲生氏郷が築いた石垣作りの名城

伊勢を領有していた蒲生氏郷が、天正16年（1588）に築いた城が**松阪城**である。当時氏郷は伊勢湾に面した松ヶ島城を居城としていたが、城下町の発展を考慮し、新たに城を築いた。安土城の築城にも参加した氏郷によって建てられた松阪城

は、荘厳さ、堅牢さなどから「**近世城郭の先駆けとなる名城**」として高く評価されている。現在も氏郷が築き上げた石垣は保全されているが、一部は昭和から平成にかけて大規模な積み直しが行われた。

縄張は本丸、二の丸、三の丸のほかに2つの曲輪を持つ**梯郭式平山城**。各曲輪は石垣、石塁で囲まれている。本丸には三重の天守があったとされるが、正保元年（1644）に倒壊したと伝えられ、その形状は不明である。

美しく詰まれた石垣は、氏郷が近江国から連れてきた石工集団に築かせたものだ。建築物としては隠居丸と呼ばれる曲輪から移築された**米倉、御城番屋敷**がある。昭和の終わりごろには天守再建も計画されたが、地元住民から賛否が相次いだ結果中止されている。しかし、石垣に沿い当時の縄張を歩くだけでも十分に楽しめる名城である。

松阪城石垣

津城

史蹟区分	県指定史蹟
築城主	細野藤敦

三重県
永禄年間（1558～1570）築
城番号 506
参照頁 ▶P148

小規模な平城を藤堂高虎が大改築

古くから伊勢の要所として栄えた津。永禄年間（1560年頃）に**細野藤敦**が小規模な**安濃津城**を築き、のちにこの地を治めた**織田信包**が大改修を加えた。信包の改修により本丸、二の丸、三の丸に天守、小天守、多くの石垣と堀が築かれる。慶長13年（1608）には豊臣氏から徳川氏へと付いた**藤堂高虎**の所領となり、**津城**と呼ばれ

た。再度の大改築を受け現在の縄張となる。「関ヶ原の戦い」の折に天守は消失していたが、高虎は幅広い**水堀**や**高石垣、櫓**を整備した。

現在は城跡が「お城公園」として整備され、昭和33年（1958）には**隅櫓**が復元された。

津城隅櫓

人物

津は有名な港だった？

津はもともと安濃津と呼ばれ、これは古代に栄えた港の呼称であった。安濃津は伊勢神宮への供米を送る積出し港であり、日本で有数の港であったが、明応7年（1498）大地震で陥没し、港としての生命を失い廃れていったという。

地域別 北陸・東海・近畿地方の城

城知識 織田信長の寵臣であった蒲生氏郷は、信長の安土城に倣うように松阪城下で楽市楽座を開くなど、城下町を整備発展させた。これが後に伊勢商人の本拠地として、松阪が発展する礎となっている。

北陸地方の城

富山県(とやまけん)

越中守護の畠山氏の家督争いをきっかけに、各地で群雄が基盤を築くようになる。その後、上杉謙信が越中を平定し、能登国も支配するが、織田信長の勢力に敗れた。江戸時代には、富山藩として前田氏が治めた。

富山市役所展望台から見た富山城

363 富山城(とやまじょう)

構造：平城／(復)天守・本丸跡・石垣など
築城年：天文元年(1532)
築城者：神保長職(じんぼうながもと)
特徴：神保氏の城を上杉謙信が攻め落とすが、援軍の織田信長が取り返し、佐々成政が置かれた。やがて成政は豊臣秀吉に敗れて、肥後に移る。その後は明治の廃藩置県にいたるまで前田氏が支配した。
住所：富山市本丸
アクセス：JR北陸本線・富山駅より徒歩

富山城天守

366 魚津城(うおづじょう)

構造：平城／不明
築城年：建武2年(1335)
築城者：椎名氏
特徴：松倉城の支城として築かれた。小戸城、小津城とも呼ばれる。周囲を川や海、沼地で守られた難攻の城。後に上杉氏の拠点になった。
住所：魚津市本町
アクセス：富山地方鉄道・電鉄魚津駅より徒歩

364 白鳥城(しらとりじょう)

構造：山城／曲輪・土塁・堀切など
築城年：天文12年(1543)
築城者：神保長職
特徴：上杉謙信の進撃を警戒して築かれた。天正13年(1585)に豊臣秀吉が佐々成政征伐の拠点にしたことでも知られる。別名は呉服山城。
住所：富山市呉羽町
アクセス：JR高山本線・西富山駅より徒歩

367 弓庄城(ゆみのしょうじょう)

構造：平城／曲輪跡・堀跡の一部
築城年：永正年間(1504〜1521)
築城者：土肥氏
特徴：土肥政繁のときに佐々成政に攻められ、城を明け渡した。佐々成政は人質として預かった政繁の次男を殺して、磔にしたという。
住所：中新川郡上市町
アクセス：富山地方鉄道・上市駅より車

365 宮崎城(みやざきじょう) 史跡

構造：山城／曲輪・石垣
築城年：寿永元年(1182)
築城者：宮崎太郎
特徴：越中と越後の国境近くに位置する。戦国時代には上杉氏が越中に攻め入る際の重要拠点とされた。荒山城、境城などの別名がある。
住所：下新川郡朝日町
アクセス：JR北陸本線・越中宮崎駅より徒歩・車

松倉城跡

370 安田城 _{やすだじょう} [史跡]
- 構造：平城／曲輪跡・堀跡
- 築城年：天正13年(1585)　築城者：不明
- 特徴：主な城主は前田家に仕えた岡嶋一吉。遺構の状態が素晴らしく、当時の城の有り様がかなり正確につかめる。非常に貴重な城。
- 住所：富山市婦中町安田
- アクセス：JR高山本線・速星駅より車

安田城歴史の広場（写真／富山市教育委員会）

375 松倉城 _{まつくらじょう} [史跡]
- 構造：山城／曲輪・土塁・堀切
- 築城年：南北朝時代　築城者：不明
- 特徴：室町時代に新川郡守護代・椎名氏が居城にした。椎名氏は永禄11年(1567)に武田信玄と通じて上杉謙信に背き、城を追われている。
- 住所：魚津市鹿熊
- アクセス：JR北陸本線・魚津駅より車

376 守山城 _{もりやまじょう}
- 構造：山城／曲輪跡
- 築城年：南北朝時代
- 築城者：不明
- 特徴：見晴らしのよい山上に築かれた城。森山城、二上城、獅子頭城などの別名を持つ。神保氏張や前田利長が一時居城にした。
- 住所：高岡市東海老坂
- アクセス：JR北陸本線・高岡駅より車

371 木舟城 _{きふねじょう} [史跡]
- 構造：平城／曲輪跡の一部
- 築城年：元暦元年(1184)
- 築城者：石黒氏
- 特徴：天正13年(1585)の大地震で城が崩壊。城主・前田秀継が死ぬなど、多大な被害が出た。遺構はほぼ残っていない。貴船城とも。
- 住所：高岡市福岡町木舟
- アクセス：JR北陸本線・福岡駅より徒歩・車

377 森寺城 _{もりでらじょう}
- 構造：山城／曲輪・土塁・石垣など
- 築城年：不明
- 築城者：不明
- 特徴：氷見地方における山城のなかで最大の規模を誇る。現在は城跡内に「ふるさと歩道」と呼ばれる散策用のコースが設けられている。
- 住所：氷見市森寺
- アクセス：JR氷見線・氷見駅よりバス

372 増山城 _{ますやまじょう} [史跡]
- 構造：山城／曲輪・空堀・井戸跡
- 築城年：不明　築城者：不明
- 特徴：富山を代表する山城で、越中三大山城に数えられる。築城時期は明らかではないが、南北朝時代もしくはそれ以前と考えられる。
- 住所：砺波市増山
- アクセス：JR城端線・砺波駅よりバス

増山城跡（写真／福井聡）

378 高岡城 _{たかおかじょう} [重文][史跡] ▶P129
- 構造：平城／曲輪・土塁・石垣など
- 築城年：慶長14年(1609)
- 築城者：前田利長
- 特徴：富山が大火に見舞われ、城主・前田利長が新たな居城として高岡城を築いた。利長は慶長19年(1614)にこの世を去り、高岡城も翌年の一国一城令を受けて廃された。現在は公園になっている。
- 住所：高岡市古城
- アクセス：JR北陸本線・高岡駅より徒歩

373 一乗寺城 _{いちじょうじじょう}
- 構造：山城／曲輪・土塁・堀切
- 築城年：南北朝期
- 築城者：不明
- 特徴：加賀と越中との国境のそばに築かれた城。応安2年(1369)に室町幕府軍によってわずか一日で攻め落とされたという記録が残る。
- 住所：小矢部市八伏
- アクセス：JR北陸本線・石動駅より車

368 猿倉城 _{さるくらじょう}
- 構造：山城／曲輪
- 築城年：不明
- 築城者：不明
- 特徴：神通川を見下ろす猿倉山に築かれた城。創建については諸説あるが元亀2年(1571)に塩屋氏が築いたとするのが一般的。船倉城とも。
- 住所：富山市舟倉
- アクセス：JR高山本線・笹津駅より徒歩

374 瑞泉寺城 _{ずいせんじじょう} [重文][重文]
- 構造：平城／曲輪・土塁・空堀
- 築城年：文明年間(1469～1487)
- 築城者：蓮乗
- 特徴：越中一向一揆で知られる瑞泉寺の城。井波城ともいう。後に前田利家により攻め落とされた。現在、跡地には公園や神社がある。
- 住所：南砺市井波
- アクセス：JR北陸本線・高岡駅よりバス

369 阿尾城 _{あおじょう} [史跡]
- 構造：山城／曲輪跡の一部
- 築城年：永禄年間(1558～1570)
- 築城者：菊池氏
- 特徴：断崖絶壁に築かれた山城。城の西側は斜面になっていて、北、南、東はすべて海。このような立地の城は富山県では他にない。
- 住所：氷見市阿尾
- アクセス：JR氷見線・氷見駅よりバス

高岡城の石垣（写真／福井聡）

地域別　北陸・東海・近畿地方の城

[国宝] 国宝　[重文] 重要文化財（国）　[重文] 重要文化財（県）　[史跡] 国指定史跡　[史跡] 県指定史跡

小丸山公園（小丸山城跡・写真／福井聡）

北陸地方の城

石川県
（いしかわけん）

室町時代に畠山基国が能登守護を任じられ、守護代には遊佐氏が就いた。やがて応仁の乱を終えた畠山義統が下国し、戦国大名となる。いっぽう、加賀では富樫氏が守護を務めていたが、一向一揆に悩まされた。

379 穴水城（あなみずじょう）
構造：山城／本丸跡・二の丸跡・三の丸跡など
築城年：建保年間（1213〜1218）
築城者：長氏
特徴：穴水湾に面する要害の地に位置。別名は白波城、白藤城、岩立城。城跡周辺には神社、高校が建ち、歴史資料館が置かれている。
住所：鳳至郡穴水町川島
アクセス：のと鉄道・穴水駅より徒歩

380 小丸山城（こまるやまじょう）
構造：平山城／本丸・二の丸・空堀など
築城年：天正10年（1582）
築城者：前田利家
特徴：前田利家が七尾城から移って、しばらくの間居城にした。城跡は現在公園になっており、前田利家と正室・まつの銅像がある。
住所：七尾市馬出町
アクセス：JR七尾線・七尾駅よりバス

381 七尾城（ななおじょう） 史跡
▶P129
構造：山城／本丸・二の丸・三の丸など
築城年：15世紀　築城者：畠山氏
特徴：広大な敷地を有する堅牢な山城で、天宮とも形容された。精鋭揃いの上杉軍も攻め落とすまでに一年の時を要している。別名は松尾城。
住所：七尾市古城町
アクセス：JR七尾線・七尾駅より車

383 津幡城（つばたじょう）
構造：不明／不明
築城年：寿永2年（1183）
築城者：不明
特徴：上杉謙信が七尾城攻めの拠点にした。その後前田利家が入り、修築している。かつてこの地に平維盛の砦があったという伝承も。
住所：河北郡津幡町清水
アクセス：JR七尾線・本津幡駅より徒歩

382 末森城（すえもりじょう） 史跡
構造：山城／空堀・礎石
築城年：戦国時代
築城者：土肥氏
特徴：標高140mほどの山に築かれた城。天正12年（1584）に佐々成政と前田利家が戦った「末森合戦」の舞台として知られる。
住所：羽咋郡宝達志水町竹生野
アクセス：JR七尾線・宝達駅より徒歩

七尾城桜馬場石垣

395 松任城 まっとうじょう
構造：平城／土塁の一部
築城年：鎌倉初期
築城者：不明
特徴：松任駅から徒歩3分ほどの場所にあり、非常にアクセスしやすい。現在はおかりや公園として整備されている。鏑木城とも呼ばれる。
住所：白山市古城町
アクセス：JR北陸本線・松任駅より徒歩

396 舟岡城 ふなおかじょう 【史跡】
構造：山城／曲輪跡・石塁・空堀
築城年：天正年間(1573～1591)
築城者：不明
特徴：船を裏返したような形の船岡山にある城。一向一揆勢に対抗するための拠点として築かれた。船岡山城、鶴來城などの別称もある。
住所：白山市八幡町
アクセス：北陸鉄道石川線・鶴来駅より徒歩

397 岩倉城 いわくらじょう
構造：山城／平坦面・土塁・空堀
築城年：16世紀前半
築城者：不明
特徴：鳥越城を本城とする一向一揆衆の拠点だったが、織田軍が奪い、逆に鳥越城攻めの拠点にした。城主の館跡が今なお残っている。
住所：小松市原町
アクセス：JR北陸本線・小松駅よりバス

398 波佐谷城 はさたにじょう
構造：平山城／櫓台・本丸・二の丸など
築城年：戦国時代
築城者：宇津呂氏
特徴：一向一揆衆の拠点で、天正8年(1580)に柴田勝家により落城。三山の大坊主に数えられる松岡寺が置かれていたことでも知られる。
住所：小松市波佐谷町
アクセス：JR北陸本線・小松駅よりバス

399 鳥越城 とりごえじょう 【史跡】
構造：山城／(復)櫓門・(復)石垣・本丸跡など
築城年：天文年間(1532～1555)
築城者：鈴木氏
特徴：佐久間盛政らが鎮圧した加賀一向一揆の拠点。熾烈な戦いを経て天正10年(1582)には城は陥落、盛政は300人以上の門徒を磔に処した。城跡周辺には「首切り谷」などの地名が今も残る。
住所：白山市三坂町
アクセス：JR北陸本線・小松駅よりバス

鳥越城の櫓門(右)と枡形門(左)

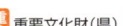

389 小松城 こまつじょう
構造：平城／櫓台石垣・本丸・二の丸など
築城年：天正4年(1576) 築城者：若林長門守
特徴：一向一揆衆の拠点になった城のひとつ。一国一城令を受けて一度は廃されたが、前田利常が再建し、隠居生活を送った。
住所：小松市丸の内町
アクセス：JR北陸本線・小松駅よりバス

小松城天守台

390 二曲城 ふとうげじょう 【史跡】
構造：山城／曲輪・堀切・土居
築城年：戦国時代
築城者：二曲右京進
特徴：川を挟んで鳥越城と向かいあうように位置。加賀一向一揆の際、二曲右京進は一揆衆に味方し、最後まで本願寺勢の拠点になった。
住所：白山市出合町
アクセス：北陸鉄道石川線・鶴来駅よりバス

391 大聖寺城 だいしょうじじょう 【重文】
構造：平山城／本丸・二の丸・三の丸など
築城年：鎌倉時代
築城者：狩野一門
特徴：錦城の別名を持つ。現在跡地は整備されて公園になっている。小堀遠州が設計し、国の重要文化財に指定されている茶室がある。
住所：加賀市大聖寺錦町
アクセス：JR北陸本線・大聖寺駅より徒歩

392 石動山城 せきどうさんじょう 【史跡】
構造：山城／平坦地
築城年：天正4年(1576)
築城者：上杉謙信
特徴：標高565mの石動山に位置する城。七尾城攻略の一環として築かれたと推測される。現在は主郭部に山小屋が置かれている。
住所：鹿島郡中能登町
アクセス：JR七尾線・良川駅より車

393 松根城 まつねじょう
構造：山城／平坦面・空堀
築城年：不明
築城者：不明
特徴：石川と富山の境界線上に位置する。標高は約300mで、朝日山を見下ろすことができ、日本海や富山湾も臨める眺望に優れた城。
住所：金沢市松根町
アクセス：JR北陸本線・森本駅よりバス

394 和田山城 わだやまじょう 【史跡】
構造：丘城／曲輪・空堀
築城年：永正3年(1506)
築城者：超勝寺
特徴：越前守護朝倉氏から逃れ、加賀国へ移ってきた和田坊超勝寺が築く。一揆が終息した後は、安井家清が城主を務めた。別名は寺井城。
住所：能美市和田町
アクセス：JR北陸本線・小松駅よりバス・車

384 高尾城 たかおじょう
構造：山城／平坦面
築城年：長享2年(1488)以前
築城者：富樫氏
特徴：高尾山の頂上に築かれた城。長享2年(1488)に一向一揆軍に奪われた。現在、城跡には教育センターがある。田江城、富樫城とも。
住所：金沢市高尾町
アクセス：JR北陸本線・金沢駅よりバス

385 鷹巣城 たかのすじょう
構造：山城／平坦面・土塁・空堀
築城年：天正年間(1573～1592)初期
築城者：不明
特徴：犀川に面した丘陵に築かれた城。築城に関して不明な点も多いが、鷹巣城の番城だったと推測される。扇状に配された曲輪が特徴的。
住所：金沢市西市瀬町・瀬領町
アクセス：JR北陸本線・金沢駅よりバス

386 朝日山城 あさひやまじょう
構造：山城／平坦面・空堀
築城年：天正年間(1573～1592)
築城者：不明
特徴：前田利家が佐々成政と初めて戦ったのがこの場所。両者の戦力は拮抗しており、戦いの舞台は能登方面へ移っていく。
住所：金沢市加賀朝日町
アクセス：JR北陸本線・森本駅よりバス

387 御幸塚城 みゆきづかじょう
構造：平山城／本丸・二の丸・平坦面など
築城年：不明
築城者：富樫泰高
特徴：富樫氏の居城を一向一揆衆が奪った。しかしその後、佐久間盛政が敵武将を寝返らせ、簡単に攻略したといわれる。今江城ともいう。
住所：小松市今江町
アクセス：JR北陸本線・小松駅よりバス

388 金沢城 かなざわじょう 【重文】【史跡】 ▶P130
構造：平山城／(復)菱櫓・(復)五十間長屋・石川門など
築城年：天正8年(1580) 築城者：佐久間盛政
特徴：加賀一向一揆の拠点だったが、佐久間盛政が攻め落として居城にし、後に入った前田利家がさらに大規模な改修を行った。現在は日本三大庭園の兼六園を有する金沢城公園になっている。別名は尾山城。
住所：金沢市丸の内
アクセス：JR北陸本線・金沢駅よりバス

金沢城石川門

地域別 北陸・東海・近畿地方の城

北陸地方の城
福井県

南北朝の内乱後、斯波氏が守護となるが、やがて但馬の朝倉氏が進出をはじめた。斯波氏が一族で争っている隙に、朝倉氏が越前国の権力を握ったが、天正元年（1573）に織田信長の攻撃を受け滅ぼされた。

402 大野城（おおのじょう）史跡
- 構造：平山城／(復)天守・(復)門・本丸跡など
- 築城年：天正3年(1575)
- 築城者：金森長近
- 特徴：昭和43(1968)に天守が再建され、現在は公園として整備されている。城下町は規則正しい区画から小京都の別名を持つ。
- 住所：大野市城町
- アクセス：JR越美北線・越前大野駅より徒歩

400 丸岡藩砲台跡（まるおかはんほうだいあと）史跡
- 構造：台場／土居・砲眼
- 築城年：嘉永5年(1852)
- 築城者：丸岡藩(有馬氏)
- 特徴：外国船の来航をきっかけに海上防衛のために築かれた砲台の跡。遺構として5つの砲眼(砲弾を撃つための壁の穴)が残っている。
- 住所：坂井市三国町梶
- アクセス：JR北陸本線・芦原温泉駅よりバス

403 福井城（ふくいじょう）
- 構造：平城／本丸・堀・石垣・井戸
- 築城年：慶長6年(1601)
- 築城者：結城秀康
- 特徴：柴田勝家の北庄城があった場所に、六十八万石大名となった結城秀康が新たに城を築く。四層天守を備える壮大な城だったが、火災により天守は失われた。現在は城跡に県庁や議事堂が置かれている。
- 住所：福井市大手
- アクセス：JR北陸本線・福井駅より徒歩

401 北庄城（きたのしょうじょう）
- 構造：平城／不明
- 築城年：天正3年(1575)
- 築城者：柴田勝家
- 特徴：柴田勝家が自害した城。天正11年(1583)に羽柴秀吉に敗れた勝家は城に火を放ち、天守にて正室・お市とともに命を絶った。
- 住所：福井市中央
- アクセス：JR北陸本線・福井駅より徒歩

福井城の堀

北庄城跡があるといわれる柴田神社

一乗谷城跡

408 金ヶ崎城 かねがさきじょう 史跡
構造：山城／平坦地・竪堀
築城年：平安末期
築城者：不明
特徴：三方を海に囲まれ、「無双の要害」と称される城。戦国期には朝倉氏の拠点になるが、元亀元年(1570)に織田信長が攻め落とした。
住所：敦賀市金ヶ崎町
アクセス：JR北陸本線・敦賀駅よりバス

404 府中城 ふちゅうじょう 史跡
構造：平城・館／不明
築城年：天正3年(1575)
築城者：前田利家
特徴：織田信長が越前平定の後に家臣の前田利家に築かせた。かつては朝倉氏の奉行所で、現在、跡地には越前市役所が建っている。
住所：越前市府中
アクセス：JR北陸本線・武生駅より徒歩

415 一乗谷城 いちじょうだにじょう ▶P130 重文 史跡
構造：館／曲輪・堀切・竪堀など
築城年：文明3年(1471)
築城者：朝倉孝景
特徴：一乗谷城のそばに設けられた朝倉氏代々の居館。情緒あふれる美しい庭園が残っており、一乗谷城跡にも様々な遺構が見られる。
住所：福井市城ノ内町
アクセス：JR北陸本線・福井駅よりバス

409 玄蕃尾城 げんばおじょう
構造：山城／曲輪・土塁・空堀
築城年：不明
築城者：不明
特徴：天正11年(1583)に柴田勝家がこの城に本陣を置いて羽柴秀吉と戦い、敗れた。勝家が秀吉との戦いを予期して築城したと思われる。
住所：敦賀市刀根・滋賀県伊香郡余呉町柳ヶ瀬
アクセス：JR北陸本線・敦賀駅よりバス

405 小丸城 こまるじょう 史跡
構造：平城／本丸・土居・堀
築城年：天正3年(1575)
築城者：佐々成政
特徴：柴田勝家の補佐役として活躍した府中三人衆のひとり、佐々成政の城。築城から数年後に成政が越中へと移り、城は廃されている。
住所：越前市五分市町
アクセス：JR北陸本線・武生駅より車

416 黒丸城 くろまるじょう
構造：平山城／土塁・堀
築城年：不明
築城者：不明
特徴：本城である大黒丸城と、その出城として築かれた小黒丸城をあわせて黒丸城と呼ぶ。一乗谷城に移る前の朝倉氏の本拠になった。
住所：福井市黒丸町
アクセス：JR北陸本線・福井駅よりバス

410 国吉城 くによしじょう
構造：山城／櫓台・石垣・空堀など
築城年：弘治2年(1556)
築城者：粟屋勝久
特徴：廃城を粟屋勝久が再興したと伝わる。永禄6年(1563)から永禄12年(1569)に渡って朝倉氏に攻められるが、一度も陥落しなかった。
住所：三方郡美浜町佐柿
アクセス：JR小浜線・美浜駅よりバス

406 杣山城 そまやまじょう 史跡
構造：山城／本丸・東御殿・西御殿など
築城年：鎌倉時代
築城者：瓜生氏
特徴：天正元年(1573)に合戦で城主を失い、廃城になった。東御殿、西御殿と呼ばれる広大な平地が残る。東御殿の面積は約600㎡。
住所：南条郡南越前町阿久和
アクセス：JR北陸本線・南条駅より車

417 敦賀城 つるがじょう
構造：平城／不明
築城年：天正11年(1582)
築城者：蜂屋頼隆
特徴：羽柴秀吉の家臣・蜂屋氏が築くが、6年後に病没。次いで大谷吉継が城主となり、拡張工事を行った。一国一城令を受けて廃される。
住所：敦賀市結城町
アクセス：JR北陸本線・敦賀駅より車

411 後瀬山城 のちせやまじょう 史跡
構造：山城・館／石垣・土塁・空堀など
築城年：大永2年(1522)
築城者：武田元光
特徴：居館を備えた大規模な山城。武田氏の後は、丹羽長秀、浅野長政などが城主を務め、最後は京極高次が小浜城に移るまで本拠にした。
住所：小浜市伏原
アクセス：JR小浜線・小浜駅より徒歩

407 小浜城 おばまじょう 史跡
構造：海城／本丸跡
築城年：慶長6年(1601)　築城者：京極高次
特徴：関ヶ原の戦いで活躍した京極高次の築城だが、工事が順調に進まず、完成した城を見る前に高次は転封。酒井氏が築城を引き継いだ。
住所：小浜市城内
アクセス：JR小浜線・小浜駅より徒歩

418 丸岡城 まるおかじょう ▶P127 重文 史跡
構造：平山城／天守・本丸跡
築城年：天正4年(1576)
築城者：柴田勝豊
特徴：現存する12天守のなかでも最も古い天守を擁する城として有名。ただし天守の築城年代は諸説あり、正確にはわかっていない。昭和23年(1948)年の福井地震で天守が破損したが、後に修築されている。
住所：坂井市丸岡町霞町
アクセス：JR北陸本線・福井駅よりバス

412 勝山城 かつやまじょう
構造：平城／不明
築城年：天正8年(1580)
築城者：柴田勝安
特徴：福井平野と大野盆地の間に築かれた城。江戸時代には勝山藩庁が置かれた。現在は城跡に勝山市役所が建っている。別名は袋田城。
住所：勝山市元町
アクセス：えちぜん鉄道・勝山駅よりバス

413 朝倉山城 あさくらやまじょう
構造：山城／本丸跡・空堀・土塁
築城年：不明
築城者：不明
特徴：日本海と坂井平野を見下ろす朝倉山に築かれた城。詳細は不明だが室町末期に朝倉氏が織田軍を警戒して築いたという説が有力。
住所：福井市深坂町
アクセス：JR北陸本線・福井駅よりバス

414 東郷槇山城 とうごうまきやまじょう
構造：山城／曲輪・土塁・堀
築城年：応永年間(1394～1428)
築城者：朝倉正景
特徴：朝倉氏の本拠・一乗谷城の支城として築かれた。足羽川の対岸には、同じく一乗谷城の支城である成願寺城がある。現在は公園。
住所：福井市小路町
アクセス：JR越美北線・越前東郷駅より徒歩

小浜城天守跡(写真／福井聡)

丸岡城天守

東郷槇山城跡(写真／福井聡)

地域別　北陸・東海・近畿地方の城

国宝　重要文化財(国)　重要文化財(県)　国指定史跡　県指定史跡

東海地方の城
静岡県
しずおかけん

駿河、遠江の守護職となった今川氏の影響力が、南北朝時代から大きかったエリア。残る伊豆は北条氏が治めた。今川氏真が徳川家康の攻撃を受け困窮すると、駿河、遠江の支配をあきらめて北条氏を頼った。

421 韮山城 にらやまじょう
- 構造：平山城／曲輪・空堀・土塁
- 築城年：延徳3年(1491)
- 築城者：北条早雲
- 特徴：北条早雲が興国寺城から移った。豊臣秀吉の小田原攻めでは北条氏規が籠城し、豊臣の大軍を大いに手こずらせた。
- 住所：伊豆の国市韮山韮山
- アクセス：伊豆箱根鉄道・韮山駅より徒歩

422 深沢城 ふかざわじょう 史跡
- 構造：平城／本丸・二の丸・三の丸など
- 築城年：戦国時代
- 築城者：今川氏
- 特徴：深沢矢文の逸話で有名。元亀元年(1570)に武田信玄がこの城を攻めた際、城主・北条綱成に宛てて降伏勧告の矢文を打ち込んだ。
- 住所：御殿場市深沢
- アクセス：JR御殿場線・御殿場駅よりバス

423 葛山城 かつらやまじょう
- 構造：山城／土塁・堀切・虎口など
- 築城年：室町時代
- 築城者：葛山氏
- 特徴：合戦用の山城と居住用の館の両方を備える中世の典型的な城郭。城主の葛山氏は今川氏の家臣で、今川氏が滅びると武田氏に仕えた。
- 住所：裾野市葛山
- アクセス：JR御殿場駅・岩波駅より徒歩

424 丸子城 まりこじょう
- 構造：山城／曲輪・空堀・土塁など
- 築城年：室町時代
- 築城者：斎藤安元・今川氏親
- 特徴：交通の要所に位置する。今川氏親が、家臣斎藤氏の居城を改修して支城にした。鞠子城、宇津谷城、赤目ヶ谷砦などの別称がある。
- 住所：静岡市駿河区丸子
- アクセス：JR東海道本線・静岡駅よりバス

420 浜松城 はままつじょう
- 構造：平山城／(復)天守・石垣
- 築城年：元亀元年(1570)
- 築城者：徳川家康
- 特徴：徳川家康、壮年期の居城。武田軍に敗れて退却した家康が、空城の計で敵の追撃を防いだ城としても有名。家康が関東に移った後は豊臣家臣の堀尾吉晴が入り、江戸時代には徳川家の譜代大名が城主になる。
- 住所：浜松市中区元城町
- アクセス：JR東海道本線・浜松駅より徒歩

浜松城天守

419 下田城 しもだじょう
- 構造：海賊城／曲輪・土塁・空堀
- 築城年：天正17年(1589)
- 築城者：清水康英
- 特徴：北条氏直が豊臣氏の侵攻に備えて築かせた。城主・清水康英は1万超の豊臣軍の猛攻に600の兵で応戦したが、奮闘空しく落城。
- 住所：下田市須崎
- アクセス：伊豆急行・伊豆急下田駅より徒歩

山中城の畝堀

429 諏訪原城 すわはらじょう 史跡
- 構造：山城／曲輪・堀・土塁など
- 築城年：天正元年(1573)
- 築城者：馬場信春
- 特徴：元亀2年(1571)に武田信玄が砦を築き、武田勝頼家臣の馬場信春が本格的な城郭へと発展させた。高天神城攻めの拠点となる。
- 住所：島田市金谷
- アクセス：JR東海道本線・金谷駅より徒歩

425 駿府城 すんぷじょう ▶P128 史跡
- 構造：平城／(復)二の丸巽櫓・(復)東御門・(復)続多聞櫓など
- 築城年：天正13年(1585)
- 築城者：徳川家康
- 特徴：天正13年に築き、徳川家康が今川城から移って本拠とした。その後家康は関東へ移るが、慶長12年(1607)に五層天守の建築を含む大規模な改修を施し、駿府城で晩年を過ごした。家康の死後は幕府の管理下に入る。
- 住所：静岡市葵区駿府公園
- アクセス：JR東海道本線・静岡駅より徒歩

駿府城巽櫓

436 山中城 やまなかじょう 史跡
- 構造：山城／土塁・空堀・土橋など
- 築城年：永禄年間(1558～1570)　築城者：北条氏康
- 特徴：天正15年(1587)に豊臣秀吉との合戦に向けて改修工事を実施。天正18年(1590)に豊臣勢7万の猛攻を受けて陥落した。
- 住所：三島市山中新田・田方郡函南町桑原
- アクセス：JR東海道本線・三島駅よりバス

430 高天神城 たかてんじんじょう 史跡
- 構造：山城／曲輪・井戸・堀切
- 築城年：応永23年頃(1416)
- 築城者：今川氏
- 特徴：「高天神を制する者は遠州を制す」といわれた戦国時代の重要拠点。激しい争奪戦が繰り広げられ、最後は徳川家康が手中に収めた。
- 住所：掛川市下土方
- アクセス：JR東海道本線・掛川駅よりバス

437 横須賀城 よこすかじょう 史跡
- 構造：平山城／城門・本丸・曲輪跡
- 築城年：天正6年(1578)
- 築城者：大須賀康高
- 特徴：高天神城攻めの拠点として徳川家康が大須賀康高に築かせた。不開門が撰要寺に、搦手門が本源寺にそれぞれ移築されたと伝わる。
- 住所：掛川市横須賀
- アクセス：JR東海道本線・袋井駅よりバス

431 興国寺城 こうこくじじょう 史跡
- 構造：平山城／天守台・本丸・二の丸など
- 築城年：室町末期
- 築城者：不明
- 特徴：今川一族の内紛を収めた北条早雲が15世紀後半に城主になる。その後、幾度も合戦の舞台になり、城主が頻繁に入れ替わった。
- 住所：沼津市根古屋
- アクセス：JR東海道本線・沼津駅よりバス

426 掛川城 かけがわじょう ▶P128 重文 史跡
- 構造：平山城／(復)天守・太鼓櫓・御殿など
- 築城年：永正9年(1512)
- 築城者：朝比奈泰煕
- 特徴：天正18年(1590)に山内一豊が入り、近世城郭に改修した。平成6年(1994)に、失われた天守が木造復元された。
- 住所：掛川市掛川
- アクセス：JR東海道本線・掛川駅より徒歩

掛川城天守

438 久野城 くのじょう
- 構造：平山城／曲輪・土塁・空堀など
- 築城年：明応年間(1492～1501)
- 築城者：久野宗隆
- 特徴：三方を水田に囲まれた立地。城主・久野宗隆は無許可で石塁を築いたことを咎められ、常陸尾張に移されている。別名は座王城。
- 住所：袋井市鷲巣
- アクセス：JR東海道本線・袋井駅よりバス

432 沼津城 ぬまづじょう
- 構造：平山城／石垣の一部
- 築城年：安永6年(1777)
- 築城者：水野忠友
- 特徴：もとは元亀元年(1570)頃に武田勝頼が築いた三枚橋城(沼津古城)。沼津新城とも呼ばれる。江戸時代には沼津藩庁が置かれた。
- 住所：沼津市大手町
- アクセス：JR東海道本線・沼津駅より徒歩

439 二俣城 ふたまたじょう
- 構造：平山城／天守台・空堀・土塁など
- 築城年：16世紀初頭
- 築城者：二俣氏
- 特徴：戦国期に今川氏が拠点とし、後に武田氏と徳川氏の戦いの舞台となった。元亀3年(1572)の合戦では、武田軍が城兵の飲み水を断って勝利する。長篠の戦いの後は再び徳川氏の城になった。
- 住所：浜松市天竜区二俣町
- アクセス：天竜浜名湖鉄道・二俣本町駅より徒歩

433 長浜城 ながはまじょう 史跡
- 構造：平山城／土塁・堀切・曲輪
- 築城年：室町時代
- 築城者：北条氏
- 特徴：内浦湾を臨むに築かれた北条氏の水軍拠点。北条氏は武田氏や豊臣水軍と激しい戦いを繰り広げた。城の規模は小さめ。
- 住所：沼津市内浦長浜
- アクセス：JR東海道本線・沼津駅よりバス

434 久能山城 くのうざんじょう 重文 史跡
- 構造：山城／曲輪・土塁・井戸
- 築城年：永禄11年(1568)
- 築城者：武田信玄
- 特徴：武田氏は家臣に城を任せるが、徳川軍を前にあっけなく開城。家康が没すると遺言に従って城が廃され、東照宮が建てられた。
- 住所：静岡市駿河区根古屋
- アクセス：JR東海道本線・静岡駅よりバス

427 高根城 たかねじょう
- 構造：山城／(復)主殿・本丸跡
- 築城年：南北朝時代
- 築城者：奥山定則
- 特徴：永禄年間(1558～1570)に遠山氏により落城。その後、武田氏が改修して拠点にした。麓には居館跡がある。久頭郷城とも。
- 住所：浜松市天竜区水窪町
- アクセス：JR飯田線・向市場駅より徒歩

435 小山城 こやまじょう
- 構造：平山城／(復)天守・土塁・堀など
- 築城年：元亀2年(1571)
- 築城者：武田信玄
- 特徴：今川氏が築いた城砦を利用して築かれた。武田氏の後は徳川氏の城となった。遺構として三日月型の見事な三重堀が残っている。
- 住所：榛原郡吉田町
- アクセス：JR東海道本線・藤枝駅よりバス

428 三岳城 みたけじょう 史跡
- 構造：山城／土塁・空堀・桝形
- 築城年：南北朝時代
- 築城者：井伊道政
- 特徴：三岳山の尾根に築かれた井伊氏の本城。城の東西南北それぞれに支城が置かれている。戦国時代に入ると、今川氏の拠点になった。
- 住所：浜松市北区引佐町
- アクセス：天竜浜名湖鉄道・金指駅よりバス

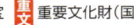

二俣城天守台

地域別　北陸・東海・近畿地方の城

国宝 国宝　重文 重要文化財(国)　重文 重要文化財(県)　史跡 国指定史跡　史跡 県指定史跡

東海地方の城

岐阜県

下克上を体現したかのような斎藤道三、義龍親子が美濃の権力を握ったが、龍興の代になって、織田信長に滅ぼされた。いっぽう、飛騨は織田信長が没したあと、豊臣秀吉が金森長近を送り込んで支配した。

---

451 岐阜城（ぎふじょう） ▶P124
- 構造：山城／(復)天守・(復)櫓・石塁など
- 築城年：建仁元年(1201)
- 築城者：二階堂行政
- 特徴：かつては稲葉山城と呼ばれ、天文8年(1539)に斎藤道三が入城。永禄10年(1576)に織田信長が城を攻め落とし、岐阜城と名付けた。現在の天守石垣は信長時代の石垣を積みなおしたものである。
- 住所：岐阜市天守閣
- アクセス：JR東海道本線・岐阜駅よりバス

岐阜城天守

452 墨俣城（すのまたじょう）
- 構造：平城／(復)天守
- 築城年：永禄9年(1566)
- 築城者：豊臣秀吉
- 特徴：織田信長が敵地・墨俣に築城を試みるが、佐久間信盛、柴田勝家が相次いで失敗。しかし羽柴秀吉が数日で築き、一夜城と呼ばれた。
- 住所：大垣市墨俣町
- アクセス：JR東海道本線・岐阜駅よりバス

453 高須城（たかすじょう）
- 構造：平城／堀・土塁
- 築城年：不明
- 築城者：氏家重国
- 特徴：南北朝時代の築城と思われる。元禄13年(1700)以降は松平氏が住み、現在は城主の館が復元され歴史民俗資料館になっている。
- 住所：海津市海津町
- アクセス：JR東海道本線・大垣駅よりバス

454 菩提山城（ぼだいさんじょう）
- 構造：山城／土塁・堀
- 築城年：永禄2年(1559)
- 築城者：竹中重元
- 特徴：南・北・東を断崖に守られている。竹中重元は築城後すぐに死去。16歳の重治(半兵衛)が跡を継ぎ、後に名軍師として活躍する。
- 住所：不破郡垂井町
- アクセス：JR東海道本線・垂井駅よりバス・車

455 竹中氏陣屋（たけなかしじんや） 史跡
- 構造：陣屋／櫓門・石垣・堀など
- 築城年：天正16年(1588)
- 築城者：竹中重門
- 特徴：竹中重門は、豊臣秀吉の参謀役として名を馳せた竹中半兵衛の息子。重門は山城の菩提山城に不便を感じ、山の麓に陣屋を築いた。
- 住所：不破郡垂井町
- アクセス：JR東海道本線・垂井駅よりバス・車

444 金山城（かねやまじょう） 史跡
- 構造：山城／櫓・天守跡・本丸など
- 築城年：天文6年(1537)
- 築城者：斎藤正義
- 特徴：斎藤道三の家臣・斎藤正義が築城。正義はこの城を拠点に勢力を伸ばすが、土岐氏に謀られ殺される。殺害を計画したのは道三とも。
- 住所：可児市兼山町
- アクセス：名鉄広見線・明智駅よりバス

445 篠脇城（しのわきじょう） 史跡
- 構造：山城／石垣・空堀
- 築城年：南北朝時代
- 築城者：東氏村
- 特徴：城主の東一族は歌人としても有名。斎藤妙椿に城を奪われた常縁が悲しみを和歌に込めて詠うと、妙椿は心を打たれ、城を返した。
- 住所：郡上市大和町
- アクセス：長良川鉄道・徳永駅より徒歩

446 揖斐城（いびじょう） 史跡
- 構造：山城／不明
- 築城年：康永2年(1314)
- 築城者：揖斐頼雄
- 特徴：養子の土岐光親が、5代目城主・揖斐基信の跡を継ぐ。天文16年(1547)に、土岐氏と対立していた斎藤道三に攻め落とされた。
- 住所：揖斐郡揖斐川町
- アクセス：養老鉄道・揖斐駅より徒歩

447 曽根城（そねじょう）
- 構造：平城／不明
- 築城年：永禄初期(1560年代)
- 築城者：稲葉良通
- 特徴：城跡に残る華渓寺は良通が母の供養のために建てたもので、城が廃された後、享保19年(1734)に現在の場所に移された。
- 住所：大垣市曽根町
- アクセス：JR東海道本線・大垣駅よりバス

448 加納城（かのうじょう） 史跡
- 構造：平城／本丸・二の丸・三の丸など
- 築城年：文安2年(1445)
- 築城者：斎藤利永
- 特徴：斎藤利永が築いた城は天文7年(1538)に一度廃される。慶長6年(1601)の天下普請により復興され、加納藩主代々の居城になる。
- 住所：岐阜市加納丸の内
- アクセス：名鉄名古屋本線・茶所駅より徒歩

449 鷺山城（さぎやまじょう）
- 構造：山城／不明
- 築城年：文治年間(1185～1190)
- 築城者：佐竹秀義
- 特徴：天文17年(1548)に斎藤道三が稲葉山城から移って人生の晩年を過ごした。長良川の戦いで道三が息子の義龍に敗れ、廃城になった。
- 住所：岐阜市鷺山
- アクセス：JR東海道本線・岐阜駅よりバス

450 北方城（きたがたじょう） 史跡
- 構造：平城／不明
- 築城年：14世紀
- 築城者：北方五郎
- 特徴：土岐頼興が北方五郎を名乗って築城。後に、西美濃三人衆のひとりに数えられる安藤守就が住んだが、稲葉一鉄(良通)により落城。
- 住所：本巣郡北方町
- アクセス：JR東海道本線・岐阜駅よりバス

440 鍋山城（なべやまじょう） 史跡
- 構造：山城／石垣
- 築城年：天文年間(1532～1555)
- 築城者：鍋山安室
- 特徴：鍋山安室は跡継ぎ候補として三木顕綱を養子に迎えるが、顕綱は安室を殺し城を奪う。そして顕綱は兄・三木自綱によって殺された。
- 住所：高山市松之木町
- アクセス：JR高山本線・高山駅よりバス

441 松倉城（まつくらじょう） 史跡
- 構造：山城／石垣
- 築城年：天正7年(1579)
- 築城者：三木自綱
- 特徴：飛騨で強大な勢力を誇った三木自綱が築き、城主を子・秀綱に任せた。後に三木氏は羽柴秀吉と対立し、城を落とされて滅亡した。
- 住所：高山市松倉町
- アクセス：JR高山線・高山駅よりバス

442 苗木城（なえぎじょう） 史跡
- 構造：山城／本丸・二の丸・三の丸跡など
- 築城年：天文年間(1532～1555)
- 築城者：遠山直廉
- 特徴：城主・遠山氏は森長可に一度城を奪われるが、後に奪還。城壁に赤土が使用されていることから赤壁城の別名を持つ。高森城とも。
- 住所：中津川市苗木
- アクセス：JR中央本線・中津川駅よりバス

443 明知城（あけちじょう） 史跡
- 構造：山城／土塁・本丸・出丸
- 築城年：宝治元年(1247)
- 築城者：遠山景重
- 特徴：遠山氏の18の支城のうちのひとつ。白鷹城とも呼ばれる。明知遠山氏の居城で、「遠山の金さん」こと遠山金四郎は明知遠山氏の子孫。
- 住所：恵那市明智町
- アクセス：明知鉄道・明智駅より徒歩

郡上八幡城天守

460 小島城 こじまじょう 史跡
- 構造：山城／石垣
- 築城年：南北朝時代
- 築城者：姉小路氏
- 特徴：飛騨の国司に任ぜられた姉小路氏の代々の居城。天正13年(1585)に、豊臣秀吉の家臣である金森長近によって攻め落とされた。
- 住所：飛騨市古川町
- アクセス：JR高山本線・杉崎駅より徒歩・車

456 西高木家陣屋 にしたかぎけじんや 史跡
- 構造：平城／門・蔵・石垣など
- 築城年：慶長6年(1601)
- 築城者：高木貞利
- 特徴：西高木家は、三家に分かれた高木家のひとつ。現在は陣屋跡に郷土資料館が建てられている。多羅城、多良城と呼ばれることもある。
- 住所：大垣市上石津町
- アクセス：JR東海道本線・関ヶ原駅よりバス

461 蛤城 はまぐりじょう 史跡
- 構造：山城／曲輪・蛤石
- 築城年：不明
- 築城者：不明
- 特徴：金森長近が天正13年(1585)にこの城に攻め込んだ際、蛤に似た奇妙な石を見つけたことからその名がついた。旧名は古川城という。
- 住所：飛騨市古川町
- アクセス：JR高山本線・飛騨古川駅より徒歩・車

457 江馬下館 えましもだて 史跡
- 構造：居館／(復)庭園・(復)会所・(復)主門など
- 築城年：室町時代
- 築城者：江馬氏
- 特徴：北飛騨で強い勢力を誇った江馬氏の館。現在は整備されて江馬氏館跡公園となり、京風庭園や主門などの遺構が復元されている。
- 住所：飛騨市神岡町
- アクセス：JR高山本線・飛騨古川駅よりバス

459 郡上八幡城 ぐじょうはちまんじょう 史跡
- 構造：平山城／(復)天守・(復)隅櫓・城門など
- 築城年：永禄2年(1559)
- 築城者：遠藤盛数
- 特徴：東常慶の畔千葉城を改修して築かれた。遠藤盛数が築城の無事を願って人柱を探していたところ、「およし」という女が自ら名乗り出て命を捧げたという伝承が残っている。後に稲葉貞通の城になる。
- 住所：郡上市八幡町
- アクセス：長良川鉄道・郡上八幡駅よりバス

462 大垣城 おおがきじょう 史跡
- 構造：平城／(復)天守閣・石垣・堀
- 築城年：不明
- 築城者：不明
- 特徴：西美濃における政治・軍事の要所。天文年間(1532〜1555)の初期に竹腰氏が築いたとする説が有力。天文13年(1544)に織田信秀に攻め落とされる。その数年後、斎藤道三が城を奪う。
- 住所：大垣市郭町
- アクセス：JR東海道本線・大垣駅よりバス

458 高原諏訪城 たかはらすわじょう 史跡
- 構造：山城／不明
- 築城年：室町時代
- 築城者：不明
- 特徴：江馬氏の重要拠点。江馬氏は戦国期に飛騨地方をほぼ手中に収めるが、三木自綱軍との合戦に敗れて滅びた。旭日城、江馬城とも。
- 住所：飛騨市神岡町
- アクセス：JR高山本線・飛騨古川駅よりバス

大垣城天守

地域別 北陸・東海・近畿地方の城

国宝 国宝 ／ 重文 重要文化財(国) ／ 重文 重要文化財(県) ／ 史跡 国指定史跡 ／ 史跡 県指定史跡

コラム 世界の城との違い

日本の城と外国の城を比べてみたとき、その大きな違いが城壁の有無である。ヨーロッパ、アジアなどに見られる城の多くは、町全体を城壁で取り囲む「城郭都市」を形成している。中国、漢時代の首都・長安では周囲約25km、高さ5mもの城壁で町が覆われていたとされる。いうなれば、町全体がひとつの城として機能していたのだ。

それに対し、日本の城は領主を守る構造にはなっていたが、城下の領民については考慮されていない。そのため、城郭都市は発達しなかったのだ。

ただ、領民にとって城郭都市が最良だったわけではない。町全体が城ということは、戦争の際は兵士とともに戦う必要があるし、壁に囲まれているため自由に逃げることも許されない。そのため、往々にして多くの領民も被害にあった。事実、1618～1648年にかけてドイツを舞台に繰り広げられた「三十年戦争」では、皇帝軍に刃向かった城郭都市マクデブルクの領民約3万人が虐殺されている。

ほかにも城を造る材料の違いなどがあげられる。日本の城は主に土と木で造られているが、ヨーロッパなどを見ると、石造りの城が一般的だ。これは、加工しやすい堆積岩が理由にあげられる。

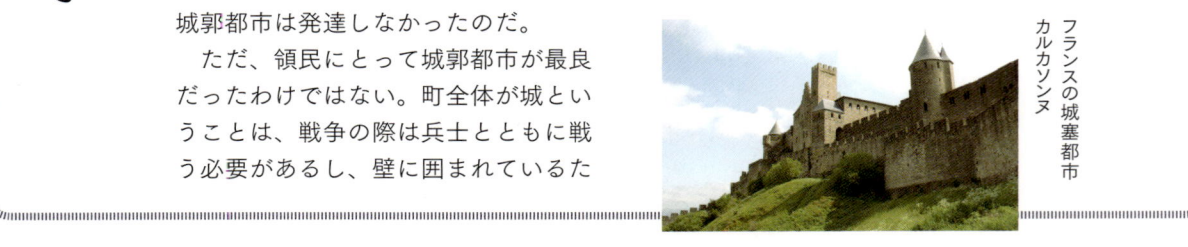

フランスの城塞都市 カルカソンヌ

---

470 小倉山城 おぐらやまじょう 史跡
- 構造：平山城／大手門跡・本丸・石塁
- 築城年：慶長10年(1605)
- 築城者：金森長近
- 特徴：金森長近が高山城から移って隠居生活を送る。金森長近がこの世を去った後、子の長光も6歳で夭逝。廃城になる。別名・小倉居館。
- 住所：美濃市泉町
- アクセス：長良川鉄道・美濃市駅よりバス

466 高山城 たかやまじょう 史跡
- 構造：平山城／堀・土塁
- 築城年：天正16年(1588)
- 築城者：金森長近
- 特徴：三木氏を倒して飛騨を手中に収めた金森長近が古城跡に新城を築く。築城にあたり本城の松倉城を取り壊して建材を調達したという。
- 住所：高山市八軒町
- アクセス：JR高山本線・高山駅よりバス

463 増島城 ますしまじょう 史跡
- 構造：平城／石塁・堀
- 築城年：天正13年(1585)
- 築城者：金森長近
- 特徴：一国一城令により古川旅館として生まれ変わり、元禄5年(1692)に破却された。城門が林昌寺・円光寺の山門として移築されている。
- 住所：飛騨市古川町
- アクセス：JR高山本線・飛騨古川駅より徒歩

471 大桑城 おおがじょう 史跡
- 構造：山城／不明
- 築城年：13世紀前半
- 築城者：逸見義重
- 特徴：承久の乱で功績を上げた逸見義重が築城した。町境に位置する古城山の頂にある。現在、城跡には模型の天守が置かれている。
- 住所：山県市高富町
- アクセス：JR東海道本線・岐阜駅よりバス

467 萩原諏訪城 はぎわらすわじょう 史跡
- 構造：平城／石塁・堀・隅櫓跡
- 築城年：天正13年(1585)頃
- 築城者：不明
- 特徴：築城者は諸説あるが、金森長近の義兄弟である佐藤秀方とする説が有力。城が廃された後、跡地に金森氏が旅館を築いている。
- 住所：下呂市萩原町
- アクセス：JR高山本線・飛騨萩原駅より徒歩

464 小鷹利城 こたかりじょう 史跡
- 構造：山城／不明
- 築城年：不明
- 築城者：不明
- 特徴：飛騨国司・姉小路氏の一族である小鷹利氏の城。城の歴史は不明点が多いが、金森長近によって落城した後、廃されたと思われる。
- 住所：飛騨市河合町
- アクセス：JR高山本線・飛騨古川駅よりバス・車

472 革手城 かわてじょう
- 構造：平城／不明
- 築城年：室町初期
- 築城者：土岐頼康
- 特徴：美濃・尾張・伊勢と三国の守護職についた土岐氏が新たな本拠として築いた。「船田合戦」と称される跡継ぎ争いで焼失している。
- 住所：岐阜市正法寺町
- アクセス：名鉄名古屋本線・茶所駅より徒歩

468 小里城山城 おりしろやまじょう 史跡
- 構造：山城／石塁
- 築城年：天正2年(1574)
- 築城者：小里光明
- 特徴：土岐氏の流れを汲む小里氏の城。城主・小里光明は天正11年(1583)に豊臣秀吉からの和睦要求を拒否して徳川家康についた。
- 住所：瑞浪市稲津町
- アクセス：JR中央本線・瑞浪駅よりバス・車

465 岩村城 いわむらじょう ▶P131 史跡
- 構造：山城／石塁
- 築城年：鎌倉中期
- 築城者：遠山氏
- 特徴：戦国期に城主の遠山景任が病没した際、景任の妻で織田信長の叔母にあたるおつやの方が城主を務めた。
- 住所：恵那市岩村町
- アクセス：明知鉄道・岩村駅より徒歩

473 長山城 ながやまじょう
- 構造：平山城／堀
- 築城年：康永元年(1342)
- 築城者：土岐頼重
- 特徴：弘治2年(1556)に斎藤義龍に攻められた際、城主・明智光安が自害。光秀が逃げ延びて、後に明智氏を復興した。明智城とも呼ぶ。
- 住所：可児市瀬田
- アクセス：名鉄広見線・明智駅より徒歩

469 妻木城 つまぎじょう 史跡
- 構造：山城／櫓・石垣・本丸跡
- 築城年：不明
- 築城者：土岐頼重
- 特徴：築城者は土岐氏だが異説もある。城跡には現在八幡神社が建っており、山麓には侍屋敷跡がある。屋敷館跡も城跡と同じ県の史跡。
- 住所：土岐市妻木町
- アクセス：JR中央本線・多治見駅よりバス

岩村城の石垣

東海地方の城

愛知県

室町時代に尾張の守護・斯波氏に変わり、織田氏が権力を掌握する。三河では今川氏が駿河、遠江から勢力を拡大してきたが、桶狭間の戦いで今川義元が織田信長に返り討ちに遭うと、急激に衰退していった。

地域別　北陸・東海・近畿地方の城

481 鳴海城（なるみじょう）
- 構造：平山城／堀
- 築城年：応永元年(1394)
- 築城者：安原宗範
- 特徴：今川・織田が激突した桶狭間の戦いで、織田軍に討ち取られた主君・今川義元の首を引き取ることを条件に岡部元信が城を明け渡す。
- 住所：名古屋市緑区鳴海町
- アクセス：名鉄名古屋本線・鳴海駅より徒歩

482 岩崎城（いわさきじょう）
- 構造：不明／不明
- 築城年：天文7年(1538)
- 築城者：丹羽氏清
- 特徴：勝幡城の支城。天正12年(1584)に起こった岩崎城の戦いは小牧長久手の戦いの前哨戦で、池田恒興を足止めたが落城した。
- 住所：日進市岩崎町
- アクセス：名鉄豊田線・赤池駅よりバス

483 沓掛城（くつかけじょう）【史跡】
- 構造：平山城／堀
- 築城年：応永年間(1394～1428)
- 築城者：藤原義行
- 特徴：明応元年(1492)頃に近藤氏の本拠になる。桶狭間の戦いで城主・近藤景春が討たれ、落城。その後は織田氏の支配下に入った。
- 住所：豊明市沓掛町
- アクセス：名鉄名古屋本線・前後駅よりバス

484 岡崎城（おかざきじょう）▶P132
- 構造：平山城／(復)天守・石垣・水堀など
- 築城年：康正元年(1455)
- 築城者：西郷稠頼
- 特徴：西郷氏の城だったが、松平清康が攻め落とした。徳川家康はこの城で生まれ、産湯を使ったという井戸が現在も残っている。
- 住所：岡崎市康生町
- アクセス：名鉄名古屋本線・岡崎公園前駅より徒歩

485 古宮城（ふるみやじょう）
- 構造：平山城／曲輪・土塁・堀
- 築城年：元亀2年(1571)
- 築城者：馬場信房
- 特徴：武田信玄が、築城の名手として知られる馬場信春に命じて築かせた。徳川家康のいる岡崎城を攻めるための重要拠点になった。
- 住所：新城市作手清岳
- アクセス：JR飯田線・新城駅よりバス

486 長篠城（ながしのじょう）▶P132【史跡】
- 構造：平城／曲輪・土塁・堀など
- 築城年：永正5年(1508)
- 築城者：菅沼元成
- 特徴：武田信玄の死後に勃発した長篠の戦いで有名な城。百戦錬磨の武田騎馬隊が、新兵器・鉄砲を駆使する織田・徳川連合軍に敗れた。
- 住所：新城市長篠
- アクセス：JR飯田線・長篠城駅より徒歩

487 楽田城（がくでんじょう）
- 構造：平城／土塁・堀
- 築城年：永正年間(1504～1520)
- 築城者：織田久長
- 特徴：永禄年間(1558～1570)に犬山城主・津田信清に攻められ、落城している。城跡は現在、小学校の敷地になっている。
- 住所：犬山市楽田
- アクセス：名鉄小牧駅・楽田駅より徒歩

476 名古屋城（なごやじょう）▶P20【重文】【史跡】
- 構造：平城／(復)天守・(復)戌亥隅櫓・櫓など
- 築城年：慶長15年(1610)
- 築城者：徳川家康
- 特徴：かつては那古野城があり、織田信長の居城ともなった。後に家康が那古野城を改修して名古屋城を築き、尾張徳川氏の本拠とした。戦災で天守が焼失するも昭和34年(1959)に復元。別名は金鯱城。
- 住所：名古屋市中区本丸
- アクセス：市鉄名城線・市役所駅より徒歩

477 勝幡城（しょばたじょう）
- 構造：平城／不明
- 築城年：永正年間(1504～1529)
- 築城者：織田信定
- 特徴：織田信定の子・信秀がこの城を拠点に勢力を拡大し、織田氏繁栄の礎を築く。織田氏が那古野城に本拠を移した後は廃城になった。
- 住所：稲沢市平和町
- アクセス：名鉄津島線・勝幡駅より徒歩

478 末森城（すえもりじょう）
- 構造：平山城／不明
- 築城年：天文17年(1548)
- 築城者：織田信秀
- 特徴：今川氏の侵攻に備えて築城。織田信秀の後を継いで城主になった信行は、信長に謀反を起こし、清洲城に誘い出されて殺された。
- 住所：名古屋市千種区城山町
- アクセス：市鉄名城線・本山駅より徒歩

479 小幡城（おばたじょう）
- 構造：平山城／土塁・堀
- 築城年：大永2年(1522)
- 築城者：岡田重篤
- 特徴：天文4年(1535)に家康の祖父清康が尾張侵攻時に在城。三河との連絡路に使うため家康が修復したが、小牧長久手の戦い以後廃城となる。
- 住所：名古屋市守山区西城
- アクセス：名鉄瀬戸線・瓢箪山駅より徒歩

480 大高城（おおだかじょう）【史跡】
- 構造：平山城／堀跡
- 築城年：永正年間(1504～1521)
- 築城者：花井氏
- 特徴：桶狭間の戦いにおいて、19歳の家康が織田軍の包囲を突破して城に兵糧を届けたことで名高い。現在は公園となっている。
- 住所：名古屋市緑区大高町
- アクセス：JR東海道本線・大高駅より徒歩

474 小牧山城（こまきやまじょう）【史跡】
- 構造：山城／(復)天守・小曲輪・石塁
- 築城年：永禄6年(1563)
- 築城者：織田信長
- 特徴：美濃攻めの拠点として築城。永禄10年(1567)に信長が稲葉山城に移って廃城。現在、城跡に天守を模した資料館が置かれている。
- 住所：小牧市堀の内
- アクセス：名鉄小牧線・小牧よりバス・徒歩

475 犬山城（いぬやまじょう）▶P34【国宝】
- 構造：平山城／天守・(復)櫓・(復)門など
- 築城年：文明元年(1469)
- 築城者：織田信康
- 特徴：天文6年(1537)に織田信康が現在の場所に移した。戦国期に織田信長が攻め落とし、尾張を統一した。江戸時代には尾張徳川氏が城主を務めた。三層の天守を備える美しい城で白帝城と称された。
- 住所：犬山市大字犬山
- アクセス：名鉄犬山線・犬山遊園駅より徒歩

名古屋城天守

犬山城天守

コラム

幻の城「帰雲城」

日本の城は木造建築であるため、遺構がほとんど残っておらず、場所もよくわからない「幻の城」は意外に多い。史料は当時の威容を伝えるが、その土地に行ったとしても、一部の石垣どころかまったく痕跡すらつかめない城跡もある。

滋賀県の大津城や福井県の敦賀城のように、地下から遺構がいくつか発掘されてその存在が確証された例もある。全国的に遺構探しは続けられているが、なかなか姿を現さない「幻の城」がある。岐阜県の白川郷にあったとされる帰雲城だ。

白川郷は内ヶ嶋氏が支配しており、寛正年間（1460～1466）に居城として築城された。悲劇が起こったのは天正3年（1586）11月29日、天正大地震によって、内ケ嶋氏と帰雲城は忽然と歴史から消えてしまったのだ。

現在も名残りとなるような遺構は発見されておらず、離れた場所に石碑があるのみ。帰雲城の悲劇は本願寺の日記「貝塚御座所日記」に残されており、近くの帰雲山の山崩れによるものと見られている。

庄川沿いにある帰雲城趾石碑

499 清洲城 (きよすじょう) ▶P131
- 構造：平城／(復)天守
- 築城年：応永12年(1405)
- 築城者：斯波義重
- 特徴：清洲織田氏の居城として知られる。交通の要所に位置し、名古屋城が築かれるまで政治・経済の中心地だった。慶長15年(1610)に廃され、清洲城の建材が名古屋城の改修に用いられている。
- 住所：清須市朝日
- アクセス：名鉄名古屋本線・新清洲駅より徒歩

清洲城天守

493 松平城 (まつだいらじょう) 史跡
- 構造：平城／石垣・水堀・井戸
- 築城年：弘安年間(1278～1288)
- 築城者：在原信盛
- 特徴：松平氏はこの城で後の活躍の基盤を築いた。後に徳川氏となる松平氏の居館とあわせ、松平氏遺跡として知られる。
- 住所：豊田市松平町
- アクセス：名鉄三河線・豊田市駅よりバス

494 西尾城 (にしおじょう)
- 構造：平山城／(復)櫓・(復)門・本丸など
- 築城年：鎌倉時代
- 築城者：足利義氏
- 特徴：本丸に築いた三層の天守を、後に二の丸に移すという非常に珍しい移築が行われている。西条城、鶴城、錦丘城の別名を持っている。
- 住所：西尾市錦城町
- アクセス：名鉄西尾線・西尾駅より徒歩

495 飯盛城 (いいもりじょう)
- 構造：平山城／曲輪・井戸・堀
- 築城年：治承年間(1177～1181)
- 築城者：足助重長
- 特徴：巴川を見下ろす山に築かれた。城跡およびその周辺は美しい紅葉が見られる観光地として知られ、居館跡には曹洞宗香積寺がある。
- 住所：豊田市足助町
- アクセス：名鉄本線・東岡崎駅よりバス

488 丸根砦 (まるねとりで) 史跡
- 構造：平山城／曲輪・堀
- 築城年：永禄2年(1559)
- 築城者：織田信長
- 特徴：織田家臣の佐久間盛政が今川方の徳川家康と戦った場所。家康が盛政を討ち、今川方は勢いに乗るが、桶狭間の戦いでは敗れた。
- 住所：名古屋市緑区大高区
- アクセス：JR東海道本線・大高駅より徒歩

489 刈谷城 (かりやじょう)
- 構造：平城／本丸・水堀
- 築城年：天文2年(1533)
- 築城者：水野忠政
- 特徴：水野忠政が築いて、それまでの本拠から移り住んだ。亀城という別名があり、現在、城跡は整備されて亀城公園になっている。
- 住所：刈谷市城町
- アクセス：名鉄三河線・刈谷市駅より徒歩

490 安祥城 (あんしょうじょう)
- 構造：平山城／土塁
- 築城年：永享14年(1440)
- 築城者：和田親平
- 特徴：岡崎城に移るまで、松平氏が居城にした。織田氏との戦いで、人質として幼少の家康と織田信広を交換したエピソードは有名。
- 住所：安城市安城町
- アクセス：名鉄西尾線・南安城駅より徒歩

500 野田城 (のだじょう)
- 構造：丘城／曲輪・堀・井戸
- 築城年：永正2年(1505)
- 築城者：菅沼定則
- 特徴：武田信玄がこの城を攻めた際、城兵が奏でる笛の音に聞き惚れて火縄銃で撃たれ、信玄はその傷が原因で死去したとの伝承がある。
- 住所：新城市豊島
- アクセス：JR飯田線・野田城駅より徒歩

496 田峯城 (だみねじょう)
- 構造：山城／(復)物見櫓・(復)御殿・曲輪など
- 築城年：文明2年(1470)
- 築城者：菅沼定成
- 特徴：奥三河で勢力を誇り、山家三方衆にも数えられる田峯菅沼氏の居城。他国の侵攻は少なかったが、歴代城主は内紛に悩まされた。
- 住所：北設楽郡設楽町
- アクセス：JR飯田線・本長篠駅よりバス

491 桜井城 (さくらいじょう) 史跡
- 構造：平城／(復)冠木門・土塁
- 築城年：文明年間(1469～1486)
- 築城者：松平氏
- 特徴：小浦氏の屋敷をもとに築かれた。桜井松平氏が本城とし、天正18年(1590)に城主が家康について関東に移ったため廃された。
- 住所：安城市桜井町
- アクセス：名鉄西尾線・桜井駅より徒歩

501 田原城 (たはらじょう)
- 構造：平城／(復)櫓・本丸・二の丸など
- 築城年：文明12年(1480)
- 築城者：戸田宗光
- 特徴：渥美半島に位置。松平氏が今川氏に送った人質の竹千代を城主・戸田氏が奪い、織田氏に渡したために今川氏に攻め落とされた。
- 住所：田原市田原町
- アクセス：豊鉄渥美線・三河田原駅より徒歩

497 宇利城 (うりじょう) 史跡
- 構造：山城／曲輪・堀切・井戸
- 築城年：文明年間(1469～1487)
- 築城者：熊谷重実
- 特徴：要害の地に築かれ、南以外の三方を崖に守られている。三河を手中に収めんとする松平清康が享禄3年(1530)にこの城を攻めた。
- 住所：新城市中宇利
- アクセス：JR飯田線・新城駅より車

492 大給城 (おぎゅうじょう) 史跡
- 構造：山城／曲輪・石塁
- 築城年：天文年間(1532～1555)
- 築城者：松平乗元
- 特徴：松平氏の築城とするのが一般的だが、もとは長坂氏の城だったという説もある。国の史跡「松平氏遺跡」のうちの一つ。
- 住所：豊田市大内町
- アクセス：名鉄三河線・豊田市駅よりバス

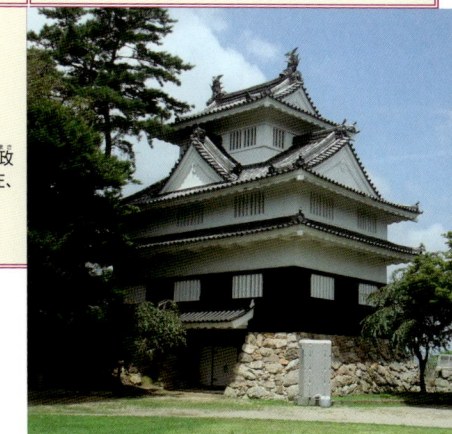

502 足助城 (あすけじょう)
- 構造：不明／(復)櫓
- 築城年：戦国時代
- 築城者：不明
- 特徴：真弓山に築かれた足助鈴木氏の城。現在は公園として整備され、復元された櫓を見ることができる。真弓城、真弓山城とも呼ばれる。
- 住所：豊田市足助町
- アクセス：名鉄豊田線・浄水駅よりバス

498 吉田城 (よしだじょう)
- 構造：平城／(復)櫓・本丸・二の丸など
- 築城年：永正2年(1505)
- 築城者：牧野古白
- 特徴：15万2千石の領主として入城した池田輝政が、城下町を含めて城を整備・拡張した。現在、城跡は豊橋公園の一区画になっている。
- 住所：豊橋市今橋町
- アクセス：豊鉄市内線・市役所前駅より徒歩

503 那古野城 (なごやじょう)
- 構造：不明／不明
- 築城年：大永年間(1521～1528)
- 築城者：今川氏親
- 特徴：永正15年(1818)に尾張国の東半分は駿河の今川氏の支配下になり、その最前線に氏親が築いた。その後、織田信秀が攻め落とし居城とした。
- 住所：名古屋市中区二の丸
- アクセス：市鉄名城線・市役所駅より徒歩

吉田城天守

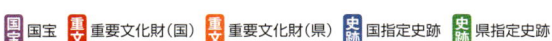

地域別 北陸・東海・近畿地方の城

東海地方の城

三重県（みえけん）

南北朝時代に大納言・北畠親房（きたばたけちかふさ）が伊勢国に向かい、南朝の勢力を強めるために奮闘した。南北朝の和議が成ったあとは、北畠氏をはじめ、長野氏、関氏のほか、北部の地侍「北勢四十八家（ほくせいしじゅうはっか）」が戦いを繰り広げた。

506 津城（つじょう） ▶P133　史跡
- 構造：平城／(復)隅櫓・天守台・本丸など
- 築城年：永禄年間(1558～1570)　築城者：細野藤敦
- 特徴：築城の達人である藤堂高虎が慶長16年(1611)に大規模な改修を行う。関ヶ原の戦いに、城主・富田信高の正室・おみのの方が若武者姿で出陣して、自軍の兵を奮い立たせたというエピソードがある。
- 住所：津市丸之内
- アクセス：近鉄名古屋線・津新町駅より徒歩

504 名張城（なばりじょう）
- 構造：館／殿館・奥向
- 築城年：天正13年(1585)
- 築城者：松倉勝重
- 特徴：元和3年(1671)にいったん廃されるが、藤堂高吉が新たに陣屋を築いた。跡地は現在、小・中学校の敷地になり、殿館が一部残る。
- 住所：名張市丸之内
- アクセス：近鉄大阪線・名張駅より徒歩

505 丸山城（まるやまじょう）
- 構造：山城／天守台・櫓台・土塁など
- 築城年：天正6年(1578)
- 築城者：滝川雄利
- 特徴：土豪衆の強い抵抗を受けて築城工事が頓挫するが、天正9年(1581)に織田信長の大軍が土豪衆を鎮圧し、ようやく城が完成した。
- 住所：伊賀市下神戸
- アクセス：伊賀鉄道伊賀線・丸山駅より徒歩

津城天守

507 霧山城（きりやまじょう）　史跡
- 構造：山城／台状地・土塁・堀切
- 築城年：康永元年(1342)
- 築城者：北畠顕能
- 特徴：8代城主・北畠具教が、織田信長の次男で養子の信雄と対立。天正4年(1576)に具教が暗殺され、織田軍が城を攻め落とした。
- 住所：津市美杉町上多気
- アクセス：JR名松線・伊勢奥津駅よりバス

508 阿坂城（あざかじょう）　史跡
- 構造：山城／曲輪跡・土塁・堀切
- 築城年：応永年間(1394～1428)
- 築城者：北畠満雅
- 特徴：足利軍に対し籠城した際、水不足に陥ったことを敵に知られぬよう水の代わりに白米を馬にかけたという逸話から白米城と呼ばれる。
- 住所：松阪市大阿坂町桝形
- アクセス：JR紀勢本線・松阪駅よりバス

509 松ヶ島城（まつがしまじょう）　史跡
- 構造：平城／台状地
- 築城年：天正8年(1580)
- 築城者：織田信雄
- 特徴：織田軍に対して北畠具教が築いた細首城が前身。織田信雄が大幅な改修を施し松ヶ島城とした。遺構は天守山と呼ばれる台状地のみ。
- 住所：松阪市松ヶ島町
- アクセス：近鉄山田線・松ヶ崎駅より徒歩

神戸城石垣

514 峯城（みねじょう） 史跡
- 構造：平山城／天守台・曲輪・土塁など
- 築城年：貞治6年(1367)
- 築城者：関政実
- 特徴：築城後、関政実は峯氏を名乗る。豊臣の大軍に対して当時の城主・滝川儀太夫が籠城した天正11年(1583)の戦いが有名。
- 住所：亀山市川崎町
- アクセス：JR紀勢本線・亀山駅よりバス

510 亀山城（かめやまじょう） 史跡
- 構造：平山城／天守台・多聞櫓・堀
- 築城年：天正18年(1590)
- 築城者：岡本宗憲
- 特徴：関ヶ原の戦いで城主・岡本宗憲が西軍についていたため領地を没収され、その後は頻繁に城主が替わった。延享元年(1744)以降は石川氏の城になる。粉蝶城の異名を持つ。城の西には関実忠が築いた亀山古城がある。
- 住所：亀山市本丸町
- アクセス：JR関西本線・亀山駅より徒歩

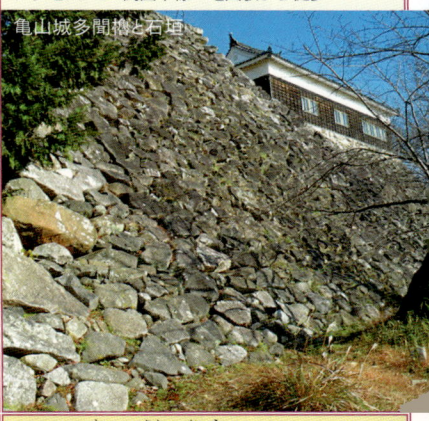

亀山城多聞櫓と石垣

521 神戸城（かんべじょう） 史跡
- 構造：平城／天守台・大手門・堀
- 築城年：天文年間(1532〜1555)
- 築城者：神戸具盛
- 特徴：織田信長に攻められた際、神戸氏が信長の子・信孝を養子にする条件で和睦。信孝は五層天守閣を築く。神戸氏の後は本多氏が入る。
- 住所：鈴鹿市神戸
- アクセス：近鉄鈴鹿線・鈴鹿市駅より徒歩

515 大河内城（おかわちじょう） 史跡
- 構造：平山城／曲輪・土塁・堀切
- 築城年：応永22年(1415)
- 築城者：北畠顕雅
- 特徴：北畠氏の戦国期の本拠。北と東には川、西南には深い谷があり、防御に適した立地になっている。天正3年(1575)に廃城。
- 住所：松阪市大河内町
- アクセス：近鉄山田線・松阪駅よりバス

522 上野城（うえのじょう）
- 構造：平山城／櫓台・本丸・二の丸など
- 築城年：元亀元年(1570)
- 築城者：織田信包
- 特徴：東を見れば伊勢湾、南には津城があり、非常に眺望に優れた立地に築かれた城。現在は本城山公園になり、展望台が設置されている。
- 住所：津市河芸町上野
- アクセス：近鉄名古屋線・豊津上野駅より徒歩

516 五ヶ所城（ごかしょじょう） 史跡
- 構造：平山城／曲輪・空堀・土塁
- 築城年：康永年間(1342〜1345)
- 築城者：愛洲氏
- 特徴：五ヶ所湾を見下ろす台地に位置する城。城の北側、西側は五ヶ所川に守られている。元亀もしくは天正初期に廃されたと思われる。
- 住所：度会郡南伊勢町
- アクセス：近鉄山田線・宇治山田駅よりバス

511 松阪城（まつさかじょう） ▶P133 史跡
- 構造：平山城／天守台・本丸・二の丸など
- 築城年：天正16年(1588)
- 築城者：蒲生氏郷
- 特徴：明治以前は「松坂城」と表記された。豊臣秀吉の居城・大坂の一字をもらい、縁起のいい「松」の字を足して蒲生氏郷が名付けた。
- 住所：松阪市殿町
- アクセス：近鉄山田線・松阪駅より徒歩

523 波切城（なきりじょう）
- 構造：丘城／不明
- 築城年：南北朝末期
- 築城者：川面氏
- 特徴：航海の難所として知られる岬に築かれた城。当初は川面氏の居城だったが九鬼氏が攻め落とし、鳥羽城に移るまで本拠とした。
- 住所：志摩市大王町波切
- アクセス：近鉄志摩線・鵜方駅よりバス

517 鳥羽城（とばじょう） 史跡
- 構造：海城／本丸・石垣
- 築城年：文禄3年(1594)
- 築城者：九鬼嘉隆
- 特徴：鳥羽湾近くの丘に築かれた城。海上の戦いで無類の強さを誇った九鬼の水軍が本拠とし、海賊城とも呼ばれた。錦城の別名も持つ。
- 住所：鳥羽市鳥羽
- アクセス：JR参宮線・鳥羽駅より徒歩

524 桑名城（くわなじょう） 史跡
- 構造：平城／本丸・三の丸石垣・堀
- 築城年：慶長6年(1601)
- 築城者：本多忠勝
- 特徴：三重県北端の河口近くにある。本多忠勝が10年近い歳月をかけて築城し、その後、桑名藩の代々の居城になった。元禄14年(1701)の火災と慶応4年(1868)の戊辰戦争で一部が焼失。現在は公園。
- 住所：桑名市吉之丸
- アクセス：JR関西本線・桑名駅より徒歩

518 赤木城（あかぎじょう） 史跡
- 構造：平山城／石垣
- 築城年：天正17年(1589)
- 築城者：藤堂高虎
- 特徴：規模は小さいが、石垣の遺構がよく残る。赤木城に続く田平子峠は藤堂高虎が多数の農民を斬首した場所で、供養碑が建っている。
- 住所：熊野市紀和町赤木
- アクセス：JR紀勢本線・熊野駅より車

512 田丸城（たまるじょう） 史跡
- 構造：平山城／天守台・本丸・二の丸など
- 築城年：延元元年(1336)
- 築城者：不明
- 特徴：小高い丘陵に築かれた城。現在は城山公園になっており、天守台、大手門の石垣、内堀など、数々の遺構が見られる。玉丸城とも。
- 住所：度会郡玉城町田丸
- アクセス：JR参宮線・田丸駅より徒歩

519 木造城（こつくりじょう）
- 構造：平城／本丸跡・土塁
- 築城年：貞治5年(1366)
- 築城者：木造顕俊
- 特徴：北畠顕能の次男・顕俊によって築かれ、顕俊は木造氏の祖となった。城跡碑が置かれているが、遺構はほとんど残っていない。
- 住所：津市木造町
- アクセス：近鉄名古屋線・桃園駅より徒歩

513 伊賀上野城（いがうえのじょう） ▶P126 史跡
- 構造：平山城／(復)天守閣・曲輪・高石垣など
- 築城年：天正13年(1585)　築城者：筒井定次
- 特徴：筒井氏の城を慶長16年(1611)に藤堂高虎が改築した。日本一と称される石垣の高さは、実に約30mに及ぶ。白鳳城とも称される。
- 住所：伊賀市上野丸之内
- アクセス：伊賀鉄道伊賀線・上野市駅より徒歩

520 長島城（ながしまじょう）
- 構造：平城／堀
- 築城年：文明14年(1482)
- 築城者：伊藤重晴
- 特徴：藤原道家の館が長島城の前身になったと伝えられる。元亀元年(1570)に一向宗願証寺により攻め落とされ、一向一揆の拠点になった。
- 住所：桑名市長島町
- アクセス：JR関西本線・長島駅より徒歩

桑名城蟠龍櫓

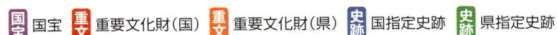

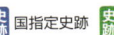

伊賀上野城天守

地域別　北陸・東海・近畿地方の城

名城秘話 1　近代日本城事情

軍隊が置かれた城

〈さくらじょう〉**佐倉城** ほか

明治4年（1871）4月、地方警備のため、東山道と西海道の二鎮台が置かれた。同年8月には、鎮台は大阪、鎮西、東北、東京と4つに増える。この時、軍勢は18個大隊の歩兵約1万3千人と、砲兵、騎兵、工兵の千人ほどであったという。

鎮台は国内治安向けの歩兵主力の軍隊で、本営4ヵ所、分営8ヵ所が、旧城郭内に置かれた。この時、仙台城、大坂城、小倉城にそれぞれ鎮台が置かれた。そして、弘前城、佐倉城、上田城、名古屋城、小浜城、高松城、広島城、鹿児島城に分営が設置された。

明治5年（1872）、兵部省が廃止され、かわりに陸軍省と海軍省が設置される。城郭の管理は兵部省から陸軍に移った。

明治6年（1873）に4から6に鎮台が増える。鎮台を含む営所はこの時、14ヵ所、将来は41に増やす計画であった。そしてのために必要となる旧城郭以外の城はすべて廃城となっている。

これにより存城とされたのが二条城、大坂城、津城、名古屋城、厳原城（金石城）、首里城、鹿児島城、豊橋城、静岡城（駿府城）、山梨城（甲府城）、小田原城、東京城（江戸城）、彦根城、高崎城、宇都宮城、若松城・高崎城、津若松城）、仙台城、盛岡城、山形城、秋田城、福井城、金沢城、新発田城、高田城、鳥取城、松江城、姫路城、岡山城、広島城、山口城（山口屋形）、和歌山城、徳島城、丸亀城、高松城、松山城、宇和島城、福岡城、小倉城、熊本城、飫肥城、鹿児島城、熊本城でであった。しかし、山口城のように存城がいったん決まったものの、その後廃城令が出た城もある。

存城が決まったとはいえ、城は軍隊を駐在させるための場所であった。城内の建物で必要がないとされたものは壊された。残された建物の多くも使い勝手のよいように改修されてしまったものが多かった。

降下練習用階段
佐倉城に残る降下練習用階段。城内にはトイレ跡や軍用犬、軍馬の墓など、遺跡が多く残されている。

谷干城像
熊本鎮台司令長官として西南戦争を戦った。

名古屋鎮台
1936年の名古屋城。左下に兵舎がみえる。

写真／毎日フォトバンク

名城秘話 2 近代日本城事情

戦災で焼かれた城

〈なごやじょう〉名古屋城 ほか

現在明治以前に建てられた天守は12基で俗に「現存十二天守」と呼ばれている。しかし、戦前にはもっと多くの天守が存在していた。

昭和19年(1944)6月にマリアナ諸島が陥落する。ここを拠点として米軍の日本本土への空襲が可能となった。そのため同年末から日本への空襲が本格化する。昭和20年(1945)3月10日の東京大空襲では、10万人以上の人が亡くなっている。

明治以降城には鎮台をはじめとする陸軍の施設が置かれた。また、学校として利用されていたケースも多い。空襲には軍事施設を目標としたものと、日本人の戦意を喪失させるために焼夷弾で都市を狙ったものとがあったとされる。

城には、軍事施設があり、なおかつその都市のシンボルであったから、格好の攻撃目標であったのだろう。

「尾張名古屋は城でもつ」とさえいわれた名古屋が、空襲によって焼失した城の第一号になったのは、何か皮肉なめぐり合わせといえるだろう。記録によると昭和20年5月14日の早朝、名古屋市域にアメリカ軍機が襲来し、2回にわたって爆撃を行った。その2回目の焼夷弾が金鯱を避難させるために組んでいた足場に引っかかり、大爆発の末、2時間以上にわたって炎上したという。

これ以降、5月25日に江戸城、6月29日に岡山城、7月4日に徳島城と高松城、7月9日に和歌山城、7月10日に仙台城、7月12日に宇和島城、7月16日に府内城、7月29日に大垣城、8月2日に水戸城が空襲を受けた。それぞれの城の天守や門、櫓といった貴重な建物が灰となった。

8月6日に広島城の天守が原子爆弾により倒壊、他の建物も焼失してしまう。その後も8月8日には福山城の天守などの建物が空襲によって燃えた。さらに終戦の前日の8月14日にも空襲があり、大坂城の門や櫓が焼失しているという被害を受けた。

名古屋城炎上

写真／毎日フォトバンク

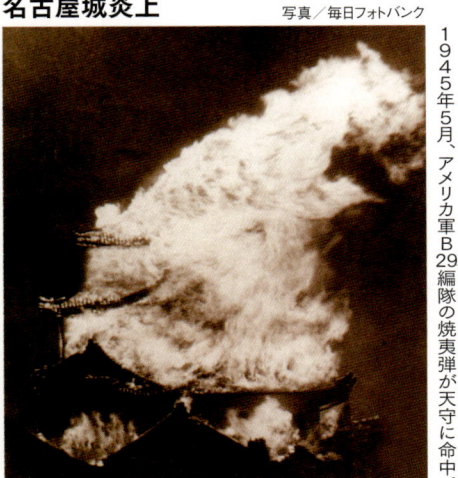

1945年5月、アメリカ軍B29編隊の焼夷弾が天守に命中。

戦災で天守が焼失した主な城

城名	所在地	日付	原因
大垣城	岐阜県大垣市	昭和20(1945)年7月29日	大垣空襲の際に天守などが焼失
名古屋城	愛知県名古屋市	昭和20(1945)年5月14日	名古屋大空襲の際に大小天守などが焼失
和歌山城	和歌山県和歌山市	昭和20(1945)年7月9日	和歌山大空襲の際に大小天守群が焼失
岡山城	岡山県岡山市	昭和20(1945)年6月29日	岡山空襲の際に焼失
広島城	広島県広島市	昭和20(1945)年8月6日	原爆投下により倒壊
福山城	広島県福山市	昭和20(1945)年8月8日	広島空襲の際に焼失

名城秘話 ③ 近代日本城事情

市民が造った城

〈おおさかじょう〉大坂城

現在の大坂城天守は3代目である。昭和6年(1931)に再建されてから平成23年(2011)で、80年を迎えた。初代は天正13年(1585)に豊臣秀吉が造り、慶長20年(1615)の大坂夏の陣で焼け落ちた。2代目は徳川幕府が寛永3年(1626)に建てたが、寛文5年(1665)に落雷によって焼失したから、3代目は、日々長寿記録を更新中である。

大正14年(1925)、「大大阪記念博覧会」が大坂城内で開催される。天守台の上には二階建ての「豊公館」が造られて好評を博した。この結果もあって、昭和3年(1928)、昭和天皇即位を記念して当時の大阪市長関一が議会に大坂城天守再建を提案する。当時、昭和天皇即位の御大典記念行事や事業が日本各地で行われていたから、大坂城天守再建もその一環であった。

市長の提案は議会において全会一致で可決され、推進委員会が設置されると市民からの寄付の申込が殺到した。中にはたったの10銭という寄付もあったという。わずか半年で150万円が集まった。いかに「太閤さん」こと豊臣秀吉が大阪の人々に愛されているかを物語るエピソードであろう。また、大阪の人々には「大阪人はケチじゃない。出す時は出す。あの大坂城は自分達が造ったんだ」という矜持があるようだ。

当時、大坂城に関する資料が乏しく、「大坂夏の陣図屏風」に描かれた天守などを参考にして三代目の天守の設計図が引かれた。鉄筋コンクリート製で当時まだめずらしかったエレベーターを備えた天守は、昭和6年(1931)11月7日に竣工。完成を記念して花電車が走るなどお祝いムード一色となった。

大坂城には、明治に大阪鎮台が置かれて以降昭和20年(1945)の終戦まで陸軍の施設が置かれていた。3代目天守も陸軍の施設内にあった。いざというときには天守を軍に明け渡すという約束のもと、建てられた天守は昭和17年まで見学することができた。

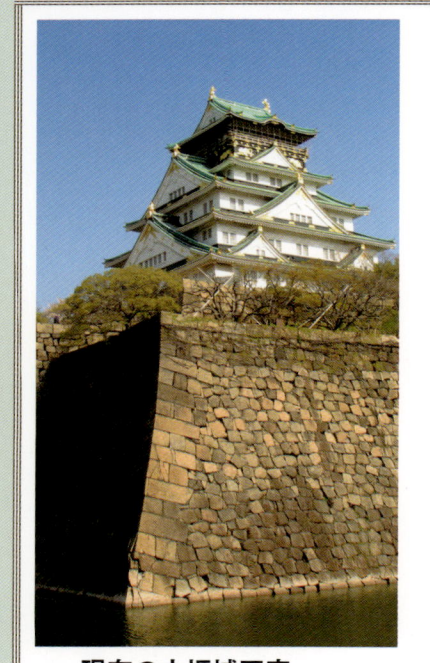

現在の大坂城天守
平成23年に復興80周年を迎え、さまざまなイベントが行われた。

天守を再建
1931年に撮影された、天守を再建中の大坂城。

写真／毎日フォトライブラリー

名城秘話 4　近代日本城事情
彦根城を救った天皇
〈ひこねじょう〉**彦根城**

　徳川幕府体制が瓦解し、明治になると城は無用の長物となった。しかし、すぐに解体されたのではなかった。明治4年(1871)の廃藩置県までは存続した城が多かったものの、幕末にはどの藩でも財政は悪化していた。戊辰戦争のための出費がそれに拍車をかけ、城の修理に使える金はなく、荒れるに任せるままのところが多かった。

　明治6年(1873)、廃城令が出されると全国各地で、城が競売に懸けられ民間に払い下げられた。建物一棟の代金が米1石(約150キログラム)の値段とおなじだったともいわれるほど安かった。

　現在国宝となっている彦根城もまた、同様の運命をたどるはずだった。明治4年には石垣の一部が撤去され、明治5年には城地内の土地が開墾され、上級武士たちが住んでいた部分には平民が住むようになっていた。

　天守などの城の中心部は明治5年2月に陸軍省の管轄となり、大阪鎮台第一分営歩兵第十八大隊が入る。すぐにこの部隊は移動したが、他の隊が駐在した。この頃彦根城が明治11年9月に解体されることが決まっていたという。門・塀などの建物は競売にかけられ、天守も800円で売却される予定であった。

　明治11年10月11日、北陸巡幸を終えて京都へ向かう途中、明治天皇は現・彦根市高宮町にある円照寺に宿泊した。この時、天皇に随行した参議大隈重信は、足場が架けられ取り壊し寸前の彦根城を見て、天皇に城の保存を奏上した。天皇はこれに同意して、宮内卿徳大寺実則を通じて内大臣岩倉具視に彦根城の保存を命じた。

　また、一説には井伊の一族の住職が寺を訪れた天皇に彦根城の保存を懇願したのだともいわれる。

　いずれにしても天皇が、取り壊し直前の彦根城下を訪れ、取り壊しの中止を決定しなければ、国宝として私たちの目を楽しませている彦根城天守はなくなっていたのである。

彦根城　彦根城は旧国宝保存法による城郭国宝の第一号に指定された。

大隈重信　佐賀藩出身の政治家兼教育者。内閣総理大臣、外務大臣、農商務大臣、内務大臣などを歴任する。

(写真／国立国会図書館)

二条城

京都府

慶長8年（1603）年築

城番号 545
参照頁 ▶P163

史蹟区分：世界文化遺産、国指定史蹟、国指定名勝、国宝指定6件、重要文化財22件

築城主：徳川家康

A 二の丸御殿 国内で唯一現存する武家書院造りの建築物である二の丸御殿。近現代史でも度々名が登場する重要な建築物で、国宝にも指定されている。

桃山様式を多く残す徳川家象徴の城

一般的に知られ、現存する二条城を築いたのは**徳川家康**だが、それ以前にも二条城と呼ばれる城は存在した。室町幕府第13代・足利義輝の居城、織田信長が築いた同15代・**足利義昭の居城**、やはり信長が築いた**二条新御所**がそれぞれ史上では「二条城」として記される。しかし、いずれも現存の二条城とは別のものであり、また現存もしていない。

家康が慶長6年（1601）に上洛すると、京での御所として築かせたのが今に残る二条城だ。築城の際には外様大名たちに普請させる、いわゆる「**天下普請**」が行われている。完成したのは慶長8年（1603）だが、天守のみはやや遅れて慶長11年（1606）の完成となる。

この城は防衛拠点としてではなく、**天下を取った徳川家の象徴**として、京や全国の大名に威光を示すことが目的とされた。ほぼ天下が治まっていたこと、付近には伏見城があったことも理由である。慶長16年（1611）には家康と二代関白・豊臣秀頼の対面が行わ

その他

二条城で大政奉還した最後の将軍・徳川慶喜

江戸幕府第15代将軍にして最後の将軍となった徳川慶喜だが、その将軍就任が執り行われたのも、大政奉還により幕府を終わらせたのも、二条城での出来事だった。その後の鳥羽・伏見の戦いや戊辰戦争、江戸城開城などを経て、最終的に慶喜は駿府（静岡）で余生を過ごす。のちに明治天皇との謁見や貴族院議員への就任なども果たし、余生は趣味に没頭しつつ過ごしたという。江戸幕府の歴代将軍では最長寿となる77歳で死去する。

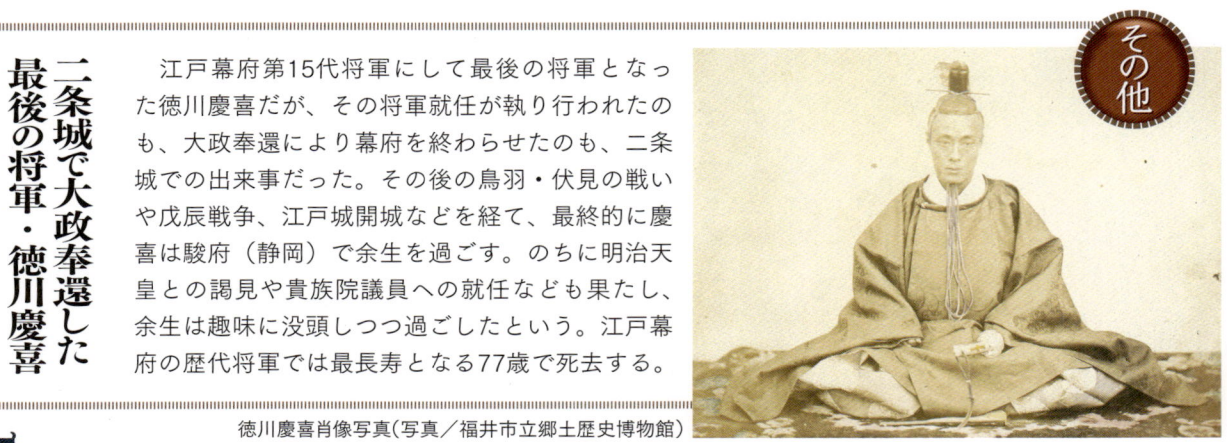

徳川慶喜肖像写真（写真／福井市立郷土歴史博物館）

城知識 かつて二条城には2度天守が築かれた。1度目は家康の時代、大和郡山城から移築されたとみられる五重の天守があったが、のちに淀城へ移築。その天守に変わって家光が築いたのが、落雷によって消失した天守だ。

Ⓑ 本丸御殿(右) 創建当時は二の丸御殿に匹敵する規模だったが天明8年(1788)の火事で焼失。現在の建物は明治26年(1893)に旧桂宮邸を移築したもの。

Ⓒ 唐門 二の丸の門。切妻造、桧皮葺の四脚門で、唐破風内に蝶や獅子などさまざまな彫刻が施されている。

Ⓓ 東南隅櫓 寛永期には四隅に隅櫓があったが、天明8年(1788)の火事で焼失。現在はこの東南隅櫓と西南隅櫓が残っている。

地図ラベル: 清流園、北大手門、Ⓑ本丸御殿、鳴子門、台所、御清所、東大手門、西南隅櫓、天守台、本丸庭園、二の丸庭園、Ⓐ二の丸御殿、Ⓒ唐門、Ⓓ東南隅櫓

城自体は世界遺産登録 二の丸御殿は国宝に

二条城の普請は2代秀忠、3代家光の代でも続けられ、今日の姿となったのは家光の代である。秀忠の代で行われた改修は大規模なもので、縄張の変更なども行われたが、この指揮を執ったのは**藤堂高虎**であった。この時高虎は秀忠案に複数の案を示し、秀忠が決めた案に沿って普請を行う。その後に「将軍自らの縄張である」と喧伝し、秀忠の名を高めた。築城の名手というだけでなく、「世渡り上手」としても知られる高虎らしいエピソードだ。

天守は寛延3年(1750)、落雷による火事で消失。その後は再建されることがなかったが、天守の土台である石垣・天守台は今も堅牢な姿を残している。ほかには二の丸御殿、東や北の大手門、櫓門や鳴子門などの多くの門、東南と西南の隅櫓など、多くの建造物がほぼ完全な姿で今も残る。ただし本丸御殿は後年に移築されたも

のだ。家康はこの会見時に豊臣家を取りつぶす決意を固め、**大坂冬の陣、夏の陣**へと繋がったとみる歴史家も多い。

とくに歴史的価値の高いのが国宝指定もされている二の丸御殿で、唐門、車寄せ、遠侍、式台、大広間、黒書院、白書院、御清所、長屋と武家書院建築様式が完全に残る。豪華な桃山建築物でもあり、国宝級の調度、壁画、彫刻などが多く施されている。また二条城自体も平成6年(1994)に、「**古都京都の文化財**」のひとつとしてユネスコの**世界遺産**に登録された。

主な城主と出来事

1601	徳川家康、西日本の諸大名に命じ、築城を開始
1603	城が完成し家康入城
1611	豊臣秀頼、家康と会見
1626	落雷により五重天守焼失が現在の規模に。後水尾天皇が二条城行幸
1750	大火により本丸御殿、同櫓焼失
1788	本丸や天守が改築され、城が現在の規模に
1863	徳川家茂上洛のため、二の丸御殿を修復
1866	徳川慶喜、将軍職を継ぐ
1867	二の丸御殿大広間にて、慶喜が大政奉還を発表
1915	大正天皇即位の大典を開催
1994	ユネスコ世界文化遺産になる

地域別 北陸・東海・近畿地方の城

城知識 二条城が世界遺産に登録されたのは、「古都京都の文化財」である17の史跡のひとつとして。金閣寺、銀閣寺、平等院、延暦寺、清水寺などの名だたる寺社仏閣のなかで、唯一城として指定されている。

小谷城

史蹟区分：国指定史蹟
築城主：浅井亮政

滋賀県
大永3年（1523）頃築
城番号 639
参照頁 ▶P173

朝倉氏と連合し織田信長に相対したことで知られる、浅井長政の居城。堅牢な山城として名高いが、戦国初期に廃城となり現存建築物は少ない。

長政とお市の方の悲話も残る名山城

織田信長が天下取りへ至る過程で立ちはだかった浅井・朝倉連合軍。その**浅井長政**の居城が**小谷城**である。平野部に突き出すような標高495mの小谷山の尾根を利用した、戦国期を代表する**梯郭式山城**（→P269）として知られる。詳しい築城年はわかっていないが、**浅井亮政**により大永3年（1523）頃築かれたとみられている。

亮政の孫にあたる浅井長政は、信長の妹・お市の方を娶るなど信長とは同盟関係にあったが、同じく同盟者であった朝倉義景と信長が争った際には、朝倉攻めに出た織田方の背後を奇襲し朝倉方に付いた。しかしその後朝倉・浅井とも信長に敗れ、長政は小谷城で自害して果てる。

小谷城攻めで大手柄を上げたのが、後の関白・**羽柴秀吉**である。秀吉は南北に長い小谷城のほぼ中央部あたりに位置する**京極丸**を攻め落とし、本丸の長政と小丸の久政（長政の父）を分断、これを契機に落城へと至った。その後城は秀吉に与えられたが、3年ほどで廃城とされている。

戦国期の堅城として名高い小谷城の曲輪群

戦国屈指の山城として知られる小谷城は、本丸、大広間などがある中心部のほか、谷間の平野部となる清水谷を取り囲むように、尾根沿いに大嶽、福寿丸、山崎丸、月所丸といった曲輪を馬蹄状に配置していた。

現在、建築物などは一切残っていないが、各曲輪には石垣や土塁、堀切などが残されており、城の最高部である山王丸には大石垣も見られる。また本丸・大広間には居住用地として使われていたことを示す遺物もみつかっている。

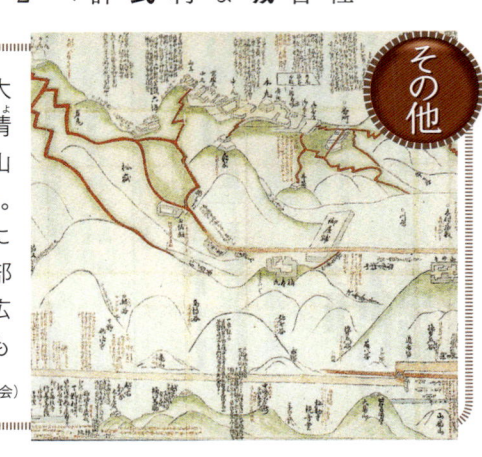

小谷城跡絵図（部分・図版／小谷城城址保勝会）

その他

城知識：馬蹄状に築かれた尾根の曲輪には、畝状の空堀群が多く残されている。これは同盟関係にあった朝倉氏の一乗谷城でもみられる特徴で、対信長を想定し朝倉氏も築城に協力していたとみられている。

長浜城

羽柴秀吉が初めて築いた商業重視の城

史蹟区分 なし
築城主 豊臣秀吉（羽柴秀吉）

滋賀県
天正3年（1575）築
城番号 649
参照頁 ▶P174

豊臣秀吉が浅井攻めの武功により得た、旧浅井領に作られた軍事よりも商業を重視した城である。昭和58年（1983）には天守が作られた。

地域別 北陸・東海・近畿地方の城

羽柴秀吉は天正元年（1573）の浅井長政・小谷城攻めの武功により、浅井領一帯を織田信長から与えられ、それから3年ほどは小谷城（→P156）に入る。しかし山城であった小谷城の不便さから、琵琶湖のほとりに新たな城を築き、小谷城下も新たな城下へと移す。これが秀吉の初めて築いた城となる**長浜城**である。

この城が築かれた最大の理由は、**琵琶湖の水運**を最大限に活かすことであった。城下にはふたつの港があったといい、また直接城内まで船の出入りが可能だった。安土城を中心に琵琶湖畔に家臣を配置し近江を治めようとする、信長の方針とも一致していた。

築城の際には廃城となった小谷城の資材が使われ、そのため現在の小谷城は石垣などが残るのみとなっている。しかし長浜城も元和元年（1615）には廃城となり、建築物は彦根城（→P32）建築のために使われた。現在残る天守は昭和58年（1983）に建てられた**模擬天守**で、犬山城・伏見城の天守を参考に作られた。

秀吉以外に勝家、一豊も治めた長浜城

長浜城を築いた羽柴秀吉だが、当時は織田信長による天下取りの真っ最中で、腰を落ち着ける間はなかったようだ。領内のことは宿老の杉原家次などに任せきりとなっていたが、秀吉の城下町運営の基礎を確立した城である。
「本能寺の変」後は近江を領有した柴田勝家が入るが、秀吉と勝家はその後対立し、結局秀吉が攻め落としている。その後は山内一豊、内藤信成・信正が城主となり、信正の時代に廃城となる。

長浜城にある豊臣秀吉像

歴史

城知識 最終的には廃城となった長浜城だが、建築物の一部は移築され別の場所に残っている。彦根城の天秤櫓は長浜城からの移築だと伝えられ、また長浜市内の大通りにある台所門も長浜城の大手門を移したものだ。

伏見城

史蹟区分 宮内庁治定
築城主 豊臣秀吉、徳川家康

京都府

文禄元年（1592）築
慶長2年（1597）築
慶長7年（1602）築

城番号 542
参照頁 ▶ P163

伏見城天守

秀吉・家康とふたりの天下人が拠った城

伏見城とは豊臣秀吉、徳川家康の築いた複数の城の総称である。まずは文禄元年（1592）、秀吉が指月山に築いた「指月山伏見城」。そして、この城が慶長伏見地震により倒壊すると、木幡山に場所を移して慶長2年（1597）に「木幡山伏見城」が再建される。

指月山伏見城は秀吉による朝鮮出兵が開始された直後の城で、秀吉に待望の男子が産まれたために、隠居地として築かれたといわれている。指月山伏見城も茶聖・千利休の趣向を取り入れた絢爛な城だったが、続いて築城された木幡山伏見城はそれを越える安土桃山時代の技術、文化の粋を集めた絢爛な城となる。聚楽第をはじめ多数の建物が移築され、秀吉は残りの生涯をこの地で過ごしている。

秀吉の死後は豊臣秀頼が入った後、家康の居城となる。しかし「伏見城の戦い」によって、城も城下もすべて焼失し、慶長7年（1602）に家康によって木幡山伏見城が再建される。一説によると、家康は、この城で征夷大将軍に任命されたといわれる。だがその城も「一国一城令」によって廃城となり、天守や櫓、門などは全国の城や寺社に移築されている。

観音寺城

史蹟区分 国指定史蹟
築城主 佐々木六角氏

滋賀県

建武2年（1335）頃築

城番号 642
参照頁 ▶ P173

観音寺城石垣

六角氏の居城となる日本最大級の山城

観音寺城の正確な築城年は不明である。『太平記』には建武2年（1335）北朝方の**六角氏頼**が立て籠もったとの記述があるため、おそらくその頃であろう。また「応仁の乱」では観音寺城を巡る攻防戦が3度みられたようである。

戦国期には**六角義賢・義治**親子の居城となるが、永禄11年（1568）の織田信長上洛の際に支城である箕作城と和田山城が落とされるとそのまま放棄され、その後は廃城とされた。織田信長上洛のおり、山頂に本丸が置かれ、山の広範囲に曲輪、砦を構えた有数の規模を誇る山城であった。**日本五大山城**にも数えられるが、現在では石垣が残る程度。しかしながら、平井丸虎口の**高石垣**は見応え十分だ。

人物: 佐々木六角氏

観音寺城を居城とした六角義賢・義治は、鎌倉時代からの宇多源氏佐々木氏の流れを汲み、佐々木六角氏とも呼ばれる。浅井長政、織田信長などと対抗するも、勢力を衰えさせ、信長上洛のおりには、城を捨てて逃げ出したといわれている。

城知識　伏見城の戦いは慶長5年（1600）、伏見城を明け渡すよう毛利元就率いる西軍より命令が出され、それを徳川家康家臣鳥居元忠が拒否。西軍が包囲攻撃した。関ヶ原の戦いの前哨戦といわれる。

篠山城（ささやまじょう）

史蹟区分：国指定史蹟
築城主：徳川家康
兵庫県
慶長14年（1609）築
城番号 567
参照頁 ▶P166

篠山城大書院

名だたる大名を召集し天下普請で築いた名城

徳川家康が諸大名の力を削ぐために、築城などの土木工事を行わせた「天下普請」。篠山城も天下普請で作られた城だが、戦国末期に作られた城ゆえに、近世城郭の特徴が色濃く表れる。城は幅広で方形の水堀に囲まれ、二の丸、本丸も内堀と高石垣で固められている。また各虎口には馬出が設けられて、防御をより堅牢なものにした。天守は作られなかったが、**天守台**は作られており、現在も姿を留めている。

築城は慶長14年（1609）、大坂城に立てこもる、豊臣氏への備えとして急造された。縄張は**藤堂高虎**、普請総奉行は**池田輝政**が担い、15ヵ国20名の大名が動員された大規模な普請であった。約200日という短期間ながら、完成度の高さには目を見晴らされる。最初の城主は**松平康重**、その後藤井松平氏、形原松平氏、青山氏と城主を変える。

明治時代に入り、**大書院**を残して建物は全て取り払われるが、外堀、内堀に馬出などの縄張はそのまま残されている。また唯一残された大書院は昭和19年（1944）に焼失し、平成に入り復元された。

千早城（ちはやじょう）

史蹟区分：国指定史蹟
築城主：楠木正成
大阪府
元弘2年（1332）築
城番号 559
参照頁 ▶P165

地域別：北陸・東海・近畿地方の城

千早城址の碑

楠木正成が寡兵で守った中世の要害

鎌倉末期から南北朝時代にかけて活躍した**楠木正成**の居城が千早城である。金剛山一帯の尾根に築かれ、四方を谷に囲まれた要害に建つ**山城**で、下赤坂城、上赤坂城の支城を持つ。後に正成の代には南北朝時代、正勝の代には、北朝方の畠山基国に攻め落とされ、その後廃城となっている。現在は金剛山中にじた正成が元弘2年（1332）曲輪や空堀などの跡が残る。

人物 正成のゲリラ戦法

楠木正成と鎌倉幕府軍で争われた「千早城の戦い」（➡P178）。幕府軍の100万ともいわれる大軍に対し、1000人ほどの寡兵で籠もる楠木軍だが、投石、投木や険しい地形を利用したゲリラ戦法で守りきり、その隙に新田義貞が鎌倉を攻め落とした。

城知識：篠山城に残る天守台。これは築城当初から存在していたが、天守自体は建てられなかった。これは想像以上に堅固な城となったため、豊臣氏を刺激せぬよう徳川家康が「あえて作らせなかった」と伝えられる。

明石城

史蹟区分：国指定史蹟、重要文化財3件
築城主：小笠原忠真
兵庫県
元和5年（1619）築
城番号 577
参照頁 ▶P167

明石城巽櫓

壮麗な白漆喰塗りの櫓と土塁が残る

築かれたのが、**明石城**である。幕府による明石城建築の狙いは、西国外様大名の監視にあった。もともとこの地には船上城があったが、その縄張は貧弱であり、西国の備えとしては心許ないとされたための新城築城といわれる。家康と深い血縁を持つ忠真をこの地に置いたことからも、西を睨む要地であったことが伺えるだろう。

明石海峡を望む平地と、小高い丘を利用して築かれた**平山城**で、三重の**連郭式縄張**（→P269）を持つ。国内有数の大きさを誇る天守台はあるものの天守は築かれず、本丸の四隅には三重櫓が置かれた。これらの櫓のうち、**坤櫓**、**巽櫓**と呼ばれる櫓は現在でも残されている。どちらの櫓も白漆喰で塗られた壮麗な櫓で、やはり白漆喰塗りの土塁で繋がれており、土塁と両櫓を見渡す眺めは実に壮麗である。

徳川の世に変わり、天下も落ち着きをみせてきた元和3年（1617）「大坂夏の陣」での戦功から明石へ転封となった**小笠原忠真**は、2代将軍秀忠より新城建築を命じられた。そして、同じく姫路へ転封していた義父・**本田忠政**の協力を受けて築城したが、現在は阪神淡路大震災で一部が倒壊し、現在は修復されている。

赤穂城

史蹟区分：国指定史蹟、国指定名勝
築城主：浅野長直
兵庫県
慶安元年（1648）築
城番号 584
参照頁 ▶P167

赤穂城丸隅櫓

忠臣蔵でおなじみ赤穂義士の故郷

元禄14年（1701）に起こった「**元禄赤穂事件**」、いわゆる『**忠臣蔵**』の物語で知られる赤穂の城。物語の舞台となったのは江戸であるが、浅野内匠頭長矩の刃傷沙汰の知らせを筆頭家老・大石内蔵助良雄が受け取ったのはこの城であった。

赤穂城の起源は詳しくわかっていないが、基からあった簡素な陣屋を慶安元年（1648）に改修し、城として整備された。改修にあたっては軍学者の近藤正純らにより**甲州流軍学、山鹿流軍学**が取り入れられ、近世城郭を築き上げている。本丸を二の丸が取り囲み、その東に三の丸が配されていた。

平成8年（1996）に本丸内部を整備し、本丸櫓門などが復元された。

> **その他・軍学に沿って建つ城**
>
> 赤穂城を改築した浅野長直は、軍師の甲州流軍学者・近藤正純に縄張を命じ、また山鹿流軍学者・山鹿素行も招聘する。この二者により築かれた赤穂城は、砲撃戦を考慮した櫓が作られるなど、当時の最新鋭の戦城として完成された。

> **城知識**：赤穂城は明治の廃城令で建築物が破棄されたのち、城跡は荒れ放題となる。しかし昭和25年（1950）、赤穂浪士討ち入りから250年という節目にあたり大手門、大手櫓などが復元された。

和歌山城

史蹟区分	国指定史蹟、国指定名勝
築城主	羽柴秀長

和歌山県
天正13年（1585）築
城番号 610
参照頁 ▶P171

和歌山城天守

徳川御三家の居城として華やかに改築

和歌山城は、天正13年（1585）、小高い虎伏山に羽柴秀長が簡素な城を築いたことにはじまり、慶長5年（1600）には浅野幸長により改築を受けた。また元和5年（1619）には徳川家康の第10子、徳川頼宣が城主となり、その名に恥じぬよう大改築が施され現在の姿となった。

縄張は天守曲輪と本丸を囲むように、二の丸、南の丸などが同心円状に取り囲む。大天守は三重で、小天守、乾櫓、二の門櫓が多聞櫓で連結されている。ただし、当初の**大天守**は江戸中期に雷火で焼失、再建されるも第二次大戦時に空襲で再び焼け落ちている。

その他 — 石垣から時代を読む

建てられてから2度の大改修を受けた和歌山城は、石垣に使われている石材で、築かれた年代を知ることができる。緑泥片岩は秀長時代の初期、和泉砂岩は浅野時代から徳川時代前半、熊野石は徳川時代の中期以降に積まれたものだ。

高取城

史蹟区分	国指定史蹟
築城主	越智邦澄

奈良県
元弘2年（1332）頃築
城番号 605
参照頁 ▶P169

二の丸大手門石垣

織豊系の築城技術が残る最大規模の山城

奈良県の吉野山系に連なる険しい山に作られた、代表的な近世山城が**高取城**である。そもそもは南北朝時代に、**越智邦澄**の手で築かれた城がはじまりと伝わるが、詳細はわからず、また一時期は廃城となっていた。これを戦国大名・**筒井順慶**が修復した後、羽柴秀長とその家臣・**本多氏**によって近世城郭へと改築された。

近世に築かれた**山城**としては最大規模であり、また比高390mは日本一である。天守を持つ山城というのも珍しく、織豊系の特徴が色濃く見られる**高石垣**が今も残る。山そのものが要害となるのはもちろん、総延長約3kmの土塀、それを上回る長さの石垣などで防御された、難攻不落の山城として名高い。

山城としてはこれまた珍しく**水堀**も備えていたが、これは防御のためというよりも、用水池として使われていたようだ。

縄張は尾根の北側と南側で大きく特徴を異にする。北側は尾根に沿い曲輪が連なるのみだが、南側は門構えに虎口、多数の櫓などで固められている。本丸には三重天守がそびえ、二重の小天守、27もの櫓が配されていた。**日本三大山城**に数えられている。

城知識 — 比高とは山麓から本丸までの高低差で、その数値が大きいほど攻めにくい城といわれる。同じ日本三大山城である備中松山城の比高は340m、岩村城は150mである。

地域別 北陸・東海・近畿地方の城

近畿地方の城

京都府
きょうとふ

古くから権力の中心にあった京都は、建武中興のころから城郭が多く築かれた。足利尊氏が幕府を開き、応仁の乱では各地で11年間も戦闘が繰り広げられた。細川氏と山名氏の抗争は戦国時代までつながっていく。

528 勝龍寺城 しょうりゅうじじょう
構造：平城／(復)櫓・土塁・空堀
築城年：室町中期　築城者：畠山義就
特徴：細川頼春の築城とする説も。戦国期に山城国支配の拠点として重要視された。現在は公園で、櫓を模した資料館や美しい庭園がある。
住所：長岡京市勝竜寺
アクセス：JR東海道本線・長岡京駅より徒歩

529 聚楽第 じゅらくだい 【重文】
構造：平城／不明
築城年：天正15年(1587)
築城者：豊臣秀吉
特徴：木造建築の最高峰とも称された豪華絢爛な城郭風の邸宅。旧平安京大内裏跡地に立地し、政庁としての機能も備える。内野御構とも。
住所：京都市上京区一条堀川～千本丸太町付近
アクセス：JR東海道本線・京都駅よりバス

526 弓木城 ゆみのきじょう
構造：山城／曲輪
築城年：室町時代　築城者：稲富氏
特徴：四代目城主・伊賀直家は鉄砲の名人として知られる。後に一色氏が城主になり、細川氏によって陥落。稲富城、一色城の別名がある。
住所：与謝郡与謝野町弓木
アクセス：北近畿タンゴ鉄道宮津線・岩滝口駅より徒歩

530 宮津城 みやづじょう
構造：平城／大手橋・外堀・礼嬢館跡など
築城年：天正7年(1579)　築城者：細川忠興
特徴：織田信長の了解を得て着工。築城に際して信長家臣の明智光秀も力を貸している。後に京極高広が入って、大幅に改築された。
住所：宮津市鶴賀
アクセス：北近畿タンゴ鉄道宮福線・宮津駅より徒歩

527 建部山城 たけべやまじょう
構造：山城／土塁・空堀
築城年：建武3年(1336)
築城者：不明
特徴：丹後の85城を支配下に置いたといわれる一色氏の本拠。天正7年(1579)に細川・明智の連合軍を相手に陥落。八田城ともいう。
住所：舞鶴市喜多
アクセス：JR舞鶴線・西舞鶴駅よりバス

525 園部城 そのべじょう
構造：平山城／大手門・巽櫓・石垣など
築城年：元和5年(1619)
築城者：小出吉親
特徴：小出氏代々の居城。明治に入って大規模な改築が行われた。櫓門は城跡に建つ園部高校の校門になっている。太鼓櫓が安楽寺に移築された。
住所：南丹市園部町小桜町
アクセス：JR山陰本線・園部駅よりバス

伏見城天守

536 田辺城 たなべじょう
構造：平城／(復)隅櫓・(復)隅門
築城年：天正7年(1579)
築城者：田辺氏
特徴：慶長5年(1600)の関ヶ原の戦いで落城。舞鶴市の中央部に位置し、別名は舞鶴城。城跡は現在、舞鶴公園として整備されている。
住所：舞鶴市南田辺
アクセス：JR舞鶴線・西舞鶴駅より徒歩

531 福知山城 ふくちやまじょう
構造：平山城／(復)天守・門・石垣など
築城年：天正7年(1579)
築城者：明智光秀・秀満
特徴：塩見氏の横山城をもとに新城として築かれた。東西および北を急崖に守られる堅牢な城で、福知山城の名になったのは江戸時代に入り、朽木氏が城主になってから。明治維新を迎え、城は破却された。
住所：福知山市字内記
アクセス：JR山陰本線・福知山駅より徒歩

福知山城遠景

542 伏見城 ふしみじょう ▶P158
構造：平山城／(復)天守・堀・曲輪
築城年：文禄元年(1592)　築城者：豊臣秀吉
特徴：豊臣秀吉が聚楽第から移って晩年を過ごした。もともとは指月山にあったが地震で崩れ、現在の地に建て直された。桃山城とも呼ぶ。
住所：京都市伏見区桃山町太蔵
アクセス：JR奈良線・桃山駅より徒歩

537 静原城 しずはらじょう
構造：山城／石垣・土塁・空堀
築城年：弘治3年(1557)
築城者：三好長慶
特徴：城谷山の頂に築かれた城。天正元年(1573)に明智光秀が大軍を率いて攻め落とした。城谷山の尾根にも城跡が残っている。
住所：京都市左京区静市静原町
アクセス：京阪鴨東線・出町柳駅よりバス

543 笠置城 かさぎじょう 史跡
構造：山城／行在所・本丸・二の丸など
築城年：元徳3年(1331)
築城者：不明
特徴：後醍醐天皇が鎌倉幕府討伐を掲げて挙兵。元弘の変の中心地となった。天皇は大軍を相手に善戦するが城への潜入を許して敗北した。
住所：相楽郡笠置町
アクセス：JR関西本線・笠置駅より徒歩

538 御土居 おどい 史跡
構造：防塁／土塁・堀
築城年：戦国末期
築城者：豊臣秀吉
特徴：京都の境界線を明確にすべく設けられた防塁。市内9ヵ所に跡が残る。御土居の内側が洛中、外側が洛外となる。別名・京都総曲輪。
住所：京都市上京区ほか
アクセス：京阪鴨東線・出町柳駅よりバス

544 鹿背山城 かせやまじょう
構造：山城／土塁・空堀
築城年：文治4年(1188)
築城者：木津英清
特徴：城域の広さは南山城地方屈指。文明2年(1470)に畠山氏により落城。戦国期には松永久秀が入り、大幅に改修を施している。
住所：木津川市鹿背山字鹿曲田
アクセス：JR奈良線・木津駅よりバス

539 淀城 よどじょう
構造：平城／堀・石垣
築城年：元和9年(1623)　築城者：松平定綱
特徴：将軍徳川秀忠が松平定綱に築かせた城。京阪本線・淀駅前に遺構が残る。北に500mほど離れた場所には「淀古城」があった。
住所：京都市伏見区淀本町
アクセス：京阪本線・淀駅より徒歩

532 槇島城 まきしまじょう
構造：平城／不明
築城年：承久3年(1221)
築城者：長瀬左衛門
特徴：室町時代に足利氏家臣の槇島氏が本拠にした。天正元年(1573)に足利義昭と織田信長の合戦の舞台になった。現在は公園。
住所：宇治市槇島町薗場
アクセス：京阪電鉄宇治線・宇治駅よりバス

545 二条城 にじょうじょう ▶P154 国宝 重文 史跡
構造：平城／櫓・門・御殿など
築城年：慶長8年(1603)
築城者：徳川家康
特徴：家康が京に滞在する際の宿所として築城。慶応3年(1867)に第15代将軍・徳川慶喜が大政奉還を宣言したのもこの城。世界遺産に登録され、主要な遺構のほとんどは重要文化財になっている。二の丸御殿は国宝。
住所：京都市中京区二条通堀川西入二条城町
アクセス：地下鉄東西線・二条城前駅より徒歩

淀城の石垣

533 亀山城 かめやまじょう
構造：平城／本丸石垣・大堀・内堀など
築城年：天正6年(1578)
築城者：明智光秀
特徴：丹波攻めの拠点として明智光秀が古砦を改修・拡張して築いた。江戸時代の天下普請により改修され、明治維新まで存続した。
住所：亀岡市荒塚町内丸
アクセス：JR山陰本線・亀岡駅より徒歩

540 山科本願寺 やましなほんがんじ 史跡
構造：平城／土塁
築城年：文明10年(1478)
築城者：蓮如兼寿
特徴：浄土真宗の総本山・山科本願寺が城郭化。近年の宅地開発によって遺構の大半は失われたが、5mにも及ぶ高さの土塁が残る。
住所：京都市山科区
アクセス：JR東海道本線・山科駅よりバス

534 八木城 やぎじょう
構造：山城／天守台・本丸・石組など
築城年：室町時代
築城者：内藤入道
特徴：丹波三大城郭のひとつ。キリシタン武将の内藤ジョアンが布教活動の本拠とした城としても有名。織田信長に攻め落とされた。
住所：南丹市八木町本郷
アクセス：JR山陰本線・八木駅より徒歩

541 山崎城 やまざきじょう 史跡
構造：山城／曲輪
築城年：延元3年(1338)
築城者：赤松則祐
特徴：豊臣秀吉と明智光秀が火花を散らした山崎の戦いで知られる。後に豊臣秀吉が改修して本拠にした。天王山城、鳥取尾城とも呼ぶ。
住所：乙訓郡大山崎町
アクセス：JR東海道本線・山崎駅より徒歩

535 周山城 しゅうざんじょう
構造：山城／天守台・石組・井戸など
築城年：天正8年(1580)
築城者：明智光秀
特徴：明智光秀が築き、光忠を城主に据えた。城名は周の武王に由来するという説も。本能寺の変の後は城主不在となり、廃された。
住所：京都市右京区京北周山町
アクセス：JR東海道本線・京都駅よりバス

地域別　北陸・東海・近畿地方の城

二条城二の丸御殿

国宝　国宝　重文　重要文化財(国)　重文　重要文化財(県)　史跡　国指定史跡　史跡　県指定史跡

近畿地方の城

大阪府(おおさかふ)

奈良や京都に近く、交通の要所として栄えた大阪府。南北朝の内乱では、各地で激しい戦闘がおこなわれ、数々の城砦が築かれた。以後、細川氏、畠山氏が守護となるが動乱が絶えず、築城、廃城された城も多い。

547 大坂城(おおさかじょう) ▶P16 【重文】【史跡】
- 構造：平城／(復)天守・千貫櫓・金蔵など
- 築城年：天正11年(1583)
- 築城者：豊臣秀吉
- 特徴：石山本願寺跡に築かれた豊臣秀吉の本城。天正11年(1583)の大坂夏の陣で陥落し、後に徳川秀忠が復興。徳川の城も焼失したが、昭和6年(1931)に五層天守が復元されている。
- 住所：大阪市中央区大阪城
- アクセス：JR大阪環状線・大阪城公園駅より徒歩

546 茨木城(いばらきじょう)
- 構造：平城／(復)櫓門
- 築城年：室町時代
- 築城者：不明
- 特徴：城跡には茨木小学校が建ち、復元された櫓門がある。また楼門が大和小泉慈光院に、搦手門が茨木神社に移築されたといわれている。
- 住所：茨木市上泉町・片桐町・本町・元町
- アクセス：阪急電鉄京都線・茨木市駅より徒歩

大坂城遠景

548 芥川城(あくたがわじょう)
- 構造：平城／不明
- 築城年：不明
- 築城者：芥川氏
- 特徴：鎌倉後期の築城と思われる。摂津地方が熾烈な争いの渦に巻き込まれた応仁の乱で陥落し、城主の芥川氏も滅びたと推測される。
- 住所：高槻市殿町／原(三好山)
- アクセス：JR京都線・高槻駅よりバス

549 津田城(つだじょう)
- 構造：山城／削平地・土塁
- 築城年：延徳2年(1490)
- 築城者：津田正信
- 特徴：山城国、大和国、河内国の国境がある交通の要所・津田に築かれた城。天正3年(1575)に織田信長がこの城を攻め落としている。
- 住所：枚方市津田
- アクセス：JR片町線・津田駅よりバス

550 守口城(もりぐちじょう)
- 構造：不明／(復)櫓
- 築城年：室町時代
- 築城者：不明
- 特徴：応仁の乱で戦いの舞台となり、石川合戦では明智光秀の拠点になった。城の正確な場所は不明で竜田通とも土居町ともいわれる。
- 住所：守口市竜田通
- アクセス：京阪本線・守口市駅より徒歩

高槻城跡

557 交野城 かたのじょう
- 構造：平城／曲輪・堀・井戸
- 築城年：文和元年(1352)
- 築城者：安見清儀
- 特徴：築城後、安見氏は畠山氏に仕え、河内守護代になった。私部城と呼ばれることも多い。天正3年(1575)に廃されている。
- 住所：交野市私部
- アクセス：京阪交野線・交野市駅より徒歩

551 飯盛山城 いいもりやまじょう
- 構造：山城／削平地・石塁・堀切など
- 築城年：建武年間(1334～1338)
- 築城者：佐々目憲法
- 特徴：永禄3年(1560)に三好長慶が城主になり、城を整備・拡張。現在は自然豊かなハイキングコースを有する行楽スポットになっている。
- 住所：大東市北条
- アクセス：JR片町線・四条畷駅より徒歩

563 高槻城 たかつきじょう 【史跡】
- 構造：平城／(復)天守台
- 築城年：正暦年間(990～994)
- 築城者：近藤忠範
- 特徴：戦国時代に和田氏が城主になり、後にキリシタン大名・高山右近の居城になった。現在は公園で、高山右近の像が置かれている。
- 住所：高槻市城内町
- アクセス：阪急電鉄京都線・高槻市駅より徒歩

558 恩智城 おんちじょう
- 構造：山城／一の丸・二の丸・土塁
- 築城年：建武年間(1334～1337)
- 築城者：恩智左近
- 特徴：城主の恩智左近は鎌倉幕府軍を迎えた千早城の籠城戦など数々の合戦で功績を残している。城跡は現在公園で、近くに小学校がある。
- 住所：八尾市恩智中町
- アクセス：近鉄大阪線・恩智駅より徒歩

552 若江城 わかえじょう
- 構造：平城／不明
- 築城年：弘和2年(1382)
- 築城者：畠山氏
- 特徴：畠山氏の後、三好氏が城主になる。天正元年(1573)に織田信長が攻め落として池田教正を置き、石山本願寺に対する拠点にした。
- 住所：東大阪市若江本町・南町・北町
- アクセス：近鉄奈良線・若江岩田駅より徒歩

564 根福寺城 こんぷくじじょう
- 構造：山城／大門跡・井戸・根福寺跡
- 築城年：天文4年(1535)
- 築城者：松浦肥前守
- 特徴：細川清元・元常の家臣として活躍した松浦肥前守による築城。後に根来衆が出城として利用する。かつては野田山城と呼ばれていた。
- 住所：貝塚市秬谷
- アクセス：水間鉄道・水間観音駅よりバス

559 千早城 ちはやじょう 【史跡】 ▶P159
- 構造：山城／曲輪
- 築城年：元弘2年(1332)
- 築城者：楠木正成
- 特徴：鎌倉幕府の大軍に攻められたが、籠城して3ヵ月以上も耐え続け、その間に幕府が滅亡した。現在、城跡には千早神社がある。
- 住所：南河内郡千早赤阪村千早
- アクセス：近鉄長野線・富田林駅よりバス

千早城跡

553 八尾城 やおじょう
- 構造：平城／水堀の一部
- 築城年：南北朝時代
- 築城者：不明
- 特徴：キリシタン大名の池田教正の城として知られる。織田信長と石山本願寺との戦いが終わったあと、教正は若江城から八尾城に移った。
- 住所：八尾市南本町
- アクセス：近鉄大阪線・近鉄八尾駅より徒歩

565 高屋城 たかやじょう
- 構造：平城／曲輪・土塁・水堀など
- 築城年：文明11年(1479)
- 築城者：畠山氏
- 特徴：築城者は畠山義就・政長・基家のいずれか。大規模な争いが絶えなかった城のひとつで、築城以来30回近くも城主が交替している。
- 住所：羽曳野市古市
- アクセス：近鉄南大阪線・古市駅より徒歩

554 丹南陣屋 たんなんじんや
- 構造：陣屋／不明
- 築城年：元和9年(1623)
- 築城者：高木正次
- 特徴：陣屋跡には遺構は残されていないが、陣屋の西にある来迎寺に奥屋敷として遺構の一部が移築されており、記念碑が建てられている。
- 住所：松原市丹南町
- アクセス：近鉄南大阪線・河内松原駅よりバス

566 池田城 いけだじょう
- 構造：平山城／(復)天守・(復)門・櫓台など
- 築城年：室町前期
- 築城者：池田氏
- 特徴：永正5年(1508)に足利氏家臣の細川氏に攻められ、城主・貞正は城に火を放って自害したが、天正16年(1519)には息子の久宗が城を奪い返した。現在は池田城跡公園として城跡風の模擬施設が整備されている。
- 住所：池田市城山町
- アクセス：阪急宝塚線・池田駅よりバス

560 真田丸出城 さなだまるでじろ
- 構造：平城／不明
- 築城年：慶長19年(1614)
- 築城者：真田幸村
- 特徴：大坂冬の陣で合戦の舞台になり、徳川軍を相手に真田幸村がその実力を存分に見せつけた。三日月形の縄張から偃月城とも称される。
- 住所：大阪市天王寺区
- アクセス：JR大阪環状線・玉造駅より徒歩

555 地黄陣屋 じおうじんや
- 構造：陣屋／大手門跡・石垣など
- 築城年：慶長7年(1602)
- 築城者：能勢頼次
- 特徴：丸山城の建材を使用して築かれたため新丸山城とも呼ばれる。城主・能勢頼次は善政で知られる人物。現在、城跡には中学校がある。
- 住所：豊能郡能勢町
- アクセス：能勢電鉄妙見線・妙見口駅よりバス

561 上赤坂城 かみあかさかじょう 【史跡】
- 構造：山城／曲輪・空堀
- 築城年：元弘年間(1331～1334)
- 築城者：楠木正成
- 特徴：東西南の三方を山に守られた城。元弘の乱ではわずか300ほどの城兵で100万超の鎌倉勢と戦ったとされる。桐山城などとも呼ぶ。
- 住所：南河内郡千早赤阪村
- アクセス：近鉄長野線・富田林駅よりバス

556 岸和田城 きしわだじょう 【史跡】
- 構造：平城／(復)天守・本丸・二の丸など
- 築城年：応永年間(1394～1428)
- 築城者：信濃泰義
- 特徴：南北朝時代に築かれた古城が前身とされる。五層天守を有していたが落雷で焼失。後に三層の天守が造られた。別名は千亀利城。
- 住所：岸和田市岸城町
- アクセス：南海本線・蛸地蔵駅より徒歩

562 狭山陣屋 さやまじんや
- 構造：平城(陣屋)／池
- 築城年：元和2年(1616)
- 築城者：北条氏信
- 特徴：北条氏代々の陣屋。12代目・氏恭のときに明治維新が起こって、その後は廃された。堺市の本願寺別院に移築されている大手門がある。
- 住所：大阪狭山市狭山
- アクセス：南海高野線・大阪狭山市駅より徒歩

池田城跡公園の模擬施設

岸和田城天守

地域別 北陸・東海・近畿地方の城

【国宝】国宝　【重文】重要文化財(国)　【重文】重要文化財(県)　【史跡】国指定史跡　【史跡】県指定史跡

近畿地方の城
兵庫県
ひょうごけん

摂津、但馬、丹波、播磨、淡路と、広大なエリアに多数の国を擁した兵庫県。山名氏と赤松氏が勢力を誇っていたが、羽柴秀吉の前に屈した。国宝で世界遺産の姫路城は、城郭史において極めて重要な存在である。

569 龍野城 たつのじょう
- 構造：山城・平山城／(復)御殿・(復)櫓・曲輪など
- 築城年：明応8年(1499)頃
- 築城者：赤松村秀
- 特徴：鶏籠山に位置。寛文12年(1672)以降は脇坂氏が入り、麓に新城が築かれた。因念寺、浄栄寺、蓮光寺に城門が移築されている。
- 住所：たつの市龍野町上霞城
- アクセス：JR姫新線・本竜野駅よりバス

570 白旗城 しらはたじょう 史跡
- 構造：山城／本丸・二の丸・三の丸など
- 築城年：鎌倉末期〜南北朝初期
- 築城者：赤松則村
- 特徴：赤松季房が空から源氏の白旗が振ってくる夢を見たことから白旗城の名がついたといわれる。嘉吉の乱で鎌倉幕府軍の攻撃を受けて落城。
- 住所：赤穂郡上郡町
- アクセス：智頭急行・河野原円心駅より徒歩

571 上月城 こうづきじょう
- 構造：山城／本丸・二の丸・三の丸跡
- 築城年：延元元年(1336)
- 築城者：上月景盛
- 特徴：嘉吉元年(1441)に山名氏により陥落。その後も何度も戦いの舞台になり、通算で4度も落城している。最後の城主は尼子勝久。
- 住所：佐用郡佐用町上月
- アクセス：JR姫新線・上月駅より徒歩

568 置塩城 おきしおじょう 史跡
- 構造：山城／曲輪跡
- 築城年：文明元年(1469)
- 築城者：赤松政則
- 特徴：置塩山に位置する城。赤松政則が姫路城から本拠を移すために築城した。大手門が姫路城に移築されている。藤丸城とも呼ばれる。
- 住所：姫路市夢前町宮置
- アクセス：JR山陽本線・姫路駅よりバス

567 篠山城 ささやまじょう 史跡
▶P159
- 構造：平山城／天守台・本丸・二の丸など
- 築城年：慶長14年(1609)
- 築城者：徳川家康
- 特徴：天下普請により生まれた城のひとつ。縄張は藤堂高虎が担当し、石垣は高度な技術を持つ職人集団・穴太衆によって築かれている。
- 住所：篠山市北新町
- アクセス：JR福知山線・篠山口駅よりバス

篠山城大書院

赤穂城大手隅櫓

577 明石城 ▶P160 重文 史跡
- 構造：平山城／隅櫓二棟・天守台・本丸など
- 築城年：元和5年(1619)　築城者：小笠原忠真
- 特徴：十万石大名になった小笠原氏が交通の要所を選んで築いた城。三木城をはじめ、廃城となっている周辺の城から建材を集めた。
- 住所：明石市明石公園
- アクセス：JR山陽本線・明石駅より徒歩

572 姫路城 ▶P8 国宝 重文 史跡
- 構造：平山城／天守・櫓・門など
- 築城年：正平元年(1346)　築城者：赤松貞範
- 特徴：中国統治を目指す羽柴秀吉が天正8年(1580)に改修し、姫路城の名をつけた。後に池田輝政が入り、五層の天守を備えた壮大な城になる。世界遺産に登録され、8つの国宝を有する。別名は白鷺城。
- 住所：姫路市本町
- アクセス：JR山陽本線・姫路駅よりバス

姫路城天守

584 赤穂城 ▶P160 史跡
- 構造：平城／(復)隅櫓・(復)大手門・天守台など
- 築城年：慶安元年(1648)　築城者：浅野長直
- 特徴：古城をもとに築城がはじまり、完成したのは寛文元年(1661)。明治以降に行われた修築工事でいくつかの遺構が復元されている。
- 住所：赤穂市上仮屋
- アクセス：JR赤穂線・播州赤穂駅より徒歩

578 洲本城 すもとじょう 史跡
- 構造：山城・平城／(復)天守・曲輪・池・石段など
- 築城年：大永6年(1526)
- 築城者：安宅氏
- 特徴：天正13年(1585)に脇坂安治が城を改修。山麓の館は寛永8年(1631)に築かれたもの。山の名をとって三熊山城とも呼ばれる。
- 住所：洲本市小路谷・山手
- アクセス：洲本バスセンターより徒歩

585 尼崎城 あまがさきじょう
- 構造：平城／(復)石垣
- 築城年：元和3年(1617)
- 築城者：戸田氏鉄
- 特徴：かつては四層の天守を備えた城だった。現在は公園となり、遺構はほぼ残っていないが、当時の姿を模して復元された石垣がある。
- 住所：尼崎市北城内
- アクセス：阪急神戸線・芦屋川駅より徒歩

579 八木城 やぎじょう 史跡
- 構造：山城／曲輪・石垣
- 築城年：土城＝平安末期／石城＝戦国時代
- 築城者：不明
- 特徴：八木古城と呼ばれる土城と、新しく築かれた石城がある。一般的に八木城といえば後者を指すことが多い。立派な高石垣が残る。
- 住所：養父市八鹿町
- アクセス：JR山陰本線・八鹿駅よりバス

586 鷹尾城 たかおじょう
- 構造：山城・平城／削平面・土塁・堀切など
- 築城年：永正8年(1511)
- 築城者：瓦林正頼
- 特徴：山城(鷹尾山城)と平城(芦屋城)からなり、山城だけを指して鷹尾城と呼ぶこともある。現在はハイキングコースになっている。
- 住所：芦屋市城山
- アクセス：JR神戸線・芦屋駅より徒歩

580 此隅山城 このすみやまじょう 史跡
- 構造：山城／曲輪・堀割
- 築城年：応安5年(1372)
- 築城者：山名時義
- 特徴：応仁の乱では2万以上の兵が集まったという。永禄12年(1569)に羽柴秀吉により落城。城主の山名氏は有子山に新たな城を築く。
- 住所：豊岡市出石町
- アクセス：JR山陰本線・豊岡駅よりバス

573 利神城 りかんじょう 史跡
- 構造：山城／本丸・二の丸・三の丸など
- 築城年：貞和5年(1349)
- 築城者：別所敦範
- 特徴：利神山に築かれた城。かつては三層の天守を備えていたが、立派すぎたため池田輝政に壊された。雲突城、平福城の別名を持つ。
- 住所：佐用郡佐用町平福
- アクセス：智頭急行・平福駅より徒歩

587 竹田城 たけだじょう ▶P36 史跡
- 構造：山城／石垣・堀切・竪堀など
- 築城年：嘉吉3年(1443)
- 築城者：太田垣光景
- 特徴：太田垣氏は但馬守護山名氏の家臣。遺構の石垣は状態がよく、赤松氏が城主だった文禄年間(1592～1596)から慶長年間(1596～1615)の間に築かれたものだと推測される。
- 住所：朝来市和田山町竹田
- アクセス：JR播但線・竹田駅より徒歩

581 黒井城 くろいじょう 史跡
- 構造：山城／石垣・空堀・曲輪跡など
- 築城年：建武年間(1334～1338)
- 築城者：赤松貞範
- 特徴：戦国時代に明智光秀が家臣の斎藤利三を城主に据えた。現在の興禅寺が斎藤氏の館跡ともいわれる。春日局の出生地でもある。別名は保月城。
- 住所：丹波市春日町
- アクセス：JR福知山線・黒井駅より徒歩

574 有子山城 ありこやまじょう 史跡
- 構造：山城／曲輪・石塁・堀切
- 築城年：天正2年(1574)
- 築城者：山名祐豊
- 特徴：山名祐豊が羽柴秀吉に本拠を追われて築いたが、永禄12年(1569)にまたも秀吉に攻め落とされた。有子城、高城とも呼ばれる。
- 住所：豊岡市出石町
- アクセス：JR山陰本線・豊岡駅よりバス

582 岩尾城 いわおじょう 史跡
- 構造：山城／天守台・本丸・二の丸など
- 築城年：永正13年(1516)
- 築城者：和田斉頼
- 特徴：和田小学校の裏山に位置する山城。天正7年(1579)に織田勢に攻め落とされ、文禄4年(1595)に廃城になる。和田城とも呼ぶ。
- 住所：丹波市山南町
- アクセス：JR福知山線・谷川駅よりバス

575 出石城 いずしじょう
- 構造：平山城／(復)隅櫓・曲輪・石塁
- 築城年：慶長9年(1604)
- 築城者：小出吉英
- 特徴：有子山の麓に築かれた城。小出氏の後は松平氏や仙石氏が城主になった。その後、仙石氏は城主を譲ることなく明治に至っている。
- 住所：豊岡市出石町
- アクセス：JR山陰本線・豊岡駅よりバス

583 伊丹城 いたみじょう 史跡
- 構造：平城／総構えの遺構・堀・土塁など
- 築城年：南北朝時代
- 築城者：不明
- 特徴：天正2年(1574)に荒木村重が改修を施し居城にしたが、織田軍の猛攻により陥落。その後は豊臣秀吉の領地になった。有岡城とも。
- 住所：伊丹市伊丹
- アクセス：JR福知山線・伊丹駅より徒歩

576 三木城 みきじょう
- 構造：平山城／天守台・土塁・堀など
- 築城年：長享2年(1492)
- 築城者：別所則治
- 特徴：羽柴秀吉の巧みな兵糧攻めで落とされた城。城兵をじっくりと極限状態に追い込むこの戦いは「三木の干殺し」と称された(▶P183)。
- 住所：三木市上の丸町
- アクセス：神戸電鉄粟生線・三木上の丸駅より徒歩

地域別 北陸・東海・近畿地方の城

竹田城南千畳

589 大和郡山城 (やまとこおりやまじょう) 史跡

構造：平城／(復)櫓・(復)門・堀など
築城年：天正8年(1580)
築城者：筒井順慶
特徴：もとは戦国初期に郡山氏が築いた雁陣之城。筒井順慶、定次のあと、豊臣秀吉の弟・秀長が百万石大名として入城し、拡張工事に着手。秀長の没後も城は拡張・整備され、壮大な規模になった。
住所：大和郡山市城内町
アクセス：近鉄橿原線・近鉄郡山駅より徒歩

588 筒井城 (つついじょう)

構造：平城／水堀
築城年：永享2年(1430)
築城者：筒井順覚
特徴：大和郡山城に移る前の筒井氏の本拠。順慶の代に松永久秀に2度を奪われているが、最終的には元亀2年(1571)に取り返している。
住所：大和郡山市筒井町シロ畑・堀田
アクセス：近鉄橿原線・筒井駅より徒歩

近畿地方の城

奈良県 (ならけん)

古くから多くの荘園を持った興福寺の影響力が絶大なエリアで、大和武士や僧兵を抱えて長く支配した。戦国時代には松永久秀が信貴山城を拠点とし、大和国を手中に収めるが、織田信長に降服する。

大和郡山城追手向櫓

大和郡山城の石垣

信貴山

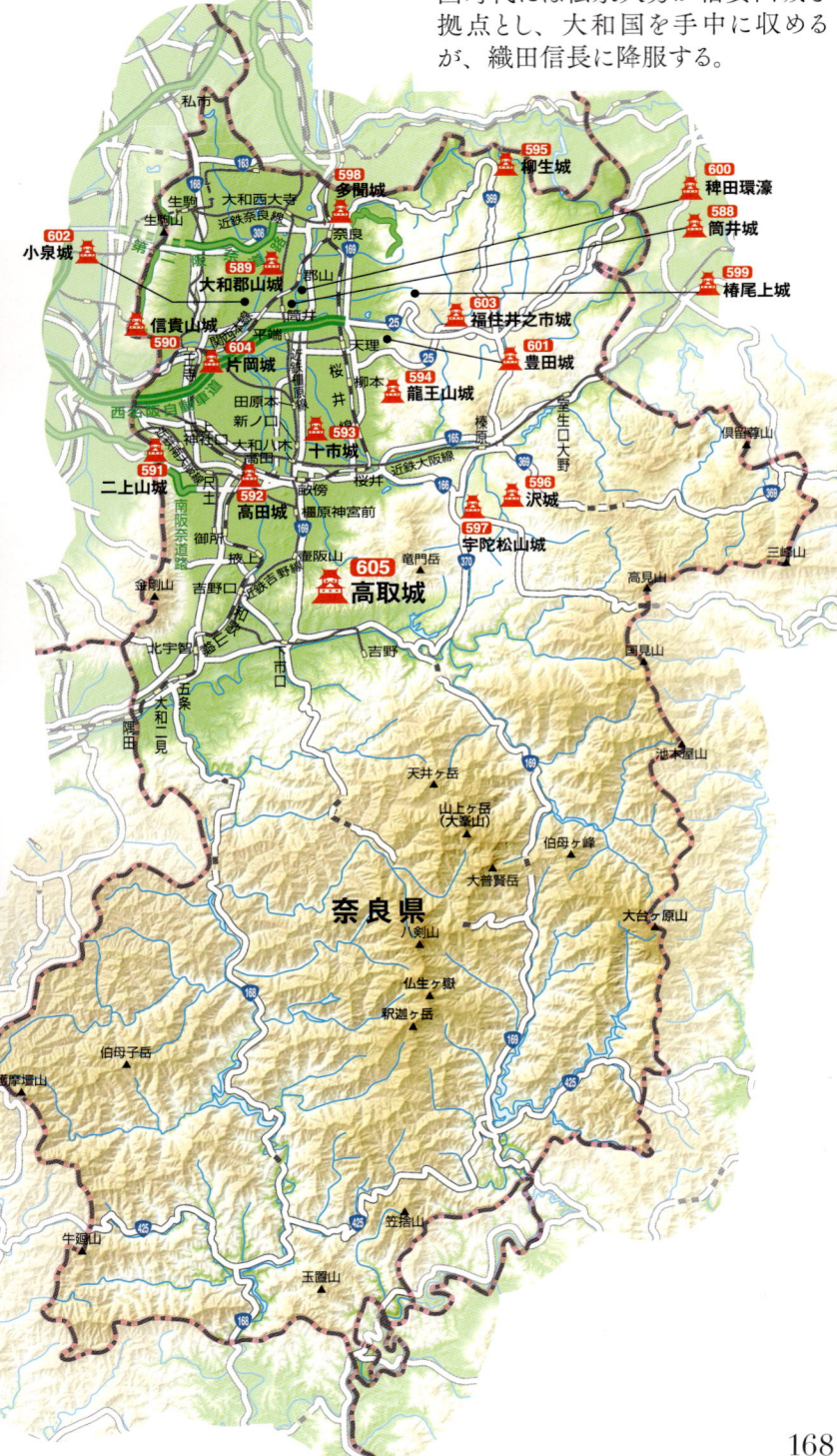

小泉城の水堀

596 沢城 さわじょう
- 構造：山城／曲輪・空堀・土塁
- 築城年：室町時代
- 築城者：沢氏
- 特徴：永禄3年(1560)に松永久秀に攻め落とされるが、永禄10年(1567)頃に沢氏が城を取り返す。天正8年(1580)に廃された。
- 住所：宇陀市榛原澤
- アクセス：近鉄大阪線・榛原駅よりバス

590 信貴山城 しぎさんじょう
- 構造：山城／曲輪・空堀
- 築城年：天文5年(1536)
- 築城者：木沢長政
- 特徴：天文11年(1542)の戦いで城が焼失したが、松永久秀が修築・拡張し、壮大な城を築いた。天正5年(1577)に織田軍により落城。
- 住所：生駒郡平群町
- アクセス：近鉄生駒線・信貴山下駅よりバス

602 小泉城 こいずみじょう
- 構造：平城／(復)櫓・水堀
- 築城年：室町時代　築城者：小泉氏
- 特徴：長禄3年(1459)と文明7年(1475)に筒井順永に攻め落とされている。筒井氏は城を取り壊し、用材を筒井城の建築に用いた。
- 住所：大和郡山市小泉町
- アクセス：JR関西本線・大和小泉駅より徒歩

597 宇陀松山城 うだまつやまじょう 史跡
- 構造：山城／曲輪・空堀・石垣
- 築城年：南北朝時代
- 築城者：秋山氏
- 特徴：秋山氏の城だが、天正13年(1585)に大和に移ってきた豊臣秀吉が秋山氏を追い出し、自分の家臣を城主に据えた。秋山城ともいう。
- 住所：宇陀市大宇陀春日
- アクセス：近鉄大阪線・榛原駅よりバス

591 二上山城 にじょうざんじょう
- 構造：山城／曲輪・空堀
- 築城年：天文10年(1541)
- 築城者：木沢長政
- 特徴：室町時代以後に畠山氏がこの地に城を築いているが、現在の遺構は、天文10年(1541)に木沢長政が築いた城のものと思われる。
- 住所：葛城市當麻町加守・染野
- アクセス：近鉄南大阪線・二上神社口駅より徒歩

603 福住井之市城 ふくすみいのいちじょう
- 構造：山城／曲輪・空堀・土橋など
- 築城年：室町時代後期
- 築城者：福住氏
- 特徴：福住氏は筒井氏の一族で、戦国期にたびたび筒井氏に協力した。城の規模は大きめ。福住城、井之市城と呼ばれることも多い。
- 住所：天理市福住町
- アクセス：近鉄天理線・天理駅よりバス

598 多聞城 たもんじょう
- 構造：平山城／土塁・空堀
- 築城年：永禄3年(1560)　築城者：松永久秀
- 特徴：松永久秀がこの城を拠点に勢力を拡大したが、天正4年(1576)に廃城。多聞城の石材は大和郡山城や筒井城の築城に用いられた。
- 住所：奈良市多門町
- アクセス：近鉄奈良線・近鉄奈良駅よりバス

592 高田城 たかだじょう
- 構造：平城／堀
- 築城年：永享4年(1432)
- 築城者：高田氏
- 特徴：当初、高田氏は筒井氏と協力関係を結んでいたが、後に裏切って松永氏につく。筒井順慶が大和を統一すると、城は取り壊された。
- 住所：大和高田市旭北町
- アクセス：JR桜井線・高田駅より徒歩

604 片岡城 かたおかじょう
- 構造：丘城／曲輪・空堀
- 築城年：室町時代
- 築城者：片岡氏
- 特徴：片岡谷を見下ろす丘の上に築かれた城。明応7年(1489)の合戦の際に、城主・片岡氏は城に籠って対抗するが、敗北を悟り自害した。
- 住所：北葛城郡上牧町
- アクセス：JR和歌山線・畠田駅より徒歩

多聞城跡

593 十市城 とおいちじょう
- 構造：平城／不明
- 築城年：室町時代
- 築城者：十市氏
- 特徴：十市氏は地元の豪族で、筒井氏と協力しながら勢力を拡大していった。現在、城跡には記念碑が残るだけで、遺構は見られない。
- 住所：橿原市十市町
- アクセス：近鉄橿原線・新ノ口駅より徒歩

605 高取城 たかとりじょう 史跡
▶P161
- 構造：山城／曲輪・石垣・井戸
- 築城年：元弘2年(1332)
- 築城者：越智邦澄
- 特徴：日本を代表する山城のひとつ。城のある高取山の標高は584m。織田信長により一度は廃されるが、筒井順慶が復興させた。遺構の状態はよく、高石垣が当時の姿をとどめたまま現在に残っている。
- 住所：高市郡高取町高取
- アクセス：近鉄吉野線・壺阪山駅よりバス

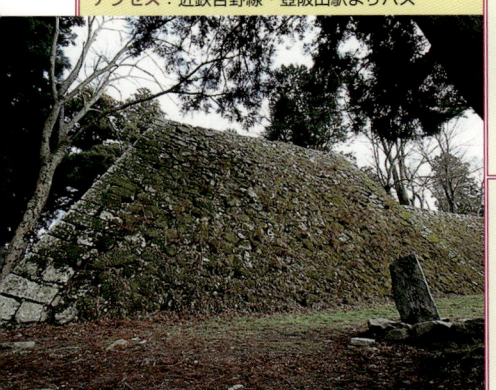

599 椿尾上城 つばおかみじょう
- 構造：山城／曲輪・石垣・井戸
- 築城年：天文年間(1532～1555)
- 築城者：筒井順慶
- 特徴：山頂に築かれた城。曲輪の周囲を城道で囲い込むような特徴的な縄張を持つ。筒井城が落ちた際、筒井氏の再起の場所として活用。
- 住所：奈良市北椿尾町
- アクセス：JR関西本線・奈良駅よりバス

594 龍王山城 りゅうおうさんじょう
- 構造：山城／曲輪・土塁・空堀など
- 築城年：天文年間(1532～1555)
- 築城者：十市遠忠
- 特徴：北城と南城の2つを持つ非常に大規模な城。本城と思われる北城だけでも、奈良県の城では信貴山城に次いで広い城域を誇る。
- 住所：天理市柳本町
- アクセス：JR桜井線・柳本駅より徒歩

600 稗田環濠 ひえだかんごう
- 構造：環濠集落／環濠
- 築城年：室町時代
- 築城者：不明
- 特徴：環濠とは、水堀で囲まれた集落のこと。戦の際は城砦としても利用された。稗田環濠は規模が大きく、奈良の代表的な環濠とされる。
- 住所：大和郡山市稗田町
- アクセス：JR関西本線・郡山駅より徒歩

595 柳生城 やぎゅうじょう
- 構造：山城／空堀・土塁
- 築城年：不明　築城者：柳生氏
- 特徴：徳川家の剣術指南役を務めたことでその名を広く知られる柳生氏の城。主曲輪部分に建てられた芳徳寺には柳生氏の墓がある。
- 住所：奈良市柳生町
- アクセス：近鉄奈良線・近鉄奈良駅よりバス

601 豊田城 とよだじょう
- 構造：山城／曲輪・空堀
- 築城年：室町時代
- 築城者：豊田氏
- 特徴：城主の豊田氏は永享元年(1429)に井戸氏と衝突し、永享の乱に発展していく。永禄11年(1568)に松永氏が豊田城を攻め落とした。
- 住所：天理市豊田町
- アクセス：近鉄天理線・天理駅よりバス

高取城本丸の石垣

柳生城跡

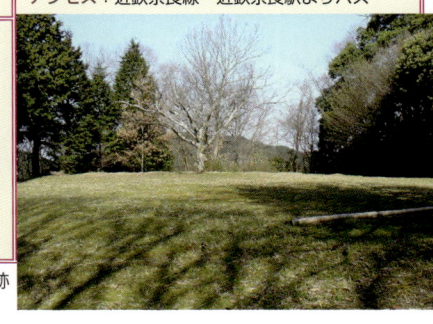

地域別 北陸・東海・近畿地方の城

近畿地方の城

和歌山県
(わかやまけん)

僧兵集団が力を持ったエリアで、戦国時代に入っても、織田信長、豊臣秀吉に反発した。やがて秀吉の紀州征伐によって、有力な拠点が相次いで陥落。秀吉は和歌山城を築城し、紀州での支配力を強化した。

和歌山城岡口門

607 根来寺 ねごろじ
史跡 重文 国宝
- 構造：寺院／根本大塔・大門・庭園
- 築城年：大治元年(1126)
- 築城者：覚鑁上人
- 特徴：新義真言宗の総本山にして僧兵集団「根来衆」の本拠。根来衆はいち早く鉄砲を取り入れて勢力を拡大するが、羽柴秀吉に滅ぼされた。
- 住所：岩出市根来
- アクセス：JR阪和線・紀伊駅よりバス

606 亀山城 かめやまじょう
- 構造：山城／土塁
- 築城年：室町初期　築城者：湯川光春
- 特徴：城主・湯川氏はこの城を本拠に一時、守護職と同等の支配力を手にするが、羽柴秀吉に城を攻め落とされて衰退する。丸山城とも。
- 住所：御坊市湯川町丸山
- アクセス：JR紀勢本線・御坊駅より徒歩

609 太田城 おおたじょう
- 構造：平城／不明
- 築城年：延徳年間(1489～1491)
- 築城者：紀俊連
- 特徴：小規模ながら堅牢な城。天正13年(1585)に、羽柴秀吉が6万とも10万ともいわれる大軍を率いて水攻めにし、攻略した。
- 住所：和歌山市太田
- アクセス：JR紀勢本線・和歌山駅より徒歩

608 雑賀城 さいかじょう
- 構造：平山／不明
- 築城年：戦国時代
- 築城者：鈴木佐太夫
- 特徴：鉄砲の扱いに長けていたことで知られる雑賀衆の本拠。雑賀衆は織田信長軍を相手に善戦するが、兵力の差で最終的には敗北した。
- 住所：和歌山市和歌中
- アクセス：南海電鉄本線・和歌山市駅よりバス

亀山城跡

170

中野城の堀跡（写真／福井聡）

615 龍松山城 りゅうしょうざんじょう
- 構造：山城／土塁
- 築城年：天文年間（1532〜1555）
- 築城者：山本忠行
- 特徴：二代目城主の山本忠継により城の修築工事が行われた際、二の丸入口そばの一本松が龍の形に見えたことからその名がつけられた。
- 住所：西牟婁郡上富田町市ノ瀬
- アクセス：JR紀勢本線・朝来駅よりバス

610 和歌山城 わかやまじょう ▶P161 重文 史跡
- 構造：平山城／（復）天守・岡口門・追廻門など
- 築城年：天正13年（1585）
- 築城者：羽柴秀長
- 特徴：景勝地として名高い和歌の浦に並ぶほど美しいということで、羽柴秀吉が和歌山城と命名。後に紀州徳川家の居城となった。戦災により主要な遺構が焼失したが昭和33年（1958）に一部が復元された。
- 住所：和歌山市一番丁
- アクセス：JR紀勢本線・和歌山駅よりバス

和歌山城天守

621 中野城 なかのじょう
- 構造：平城／石垣・堀
- 築城年：不明
- 築城者：貴志教信
- 特徴：天正5年（1577）に雑賀衆が対織田信長の拠点としたが、合戦に敗北し、織田信長軍に雑賀攻めの拠点として利用された。
- 住所：和歌山市中野
- アクセス：南海電鉄加太線・中松江駅より徒歩

616 安宅本城 あたぎほんじょう
- 構造：平城／石垣
- 築城年：室町時代
- 築城者：安宅氏
- 特徴：「城の内」と呼ばれる場所に位置する。「城の内」には城砦や関がいくつも築かれており、その中心的存在がこの安宅本城である。
- 住所：西牟婁郡白浜町安宅
- アクセス：JR紀勢本線・紀伊日置駅より徒歩

622 手取城 てどりじょう
- 構造：山城／空堀・土塁
- 築城年：南北朝時代
- 築城者：玉置大宣
- 特徴：和歌山県に築かれた数多くの城の中で、最大の規模を誇る。遺構の状態も素晴らしく、空堀と土塁が当時の姿をよく残している。
- 住所：日高郡日高川町
- アクセス：JR紀勢本線・和佐駅より徒歩

617 勝山城 かつやまじょう
- 構造：丘城／土塁・空堀・井戸
- 築城年：嘉吉年間（1441〜1444）
- 築城者：廊之坊重盛
- 特徴：もとは社家の屋敷だったが、徐々に城郭的な役割を担うようになった。天正9年（1581）に堀内氏が3ヵ月かけて攻め落としている。
- 住所：東牟婁郡那智勝浦町
- アクセス：JR紀勢本線・那智駅より徒歩

623 八幡山城 はちまんやまじょう
- 構造：山城／土塁・空堀
- 築城年：室町時代
- 築城者：次部定俊
- 特徴：安宅氏城塞群のひとつで、安宅本城の北側を守る。城が位置する丘は、築城者の名をとって次部平と呼ばれる。
- 住所：西牟婁郡白浜町
- アクセス：JR紀勢本線・紀伊日置駅より徒歩

618 田辺城 たなべじょう
- 構造：平城／水門・鯱瓦
- 築城年：元和5年（1619）
- 築城者：安藤直次
- 特徴：浅野氏重が築いた湊城を安藤直次が改修して田辺城とした。美しい白塗りの壁を持ち、錦水城とも称された。明治維新後に廃城。
- 住所：田辺市上屋敷町
- アクセス：JR紀勢本線・紀伊田辺駅よりバス

田辺城水門

611 大野城 おおのじょう
- 構造：山城／土塁・堀切
- 築城年：南北朝時代
- 築城者：山名義理
- 特徴：南北朝時代に守護職争いの中心地となった。本城の東城の他に、西城、中城を持つ。藤白山系に位置し、藤白城とも呼ばれる。
- 住所：海南市大野中
- アクセス：JR紀勢本線・海南駅より徒歩

624 新宮城 しんぐうじょう 史跡
- 構造：平山城／天守台・石塁
- 築城年：元和4年（1618）
- 築城者：浅野忠吉
- 特徴：浅野忠吉が着工し、完成前に広島に移る。その後徳川氏が入城し、重臣・水野重仲が築城を引き継いだ。完成までに15年を要している。丹鶴城の別名があり、現在は整備されて丹鶴城公園になっている。
- 住所：新宮市丹鶴町
- アクセス：JR紀勢本線・新宮駅より徒歩

612 入山城 にゅうやまじょう
- 構造：丘城／土塁・空堀・石垣
- 築城年：不明
- 築城者：青木由定
- 特徴：丘陵中央部付近に位置し、通称は城山。麓には「本丸」と呼ばれる城がある。構造の異なる城がひとつの丘に同居する珍しい例。
- 住所：日高郡美浜町和田
- アクセス：JR紀勢本線・御坊駅よりバス

619 湯浅城 ゆあさじょう
- 構造：山城／（復）天守・土塁・空堀
- 築城年：康治2年（1143）
- 築城者：湯浅宗重
- 特徴：小規模な丘に築かれた堅牢な城。後村上天皇の孫である義有王が城に籠った際、大軍を率いる畠山氏が3度攻めてようやく陥落した。
- 住所：有田郡湯浅町
- アクセス：JR紀勢本線・湯浅駅より車

613 平須賀城 へいすがじょう
- 構造：山城／空堀・土塁
- 築城年：室町時代
- 築城者：野辺忠房
- 特徴：城主・野辺氏は源氏の末裔で、湯川氏の家臣。国道424号沿いにある道の駅「みなべうめ振興館」で城のミニチュアが見られる。
- 住所：日高郡みなべ町西本庄
- アクセス：JR紀勢本線・南部駅よりバス

620 鹿ヶ瀬城 ししがせじょう
- 構造：山城／石垣・堀切
- 築城年：治承5年（1181）
- 築城者：鹿瀬荘司
- 特徴：永享10年（1438）に南朝の残党である宇佐見新五郎らが篭城し、畠山氏と戦ったといわれる。眺望に優れた城跡のひとつ。
- 住所：日高郡日高町
- アクセス：JR紀勢本線・広川ビーチ駅より車

614 鳥屋城 とやじょう 史跡
- 構造：山城／石垣・井戸
- 築城年：鎌倉末期
- 築城者：湯浅氏
- 特徴：応永の乱の後、畠山氏が200年近く城主を務めた。その後、羽柴秀吉軍により攻め落とされている。南北朝時代の築城とする説も。
- 住所：有田郡有田川町中井原
- アクセス：JR紀勢本線・藤並駅より車

新宮城跡

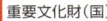

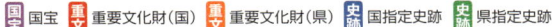

地域別 北陸・東海・近畿地方の城

近畿地方の城
滋賀県(しがけん)

肥沃な土地を持ち、畿内に向かう交通面でも重視された滋賀。古くから源平および僧兵勢力の争乱があった。源頼朝が鎌倉幕府を開いた際は、佐々木氏が近江の守護職となる。戦国時代は浅井氏が力をつけた。

634 彦根城(ひこねじょう) 【国宝・重文・史跡】
▶P32
- 構造：平山城／天守閣・櫓・門など
- 築城年：元和8年(1622)
- 築城者：井伊直継
- 特徴：初代城主は、関ヶ原の戦いで活躍した井伊直政の子。慶長8年(1603)に着工したが、完成まで実に20年近い歳月を要した。城下町が整うまでにはさらに20年の時間がかかっている。別名は金亀城とも。
- 住所：彦根市金亀町
- アクセス：JR東海道本線・彦根駅より徒歩

彦根城天守

627 宇佐山城(うさやまじょう)
- 構造：山城／曲輪・暗渠・貯水槽など
- 築城年：元亀元年(1570)
- 築城者：森可成
- 特徴：織田信長家臣の森可成が琵琶湖を臨む宇佐山に築城。合戦で可成が倒れた後は、明智光秀が城主になった。志賀城の別名がある。
- 住所：大津市錦織町
- アクセス：京阪石山坂本線・近江神宮前駅より徒歩

628 大溝城(おおみぞじょう)
- 構造：平城／総門・本丸・武家屋敷など
- 築城年：天正6年(1578)
- 築城者：織田信澄
- 特徴：海上交通の要所である大溝港のそばに築かれた城。初代城主・織田信澄が丹羽長秀に殺された後は、城主が頻繁に交替している。
- 住所：高島市勝野
- アクセス：JR湖西線・近江高島駅より徒歩

629 坂本城(さかもとじょう)
- 構造：平城・水城／石垣・井戸・池など
- 築城年：元亀2年(1571)
- 築城者：明智光秀
- 特徴：織田信長に志賀郡を任された明智光秀が築城。現在は城跡の一部は公園になり、明智光秀の銅像が置かれている。
- 住所：大津市下阪本
- アクセス：京阪石山坂本線・松ノ馬場駅より徒歩

635 虎御前山城(とらごぜんやまじょう)
- 構造：山城／石垣
- 築城年：元亀3年(1572)
- 築城者：織田信長
- 特徴：小谷城を攻めるために築城された。険しい立地を生かした城で、歴史資料「信長公記」にも虎御前山城の堅牢さを称える記述がある。
- 住所：長浜市湖北町河毛・湖北町別所・中野町
- アクセス：JR北陸本線・虎姫駅より徒歩

636 横山城(よこやまじょう)
- 構造：山城／塁
- 築城年：永禄4年(1561)
- 築城者：浅井長政
- 特徴：小谷城の支城。姉川を挟んで小谷城と向かい合う場所に築かれ、浅井氏本城の前面の守りを固めた。後に姉川の戦いの舞台になる。
- 住所：長浜市石田町
- アクセス：JR北陸本線・長浜駅よりバス

637 上平寺城(じょうへいじじょう) 【史跡】
- 構造：山城／本丸・二の丸・外曲輪など
- 築城年：永正2年(1505)
- 築城者：京極高清
- 特徴：北近江統一を果たした京極高清が上平寺の敷地に築いた山城。麓には居館が置かれた。大永3年(1523)に内紛で焼失している。
- 住所：米原市上平寺
- アクセス：JR東海道本線・柏原駅より車

638 弥高寺跡(やたかじあと) 【史跡】
- 構造：不明／不明
- 築城年：不明
- 築城者：不明
- 特徴：伊吹四ヶ寺のひとつである弥高寺を改築した。東側の谷の向こうには上平寺城がある。上平寺城と同じく国史跡の京極氏遺跡群。
- 住所：米原市弥高
- アクセス：JR東海道本線・近江長岡駅より車

630 朽木城(くつきじょう)
- 構造：平山城／本丸・二の丸・三の丸など
- 築城年：鎌倉初期
- 築城者：佐々木信綱
- 特徴：佐々木信綱が築き、子孫が朽木氏を名乗った。鎌倉初期から戦国期を経て明治維新に至るまで、朽木氏が代々城主の座を守り続けた。
- 住所：高島市朽木野尻
- アクセス：JR湖西線・安曇川駅よりバス

631 東野山城(ひがしのやまじょう)
- 構造：不明／不明
- 築城年：不明
- 築城者：堀秀政
- 特徴：猛将として知られる堀秀政が築城した。豊臣秀吉と柴田勝家が激突した賤ヶ岳の戦いにおいて、秀政がここに本陣を置いて活躍した。
- 住所：長浜市余呉町東野
- アクセス：JR北陸本線・余呉駅よりバス

632 山本山城(やまもとやまじょう)
- 構造：山城／本丸・二の丸・馬場
- 築城年：平安末期
- 築城者：山本氏
- 特徴：奥琵琶湖を一望できる眺望に優れた城。山本氏の後は、京極氏に仕えた阿閉氏が城主を務めた。山本城、阿閉城とも呼ばれる。
- 住所：長浜市湖北町山本
- アクセス：JR北陸本線・河毛駅よりバス

633 水口城(みなくちじょう) 【史跡】
- 構造：平城／(復)櫓・石垣・堀
- 築城年：寛永11年(1634)
- 築城者：小堀遠州
- 特徴：上洛時の宿城として徳川家康が築かせた。築城には水口岡山城の石材が使われた。現在は櫓が模擬復元され資料館になっている。
- 住所：甲賀市水口町
- アクセス：近江鉄道本線・水口城南駅より徒歩

625 安土城(あづちじょう) 【史跡】
▶P30
- 構造：山城／天主台・本丸・二の丸など
- 築城年：天正4年(1576)
- 築城者：織田信長
- 特徴：豪華絢爛な城として知られ、織田信長が入城料をとって城の中を公開していたという逸話も残る。金箔で飾られた五層七階の天主を擁していたが、本能寺の変の後に起こった出火により失われた。
- 住所：近江八幡市安土町下豊浦
- アクセス：JR東海道本線・安土駅より徒歩

安土城跡からの眺め

626 膳所城(ぜぜじょう) 【重文】
- 構造：水城／本丸・二の丸
- 築城年：慶長6年(1601)
- 築城者：戸田一西
- 特徴：慶安4年(1651)以降は本多氏が城主を務めた。現在は一部遺構が復元され、本丸跡は公園になっている。城門は周辺神社に移築。
- 住所：大津市本丸町
- アクセス：京阪石山坂本線・膳所本町駅より徒歩

観音寺城跡
（写真／福井聡）

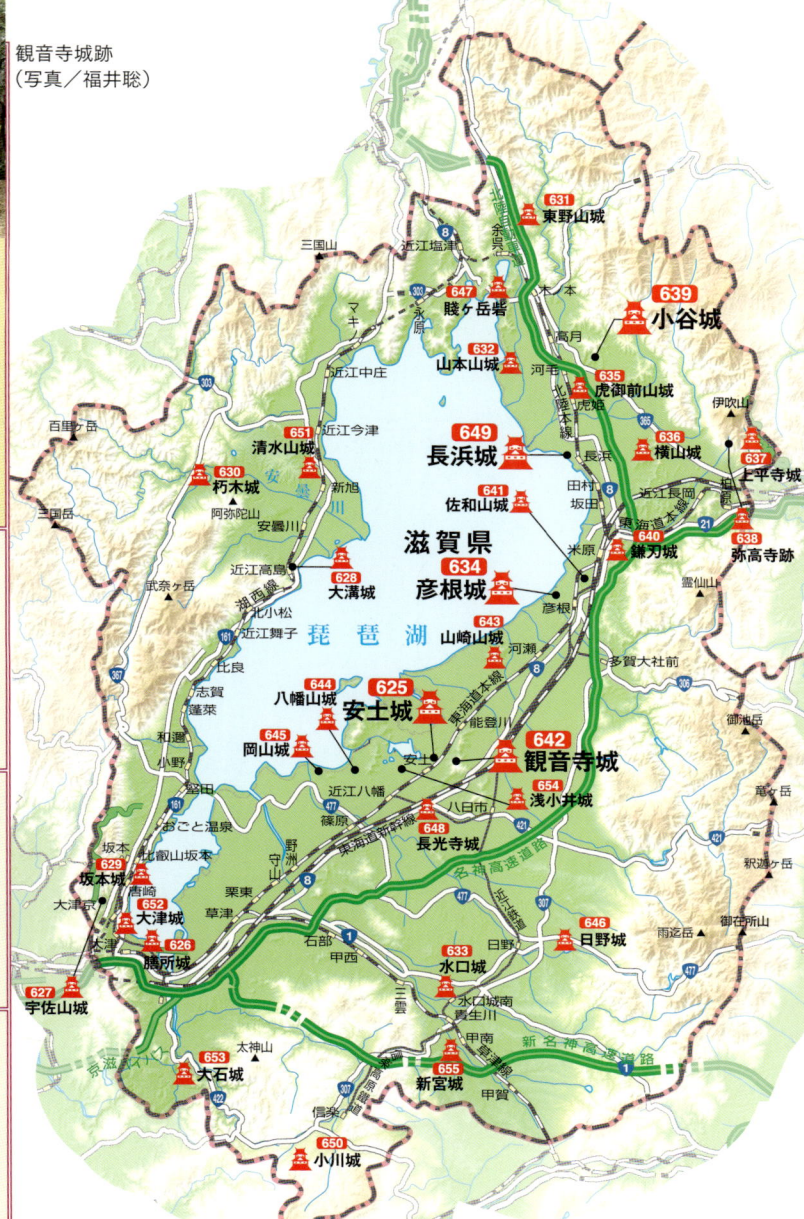

642 観音寺城 かんのんじじょう　史跡
▶P158
構造：山城／本丸・平井丸・落合丸など
築城年：建武2年(1335)頃　築城者：佐々木六角氏
特徴：日本屈指の規模を誇る山城。永禄11年(1568)に支城の箕作城を織田信長に落とされ、城主の佐々木六角氏は戦うことなく城を明け渡した。城跡からの眺めはよく、近江全土を見渡すことができる。
住所：近江八幡市安土町石寺
アクセス：JR東海道本線・安土駅より徒歩

643 山崎山城 やまざきやまじょう
構造：不明／不明
築城年：不明
築城者：不明
特徴：佐々木六角氏に仕えた山崎氏が小高い山に築き、居城にした。天正10年(1582)に城主の転封に伴い廃された。現在は公園。
住所：彦根市稲里町・清崎町・賀田山町
アクセス：JR東海道本線・河瀬駅より車

644 八幡山城 はちまんやまじょう　史跡
構造：山城／本丸・出丸・北の丸など
築城年：天正13年(1585)
築城者：豊臣秀次
特徴：八幡山に位置し、麓には居館が設けられた。館跡からは金箔を使用した瓦が発掘されている。羽柴秀次の後は京極高次が入った。
住所：近江八幡市宮内町など
アクセス：JR東海道本線・近江八幡駅よりバス

645 岡山城 おかやまじょう
構造：平山城／本丸・土塁・居館跡など
築城年：永正5年(1508)
築城者：九里信隆
特徴：現在は陸続きだが、かつては琵琶湖の小島に築かれた城だったという。永正17年(1520)に佐々木六角氏に攻められて落城した。
住所：近江八幡市牧町
アクセス：JR東海道本線・近江八幡駅よりバス・車

646 日野城 ひのじょう
構造：平城／石塁・空堀・門跡
築城年：天文2年(1533)
築城者：蒲生定秀
特徴：本能寺の変が起こった時、織田信長の妻子が安土城からこの城に移った。日野川ダムの建設により城跡の大半は水没。中野城とも。
住所：蒲生郡日野町西大路
アクセス：近江鉄道本線・日野駅よりバス

647 賤ヶ岳砦 しずがたけとりで
構造：不明／不明
築城年：天正11年(1583)
築城者：桑山重晴
特徴：豊臣秀吉の家臣である桑山重晴が築いた。秀吉と柴田勝家が激突した賤ヶ岳の戦いにおける拠点であり、激戦地として知られる。
住所：長浜市大音
アクセス：JR北陸本線・木ノ本駅よりバス

640 鎌刃城 かまはじょう　史跡
構造：不明／不明
築城年：戦国前期
築城者：土肥元頼
特徴：ふたつの街道が合流する場所に築かれた城。交通の要所として各武将から重要視され、京極氏や浅井氏などが激しく奪い合った。
住所：米原市番場
アクセス：JR東海道本線・米原駅よりバス

641 佐和山城 さわやまじょう
構造：山城／本丸・土塁・堀など
築城年：建久年間(1190〜1198)
築城者：佐保時綱
特徴：天正18年(1590)に石田三成が入城し、五層天守の建造を含む大規模な改築を施したが、関ヶ原の戦いで攻め落とされている。
住所：彦根市古沢町
アクセス：JR東海道本線・彦根駅より徒歩

639 小谷城 おだにじょう
▶P156
構造：山城・曲輪・空堀・土塁
築城年：大永3年(1523)頃
築城者：浅井亮政
特徴：琵琶湖を望む小谷山にある。浅井氏が3代に渡って居城にした。非常に攻めづらい城で、織田信長も攻略に3年を要している。
住所：長浜市小谷郡上町
アクセス：JR北陸本線・河毛駅よりバス

小谷城跡

地域別　北陸・東海・近畿地方の城

国宝：国宝　重文：重要文化財(国)　県文：重要文化財(県)　史跡：国指定史跡　史跡：県指定史跡

町のシンボル復元天守

コラム

戦国時代から江戸時代にかけて数多く築かれた近代城郭は、明治6年（1873）に公布された「廃城令」や、第二次世界大戦中の戦禍によって大半が取り壊され、また焼失した。しかし、地域のシンボルとして、これらの天守を再建する動きは古くからあり、現在各地に天守が復元されている。

そうして復元された天守は大きく3つの種類に分けることができる。まず、天守の無かった場所に、天守風の建物を建築した「模擬天守」と呼ばれるもの。

そして「復興天守」。これは元々天守のあった場所に建てられてはいるが、外観などが史実とは異なっている。

3つ目が「復元天守」。かつての資料や写真をもとに再建されたもので、ほぼ史実に沿って築かれている。

天守復元の先駆けとなったのが大坂城で、昭和天皇即位の式典に合わせて昭和6年に完成された。明治後期から昭和初期にかけては、岐阜城や洲本城なども復元されており、「第一次築城ブーム」とも呼ばれる。しかしながら、その全てが模擬天守や復興天守である。

第二次築城ブームとも呼べるのが、昭和30年から40年代にかけての高度経済成長期。俗に「昭和の築城ブーム」と呼ばれ、戦後復興の象徴として、戦争で焼失した城が建てられた。このとき築かれた城には名古屋城や若松城、小田原城などが挙げられ、いずれも鉄筋による復興天守となっている。

そうして、第三次築城ブームが訪れたのは平成に入ってから。「平成の築城ブーム」と称され、首里城や大洲城などが、外見だけでなく、その材料となる木材までをも忠実に復元されている。

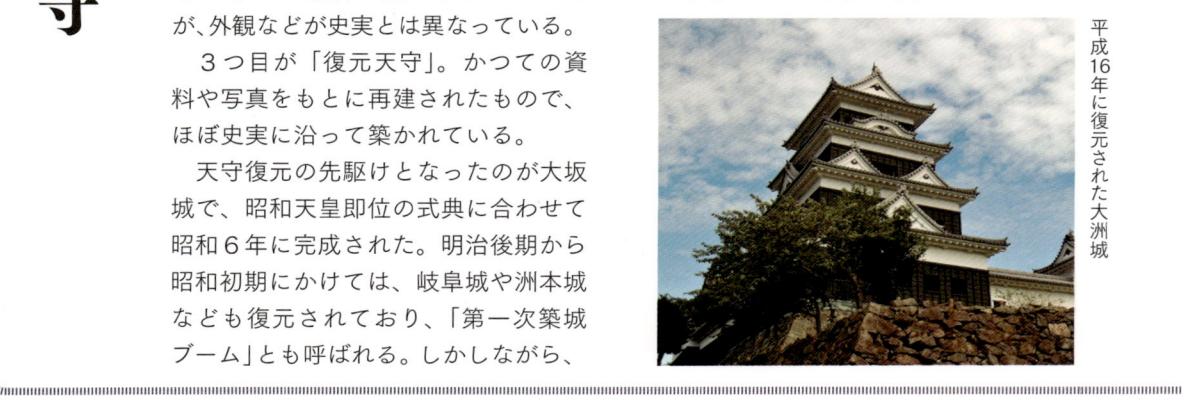

平成16年に復元された大洲城

---

653 大石城 おおいしじょう
構造：不明／不明
築城年：不明
築城者：大石氏
特徴：大石氏の一族は応仁の乱で滅亡し、遠縁の小山氏が跡を継いだ。のちに大石氏の分家が入り、その筋より大石内蔵助が産まれる。大石館とも。
住所：大津市大石東
アクセス：JR東海道本線・石山駅よりバス

650 小川城 おがわじょう 史跡
構造：山城／本丸跡・台所跡・土塁など
築城年：正安2年（1300）
築城者：鶴見氏
特徴：徳川家康が伊賀越えの際に泊まった。当時の城主は多羅尾氏で、家康はお礼に名刀を贈った。力石と呼ばれる巨大な石が残っている。
住所：甲賀市信楽町
アクセス：信楽高原鐡道・信楽駅よりバス

648 長光寺城 ちょうこうじじょう
構造：山城／一の丸・二の丸・米倉跡
築城年：鎌倉中期
築城者：佐々木政堯
特徴：元亀元年（1570）に柴田勝家が入った際、六角氏に水の補給線を断たれる。勝家は水瓶を割って城兵を鼓舞して勝利したという。
住所：近江八幡市長光寺町
アクセス：JR東海道本線・近江八幡駅よりバス

654 浅小井城 あさごいじょう
構造：水城／居館跡・堀
築城年：明応5年（1496）
築城者：浅小井氏
特徴：かつては湖畔に築かれた水城であり、武双山湖月という別名を持つ。浅小井氏が代々住んだが、六角氏に攻め落とされている。
住所：近江八幡市浅小井町
アクセス：JR東海道本線・近江八幡駅より車

651 清水山城 しみずやまじょう 史跡
構造：山城／不明
築城年：嘉禎元年（1235）
築城者：佐々木高信
特徴：大規模な山城。佐々木高信によって築かれ、高島宗家の本拠となる。織田信長の近江攻めで落城した。日高山城とも呼ばれる。
住所：高島市新旭町
アクセス：JR湖西線・新旭駅より徒歩

649 長浜城 ながはまじょう
▶P157
構造：水城／（復）天守・本丸跡・石垣など
築城年：天正3年（1575）
築城者：羽柴秀吉
特徴：浅井長政を討った羽柴秀吉が小谷城から移った。秀吉が城主としてはじめて築いた城としても知られる。現在の天守は歴史博物館。
住所：長浜市公園町
アクセス：JR北陸本線・長浜駅より徒歩

655 新宮城 しんぐうじょう 史跡
構造：平城／土塁
築城年：室町時代
築城者：服部氏
特徴：空堀と土塁を駆使した堅城。そばには新宮支城が築かれており、本城も支城も「甲賀郡中惣遺跡群」として国の史跡になっている。
住所：甲賀市甲南町
アクセス：JR草津線・甲南駅より徒歩

652 大津城 おおつじょう
構造：水城／不明
築城年：天正14年（1586）
築城者：浅野長政
特徴：築城時に坂本城の建材が使われたという。関ヶ原の戦いの際の城主は京極高次。東軍の一員として奮闘するも最後は城を明け渡す。
住所：大津市浜大津
アクセス：京阪京津線・浜大津駅より徒歩

長浜城天守
（写真／福井聡）

特集 3

極めたい 歴史を彩る城の合戦

大坂夏の陣屏風(一部)
(図版／大阪城天守閣)

合戦時の城の役割

領地の支配や防備など、城郭はさまざまな役割を持つ。江戸時代までは一城だけで運用されるわけではなく、領地内には複数の城があり、それぞれを継ぐ道路や情報網が整備された。

武田氏の狼煙伝達網 戦国大名は領地を支配するため、本城と呼ばれる居城を中心に地域や国境の拠点に支城を置いた。本城と支城間で物流や兵の移動を容易にするため街道が整備され、情報伝達のための通信基地も置かれた。特に武田氏は迅速な情報伝達のための狼煙網を整備した。狼煙台があったとされる場所は、河川や街道を見下ろせる山の上である。多くは中世の山城跡であった。
（『和漢三才図会』より作図）

武田氏の狼煙台 江戸時代の百科事典『和漢三才図会』を元に復元されたもの。この狼煙台で迅速な情報伝達が行われた。
（写真／津金学校）

凡例：
- 本城
- 支城
- 狼煙台
- 伝達経路

城のさまざまな活用方法

城は、共同体を外敵から守るために柵などを造ったことが始まりとされている。時代が進むと城は、国を支配するための拠点となったが、本来の目的である戦いにも使用された。高いところに城を造るのは、見晴らしや攻撃に便利だからだ。また、立て籠もるにしても有利である。

本城だけでなく、**支城**と呼ばれる城も造られた。これは、領国支配において、目の行き届かない場所をカバーするためのものである。戦いの場合には、本城をバックアップする。本城と支城との連絡のために街や道が整備された。同時に**狼煙**も使って連絡をとっていた。

逆に城を攻める場合には、**陣城**や**砦**と呼ばれる小規模の臨時の城を、敵の城の近くに造る。こうして、敵の城を囲むように造り、城が外部との連絡が取れないようにし、城内の兵糧が

城知識 煙を使った通信システム狼煙のリレーが、長野県伊那市で毎年秋に行われている。

❖ 城の攻め方、守り方 ❖

攻城戦の様子（図版／香川元太郎）

図中ラベル：
- 陣城
- 籠城側
- 井楼　戦場にて敵陣偵察に用いた櫓。
- 大砲
- 陣城
- 見張り小屋
- 虎落　先を斜めに削いだ竹を筋違いに組み、縄で固めた柵。籠城する敵が這い出る隙をなくした。

　かつては戦いのシーズンがあった。オンシーズンは、米の収穫が終わった後から田植えが始まるまでの農閑期だ。これは戦いで農作物が荒されるのを防ぐのと、農閑期の農民たちが雑兵として戦いに参加するからだ。織田信長や豊臣秀吉の時代から農民と武士とが分離し、一年を通して戦える兵が増えた。

　城を攻める方は、作物を刈り取ったり、田畑を荒したりする。さらに放火・略奪なども行うこともある。攻城戦が長期化しそうな場合には攻める城の周辺に陣城と呼ばれる簡単な城を造り、そこを攻撃の拠点とした。そして籠城兵が出られないよう、虎落で囲み、見張りを置いた。

　守る方は、作物を刈り取り、田んぼには水を張って敵がぬかるみに足を取られるようにする。籠城する時には周辺の農民たちを城内に入れる。その時には民家を焼き、鍬や鋤など武器になりそうなものは城内に運び込むか、焼いてしまう。また、敵に水を利用されないように井戸に毒を入れることも行われた。籠城するにあたって兵糧は三年分用意するものとされていた。

切れるのを待つのだ。こうすれば城への損害を少なくすることができ、奪った城を自分の城として再利用することができる。こうすれば自分の領地を奪うことになる。目指す領地にある田畑も城もなるべく無傷で手に入れたい。戦いになればせっかく手に入れた田畑からの収穫が期待できず、城も利用することができないからだ。なので、戦いは回避される方向で行われ、万が一戦いになった場合にはなるべく被害が少ない場所と時期に行われた。城を攻めるのは戦いの最終局面で、しかも、**籠城戦**までもつれ込むのは珍しいことであったといえるだろう。

　後世に名を残す武将の中には、戦いの際に、城をうまく使うことで、勝利を手元に引き寄せた者もいる。

　例えば山内一豊は、関ヶ原の戦いの前に居城の掛川城を徳川方に明け渡した。こうすることで、豊臣方から徳川方に乗り換えた決意を示したのだ。彼の姿を見て他の武将が追随したという。戦いの**駆け引きの道具**としても城は使われたのである。

城知識　大垣城には、ある民が籠城中の城から脱出する時に利用したとされる松があり、「おあむの松」と呼ばれている。（現在は二代目。初代は枯れてしまった）

特集3　歴史を彩る城の合戦

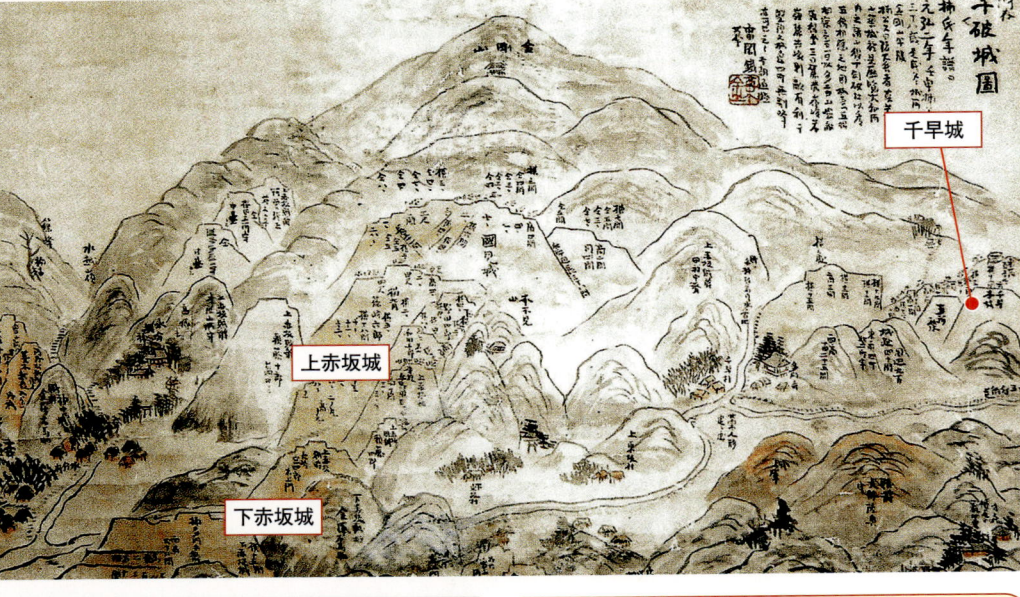

正成は千早城を詰城、上赤坂城を本城、下赤坂城を前衛の城とした。　　　　河内千破城図（図版／湊川神社）

- 千早城
- 上赤坂城
- 下赤坂城

千早・赤坂城周辺の地形図

山城の戦い

千早・赤坂城の戦い

城番号 **559**
参照頁 ▶P165

守 VS 攻
楠木正成軍 **鎌倉幕府軍**
一〇〇〇人 一〇〇万人

千早・赤坂城の戦いとは？

元寇の後、弱体化した鎌倉幕府から政権を奪還しようと後醍醐天皇が動いた。しかし、計画が幕府側に漏れ捕らえられてしまう。その一方で、同調して蜂起したのが楠木正成であった。

❶赤坂城の戦い

元弘元年（1331）、後醍醐天皇のクーデターに楠木正成は赤坂城で呼応。鎌倉幕府は計画を未然に防いだものの、赤坂城における正成のゲリラ戦法に苦戦。10月21日夜に正成軍は火を放ち、戦いの幕を引く。

❷千早城の戦い

元弘2年（1332）、正成は突如下赤坂城を奪い返し、下赤坂城（前衛の城）、上赤坂城（本城）、千早城（詰城）に活用し、鎌倉幕府軍を翻弄し続けた。千早城の戦いは100日戦争とも呼ばれ、鎌倉幕府滅亡の契機となる。

図版は『楠木正成千早城血戦録』（ビジネス社）を元に作図した。

戦いの作法を無視した楠木正成

千早城での戦いは、**鎌倉武士**たちにとっていつもと勝手の違うものであった。鎌倉時代の武士たちの間には、戦いに際して「やあやあ、われこそは…」などと名乗りを上げ、正々堂々と戦うなど戦士の作法があった。しかし、鎌倉武士の出ではない**楠木正成**は、そんな作法を無視してしまう。

千早城を取り囲んだ軍勢は、太平記によれば**数百万人騎**。鎌倉武士は周囲1里（約4キロメートル）におよばない小さな城など簡単に落せると考えていた。

鎌倉武士たちが盾をかざして攻め上がれば、守る城兵たちは大石を投げ下ろして盾を打ち砕き、矢を射掛ける。このため一日5～6千を上回る死者が出てしまった。火矢を放てば水で火を消してしまう。前回の赤坂城の戦いの時に正成は水不足で降伏している。今度も戦いの舞台は同じ山城である。

城知識　上赤坂城跡から壁土が検出された。これにより太平記の記述が裏づけられる可能性が出てきた。

後醍醐天皇と楠木正成の関係

楠木正成は、後醍醐天皇にとってスーパーヒーローのような人物であった。夢のお告げの人物として楠木正成は、初対面の後醍醐天皇に対して「正成が生きている限り天皇の運は必ず開ける」と宣言する。その宣言どおり、天皇が隠岐に流された後も正成は鎌倉軍相手に戦い、勝利を収める。そのすきに後醍醐天皇は隠岐から逃げ出す。

最後は正成は天皇の命令によって勝ち目のない湊川の戦いに出陣して戦死する。正成は自分の死後も天皇を守るため息子正行をこの戦いに参加させなかった。

「勇魁三十六合戦」
楠木正成が活躍する物語『太平記』は人気があり、芝居で取り上げられたり、錦絵に描かれたりした。(図版／東京都立中央図書館特別文庫室)

皇居前広場に建つ楠木正成銅像

千早城復元模型　山城らしく空堀や堀切が設けられ、5つの曲輪で城は構成されている。(写真／千早赤阪村立郷土資料館)

日本古城絵図　千早城　江戸時代に軍学の研究のために造られた城絵図のひとつ。(図版／国立国会図書館)

きっと水が不足して水の補給のために山頂の城から兵たちが下りてくるに違いない。そう考えて城兵を待ち伏せすれば、逆に夜襲をかけられて鎌倉武士たちは混乱した。

また、がらくたで等身大の人形を作って甲冑を着せ、敵から見えるところに並べ、夜が明けるとともに勝鬨の声を上げた。鎌倉方がこの兵を本物と思い射ようと集まったところに大石を投げ落とす。この石にあたって300人余りが死に、500人以上が大けがをおったという。さらには大木を城から落とし、鎌倉勢が右往左往しているところを矢で攻撃する。鎌倉武士たちも手をこまねいているだけではなかった。一気に城内に攻め込むため、京都から大工を呼び寄せて、長い梯子を作らせた。この梯子を城の間にある谷に橋代わりに架けた。この梯子に正成軍は火をつけ、油を滝のように注ぎ、鎌倉方の兵ごと梯子を谷底へ落とす。

その一方で野武士どもに働きかけて攻め手側の兵糧を運ぶ者たちを襲わせ、兵糧だけでなく着ているものも奪った。こうして鎌倉方の軍勢を100日あまりも釘づけにしたのだ。

城知識　後醍醐天皇が籠もった笠置山には笠置寺がある。当時の寺は要塞化されていたため、城の一種とする考え方もある。

城の争奪戦

桶狭間の戦い

守 **織田信長** VS 攻 **今川義元**（いまがわ よしもと）❉二万五〇〇〇人
❉三〇〇〇人

今川義元の軍行ルート

今川義元の軍行 義元は永禄3年（1560）5月12日に駿府を出発し、翌13日には掛川城、14日には引馬城、15日には吉田城、16日には岡崎城、そして17日には沓掛城に入っている。義元は領地の城を拠点に兵糧や軍容を整え、最終的に2万5000人の軍勢とする。図版は『地図で知る戦国 下巻』（武蔵堂）を参考に作成した。

桶狭間の戦いとは？

永禄3年（1560）における今川義元と織田信長の戦い。版図の拡大を目指して尾張に侵入したが、信長の奇襲を受け、義元は戦死。この一戦を機に今川氏は滅亡へと進み、信長は元康と同盟を組み、西上作戦を進めることになる。

コラム　清洲城にて信長、「敦盛」を舞う

今川軍接近に動きを見せなかった信長だが、今川軍攻撃開始の報を聞き、「人間五十年、下天のうちを比ぶれば、夢幻の如くなり…」で知られる幸若舞「敦盛」を舞った。その後、出陣の貝を吹かせ、具足を身につけ、5月19日明け方の4時頃に清洲城を出発。わずかな従者とともに8時頃に熱田神宮に到着。戦勝を祈願した。桶狭間の戦いは同日14時には決着がついた。わずか1日で信長は武名を世に轟かせたのだ。

「太平記英勇伝　小田上野介信長」（図版／東京都立中央図書館特別文庫室）

大軍勢を率いる義元尾張国へ侵入

戦国時代の領地争いは、領地防備の中心となる城の争奪が鍵となった。

三河・遠江・駿河を支配する今川義元は、さらに領地を広げるため、隣国尾張への進出を虎視眈々と狙っていた。内乱の隙を狙って、隣国織田家の鳴海城、大高城を奪う。一方、内乱を鎮め尾張を統一した織田信長は、鳴海城、大高城を取り返すべく城の近くに鷲津砦と丸根砦を造り始めた。この砦は大高城への補給や連絡を邪魔する位置にある。こうした信長の動きを阻止すべく今川義元は永禄3年（1560）5月12日、尾張へと向かった。

5月18日、義元は国境の**沓掛城**に入る。この頃、**松平元康**（徳川家康）は、義元の命により大高城へ兵糧を搬入し、その直後丸根砦を攻撃して落とす。さらに元康は鷲津砦へと向かい、ここも落城さ

城知識 桶狭間の戦いに出陣した時今川義元は、公家のように鉄漿（おはぐろ）をしていたといわれている。

桶狭間の戦い

❷ 信長、出陣
砦が落ちたとの報を知り、19日早朝に信長は清洲城を出発。熱田神宮で戦勝を祈願し、丹下砦へ向かう。

❶ 義元、大高城に向かい移動
丸根砦、鷲津砦を落とし、大高城周辺を制圧した今川軍は義元率いる本陣を移動するべく沓掛城を出発、大高城に向かって移動し始める。

❸ 織田軍、桶狭間へ
5月19日の昼ごろ、義元軍攻撃のため、織田軍は中島砦より出撃。察知されることもなく休息中の今川本陣を急襲、義元を討った。ちなみに桶狭間の戦いは、古戦場跡と両軍の進軍ルートに諸説あり、定まっていない。

図版は『日本戦史』(陸軍参謀本部編)を参考に作成した。

清洲城 清洲城は、桶狭間の戦い当時の信長の居城であった。信長はここから出陣した。

桶狭間古戦場 桶狭間の戦いの場は特定されていない。豊明市は、有力な候補地のひとつで、江戸時代には参勤交代の途中で大名が見学のため立ち寄ったとされる。

油断した義元 信長の奇襲に敗れる

砦を獲られて黙って見ている信長ではなかった。鷲津砦と丸根砦が攻撃されたことを知り、19日早朝、居城**清洲城**を出発。出陣前に「人間五十年…」と自らが幸若舞の「**敦盛**」を一指し舞い、出陣の貝を吹かせ、立ったまま湯漬けをかきこんで馬で駆け出した。だが、熱田に到着した時に、鷲津砦と丸根砦から煙が上がっているのを見て、自分の砦が陥落したのを知る。そのため熱田神宮で必勝祈願を行う。

一方義元は、元康を**大高城**に戻して休息を取らせ、自身も**桶狭間山**で休んでいた。敵の攻撃の拠点である砦を落としたのだから、この戦いは、終わったと考えたのだろう。しかし、この後降った豪雨が止んだときに信長軍が目の前に迫っていたのだ。

信長軍の進軍に気づいた義元軍は、陣を引き払い退却することを決めたがその混乱の内に義元は討たれてしまった。

城知識 清洲古城跡公園には、清洲城跡を顕彰する碑や織田信長を祭る神社、信長時代のものとされる石垣の一部がある。

秀吉の中国攻め

城攻めの名人とも呼ばれる秀吉が一番攻城戦を行ったのがこの「中国攻め」の時期だ。秀吉は兵糧攻め、水攻めなどあらゆる策で次々と城を落としていった。

中国攻めのルート

姫路城 播磨の大名たちは西の毛利氏と東の織田氏に挟まれており、どちらの陣営に所属するかが死活問題となった。姫路城代を任された小寺官兵衛（黒田孝高）は主君小寺政職とともに信長側に付く。後に政職が離反しても信長側に残り、居城である姫路城を秀吉に献上した。

信長の命を受け秀吉、中国地方を攻める

秀吉が多くの城攻めを行った時期がある。いわゆる「**中国攻め**」と呼ばれる中国地方の侵攻戦である。織田信長が本願寺との間で戦争になると、本願寺を支援していた**毛利氏**との関係も良好ではなくなった。信長は本願寺との戦いで手を離すことができず、秀吉に中国地方を支配する毛利氏との戦いを命じた。

この一連の戦いの中で秀吉は、岡山城、岩洲城、竹田城、御着城、有岡城、姫路城、三木城、上月城、鳥取城、羽衣石城、福原城、備中高松城などを次々と攻略していった。特に信長に心服した**黒田孝高**からは**姫路城**を譲り受け、ここを拠点に秀吉軍は中国各地を転戦する。孝高は多くの城攻めのアイデアを出したという。

それではここから、城攻めのお手本ともいうべき3つの戦いを紹介しよう。

城知識 中国平定の影の立役者黒田孝高は姫路城で生まれたとされている。

秀吉の城攻め 1 三木城の戦い

❶ 補給路を断つ
三木城への補給路は高砂城、魚住城、明石城のルートがあった。秀吉は補給路にある支城を潰し、天正6年(1578)平井山に本陣と包囲のための付城を築くことで、三木城への補給を難しくした。

❸ また補給路を分断
天正7年(1579)秀吉は丹生山砦を攻略し補給路を潰す。結局、天正8年(1580)に別所一族の切腹で籠城戦は終了した。

❷ 新たな補給路
天正6年に織田方を離反した荒木氏の花隈城からの補給路を新設。

地図:
- 姫路城 黒田孝高
- 御着城
- 高砂城 梶原景行
- 羽柴秀吉本陣
- ▲平井山
- 三木城(釜山城) 別所長治
- ▲帝釈山
- ▲丹生山
- 端谷城 衣笠範景
- 魚住城 魚住頼治
- 明石城 明石左近
- 再度山
- 花隈城 荒木村正
- 瀬戸内海

城番号 576
参照頁 P167

守 別所長治 (べっしょながはる) ※約七五〇〇人
VS
攻 羽柴秀吉 (はしばひでよし) ※不明

別所長治の歌碑
籠城戦は城兵助命と引き換えに、別所長治の自刃で幕を閉じた。「今はただ うらみもあらじ 諸人のいのちにかはる 我身とおもへば」という辞世の句が刻まれている。

二位谷の陣城跡
秀吉は、三木城攻めのために数多くの陣城や土塁を築いていた。写真はそのうちのひとつ。

2年にも及ぶ籠城戦の末に

織田信長の命により中国平定を進める**豊臣秀吉**に、予期せぬ出来事が降りかかる。信長方についたはずの**別所長治**が、毛利輝元の勧誘を受けて反旗を翻したのだ。

別所長治は、居城三木城に長期間の籠城に耐えるだけの物資を準備して立て籠もった。近隣の地侍や農民も一緒だった。この時秀吉は、正面から攻めてもかなわないと考え、別所氏の補給路を絶つ。

別所氏が城に立て籠もってから約2年、さすがに三木城内の兵糧も尽き、牛の死骸や木の根はいうにおよばず、口に入れられるものならばなんでも入れるようになり、餓死者も現れた。こうして天正8年(1580)8月、落城し、城主の別所長治は自刃した。後に秀吉はこの戦いを「三木の干殺し」と呼んだ。

城知識 三木城があった三木市では別所長治を偲んで毎年5月5日に別所公春まつりが行われている。

秀吉の城攻め 2

鳥取城の戦い

鳥取城攻めの布陣図

❶ 補給路を断つ
秀吉は鳥取城・雁金城・丸山城を取り巻くため、陣城、空堀、土塁を築いて約12kmに渡る包囲網を構築した。補給基地である丸山城との中間地点、雁金城を落として補給路を断つ。

❷ 鳥取城は落城
城に兵糧は少なくたちまち飢餓に陥り餓死者が出たという。吉川経家は城兵助命と引き換えに自決。

地図上の記載:
- 丸山城
- 雁金城
- 袋川
- 塩屋高清
- 宮部継潤
- 鳥取城
- 吉川経家
- 千代川
- 黒田孝高
- 蜂須賀正勝
- 羽柴秀長
- 羽柴秀吉
- 堀尾吉晴
- 補給路

図版は『別冊歴史読本 太閤秀吉と豊臣一族』（新人物往来社）を参考に作成した。

城番号 730
参照頁 ▶ P222

守 **吉川経家**（きっかわ つねいえ）※不明
VS
攻 **羽柴秀吉**（はしば ひでよし）※不明

飢え殺された「鳥取城の渇殺し」

天正8年（1580）5月下旬には**鳥取城**下に到着し、**羽柴秀吉**は城を包囲する。これに対し当時城主であった**山名豊国**は降伏した。ところが家臣たちは、豊国を追い出し、毛利一族の文武に優れた**吉川経家**を城主に迎えた。鳥取城に着いた経家は、籠城に備えて兵糧を集める。しかし、秀吉との戦いによって田畑が荒らされた上、兵糧も奪われており、思うように集まらない。十分に兵糧が集まる前に戦いが始まってしまった。

天正9年7月12日、秀吉が鳥取に到着。すぐさま**総延長12キロに及ぶ包囲網**を構築する。経家は何度も吉川元春に兵糧の搬送を依頼するが、包囲網を突破できず、城内には届かなかった。8月には餓死者が出始め、餓死者を食べる事態に経家は、開城を決意。兵の命を助けることを条件に降伏し、自身は10月25日に自害した。

城知識　テレビ番組「笑点」の司会でおなじみだった故5代目三遊亭円楽は、本名を吉河寛海といい、吉川経家の子孫だとされている。

秀吉の城攻め 3 高松城の戦い

高松城水攻め布陣図

❷ 水攻めの実行
堤防工事はわずか12日で行ったといわれる。降り続く雨で城は水没。清水宗治救援のため、吉川元春ら毛利軍主力が駆けつけたが手を出せなかった。

❶ 備前・備中攻め
秀吉は天正10年3月に備前・備中に入り、毛利方の城を次々と落とした。4月に備中高松城攻めを開始。5月に水攻めを決意。

図版は『地図で知る戦国 下巻』(武揚堂)を参考に作成した。

城番号 **781**
参照頁 ▶ P227

守 VS 攻
清水宗治（しみず むねはる）※不明
羽柴秀吉（はしば ひでよし）※不明

水攻防戦之図(図版／岡山県立図書館)
江戸時代末から明治にかけて活躍した浮世絵師歌川芳虎が高松城水攻めを想像して描いたものである。

特集3 歴史を彩る城の合戦

堤防を築いて城を沈める

天正10年(1582)4月に備中高松についた**秀吉**は城主**清水宗治**に信長側に付くことを迫ったが、拒否される。備前と備中との境にある**備中高松城**は、信長にとってはどうしても手に入れたい城であった。

秀吉は、まず周囲の冠山城や宮路山城を攻め落とす。さらに**補給路を断ち**、陸だけでなく海をも含んだ包囲網を完成させた。この包囲網は毛利氏の援軍を完全に阻んだ。

秀吉は地元の農民たちに高い手間賃を払って動員させ、全長3キロに及ぶ堤防工事を行った。まもなく梅雨がやってくることと、城が低湿地にあることから**水攻め**を考えたのは、**黒田孝高**であったという。

水没する城を見て、城兵たちは戦う意欲を失い、秀吉は戦わずして勝利を収めた。この戦いの最中に信長横死の報が届けられる。秀吉は城主清水宗治切腹を見届け、明智光秀を討つために出発した。

🏯 **城知識** 備中高松城は、現代になっても洪水の時に浸水してしまうような低地に造られた城だった。

賤ヶ岳の戦い

陣城の戦い

賤ヶ岳の戦い1

賤ヶ岳の戦いとは？
本能寺で横死した信長の後継者をめぐって信長の三男信孝を推す柴田勝家と、二男信雄を推す秀吉の間で対立が起こる。雪で動けない勝家をよそに、秀吉は岐阜城の信孝を人質にとり賤ヶ岳一帯の高地に陣取った。他方、雪解けを迎えて勝家も南下を開始、柳ヶ瀬に陣を構える。

❶ 勝家軍柳ヶ瀬に
3月12日に柳ヶ瀬到着。各武将を近隣の陣城に配置した。

❷ 秀吉軍の退却
3月17日、秀吉軍が木之本に到着。合戦は膠着するが、別領地の危機を知り、一部の軍勢を長浜城へと引き返す。

❸ 大岩山を落とす
秀吉の動きを好機とみた勝家軍は、4月19日に盛政を大岩山へ侵攻させる。盛政は大岩山、岩崎山をそれぞれ奪取した。

守 VS 攻
柴田勝家（しばた かついえ）
二〇〇〇〇人

羽柴秀吉（はしば ひでよし）
四〇〇〇〇人

勝家の命運を決した一戦

先に武力に訴えたのは羽柴秀吉の方であった。天正10年（1582）12月7日、**柴田勝家**の養子勝豊が守る長浜城を攻撃し、降伏させた。援軍を出そうにも越前にいる勝家は、雪に阻まれて身動きがとれなかったのである。3月9日、勝家は、大軍を率いて出発。甥の**佐久間盛政**と養子の**柴田勝政**を行市山の陣に置き、自らは柳ヶ瀬に着陣した。このほか前田利家・利長親子が別所山に、金森長近らが椵谷に陣を置いた。勝家側の陣は堀を掘り、土塁を造った砦で、砦同士は通路網で結ばれていた。さらに監視用の砦を近江から北陸の間に築く。さながらこの一帯は、勝家側の巨大な要塞と化していた。

秀吉は、滝川一益攻略のためにいた伊勢からとって返し、3月12日、長浜城に入った。**勝家軍**2万に対し、**秀吉軍**はその倍の4万人である。

城知識 賤ヶ岳の戦いでは数多くの砦や陣城と呼ばれる城が戦いの舞台となった。その城跡が今でも滋賀県を中心とした山中に眠っている。

利家の退却に勝家軍動揺

琵琶湖北岸に両軍は陣城を築き、約1ヵ月ほどにらみ合ったまま動かない。一方、秀吉が攻めた滝川一益と織田信孝が手を組んで美濃を奪い返そうと動き出した。美濃を取り返されてはたまらない秀吉は、約半数の兵を率いて美濃へと向かう。

その隙をついて佐久間盛政らは南下し、中川清秀が守る大岩山を落とした。これを知った秀吉は、田利家は、これを見て引き上げしまう。

利家の退却に動揺した勝家軍は体勢を崩し、越前に戻った。そこでもう一度隊を組み直して出陣すかわりに退却の姿勢を見せた柴田勝政を攻め、討ち取った。柴田側として別所山に布陣していた前田利家は、これを見て引き上げしまう。

利家の退却に動揺した勝家軍は体勢を崩し、越前に戻った。そこでもう一度隊を組み直して出陣するはずだったが、秀吉軍に周囲を囲まれる。城を囲んだ秀吉には素晴らしい作戦があり、また図らずも籠城を強いられた勝家の方も独自の戦い方があったと思われるが、残念ながらその戦いの様子は伝わっていない。4月23日、勝家は一族ともども自刃して果てた。

賤ヶ岳の戦い2

❽勝家軍敗走
盛政の救援にきた勝政軍は秀吉軍との戦闘に突入するも撃破され、勝家は北ノ庄城へ退却する。

❼利家離脱
この混乱のさなか、前田利家が戦線を離脱。

❻盛政撤退
盛政は秀吉の大軍に驚き、同日深夜に撤退を開始、秀吉軍の追撃を受ける。

❹丹羽長秀、賤ヶ岳へ
大岩山落城で賤ヶ岳の秀吉軍は退却。それを知った丹羽長秀が現場に急行。撤退軍と合流して賤ヶ岳を確保。同陣城は勝家軍も狙っており、間一髪だった。

❺秀吉軍の帰還
4月20日14時、落城を知った秀吉は52kmの工程を5時間で踏破し、木之本に戻る。

賤ヶ岳合戦図屏風 大岩山陣城から出てきた中川清秀が奮戦しているところ。佐久間盛政の猛攻により、清秀はこの戦いで戦死する。
（図版／大阪城天守閣）

特集3 歴史を彩る城の合戦

城知識 賤ヶ岳の戦いで秀吉が落とした長浜城は、秀吉が初めて城主となった城であった。

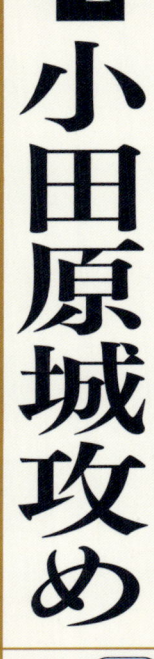

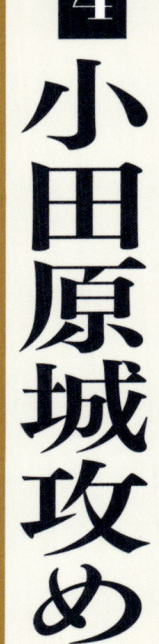

小田原城攻め

秀吉の城攻め 4

小田原城攻め・1

- ❶ **秀吉、沼津到着**
  秀吉は3月27日には沼津に到着し、山中城など支城を攻める。

- ❷ **北より支城攻略**
  前田利家、真田昌幸らが北から北条氏の支城を攻撃。

- ❸ **次々と支城攻略**
  小田原包囲軍からも支城攻撃隊は出発した。

- ❹ **海上封鎖**
  九鬼嘉高、長宗我部元親らの水軍が海上を封鎖。

主要地点:
- 箕輪城（4月24日）
- 松井田城（4月22日）
- 忍城（7月11日）
- 鉢形城（6月14日）
- 川越城（5月初）
- 八王子城（6月23日）
- 津久井城（6月24日）
- 江戸城（4月27日）
- 玉縄城（4月26日）
- 石垣山城
- 小田原城
- 山中城（3月29日）
- 韮山城（6月24日）
- 沼津城
- 駿府城

図版は『歴史群像シリーズ特別編集 決定版図説 戦国合戦地図集』（学習研究社）を参考に作成した。

鉢形城
北条氏の北関東支配の拠点であった城。河川が合流する断崖上に建つ攻めにくい城であるが、秀吉の連合軍35000人に包囲され、城主北条氏邦ら1000人の兵は籠城戦を戦ったが、1ヵ月で開城している。

城番号 **264**
参照頁 ▶ **P90**

守 VS 攻
北条軍 **秀吉連合軍**
五万6000人 二十一万人

小田原城の支城をことごとく潰す

天正15年（1587）に出した「惣無事令」に従わないのは北条氏だけとなり、豊臣秀吉は天正18年（1590）、小田原城の北条氏政・氏直に宣戦布告する。徳川家康、上杉景勝、前田利家をはじめ21万におよぶ軍勢が小田原城を囲んだ。一方、小田原城内には、5万6千。しかも出撃するか籠城するか城内で意見が分かれ、なかなか結論がでない。

小田原城は過去に上杉謙信や武田信玄が攻めても落とすことができなかった堅城である。正面から攻めても秀吉に勝ち目はない。しかも城内には数年間籠城しても耐えられるだけの用意があった。秀吉は、関東一円に広がる北条氏の城を攻撃して攻め落とし小田原城を孤立させる作戦に出た。秀吉の別働隊である前田利家軍が松井田城、箕輪城、厩橋城を四月に陥落させる。小田原城主の北

城知識: 「惣無事令」とは、秀吉が命じた大名間の領土争いなどの私闘を禁止した法令。天正13年（1585）には九州地方、天正14年（1586）には関東・東北地方に向けて発令された。

小田原城攻め・2

図版は『歴史群像シリーズ特別編集 決定版図説 戦国合戦地図集』（学習研究社）を参考に作成した。

❺ 80日で城を築く

秀吉は小田原城を眼下に望む笠懸山（かさがけやま）に陣城を築く。総石垣の城を4月に着工し、6月下旬には完成させている。城を突如出現させ、大軍で包囲しながらも攻め込まずに宴会を行う秀吉の策に、北条方は次第に戦意を喪失していった。

石垣山一夜城から見た小田原城
城跡からは小田原城をはじめ、市街を一望できることから、秀吉はこの地を選んだという。

条氏政の弟北条氏邦が守る鉢形城は、1ヵ月ほどかかったがやはり落城させた。さらに秀吉は、玉縄城、江戸城、臼井城、川越城、岩付城、忍城、松山城、八王子城を攻撃。忍城を除くすべての城が秀吉側に落ちた。

この間にも秀吉は現在の箱根湯本に到着した4月から小田原城の西側である計画を着々と進めていく。これが6月のある日城が現れた、俗にいう**石垣山一夜城**である。総石垣の本格的な城であった。約80日かけて城を造り、完成したところで城を隠していた木を切り払った。一日にして突然城が現れたように見えたのだ。

秀吉は城が完成すると本陣をここに移す。この城の中で連日のように茶会や踊りの会を小田原城内に見せつけるように催した。城の周囲は秀吉軍が包囲したままだ。敵は戦いの最中に様々な娯楽を催すほどの余裕を見せている。北条氏の軍勢は、相手方の胆力を目の前にして次第に戦意を失っていく。小田原城内は徐々に徹底抗戦から降伏へと傾いていった。そしてついに7月には、北条氏直が降伏の意思を示し、秀吉に城を明け渡した。

城知識 小田原城の総構えは巨大で、約20キロにおよぶ。現在でも総構えの跡が数多く残っている。

忍城の戦い

城を水攻め

城番号 214
参照頁 ▶P85

守 VS 攻
成田守備軍 石田三成軍
二七〇〇人 二万六〇〇〇人

忍城攻め布陣図

忍城とは？
成田氏は熊谷の豪族で、忍城は当時としては珍しい平城である。忍川や沼を利用した水堀と高い土塁で守られていた。成田氏は、秀吉の小田原攻めのときには北条方に属している。

丸墓山古墳
さきたま古墳群のひとつ。実際に古墳の上に登ることができる。

❶ 忍城の籠城戦
成田方が籠城して三成軍を迎え撃つことに対し、秀吉方の石田三成は忍城を一望できる丸墓山古墳に本陣を設け軍議を開いた。

石田堤建設

❷ 石田堤を築く
三成は近くを流れる川を活用した水攻めを決定。全長約28kmに渡る堤防「石田堤」を建設した。近在の農民などを人夫に集め、約5日間で築かれたという。

すべての図版は『石田三成と忍城水攻め』（行田市郷土博物館）を参考に作成した。

最後まで落とせなかった「水に浮く」城

天正18年（1590）、成田氏が属する北条氏の本城小田原城が攻められたため、当主**成田氏長**と弟**泰親**は、小田原に出陣する。留守を預かるのは城代の**成田泰季**。泰季は、家臣の正木丹波守をはじめとする2千7百人余りの兵を指揮することになった。この中には農民、町人、女性、子どもたちも含まれていた。戦闘時に領民たちが城の中に逃げ込んだためである。対する**秀吉軍**は、**石田三成**を大将とする2万6千人の大軍であった。

6月4日、三成は攻撃を開始する。しかし、かつて上杉景虎を追い返したこともある難攻不落の城はなかなか落ちない。一方で忍城の城代泰季が6月7日に急死、代わって泰季の息子**長親**が指揮を執ることになった。

三成は、忍城を一望できる**丸墓山古墳**の上に本陣を置き、城の周囲に堤を築く計画を立てる。老若

城知識 秀吉の小田原城攻めの一連の戦いの中で、唯一城を落すことができなかった石田三成は戦下手というレッテルを張られてしまったという。

190

❸ 水に浮く忍城

外曲輪は水没したが、本丸はとうとう沈まず、城は浮いているように見えた。「忍の浮き城」といわれる所以である。一説には水量が思った以上に少なく、水攻めの効果はあまり出なかったともいわれる。

水攻め開始

石田堤 行田市堤根地区から鴻巣市袋地区にかけて残存している。

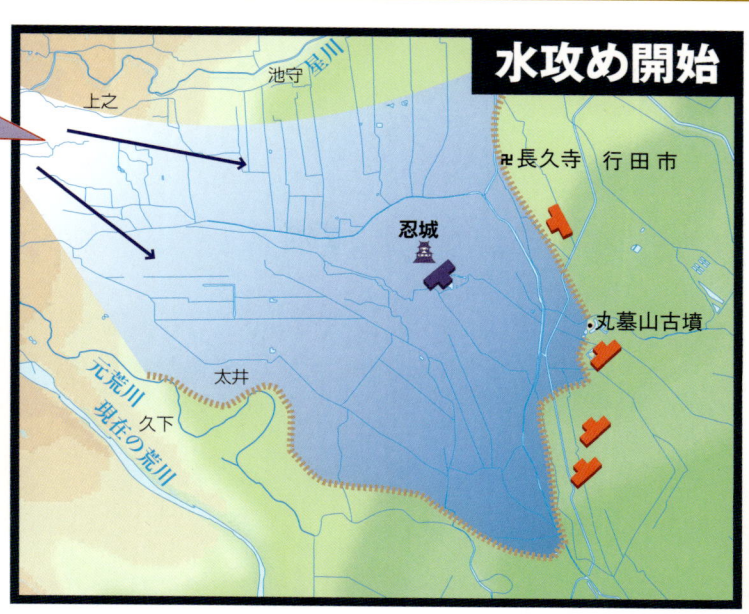

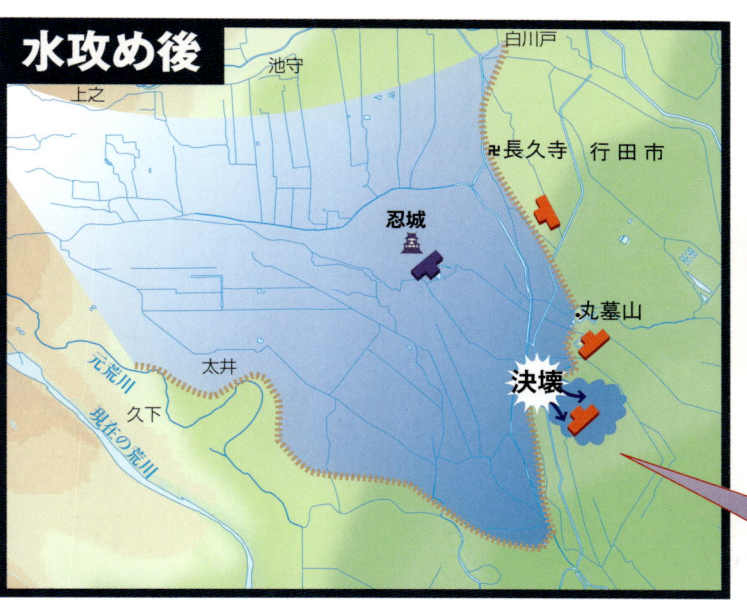

水攻め後

忍城 写真は御三階櫓。鉄筋コンクリート構造の資料館として復興されている。

❹ 籠城戦を耐え抜く

包囲中に大雨や城兵の工作などで堤防が決壊するなど、三成軍に被害が及ぶようになる。小田原城で和議がなっても城は落ちず、最後まで忍城は籠城戦に耐えた。

男女を問わず土を運んで堤を築けば、米や銭を渡すと近隣に人集めを呼びかけた。たちどころに数十万の人が集まり、わずか5日で堤が完成する。その延長は**28キロ**。これで近くの川の流れを引き入れ、水攻めを行ったのだ。

水攻めは、三成が単独で考えたことではなく、秀吉の強い意向があったことを裏付ける資料が残されている。秀吉は、浅野長吉と真田昌幸を援軍として送り込む。

三成の計算通り、忍城の外曲輪部分は水没したが、肝心な**本丸部分は沈まなかった**。この部分は少し高く造られており、城が水の上に浮いているように見え、後々まで「浮き城」と呼ばれるようになった。そのうち、城兵が堤を崩したために決壊し、三成軍の方は兵が流されるなどの被害を受けた。

また、7月5日には忍城の中から兵が出て浅野軍と交戦している。その後も三成軍は必死に攻めるが、どうしても落とすことができない。前田利長ら援軍が駆けつけたもののダメである。7月5日、小田原城が落城、それを受けて忍城も7月11日に開城。小田原城が落ちた後も残ったのは忍城だけであった。

城知識 忍城は川越城、前橋城、金山城、唐沢山城、宇都宮城、太田城とともに関東七名城の一つに数えられている。

特集3 歴史を彩る城の合戦

籠城戦 1 上田合戦

城番号 335
参照頁 ▶P97

守 真田軍 ❖不明(第二次)　❖二〇〇〇人(第一次)
VS
攻 徳川軍 ❖七〇〇〇人(第一次)　❖三万八〇〇〇人(第二次)

上田城と真田昌幸

上田城は天正11年(1583)に真田昌幸が築城した城である。北は太郎山、南は尼ヶ淵に接し、北と西には厚く堀を造り、東側が唯一の攻め口となるよう造られている。真田昌幸は、天正10年(1582)2月、武田家が滅びたため、織田信長の下に付く。信長の死後北条氏直に仕えるが、2ヵ月で主を徳川家康に替えた。真田は主を替えることで生き残ってきた武将であった。

上田城絵図

西櫓／尼ヶ淵／南櫓／北櫓／本丸／二西輪

『日本古城絵図　信州上田城図』(図版／国立国会図書館)

上田城の真田石　大手門近くの石垣にある巨石。真田昌幸が築城の際に太郎山から切り出したとされる。江戸時代になり、松代城に移封になった真田信之が家宝として持っていこうとしたが微動だにしなかったという。(写真／加藤理文)

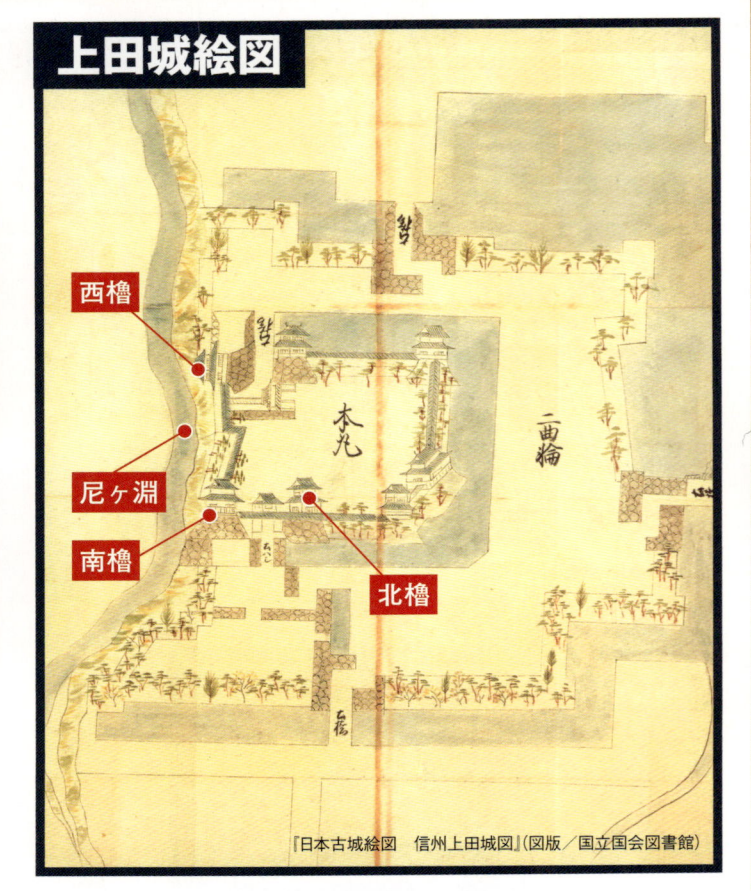

尼ヶ淵から見た西櫓　尼ヶ淵の分流、尼ヶ淵に面しており、その崖の高さは天然の要害といえるもの。現在は舗装されている。(写真／加藤理文)

上田城大手門　門自体は平成6年に再建された。両脇の南櫓と北櫓は、遊郭に移築されていたものを再移築している。

二度も徳川軍を翻弄した城

徳川家康は、真田昌幸に領地沼田を北条氏に返すように求めた。上野沼田を北条氏直に渡すことが家康と氏直との和睦の条件であったからだ。

だが、昌幸はこれを拒否。家康は、昌幸を討つために天正13年(1584)閏8月、鳥居元忠、平岩親吉、大久保忠世ら約7千の大軍を昌幸の居城上田城へと向かわせた。迎える真田軍は、雑兵まで含めても2千足らずであったという。

迎え撃つ真田氏は、徳川軍が上田城の手前を流れる神川に差し掛かった時に攻撃。不意を突かれた徳川軍は体勢を崩す。退却する真田軍を追って徳川軍は上田城内に踊り込んだ。本丸へと差し掛かったとき、待ち構えていた真田の兵が襲いかかる。さらに次から次へと新手が出てきて

城知識　真田幸村は本当の名前を真田信繁という。『真田十勇士』をはじめとする講談や本などで真田幸村の名前で活躍し、人気を得たことから一般に広まった。

両方の図版は『地図で読み解く戦国合戦の真実』（小学館）を参考に作成した。

第二次上田合戦

第一次上田合戦

第二次上田合戦とは？
関ヶ原に向け中山道を進む徳川秀忠軍を、真田昌幸が上田城で足止めした戦い。さんざんに挑発を受けた末に戦にも敗れた秀忠は、関ヶ原本戦にも遅参してしまう。

第一次上田合戦とは？
上野沼田領の引き渡しに応じない真田昌幸に対して、徳川家康が命じた戦い。上野沼田領は織田信長が昌幸に安堵したもので、家康が北条氏直に渡そうとして起きた戦いである。

❶城におびき寄せる
真田軍は、徳川軍におびき寄せられ敗走する振りをして、大手門まで引き寄せ、城内からの鉄砲や矢の一斉攻撃をあびせる。

❷神川の水攻め
大混乱した徳川軍は退却。真田軍は追撃の手を緩めず、ひそかにせき止めた神川の堤を切って水攻めし、大打撃を与えた。

❶討伐軍の攻撃
徳川軍は二の丸まで進むも反撃を受ける。町屋に放たれた火や千鳥掛けの柵に阻まれて城に近づけなかったといわれる。

❷神川の追撃戦
徳川軍はたまらず退却するが、上田城兵、戸石城などの軍勢の追撃を受け、神川に追い込まれる。討伐軍の兵が多数溺死したといわれる。

再び上田城で戦いが勃発したのは、慶長5年（1600）、昌幸と次男の幸村が西軍に、嫡男の信幸が東軍について戦うことになった。昌幸は、徳川軍の主力となるであろう**徳川秀忠軍**を上田城で足止めすれば西軍が勝てると考えた。

9月2日、秀忠は昌幸に徳川軍に付くように勧告する。当初従うそぶりを見せたが、秀忠を油断させる作戦だったのである。これを知った秀忠は怒り心頭。6日、戦いのために昌幸が上田周辺の稲を刈り出した。これを見た幸村が上田城から出撃し、徳川方を城内へ巧みに誘い込み、大手門に近づいたところで狙い撃ちにした。総崩れとなった徳川軍が撤退しようとしたときに、神川の堰を切って水攻めにする。徳川軍は大きな被害を受けたうえに、**関ヶ原の決戦**にも間に合わなかった。

徳川軍を翻弄したのだ。この戦いで徳川軍は1300人を超える死者を出したという。

その後、家康の家臣である石川数正が秀吉方に走った。この事態の収拾のため家康は、上田城から兵を引かなければならなくなった。この戦いを俗に**第一次上田合戦**という。

城知識 父と弟が最後まで西軍についたため上田城を取り上げられてしまった信幸は、その後松代城に入る。このため真田家資料は上田ではなく松代に伝わっている。

籠城戦 ② 大坂の陣

城番号 547
参照頁 ▶P164

守 豊臣秀頼軍 (とよとみ ひでより) 十二万人
VS
攻 徳川家康軍 (とくがわ いえやす) 二十万人

大坂冬の陣布陣図

冬の陣とは？
慶長19年（1614）7月、秀頼が方広寺に鋳造した鐘の文字に家康が言いがかりをつけ、それを元に対立が激化。

❸ 備前島より大砲
戦局を打開するため、徳川軍は本丸至近の備前島に大砲を置いて連日連夜打ち放した。大砲の数は100門ともいわれる。

❷ 真田丸の戦闘
包囲戦では各所で戦闘が起こったが、中でも城南を守る砦「真田丸」は激しかった。12月4日には真田幸村が徳川軍を翻弄し、その先鋒に数千の被害を与えている。

❶ 木津川口の戦い
慶長19年（1614）11月19日、木津川口の戦いで幕を開けた。同地は大坂城と海をつなぐ要衝で、豊臣方の勝利で終わる。

図版は『地図で知る戦国 下巻』（武揚堂）を参考に作成した。

茶臼山 大坂城の南、天王寺公園内にある茶臼山に家康は冬の陣の本陣を置いた。一方夏の陣では、このあたりに真田幸村が陣を敷いている。

巨大な大坂城の堀を埋めて無力化

10月3日から豊臣方は兵糧を集めたり、浪人を募集したりなど籠城戦に向けた準備を開始する。豊臣方には12万とも13万ともいう軍勢が集まった。

一方10月1日、家康は、各大名に出陣を要請、20万の大軍となった。8日には天王寺近くの茶臼山に陣を置いた。

11月19日、木津川口の砦の攻防から戦いが始まった。ここは、大坂城に物資を運び入れる拠点である。激戦の末、徳川方の蜂須賀至鎮らが占領。さらに城外で行われた今福、鴫野などの戦いでも徳川軍が勝利した。

しかし、豊臣方もやられっぱなしではなかった。大坂城の弱点とされていた南側に真田幸村が**真田丸**という出丸を築く。前田利常など徳川軍を幸村は引きつけておいて反撃し、相手に甚大な被害を与えた。

城知識 現在昭和レトロのスポットとして人気の大阪の空堀地区は、大坂城の空堀があった場所である。

大坂夏の陣布陣図

夏の陣とは？

講和により大坂城の堀は埋め立てられた。豊臣方は再戦必至と軍備を固め始め、徳川方はそれを咎めて出陣。5月5日に家康・秀忠軍は京街道を、奈良に終結していた別動隊は大和路を、大坂城目指して進み始めた。

❶ 堀のない大坂城

豊臣軍は大坂城に籠城せずに全員出撃を決意。真田幸村らは大和方面軍を、長宗我部盛親らは家康・秀忠軍を迎撃、6日に激戦が行われたが豊臣軍は敗北。

❷ 天王寺の戦い

7日、最後の決戦が天王寺で行われる。豊臣軍は善戦するも力及ばず、徳川軍に敗北する。

抜け穴と幸村像
大阪には大坂の陣の際に真田幸村が掘ったとされる「真田の抜け穴」がある。最も有名なのが三光神社内のもので、穴の隣に幸村の銅像が建っている。

図版は『地図で知る戦国 下巻』（武揚堂）を参考に作成した。

この後、1ヵ月近くもにらみ合いが続く。これを打破するために家康は、大坂城本丸に近い淀川の中洲に**大砲**を据え、昼夜を問わず打ち始めた。この攻撃に秀頼の母淀殿が動揺し、12月19日和議について合意する。この中には二の丸の破却など**大坂城を裸城にする**項目が含まれており、徳川方は**大坂城の堀を埋め立てた**。

翌慶長20年（1615）3月、駿府の家康に、豊臣方が埋めた堀を掘り返そうとしているとの知らせがもたらされた。家康は秀頼に対し国替えを迫ったが、拒否したため、再び戦いとなった。

大坂城の堀を埋め立てられてしまったため、豊臣方は、前回のように**城に籠もって戦うことができない**。徳川軍をなるべく城に近づけない作戦に出た。前回家康が陣を置いた茶臼山に陣どった真田幸村は、5月7日、徳川方との白兵戦を繰り広げ、善戦するが、戦死してしまう。

ちょうど同じ日、城内で火災が発生し、なかなか沈火に至らない中、豊臣方の武将達が次々と自刃していく。淀殿と秀頼親子も8日朝、自害して果てた。

城知識 幸村は安井（安居）神社の境内で戦死したと伝えられる。同神社には戦死者之碑も建てられている。

近代の籠城戦 1 会津戦争

城番号 113
参照頁 ▶P62

守 会津藩 VS 攻 新政府軍
不明 　　　　　　　不明

包囲網前期

❶ 新政府軍甲賀町口侵入
8月23日、新政府軍は甲賀町から内郭まで侵入するが、準備不足のため外郭まで撤退する。この時点で、新政府軍は強行突破は無理と判断した。

会津戦争とは？
明治4年／慶応元年(1868)、白河城と二本松城を落城させると、新政府軍は会津へ向かった。会津側は、国境付近で食い止めようとしたが、新政府軍は国境の母成峠を8月21日に破り、23日には若松城へと迫った。

❷ 会津軍の反撃
29日、融通寺口から外に出た会津兵は、守備についていた備前藩兵を襲撃する。

❸ 新政府軍の救援
会津兵の備前藩兵襲撃に大垣藩兵、長州藩兵、土佐藩兵が駆けつける。会津藩兵は次第に圧倒された。状況が不利と判断した城内から退却命令が下される。

図版は『歴史群像シリーズ39　会津戦争』(学習研究社)を参考に作成した。

甲賀町口門跡　新政府軍が一番最初に侵入した会津城の城郭門。現在、大手門があったところには石垣が残るのみである。

戊辰戦争屈指の籠城戦

若松城は、水堀と土塁に囲まれた巨大な外郭を持つ城である。正攻法でいくにしても、城を包囲するにしても長大な塁線を前に攻める側は、多くの兵力を確保しなければならない。

8月23日、板垣退助率いる新政府軍が甲賀口から城下に入るが、戦いに対する準備不足で後退。翌日、この失敗から包囲戦に作戦を変更し、桂林寺口から天寧寺口にかけて兵を配置させる。包囲網の始まりである。

新政府軍の攻撃に日光口など城外にいた会津軍が、次々と城の近くに結集する。そして、まだ完全ではない新政府軍の包囲網の間を縫って25日に1千の兵が三の丸から城内に入る。続いて26日にも兵が入城し、城内の勢力は3千人となった。城内に入れなかった会津兵たちが、新政府軍を攻撃したが、会津軍同士でうまく連携が取

城知識　一般に若松城や会津若松城と呼ばれているが、地元の人々は今でも「鶴ヶ城」と呼ぶ。

図版は『歴史群像シリーズ39 会津戦争』(学習研究社)を参考に作成した。

包囲網後期

❶ 城の西側も制圧
新政府軍側に援軍が9月5日に到着。この部隊を城の西側に配置して制圧。融通寺口を掌握。若松城内と外部との連絡を遮断することにも成功した。

❸ 若松城落城
会津軍は若松城に籠城したが、同盟諸藩の降伏により孤立。9月22日に容保は降伏した

❷ 包囲網の完成
新政府軍は完全包囲を図り、17日、薩摩藩兵と佐土原藩兵が、城外にいる会津軍を攻撃、挟み撃ちを恐れた会津軍を後退させた。

会津戦争後の天守
天守の壁には砲撃の跡を物語る穴が開いている。

白虎隊の墓 城より2.5km離れた飯盛山には白虎隊の墓がある。戦いには16～17歳の少年たちが参戦している。城が落ちたと勘違いし、飯盛山で自害する悲劇が起こった。

援軍を呼べず若松城落城

一方、新政府側の援軍が次々と到着してくる。9月14日、新政府軍は、総攻撃をかけたが、城を守る会津兵たちの必死の抵抗にあい、落城にはいたらない。

しかし、城の西側の**融通寺口**を封鎖することができた。これにより、包囲網は城の南側を残すのみとなった。

新政府軍は余剰人員をすべて南に投入し、17日、小山田、飯寺の二方向から攻撃を開始する。新政府軍の猛攻の前に城外の会津軍は退却を余儀なくされる。体勢を整えて反撃を試みたものの、翌日、新政府軍の攻撃に城外の会津軍は、会津盆地から追い出されてしまう。これにより**城の包囲網**は完成した。

城を取り囲まれてしまった会津軍は、外部から援軍が駆けつけない限り勝ち目がない。しかし、同盟を結んだ藩は次々と新政府の軍門に下り、頼みの綱の**米沢藩**も降伏してしまっていた。9月22日、会津軍が降伏したことにより、戦いの幕は閉じた。

城知識 城から北東に2キロほど離れた滝沢陣屋に、会津城主松平容保自ら指揮をするべく、本陣を置いた。しかしすぐに敵が迫り、危機一髪で容保は城へ帰着。滝沢陣屋には当時の弾跡が残っている。

近代の籠城戦 2

箱館戦争

城番号 001
参照頁 P50

守 VS 攻
旧幕府軍 新政府軍
四五〇〇人 不明

五稜郭の距離

❶五稜郭の誤算
岸から3キロは離れており、築城当時は大砲が届かない距離と考えられていたが、進化は目覚ましく、箱館戦争では艦砲攻撃の的となった。新政府軍の軍艦「甲鉄」の射程距離は4キロであったという。

❷五稜郭落城
13日に新政府軍は五稜郭に籠る旧幕府軍に降伏を勧告。18日に降伏を受け入れ、戊辰戦争は終わった。

『決定版 図説・幕末 戊辰 西南戦争』(学研パブリッシング)を参考に作図。

五稜郭
元治元年(1864)に完成した稜堡式城郭(星型要塞)。郭内からの射撃に死角がなく防御力は高いが、艦砲射撃の前には力を発揮できなかった。

箱館戦争とは?
慶応4年(1868)から新政府軍と旧幕府軍が繰り広げてきた戊辰戦争最後の戦い。榎本武揚率いる旧幕府軍は五稜郭を本拠地に独立政権の樹立を目指すも、新政府軍はそれを拒否し、打倒に向かう。

戊辰戦争最後の戦い

慶応4年(1868)4月江戸を出た**旧幕府脱走陸軍**は、9月に仙台で旧幕府脱走海軍と合流し、海路で11月に蝦夷地に上陸した。

翌明治2年(1869)5月11日、**新政府軍**の総攻撃が始まった。箱館市内はすぐに新政府軍に落ちてしまう。旧幕府脱走軍は、五稜郭や弁天崎台場などの拠点に残るのみとなった。友軍救助に向かった**土方歳三**は弁天崎台場まであと一歩というところで倒れた。

翌12日、新政府軍は、軍艦からの攻撃を開始する。築城当時は、海上からの射程距離外にあった五稜郭であったが、**その後の技術革新**により、確実に着弾するようになっていた。

そして5月17日、旧幕府軍は降伏する旨を新政府軍に通知し、翌18日には榎本武揚、松平太郎、荒井郁之助、大鳥圭介が出席して降伏調印が行われた。

城知識 箱館戦争と後に呼ばれる戦争のために旧幕府脱走軍は、五稜郭の北東に五稜郭のミニチュア版の城を築いた。これが現在四稜郭と呼ばれている城跡である。

近代の籠城戦 3 西南戦争

『歴史群像シリーズ21 西南戦争』（学習研究社）を参考に作図。

熊本城籠城戦初期

❶ 城を水攻め
西郷軍は巨大な熊本城を包囲する兵が足りず、3月26日に坪井川と井芹川の水を引き込んだ。これで東北と西部の兵を減らすことができたが、新政府軍もまた西側警備の兵を減らすことができたようだ。

井芹川 / 坪井川 / 段山 / 千葉城 / 本丸 / 熊本城 / 二の丸 / 練兵場 / 白川

❷ 西郷軍退却
水攻めも効果は出ず、4月15日に新政府軍は包囲を解くことに成功。守勢に回った西郷軍は鹿児島までじりじりと退却を強いられる。

西南戦争とは？
明治になり、さまざまな理由から不満を募らせた武士たちが反政府運動を起こした。鹿児島でも西郷隆盛が創立に関わった私学校の生徒たちが事件を起こす。彼らに推される形で西郷隆盛が立ち上がった。

熊本城天守 熊本城の天守は、西南戦争で焼失する前に写真撮影されており、その威容を今に伝えている。

城番号 **904**
参照頁 ▶ **P252**

守 VS 攻
新政府軍 西郷軍
三〇〇〇人 五〇〇〇人

近代兵器でも落せない名城

西郷隆盛は、鹿児島から軍を率いて上京する。途中の**熊本城**には新政府の**熊本鎮台**が置かれ、谷干城以下約3千の兵が守っていた。

西郷軍は約5千の兵で取り囲む。2月19日正午ごろ突然火の手があがり、熊本城天守や城下町をも焼き尽くした。20日、新政府軍が西郷軍の野営地に奇襲をかけたことから戦いが始まった。22日には西郷軍は千葉城、下馬橋、新堀門から砲撃、23日には激戦が繰り広げられながら落とせない。24日以降、西郷軍は包囲攻撃に切り替え、熊本城に対して**水攻め**を行うが効果は出ない。他方面の戦闘も激化する中、4月15日に新政府軍は**包囲を解くのに成功**し、一転攻勢へ。西郷軍は守勢に回り、じりじりと鹿児島へと押し戻されることになる。

原因は不明だが、**自焼説**が有力である。

🏯 **城知識** 靖国神社遊就館には、熊本城の木図や谷干城の妻飯炊きのしゃもじなど西南戦争に関する新政府軍側の資料が収められている。

特集3 歴史を彩る城の合戦

これぞ日本100名城【2】

100名城の選定には観光地の知名度、文化財、建築物の復元度などを基準に専門家が選んでいる。

	城名	所在地	城番号	参照頁
74	岩国城（いわくにじょう）	山口県岩国市	795	⇒P207 ⇒P229
75	萩城（はぎじょう）	山口県萩市	790	⇒P210 ⇒P228
76	徳島城（とくしまじょう）	徳島県徳島市	656	⇒P211 ⇒P214
77	高松城（たかまつじょう）	香川県高松市	674	⇒P211 ⇒P216
78	丸亀城（まるがめじょう）	香川県丸亀市	690	⇒P205 ⇒P217
79	今治城（いまばりじょう）	愛媛県今治市	711	⇒P212 ⇒P219
80	湯築城（ゆづきじょう）	愛媛県松山市	695	⇒P218
81	伊予松山城（いよまつやまじょう）	愛媛県松山市	691	⇒P202 ⇒P218
82	大洲城（おおすじょう）	愛媛県大洲市	696	⇒P213 ⇒P218
83	宇和島城（うわじまじょう）	愛媛県宇和島市	693	⇒P213 ⇒P218
84	高知城（こうちじょう）	高知県高知市	712	⇒P212 ⇒P220
	九州・沖縄地方			
85	福岡城（ふくおかじょう）	福岡県福岡市	836	⇒P241 ⇒P246
86	大野城（おおのじょう）	福岡県大野城市	846	⇒P241 ⇒P246
87	名護屋城（なごやじょう）	佐賀県唐津市	876	⇒P242 ⇒P249
88	吉野ヶ里遺跡（よしのがりいせき）	佐賀県神崎市郡	-	-
89	佐賀城（さがじょう）	佐賀県佐賀市	865	⇒P239 ⇒P248
90	平戸城（ひらどじょう）	長崎県平戸市	882	⇒P242 ⇒P250
91	島原城（しまばらじょう）	長崎県島原市	901	⇒P236 ⇒P251
92	熊本城（くまもとじょう）	熊本県熊本市	904	⇒P12 ⇒P252
93	人吉城（ひとよしじょう）	熊本県人吉市	919	⇒P243 ⇒P253
94	大分府内城（おおいたふないじょう）	大分県大分市	938	⇒P243 ⇒P255
95	岡城（おかじょう）	大分県竹田市	941	⇒P244 ⇒P255
96	飫肥城（おびじょう）	宮崎県日南市	946	⇒P244 ⇒P256
97	鹿児島城（かごしまじょう）	鹿児島県鹿児島市	970	⇒P245 ⇒P259
98	今帰仁城（なきじんぐすく）	沖縄県国頭郡	1006	⇒P245 ⇒P261
99	中城城（なかぐすくじょう）	沖縄県中頭郡	988	⇒P260
100	首里城（しゅりじょう）	沖縄県那覇市	986	⇒P238 ⇒P260

	城名	所在地	城番号	参照頁
	1〜48は▶P100			
	近畿地方			
49	小谷城（おだにじょう）	滋賀県長浜市	633	⇒P156 ⇒P173
50	彦根城（ひこねじょう）	滋賀県彦根市	634	⇒P32 ⇒P172
51	安土城（あづちじょう）	滋賀県近江八幡市	625	⇒P30 ⇒P172
52	観音寺城（かんのんじじょう）	滋賀県近江八幡市	642	⇒P158 ⇒P173
53	二条城（にじょうじょう）	京都府京都市	545	⇒P154 ⇒P163
54	大坂城（おおさかじょう）	大阪府大阪市	547	⇒P16 ⇒P164
55	千早城（ちはやじょう）	大阪府南河内郡	559	⇒P159 ⇒P165
56	竹田城（たけだじょう）	兵庫県朝来市	587	⇒P36 ⇒P167
57	篠山城（ささやまじょう）	兵庫県篠山市	567	⇒P159 ⇒P166
58	明石城（あかしじょう）	兵庫県明石市	577	⇒P160 ⇒P167
59	姫路城（ひめじじょう）	兵庫県姫路市	572	⇒P8 ⇒P167
60	赤穂城（あこうじょう）	兵庫県赤穂市	584	⇒P160 ⇒P167
61	高取城（たかとりじょう）	奈良県高市郡	605	⇒P161 ⇒P169
62	和歌山城（わかやまじょう）	和歌山県和歌山市	610	⇒P161 ⇒P171
	中国・四国地方			
63	鳥取城（とっとりじょう）	鳥取県鳥取市	730	⇒P208 ⇒P222
64	松江城（まつえじょう）	島根県松江市	749	⇒P206 ⇒P224
65	月山富田城（がっさんとだじょう）	島根県安来市	761	⇒P225
66	津和野城（つわのじょう）	島根県鹿足郡	768	⇒P208 ⇒P225
67	津山城（つやまじょう）	岡山県津山市	770	⇒P226
68	備中松山城（びっちゅうまつやまじょう）	岡山県高梁市	788	⇒P204 ⇒P227
69	鬼ノ城（きのじょう）	岡山県総社市	777	⇒P209 ⇒P227
70	岡山城（おかやまじょう）	岡山県岡山市	769	⇒P226
71	福山城（ふくやまじょう）	広島県福山市	818	⇒P230
72	吉田郡山城（よしだこおりやまじょう）	広島県安芸高田市	825	⇒P210 ⇒P231
73	広島城（ひろしまじょう）	広島県広島市	807	⇒P209 ⇒P230

中国・四国・九州・沖縄地方の城

地域別

- ◆ 徳島県
- ◆ 香川県
- ◆ 愛媛県
- ◆ 高知県
- ◆ 鳥取県
- ◆ 島根県
- ◆ 岡山県
- ◆ 山口県
- ◆ 広島県
- ◆ 福岡県
- ◆ 佐賀県
- ◆ 長崎県
- ◆ 熊本城
- ◆ 大分県
- ◆ 宮崎県
- ◆ 鹿児島県
- ◆ 沖縄県

Ⓐ 天守　「平成の大改修」を終え、天守に美しい白壁が蘇った。本壇を加えた天守全高は約30mあり、高所から見下ろす眺望は必見である。

松山城

愛媛県

慶長7年（1602）
寛永4年（1627）築

城番号 691
参照頁 ▶P218

史蹟区分：国指定史蹟・重要文化財21件
築城主：加藤嘉明、蒲生忠知

勝山山頂に築かれた日本最後の城郭建築

松山城が築かれたのは、慶長7年（1602）のこと。「関ヶ原の戦い」で戦功をあげた**加藤嘉明**が伊予20万石に封じられ、松前城から城を移して築城に着手する。

城の縄張は土木や治水技術に秀でた**足立重信**が担当し、標高132mの勝山山頂を削って本丸を造営、南西方向へ伸びるように二の丸、三の丸が置かれた。

こうした山の尾根を利用した**平山城**（山城との説もある）は、同じ四国にある宇和島城や徳島城にも見られるが、その中でも松山城は特に規模が大きく、現在では麓と山腹がロープウェイにて結ばれている。

寛永4年（1627）、嘉明は城の完成を見ることなく会津へ転封となり、続いて**蒲生忠知**が入城し築城を継続。しかし、忠知は同12年に急死し、翌年入封した松平定行がこれを受け継いでようやく竣工する。以後、明治に至るまで、松平氏の居城として14代に渡って世襲された。

明治以降、放火や戦禍によって小天守をはじめとする多くの建物

が焼失するが、昭和41年（1966）から大規模な復元が開始され、総木造によって昔日の面影を取り戻している。

天守と櫓が廊下で結ばれた国内でも有数の連立式天守

松山城には重要文化財に指定された遺構が21件あるが、なかでも「**現存12天守**」に数えられる天守は別格といえる。天守は、加藤氏の代には五重六階であったが、松平氏の時代に改築され地下に米倉を備えた三重四階となる。そして、天明4年（1784）元旦に雷火によって焼失した後、文政3年（1820）から35年をかけて再建されたのが現存のものである。その落成は黒船来航の翌年のことであった。

天守の縄張はメインとなる大天守に小天守・南隅櫓・北隅櫓が廊下で結ばれた**連立式天守**で、さらに複数の櫓が塀によってつながっている。同様の形態を成す城には姫路城や和歌山城があげられるが、そのなかで最も複雑な構造をいえるだろう。

なお、天守の瓦には松平家代々の家紋である、丸に3つの葉葵をあしらった「**葵の御紋**」が刻まれて

城知識　松山城は平成16年（2004）から18年（2006）にかけて、「平成の大改修」と呼ばれる大規模な修復工事が行われた。このとき、下見板に描かれた江戸時代の落書きが発見され、現在は天守内に展示されている。

202

ⓒ 太鼓櫓 高さ約7mの石垣の上に立つ太鼓櫓。太鼓櫓と太鼓門との間には約24mの渡塀があり、鉄砲狭間や石落としが備えられている。

Ⓑ 十間廊下 南隅櫓と北隅櫓をつなぐ廊下は十間（約18m）の長さがある。これらの建造物は天守とつながっている。

Ⓓ 登り石垣 写真は山裾の三の丸からみた二の丸史跡庭園（左）と登り石垣（右）。山裾の館と山頂の天守を山の斜面を登る2本の石垣で連結させたもの。

（地図ラベル：Ⓐ天守、Ⓑ十間廊下、艮櫓、乾櫓、本丸、太鼓門、Ⓒ太鼓櫓、Ⓓ登り石垣、二の丸史跡庭園）

伝説　蒲生忠知が行った残虐非道の仕打ち

歴史ある城にはなにかと曰くがつきものだが、松山城にも恐ろしい伝説が残されている。後継ぎに恵まれなかった蒲生忠知はその怒りを領内の妊婦へと向け、妊婦をさらってきては生きたまま腹を割き、胎児を取り出したという噂があった。松山城の二の丸には、このときに妊婦をくくり付けたと伝えられる「まな板石」が今も残され、夜になると妊婦たちの泣き叫ぶ声が聞こえるという。

（写真／松山城二之丸史跡庭園）

地域別　中国・四国・九州・沖縄地方の城

いる。天守以外にも門や櫓、深さ40mを超える大井戸など、みどころが多い。数々の石垣も見事なもので、本丸の高石垣は高さ14mを超える。こうした遺構の数々は、本丸から二の丸にかけて散らばっており、時間を掛けて散策したい。なお、本丸と二の丸を結ぶ「登り石垣」は、文禄・慶長の役の際に敵の攻撃から城を守るために用いられた防衛技術で、国内では、大洲城、彦根城などといった、わずかな城にのみ確認されている。

主な城主と出来事

1602	築城を開始。翌年、加藤嘉明入城
1627	蒲生忠知、出羽国上山より入封。本丸が完成
1635	松平（久松）定行、伊勢桑名より入封
1784	落雷により三重天守焼失
1820	天守再建工事開始。54年、現存天守完成
1870	火災により三の丸焼失。72年には二の丸も焼失
1923	旧藩主家の久松氏、城地を松山市に寄贈
1933	小天守、多聞櫓、南北隅櫓、放火により焼失
1945	乾門、太鼓門一帯、戦災により焼失
1968	焼失した建物の復元を開始

※現存天守の完成時期は諸説あり。

城知識　文禄・慶長の役の際、大名たちは朝鮮半島に城を築くときに、山頂の天守と補給口となる港との道筋を守るために、山腹に石垣を築いた。これが登り石垣である。

備中松山城

岡山県

史蹟区分 国指定史蹟、重要文化財3件
築城主 秋庭重信

延応2年、仁治元年（1240）築

城番号 788
参照頁 ▶P227

天守の現存する山城は備中松山城ただひとつ

岡山県南西部、高梁市にそびえる臥牛山は、大松山、天神の丸、小松山、前山の4つの峰で形成されている。もともとはこの大松山に、鎌倉時代の地頭・秋庭重信が砦を築いたのが備中松山城のはじまりといわれ、戦国期を通して縄張が変化し、いつしか臥牛山全域に曲輪が張り巡らされた巨大な山城へと変化していった。

現在の形となったのは江戸時代に入ってからで、天和年間（1681〜1684）に水谷勝宗が大改修を行い、全国的にも珍しい近世城郭の山城が誕生する。

本丸は標高430mの小松山山頂に整備され、山上に二の丸、三の丸が配置される。一方で山麓には「御根小屋」と呼ばれる藩主の居館が置かれ、藩政はここで行われた。今も本丸に残る二重二階の天守は「現存12天守」では最小だが、その標高は日本一である。

本丸への道のりは現在でも徒歩のみであり、その行程で目にする石垣群は他の山城では見られない大規模なもの。自然の岩盤と人工的な石積が見事に融合している。

山城としては、国内で唯一現存する天守。本丸二層櫓、三の平櫓も現存するほか、近年、本丸南御門や五の平櫓などが復元されている。

歴史

備中の覇権をかけた松山城の争奪戦

山陰と山陽を結び、また東西の主要街道が交差する、地理的要所に築かれた松山城は、古くから争いの絶えない城であった。戦国時代には尼子氏、毛利氏、宇喜多氏、織田氏など、戦国を代表する大名たちがこの地を狙っていたといわれる。こうした争いの最中、松山城はより堅牢な城へと変化を遂げていくことになる。江戸時代に入っても山城として残されたのには、いつ起こるかわからない戦に備えてのことかも知れない。

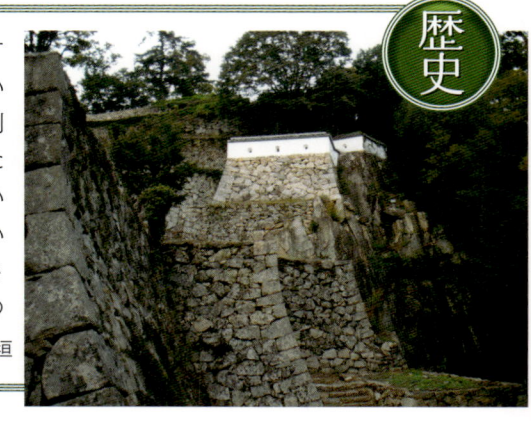

大手門跡付近の石垣

城知識 臥牛山の名は、南からの山の眺めが、草の上に伏した老牛の姿に見えることに由来している。また地元では「おしろやま」の愛称で親しまれているという。

丸亀城

香川県
慶長2年（1597）築
城番号 690
参照頁 ▶P217

史蹟区分 国指定史蹟、重要文化財3件、県指定有形文化財1件
築城主 生駒親正

天守は万治3年（1660）に完成したといわれている。規模は小さいものの、白壁と石垣の美しいコントラストが存在感を際立たせる。

一旦廃城となった平山城を山崎氏・京極氏が見事復興

天正15年（1587）、豊臣秀吉より讃岐一国を封じられた**生駒親正**は、高松城（▶P211）を築城した。そして、その支城として、標高66mの亀山に築いたのが丸亀城である。しかし、元和元年（1615）に発布された「一国一城令」により丸亀城は廃城となる。

生駒氏が転封すると、**山崎家治**が入封し丸亀城の大改修を開始する。家治は精力的に城造りを進めるが、後継ぎに恵まれなかったため改易となり、続いて入った**京極氏**によって完成された。

丸亀城の特徴は山麓から山頂まで3層におりなす**高石垣**にあり、本丸、二の丸、三の丸と3段に積み上げられている。全高は**およそ60m**に達し、下から仰ぎ見た姿は圧巻である。また、本丸には京極氏時代に築かれた**三重三階の天守**が現存している。

典型的な**螺旋状**の城でもあり、大手門から本丸へは、城の周囲を2周回らなければ辿り着けない構造となっている。もっとも登城する藩士たちのために、近道が用意されていたようである。

地域別 中国・四国・九州・沖縄地方の城

伝説 石垣に秘められた悲しい伝説

丸亀城の石垣を普請したのは、羽坂重三郎という名の石工であった。石垣が完成すると山崎氏は大いに満足し「飛ぶ鳥以外にこの石垣を登れるものはおるまい」と、重三郎を褒め称えたという。しかし重三郎は1本の鉄の棒を用いて、簡単に石垣を登ってしまったのである。これを見た山崎氏は「敵に回すと恐ろしいことになる」と考え、城内の井戸を探るように命じ、上から石を落として殺害してしまったといわれている。

丸亀城の高石垣

城知識 丸亀城には人柱伝説も残る。とある雨の降る夕暮れ、人夫たちは通りかかった豆腐売りを捕らえて穴に放り込み、城の人柱として生き埋めにしたのである。以来、雨の降る日は豆腐売りの怨霊がでるという。

松江城

島根県

慶長12年（1607）築

城番号 749
参照頁 ▶P224

史蹟区分：国指定史蹟、重要文化財1件
築城主：堀尾吉晴

山陰地方に現存する唯一の天守で、手前の付櫓とともに重要文化財に指定。全体的に湿気に強いとされる、黒の下見板張で覆われている。

山城を嫌い新築されるもその造りは実戦を重視

「関ヶ原の戦い」での勲功により出雲・壱岐24万石を与えられた**堀尾吉晴**は、月山富田城（▶P225）に入城する。しかし、山城であった月山富田城は守るには適していたものの、泰平の世に藩政を取り仕切るには不向きであった。そこで船による交通の便に優れた、宍道湖近くの亀田山に新たに築城された**平山城**が**松江城**である。

完成したのは吉晴の孫・**忠晴**の代で、亀田山山頂を本丸にして、南へ二の丸を階段状に配置、堀を挟んで三の丸が連なる。全体は宍道湖の水を引いた水堀に囲まれ、本丸の周囲には多聞櫓や腰曲輪が配置されていた。

本丸に築かれた本瓦葺き、五重六階の**望楼型天守**（▶P275）は現存し、付櫓とともに重要文化財に指定されている。天守には石落としや鉄砲狭間が数多く設けられているのが特徴で、実戦的な城である。

堀尾氏が3代続いたあとには**京極氏**が入るも、後継ぎがおらず1代で改易となり、**松平氏**が入城する。以後、10代に渡って松平氏が世襲し、明治を迎えた。

人物

文化財保護運動の先駆けとなる

松江城は明治に入ると民間に払い下げられ、城内の建物は次々と取り壊されていく。天守も180円で落札されたが、これを聞いた出東村の豪農・**勝部本右衛門**と、旧松江藩士・**高城権八**らは、天守の保存運動に立ち上がったのである。彼らは資金を調達して天守を買い戻し、天守の解体は中止、保存された。その後、松平氏の末裔が城一帯を買い取り、昭和に入って松江市に寄付され現在に至っている。

明治33年ごろの松江城
「地理写真帖」（写真・国立国会図書館）

城知識

松平氏7代・治郷（不昧）は産業振興や新田開発を行い、藩の財政を建て直した名君として知られている。また、茶人大名としても知られ、石州流不昧派の祖として松江にお茶文化を築いた。

「南蛮造」と呼ばれる、独特な風貌をした四重六階の天守。三階よりも四階を、五階よりも六階を大きく造っている。

岩国城
山口県

史蹟区分 特になし
築城主 吉川広家

慶長6年（1601）築
城番号 795
参照頁 ▶P229

7年を費やし築城するも7年後には廃城となる

岩国城は「関ヶ原の戦い」ののちに岩国へ転封となった、**吉川広家**によって築かれた。標高200mの横山山にあり、山城から平山城への転換期であった当時には珍しい、新築の山城である。

横山山は東・西・北の三方を錦川が流れる天険の要害で、まず山麓に居館となる御土居が築かれ、その後山頂に城が築城される。途中、江戸城などの普請に駆り出され、工事は中断を余儀なくされるが、着工から7年で見事な石垣が張り巡らされた城郭が築きあげられた。

本丸には「**南蛮造（唐造）**」と呼ばれる、いびつな形をした天守が鎮座し、5基の櫓と、3基の城門が備えられていた。しかし、完成から7年後、一国一城令によって廃城となり、天守、櫓はもちろん、石垣の大半が破壊される。

現在山頂にそびえる**天守**は、昭和37年（1962）に再建されたもので、**錦帯橋**からの眺望を考え、往時の場所より南側に築かれている。また、破棄された天守台の一部が地中から発見され、それを基に**天守台石垣**も復元されている。

その他
日本三大奇橋のひとつ錦帯橋

錦帯橋

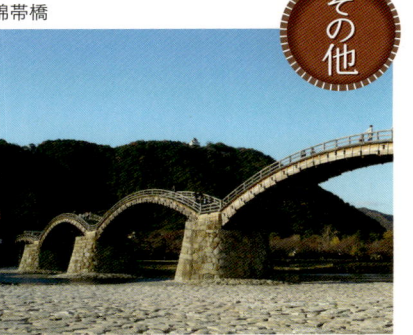

岩国城は知らなくても、錦帯橋の名を知る人は多いのではないだろうか。錦帯橋は錦川に掛けられた5連の反り橋からなる木造橋で、吉川氏によって御土居と城下町を結ぶために架けられた。橋は昭和25年（1950）に岩国を襲った「キジア台風」によって流出するが、同53年に再建される。現在架かるのは再建された橋を平成16年（2004）に架け替えたもので、岩国城と並ぶ観光名所となっている。

地域別 中国・四国・九州・沖縄地方の城

城知識 城の東側には取り壊しを免れた石垣が残る。これは山麓に築かれた藩主の居館が真下に位置していたためで、石垣を崩すと危険との判断からだといわれている。

鳥取城

史蹟区分 国指定史蹟
築城主 山名誠通

鳥取県
天文14年（1545）築
城番号 730
参照頁 ▶P222

鳥取城石垣

多くの餓死者を出した悲惨な籠城戦の舞台

標高263mの久松山に建つことから「久松城」とも呼ばれる鳥取城は、天文14年（1545）に因幡守護・山名誠通が築いた出城がはじまりといわれる。その後、山名氏の一族によって城は引き継がれるが、天正9年（1581）、城主の山名豊国が豊臣秀吉に降伏しようとしたため家臣の手で追放。代わって助けを求められた、毛利氏の家臣・吉川経家が入城する。経家は鳥取城を整備強化して秀吉の軍勢に備えるが、徹底した兵糧攻めに遭い、およそ100日の籠城戦の末に城を明け渡した。この戦いが世にいう「鳥取の渇殺し」（→P184）で、鳥取城に立てこもった兵たちは、仲間の死体を食べて飢えをしのいだと伝えられている。

「関ヶ原の戦い」後には池田長吉が入り、久松山の山麓に近世城郭を築城する。さらに池田光政がこれに続き、幕末まで池田氏の居城となる。

城は山頂にある中世の山城と、山麓の近世城郭が同居する珍しい遺構である。山頂の本丸には二重天守が築かれていたが、江戸時代中期に焼失し再建はされなかった。山麓部に残されていた石垣は鳥取大地震で崩壊し、現在復元が進められている。

津和野城

史蹟区分 国指定史蹟
築城主 吉見頼行

島根県
永仁3年（1295）築
城番号 768
参照頁 ▶P225

本丸からの眺め

山中に今も連なる石垣が往時の山城の姿を伝える

鎌倉時代中期、2度に渡る元寇の被害を受けた鎌倉幕府は、海岸警備を強化するために能登の豪族・吉見頼行を地頭として石見国に派遣する。頼行は着任後、津和野城の築城を開始し、小規模な曲輪が連なる本格的な山城が築かれた。

津和野城は吉見氏に14代引き継がれるが、「関ヶ原の戦い」後に坂崎直盛が入り、三重天守と累々と続く石垣を備えた近世城郭へ大改築を行う。また城下町も整備され、直盛の代で津和野藩の礎が形作られた。やがて坂崎氏が断絶されると亀井氏が入封し、明治に入るまで代々の居城となる。

現在でも本丸、二の丸、三の丸と石垣が残り、典型的な山城の姿を楽しむことができる。

人物　千姫事件でお家断絶

坂崎直盛は徳川家康の孫・千姫の大坂城脱出を助けた功労者として知られる。しかし、これを理由に千姫を妻に所望したが認められず、それどころか本多忠刻と千姫の結婚を妨害しようとして殺害された。これが有名な「千姫事件」である。

城知識 豊臣秀吉の兵糧攻めにあい降伏した吉川経家は、生き残った城兵の命を助けることを条件に自害して果てた。鳥取城には最後まで武士の誇りを守り抜いた、経家の像が築かれている。

広島城

史蹟区分：国指定史蹟
築城主：毛利輝元
広島県
天正17年（1589）築
城番号 807
参照頁 ▶ P230

広島城天守

聚楽第を手本にした中国地方屈指の名城

毛利輝元（→P210）の居城であった吉田郡山城は、戦国末期には時代遅れの城となっていた。輝元がそれを痛感したのは天正16年（1588）、聚楽第で豊臣秀吉に謁見したときで、翌年から広島城の築城を開始する。

築城場所に選ばれたのは広島湾からほど近い、太田川の河口に広がるデルタ平野で、瀬戸内への進出を睨んでのことであった。しかし、地盤の弱いデルタに城を築くのは容易ではなく、完成までに10年が費やされ、縄張は聚楽第を手本にした。

やがて「関ヶ原の戦い」を経て輝元が転封となると、福島正則が入城する。正則は城下町を整備して支配を固めるが、石垣を無断で改築した罪を問われ改易となった。代わって浅野氏が入り、幕末まで世襲された。

明治以降も本丸に築かれた望楼型の五重五階天守は残されていたが、昭和20年（1945）に原爆によって倒壊。現在のものは同33年の再建である。ほかにも二の丸表御門・平櫓・多聞櫓・太鼓櫓などが再建されている。往時の天守は小天守を2基連ねた連結式天守で、再建されたものとは少し趣を異にしている。

鬼ノ城

史蹟区分：国指定史蹟
築城主：不明
岡山県
7世紀後半
城番号 777
参照頁 ▶ P227

鬼ノ城西門

未だ多くの謎に包まれた鬼が暮らした古代山城

歴史上名のある城は、往々にして『日本書紀』などの歴史書にその存在が描かれているが、鬼ノ城はそうした記録に残されていない謎多き城である。近年の研究では7世紀後半の「白村江の戦い」ののちに、唐・新羅の来襲に備え築かれたという説が有力となっている。

標高400mの鬼城山にある古代山城で、山の8合目から9合目にかけ、山を一周する形で石垣や土塁の城壁が巡らされている。その総延長は2.8kmにも及び、東西南北それぞれに門が構えられていた。城内からは水汲み場や兵舎、のろし台、倉庫などの跡が発見されている。

伝説 鬼の正体とは？

鬼ノ城の名の由来は、その名が示すとおり、大昔に「鬼が住みつき悪さをしていた」という伝承から来ている。しかし、実際に鬼が暮らしていたとは考えづらく、鬼とは余所からやって来た異人のことを意味していると思われる。

地域別：中国・四国・九州・沖縄地方の城

城知識 石垣の無断改築で改易となった福島正則だが、太田川が氾濫し、城内まで浸水したためにやむなく改築を行ったといわれている。さらに改易という重い沙汰には、幕府の豊臣恩顧の大名排除の思惑があったという。

吉田郡山城

史蹟区分：国指定史蹟
築城主：毛利時親
広島県
建武3年（1336）築
城番号 825
参照頁 ▶ P231

吉田郡山城二の丸跡

毛利氏の飛躍を担った広大に広がる中世山城

吉田郡山城の創世は定かではないが、建武3年（1336）にこの地の地頭であった毛利時親が築いたといわれている。その後、毛利元就の代に城は拡大強化され、元就の孫・輝元によって広島城（→P209）が築城されるまで、毛利氏代々の本城として引き継がれていく。

標高400mの郡山山頂を本丸とし、郡山全域に270もの曲輪を配置。現在でも一部の石垣や井戸の跡が残る。往時には元就が山頂の本丸に居住し、有力家臣が城内に屋敷を構えていたとされ、典型的な拠点城郭としての役目を担っていた。広島城の完成とともに廃城になるが、毛利氏が中国地方に君臨できたのは、まさにこの城あってこそといえるだろう。

歴史：尼子氏との戦い

毛利氏は古くより尼子氏の家臣であったが、毛利元就は尼子氏の元を離れ、ライバルであった大内氏の家臣となる。尼子氏は大いに怒り吉田郡山城へ3万もの軍勢を差し向けるが、元就は大内氏の助けを得てこれを破り、中国制覇へと突き進んだ。

萩城

史蹟区分：国指定史蹟、国選定重要伝統的建造物群保存地区
築城主：毛利輝元
山口県
慶長9年（1604）築
城番号 790
参照頁 ▶ P228

萩城の内堀と石垣

幕府の仕打ちにめげず毛利輝元が築いた堅城

広島城（→P209）を築き、吉田郡山城から本拠を移した毛利輝元だが、「関ヶ原の戦い」で西軍に味方したために、中国地方8ヵ国120万石から周防・長門2ヵ国36万石へと削封となる。広島城を明け渡した輝元が、新たな居城として築城したのが萩城であった。

もともとは新城築城にあたり、山口の鴻ノ峰を希望していたとされるが、合わせて三田尻（現在の防府）の桑山、萩の指月山と3つの候補地を幕府へ提出したところ、もっとも不便な萩が選ばれた。指月山は日本海に突き出した標高143mの小山で、ふもとには阿武川河口のデルタが広がっている。指月山の山頂に詰丸が築かれ、山麓に本丸・二の丸・三の丸を配した平山城で、山の名前から「指月城」とも呼ばれる。主要部は本丸に五重天守が鎮座する山麓だが、詰丸にも6基の櫓が建てられ、いざという時には、詰丸へ逃げ込む手はずだったようだ。城下町も良く発展し、現在も残る武家屋敷や町屋が往時の面影を漂わせる。明治維新後に天守をはじめとした建造物は解体されるが、石垣や堀は保存され、現在「萩城跡指月公園」として整備。天守台など多くの遺構が残る。

城知識：萩城は毛利氏によって明治維新まで世襲されるが、やはり萩は不便だったようで、幕末には山口へ城が移されている。幕府に内密の行動だったこともあり、「山口城」ではなく「山口屋形」と呼ばれた。

徳島城

史蹟区分：国指定史蹟、国指定名勝
築城主：蜂須賀家政

徳島県
天正14年（1586）築
城番号 656
参照頁 ▶ P214

徳島城大手門

海と河川に挟まれた戦国末期の平山城

標高61mの城山山頂の本丸を中心に東二の丸、西二の丸、西三の丸が配された**平山城**で、**蜂須賀家政**によって築城された。

当時は水軍の重要性が高かったため海沿いに築かれ、城の北を流れる助任川と、南の寺島川が天然の掘として機能する。

本丸の周囲を**阿波の青石**（緑色片岩）の高石垣で囲んだ堅固な造りで、徳島城の特徴のひとつとなっている。天守は当初この本丸にあったが、江戸初期に解体され、代用として東二の丸に御三階櫓が備えられた。

明治に入り廃城となると**鷲の門**を残し、すべて解体される。門も戦時中に焼失し、平成に入って再建された。

【人物】 蜂須賀氏の出世物語

徳島城を築いた蜂須賀家政の父は、蜂須賀小六の名で知られる豊臣秀吉の重臣である。もともとは野武士集団の親玉だったといわれるが、秀吉のもとで才能を開花させて出世街道を上り、家政の代で徳島藩を任されるまでになる。

高松城

史蹟区分：国指定史蹟、重要文化財4件、市指定文化財1件
築城主：生駒親正

香川県
天正16年（1588）築
城番号 674
参照頁 ▶ P216

高松城旧東の丸艮櫓

地域別：中国・四国・九州・沖縄地方の城

海の上に浮かんで建つ美しく堅牢な水城

豊臣秀吉の「四国平定」後、**生駒親正**が讃岐一国を封じられる。親正は丸亀に城を築くが、秀吉の意向を受け（▶P205）、平定間もない四国の押さえとして、また瀬戸内水軍の監督役として**高松城**の築城が開始された。縄張には**黒田孝高、細川忠興**も加わったといわれ、海に浮かぶ島を利用した美しい城が誕生した。城の周囲には**海水を取り込んだ幅広の堀**が三重に巡らされ、城全体が海に浮かぶようにもみえる。本丸の周りには二の丸、三の丸、桜の馬場、西の丸を時計回りに配置。海に面して防波堤を備え、その内には船溜りも設けられていた。明治期には「讃州讃岐の高松様の城が見えます波の上」と、その姿を民謡にも歌われている。

やがて生駒氏が改易となると「水戸黄門」で知られる徳川光圀の兄・**松平頼重**が入城。天守が三重四階、地下一階の南蛮造に改築された。明治17年（1884）に天守は取り壊されるが、**月見櫓、艮櫓**は状態よく保存されており、堂々とした姿をみせてくれる。それでも、天守復元は高松市民の長年の夢であり、復元への準備が進められている。

城知識：高松城は別名「玉藻城」と呼ばれ、城跡は玉藻公園として整備されている。これは柿本人麻呂が讃岐の枕詞に「玉藻よし」と詠んだことにちなみ、このあたりの海が「玉藻の浦」と呼ばれていたためといわれる。

今治城

史蹟区分 県指定史蹟　**築城主** 藤堂高虎

愛媛県
慶長7年（1602）築
城番号 711
参照頁 ▶P219

今治山天守と山里櫓

築城名手高虎の手腕が発揮された最新鋭天守

普請を担当した木山六之丞は、石材の調達に苦労し「船で石を運んだものには、同じだけ米を与える」との令を発し、無事石垣を完成させたといわれる。

一般的な呼び名は今治城だが、海沿いの城という意味の「吹揚城」や美しい砂浜のお城という意味がある「美須賀城」とも呼ばれる。美須賀城の由来には、「平城で容易に場内が見透かされたから」という説もある。

縄張は高虎の築城によくみられる高石垣と、三重に巡らされた堀が目立つ。堀は幅広に造られ、海沿いに建つ城だけに海水が引き込まれていた。また、本丸に築かれたのは日本初ともいわれる層塔型（→P275）の五重天守で、破風を持たず、内部に武者走りを設けるなど、当時の最新技術が取り入れられた。

天守は高虎の転封時に解体され、丹波亀山城（→P163）へ移された。現存のものは、残された絵図をもとに復元されたものだ。

関ヶ原での戦功として伊予を得た藤堂高虎は、瀬戸内の覇権を狙うとともに、旧豊臣方の動向を監視するため海陸の要地・今治浦に城を築城する。土地は砂浜で地盤が弱いため、砂に杭を打ち、その上に石垣を積むという手法が取られた。このとき

高知城

史蹟区分 国指定史蹟、重要文化財15件　**築城主** 山内一豊

高知県
慶長6年（1601）築
城番号 712
参照頁 ▶P220

高知城天守と本丸御殿

多くの遺構が現存する日本でも珍しい近世城郭

山内一豊によって大高坂山に築かれた高知城は、江戸期の各建築物の多くが現存する国内でも珍しい例にして、貴重な歴史資料となる城である。

この大高坂山には、南北朝時代にも城が築かれていたとされ、天正年間、長宗我部元親も築城を行うが、度重なる洪水に見舞われ放棄したといわれる。

山の頂には本丸をはじめ、二の丸、三の丸が並び、石垣と多くの門、櫓に守られていた。また本丸には四層六階の天守が鎮座する。前述した通りこれらの多くが姿を留めるが、それでも明治の「廃城令」のおりには、ほかの城と同様に破壊された建物は少なくないようだ。

また、戦国期にこの地を統治し

その他
多くの遺構が現存

高知城は、享保12年（1727）の大火により、追手門を除く城郭の大半が焼失。遺構の大半は延享4年（1747）に再建され、ほとんどが現在まで残っている。特に連結された天守と本丸御殿（懐徳館）は貴重で、現存する御殿の遺構は全国でも数少ない。

城知識　往時の姿をそのまま残すといっても、まったく何もされていないわけではない。昭和23年（1948）より各建造物の保存修理が開始されるなど、後世に引き継ぐために多くの技術と労力が投入されている。

大洲城

- 史蹟区分：県指定史蹟、重要文化財3件
- 築城主：宇都宮豊房
- 愛媛県
- 元弘元年（1331）築
- 城番号 696
- 参照頁 ▶ P218

肱川を天然の堀とした鎌倉末期から続く平山城

城の起源となるのは鎌倉時代末期に宇都宮豊房が築いたとされる中世城郭で、文禄4年（1595）に藤堂高虎が大改修し近世城郭へと生まれ変わった。のちに入城した脇坂安治の代でも改修が加えられており、天守などが整備されたようだ。

城は肱川のほとりの高台にあり、肱川を水源とした堀が張り巡らされていた。本丸には四重四階の層塔型天守が築かれ、明治の廃城令以後も取り壊されることなく、その姿を称えた。しかし、老朽化が進み危険なため明治21年（1888）に惜しまれながらも解体。平成18年（2006）に木造にて復元されている。

大洲城天守と高欄櫓

伝説：大洲城の人柱伝説

宇都宮氏の築城時、石垣を組むたびに崩れてしまい、女を人柱とすることにした。その女の名は「おひじ」といい、自分の名を城に付けて欲しいといい残し人柱となった。この伝説から大洲城は「比志城」とも呼ばれ、肱川の由来ともなっている。

宇和島城

- 史蹟区分：国指定史蹟、重要文化財1件
- 築城主：藤堂高虎
- 愛媛県
- 慶長元年（1596）築
- 城番号 693
- 参照頁 ▶ P218

五角形の城郭が敵を惑わす藤堂高虎のトリック城

築城年代は不明ながら、「板島丸串城」と呼ばれた城に藤堂高虎が入り、近世城郭へと改築を開始したのは慶長元年（1596）のこと。それから6年で、「高虎らしい」城が完成する。縄張は本丸を中心に二の丸が囲み、長門丸が連なる、包括型で引き継がれ、明治維新を迎えることになる。

その後、伊達氏9代まで麗しい。風、唐破風による装飾が非常に重視され、小ぶりながら千鳥破在の層塔型天守に改めたのもこの世にあって実益よりも装飾性が世にあって実益よりも装飾性がた三重三層の望楼型天守を、現が行われ、高虎によって築かれして2代・宗利が入城する。大改修宗の長男・秀宗が入城する。高虎が転封となると、伊達政り、非常に堅牢に築かれていた。側と西側が海に面した海城であるは埋め立てられたが、城の北こうという算段である。また現る間に、残る一方から血路を開際に「四角形と誤認させる」意図があったという。四方を囲まれのである。これは敵に囲まれたをしており、宇和島城独特のもが、城の外郭は不均等な五角形れほど珍しいものではない。だと連結型を併用したもので、そ

宇和島城天守

城知識：江戸時代、幕府の隠密が宇和島城に潜入するも、その全容を見抜くことができなかったと伝えられている。まさに、五角形の城を築いた、藤堂高虎の「思うつぼ」というやつである。

地域別：中国・四国・九州・沖縄地方の城

四国地方の城
徳島県
とくしまけん

阿波細川氏の勢力が強かったエリアだが、家臣の三好義賢が反逆し、阿波を手中に収めた。細川氏と三好氏は以後も争うが、それが長宗我部元親の介入を呼び、天正13年の長宗我部氏による四国制覇につながった。

657 東山城（ひがしやまじょう）
- 構造：山城／塁跡・横堀
- 築城年：南北朝時代
- 築城者：不明
- 特徴：立地や構造から、山岳武士の城だったと思われる。天正5年(1577)に大西氏が城に籠って長宗我部元親と戦ったという記録が残る。
- 住所：三好郡東みよし町
- アクセス：JR土讃線・箸蔵駅から車

658 岩倉城（いわくらじょう）
- 構造：山城／本丸・空堀・水堀
- 築城年：鎌倉時代
- 築城者：小笠原長房
- 特徴：小笠原長房が築いた城を、末裔の三好康長が永禄年間(1558～1570)に修築して利用。大軍を率いた長宗我部元親により陥落した。
- 住所：美馬市脇町
- アクセス：JR徳島線・穴吹駅より車・徒歩

659 重清城（しげきよじょう）
- 構造：山城／本丸・空堀・井戸など
- 築城年：暦応2年(1339)
- 築城者：小笠原長親
- 特徴：初代城主・小笠原長親は阿波国守護長房の孫。戦国期に長宗我部元親が攻め、和睦交渉中に城主・小笠原長政を殺して城を奪った。
- 住所：美馬市美馬町
- アクセス：JR徳島線・阿波半田駅より徒歩

656 徳島城（とくしまじょう）史跡 ▶P211
- 構造：平山城／(復)門・庭園・石塁など
- 築城年：天正14年(1586)
- 築城者：蜂須賀家政
- 特徴：もともとあった細川氏の支城を天正10年(1582)に長宗我部元親が落城。元親は天正13年(1585)に羽柴秀吉に城を奪われる。秀吉家臣の蜂須賀家政が城主になり、大規模な修築を施した。庭園が国の名勝に指定されている。
- 住所：徳島市徳島町城内
- アクセス：JR高徳線・徳島駅より徒歩

徳島城表殿内庭園

徳島城下乗橋

上桜城跡

665 撫養城（むやじょう）
- 構造：平山城／本丸跡・石垣
- 築城年：天正13年(1585)
- 築城者：益田正忠
- 特徴：蜂須賀家政の家臣・益田正忠が築城。かつては小笠原氏の居城だったという説もある。寛永15年(1638)に廃城。岡崎城とも。
- 住所：鳴門市撫養町
- アクセス：JR鳴門線・鳴門駅より徒歩

666 大西城（おおにしじょう）
- 構造：平山城／本丸・石垣・城郭並木
- 築城年：承久3年(1221)
- 築城者：小笠原長清・長経
- 特徴：小笠原長清が阿波守護に任じられ、息子の長経が守護代として阿波に城を築いた。後に蜂須賀氏の支配になる。池田城とも呼ばれる。
- 住所：三好市池田町ウエノ
- アクセス：JR土讃線・阿波池田駅より徒歩

667 西条城（さいじょうじょう）
- 構造：平山城／堀跡
- 築城年：貞和2年(1346)
- 築城者：森861之
- 特徴：東城と西城をあわせて西条城と呼ぶ。最初に秋月城の支城として東城が築かれ、戦国期に西城が加わった。東城は別名・戎城。
- 住所：阿波市吉野町
- アクセス：JR高徳線・徳島駅よりバス

668 川島城（かわしまじょう）
- 構造：平城／(復)天守・本丸・二の丸など
- 築城年：元亀3年(1572) 築城者：川島惟忠
- 特徴：篠原長房との戦いで活躍した川島惟忠による築城。天正13年(1585)には蜂須賀家政の家臣・林能勝が改修して城主を務めた。
- 住所：吉野川市川島町
- アクセス：JR徳島線・阿波川島駅より徒歩

川島城天守

669 平島館（ひらじまやかた）
- 構造：平城／不明
- 築城年：天文3年(1534)
- 築城者：足利義維
- 特徴：藤原清兼が築いた平島塁を足利義維が改修した。文化3年(1806)に玄関と書院が小松島市地蔵寺に移された。阿波公方館とも。
- 住所：阿南市那賀川町
- アクセス：JR牟岐線・西原駅より徒歩

660 一宮城（いちのみやじょう）【史跡】
- 構造：山城／本丸跡・石塁
- 築城年：暦応元年(1338)
- 築城者：小笠原長宗
- 特徴：三方を山に囲まれ、阿波一の堅城とも称されるが、長宗我部氏が攻略。その後、羽柴秀吉が攻め落とし、蜂須賀家政が入った。
- 住所：徳島市一宮町
- アクセス：JR高徳線・徳島駅よりバス

一宮城

661 白地城（はくちじょう）
- 構造：山城／本丸・空堀
- 築城年：建武2年(1335)
- 築城者：近藤京帝
- 特徴：近藤京帝が築いて、大西氏を名乗った。四国の中央部に位置し、川や谷に守られた難攻不落の堅城。白地大西城とも呼ばれる。
- 住所：三好市池田町
- アクセス：JR土讃線・阿波池田駅よりバス

662 牛岐城（うしきじょう）
- 構造：平城／不明
- 築城年：不明
- 築城者：新開氏
- 特徴：城主の新開氏は細川氏の家臣。14世紀頃の築城と思われる。天正13年(1585)以降は蜂須賀政の支配下に入った。別名は富岡城。
- 住所：阿南市富岡町
- アクセス：JR牟岐線・阿南駅より徒歩

663 日和佐城（ひわさじょう）
- 構造：平山城／(復)天守・石垣
- 築城年：室町時代
- 築城者：日和佐氏
- 特徴：薬王寺そばの丘に位置。日和佐氏が築き、後に長宗我部氏の城になった。昭和53年(1978)に天守を模した野外活動施設が完成。
- 住所：海部郡美波町
- アクセス：JR牟岐線・日和佐駅より徒歩

664 海部城（かいふじょう）
- 構造：山城／石垣
- 築城年：元亀元年(1570)
- 築城者：海部友光
- 特徴：天正5年(1577)に長宗我部元親が攻略。しかし豊臣秀吉の四国征伐により元親は土佐に移った。現在、城跡には海部中学校が建つ。
- 住所：海部郡海陽町
- アクセス：JR牟岐線・海部駅より徒歩

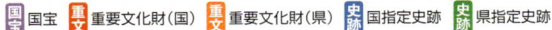

670 上桜城（うえざくらじょう）【史跡】
- 構造：山城／本丸・西の丸・里城など
- 築城年：戦国末期
- 築城者：篠原長房
- 特徴：三好義賢に仕え、知将として知られた篠原長房の城。元亀3年(1572)に落城し、城主・長房も死亡。現在は公園となり、慰霊碑がある。
- 住所：吉野川市川島町
- アクセス：JR徳島線・阿波川島駅より徒歩

671 秋月城（あきづきじょう）
- 構造：平山城／空堀
- 築城年：建武3年(1336)
- 築城者：細川和氏
- 特徴：細川和氏が阿讃山地の山裾に築き、守護所を置いた。三代目城主の詮春が本拠を勝瑞城に移したが、その後も一族が城に住んだ。
- 住所：阿波市土成町
- アクセス：JR徳島線・鴨島駅より車

672 木津城（きづじょう）
- 構造：平山城／本丸跡
- 築城年：永禄年間(1558〜1570)
- 築城者：篠原自道
- 特徴：天正10年(1582)の長宗我部元親の侵攻に対し、城主・篠原自道は城を捨てて逃走。元親は東条関之兵衛を置いて城を守らせた。
- 住所：鳴門市撫養町
- アクセス：JR鳴門線・教会前駅より徒歩

673 勝瑞城（しょうずいじょう）【史跡】
- 構造：平城／土塁・堀
- 築城年：建武4年(1337)
- 築城者：細川詮春
- 特徴：「天下の勝瑞」とも称された阿波の守護所。約250年の間、四国地方における政治・文化の中心地だった。天正10年(1582)に長宗我部元親により落城。本丸跡には三好氏の菩提寺である見性寺が建つ。
- 住所：板野郡藍住町勝瑞
- アクセス：JR高徳線・勝瑞駅より徒歩

勝瑞城土塁と水堀（写真／福井聡）

地域別 中国・四国・九州・沖縄地方の城

四国地方の城
香川県

室町時代に讃岐守護に任じられた細川氏の支配下にあった。ただ、守護代として東部を治めた安富氏、西部を治めた香川氏など、同地ゆかりの勢力も力を蓄え、やがて応仁の乱を経て割拠の時代に入る。

勝賀城跡
（写真／福井聡）

高松城艮櫓

676 星ヶ城（ほしがじょう） 史跡
- 構造：山城／曲輪・空堀・土塁など
- 築城年：延元4年(1339)
- 築城者：佐々木信胤
- 特徴：南朝方の武将として挙兵した佐々木信胤が築城。眺望のよい星ヶ城山に位置する。貞和3年(1347)に細川氏に攻められて落城。
- 住所：小豆郡小豆島町
- アクセス：草壁港より車

679 勝賀城（かつがじょう）
- 構造：山城／曲輪・土塁・空堀
- 築城年：承久年間(1219～1222)
- 築城者：香西資長
- 特徴：香西氏はこの城を拠点に勢力を拡大し、讃岐屈指の豪族になる。天正13年(1585)の羽柴秀吉の四国平定により開城した。
- 住所：高松市鬼無町・中山町
- アクセス：JR予讃線・鬼無駅より徒歩

677 引田城（ひけたじょう）
- 構造：山城／曲輪・空堀・石塁
- 築城年：不明
- 築城者：不明
- 特徴：徳島県との県境近くに位置する。創建年代は不明で、天智天皇時代の城とする説も。四宮右近、仙石秀久、生駒親正などが城主になった。
- 住所：東かがわ市引田
- アクセス：JR高徳線・引田駅より徒歩

674 高松城（たかまつじょう） 重文 史跡 ▶P211
- 構造：平城／櫓・水手門・石垣など
- 築城年：天正16年(1588)
- 築城者：生駒親正
- 特徴：羽柴秀吉の四国平定に伴い、讃岐に入った生駒親正が居城として築いた。生駒氏の後は松平頼重が入り、拡張工事を行う。三重の天守があったが明治に入って破却された。別名を玉藻城とも呼ばれる。
- 住所：高松市玉藻町
- アクセス：JR予讃線・高松駅より徒歩

680 雨滝城（あまたきじょう）
- 構造：山城／曲輪・空堀
- 築城年：長禄年間(1457～1460)
- 築城者：安富盛長
- 特徴：寒川町・大川町・津田町にまたがる雨滝山に位置する。城主の安富氏は細川四天王のひとりで、応仁の乱などで功績を残している。
- 住所：さぬき市大川町
- アクセス：JR高徳線・讃岐津田駅より徒歩

678 虎丸城（とらまるじょう）
- 構造：山城／曲輪
- 築城年：不明
- 築城者：不明
- 特徴：細川氏家臣、寒川氏の築城という説が有力。峻険な地に築かれた堅牢な山城だが、天正12年(1584)に長宗我部元親が攻略した。
- 住所：東かがわ市与田山
- アクセス：JR高徳線・三本松駅より車

675 天霧城（あまぎりじょう） 史跡
- 構造：山城／曲輪・土塁・石塁など
- 築城年：貞治年間(1362～1368)
- 築城者：香川氏
- 特徴：天正6年(1578)に長宗我部元親が攻め落とす。その後、羽柴秀吉の四国平定により開城し、廃された。雨霧城の別名もある。
- 住所：仲多度郡多度津町・善通寺市吉原町・三豊市三野町
- アクセス：JR予讃線・善通寺駅よりバス

聖通寺城跡(写真／福井聡)

喜岡城跡(写真／福井聡)

687 聖通寺城 しょうつうじじょう
- 構造：山城／削平地・空堀・土塁
- 築城年：応仁年間(1467〜1469)
- 築城者：奈良元安
- 特徴：細川氏の家臣・奈良氏による築城。天正10年(1582)に長宗我部元親に落とされ、後に羽柴秀吉の支配下に置かれた。宇多津城とも。
- 住所：綾歌郡宇多津町
- アクセス：JR予讃本線・坂出駅より車

688 詫間城 たくまじょう
- 構造：平山城／曲輪
- 築城年：不明
- 築城者：不明
- 特徴：城山と呼ばれる丘に築かれ、詫間氏が居城とした。後に、細川氏とともに甲斐国からこの地に移ってきた山地氏が城主になった。
- 住所：三豊市詫間町
- アクセス：JR予讃本線・詫間駅よりバス

689 屋島城 やしまじょう
- 構造：山城／石塁
- 築城年：天智6年(676)
- 築城者：朝廷
- 特徴：現在は自然保護地区になっている屋島半島に位置する。大和朝廷によって築かれた城砦であり、源平の戦いの舞台として有名。
- 住所：高松市屋島東町
- アクセス：JR高徳線・屋島駅よりバス

690 丸亀城 まるがめじょう 【重文】【史跡】
▶P205
- 構造：平山城／天守・大手門・御殿表門など
- 築城年：慶長2年(1597)
- 築城者：生駒親正
- 特徴：標高66mの亀山の山すそから頂上まで、四層に重ねられた石垣の高さは日本一。扇の勾配と呼ばれる石垣の描く曲線が美しい。頂上には江戸時代に建てられた三重の天守が現存している。亀山城とも呼ばれる。
- 住所：丸亀市一番丁
- アクセス：JR予讃線・丸亀駅より徒歩

684 笠島城 かさしまじょう 【史跡】
- 構造：山城／曲輪・土塁・空堀など
- 築城年：承元年間(1207〜1211)
- 築城者：高階保遠
- 特徴：塩飽諸島の本島に位置し、瀬戸内海における海上防衛および海上交通の要所。塩飽水軍の本拠地であり、別名を本島城という。
- 住所：丸亀市本島町
- アクセス：本島港フェリー発着所より徒歩

685 城山城 きやまじょう 【史跡】
- 構造：山城／石塁・土塁・城門跡など
- 築城年：7世紀
- 築城者：不明
- 特徴：天智2年(672)に白江村の戦いの後、唐・新羅連合軍の攻撃に備えるべく築かれた古代の山城。現在はゴルフ場になっている。
- 住所：坂出市西庄町
- アクセス：JR予讃本線・鴨川駅より車

686 多度津陣屋 たどつじんや
- 構造：陣屋／家中屋敷
- 築城年：文政10年(1827)
- 築城者：京極高賢
- 特徴：多度津藩四代目藩主の京極高賢が築く。以降、藩籍奉還まで多度津藩の政庁になった。多度津町立資料館で陣屋の模型が見られる。
- 住所：仲多度郡多度津町
- アクセス：JR予讃本線・多度津駅より徒歩

681 喜岡城 きおかじょう
- 構造：城館／本丸・空堀
- 築城年：建武2年(1335)
- 築城者：高松頼重
- 特徴：舟木頼重が築き、高松氏に改称。玉藻町に高松城ができる前は、高松城といえばこの城を指した。本丸跡に喜岡寺と権現寺が建つ。
- 住所：高松市高松町
- アクセス：JR高徳線・屋島駅より徒歩

682 十河城 そごうじょう
- 構造：平城／曲輪・空堀・本丸跡など
- 築城年：南北朝時代
- 築城者：不明
- 特徴：十河氏の居城。城主の十河存保は鬼十河の異名を持つ豪傑で、長宗我部元親に敗れて城を失うが、後に城主の座を取り戻した。
- 住所：高松市十川東町
- アクセス：琴電長尾線・農学部前駅より徒歩

683 由佐城 ゆさじょう
- 構造：平城／堀
- 築城年：不明
- 築城者：由佐秀助
- 特徴：東西を川と沼に守られた要害の地にあり、難攻不落の城と称された。長宗我部元親も攻め落とすことができず、和議を提案している。
- 住所：香川郡香南町
- アクセス：JR予讃本線・高松駅よりバス

丸亀城

地域別 中国・四国・九州・沖縄地方の城

四国地方の城

愛媛県（えひめけん）

源平合戦で源頼朝に味方した河野氏が、伊予で一大勢力を築く。応仁の乱以降は、周防の大内氏、豊後の大友氏が接近し、毛利氏も争乱に絡んでくるが、最終的には土佐の長宗我部元親によって制圧された。

---

698 松葉城（まつばじょう）
- 構造：山城／曲輪・空堀・土塁など
- 築城年：鎌倉時代
- 築城者：不明
- 特徴：かつては岩瀬城と呼ばれていた。舞い落ちた松の葉が杯に入り、それを吉兆と捉えた城主が城の名を変えたという伝承がある。
- 住所：西予市宇和町下松葉
- アクセス：JR予讃線・卯之町駅よりバス

699 能島城（のしまじょう） 史跡
- 構造：海城／桟橋跡ピット・曲輪
- 築城年：応永26年(1419)
- 築城者：村上雅房
- 特徴：能島村上氏の本拠。船を縄でつなぎとめるための柱を立てる穴（ピット）が多数残る。島の大きさは約800㎡で、現在は無人島。
- 住所：今治市宮窪町能島
- アクセス：JR予讃線・今治駅よりバス

700 鷺森城（さぎもりじょう）
- 構造：平城／曲輪・堀
- 築城年：応永年間(1394～1427)
- 築城者：桑原通興
- 特徴：伊予守護・河野通之の命を受けて桑原通興が築城。天正13年(1585)に、大軍を率いた小早川隆景が城兵を皆殺しにし攻略した。
- 住所：西予市壬生川
- アクセス：JR予讃線・壬生川駅より徒歩

701 黒瀬城（くろせじょう）
- 構造：山城／石塁・空堀・曲輪など
- 築城年：天文15年(1546)
- 築城者：西園寺実充
- 特徴：名門・西園寺氏が松葉城から移って本拠にした。天正12年(1584)に城主・公広の降伏により、長宗我部氏の支配下に入った。
- 住所：西予市宇和町卯之町
- アクセス：JR予讃線・卯之町駅より徒歩

702 河後森城（かごもりじょう） 史跡
- 構造：山城／(復)屋敷・城門・曲輪など
- 築城年：建久7年(1196)
- 築城者：渡辺連
- 特徴：県内屈指の規模を誇る山城。藤堂高虎が城主のときに、天守が宇和島の月見櫓として移築されたという。皮籠森城の表記もある。
- 住所：北宇和郡松野町松丸
- アクセス：JR予土線・松丸駅より徒歩

703 来島城（くるしまじょう）
- 構造：海城／曲輪・館跡・桟橋跡ピットなど
- 築城年：南北朝時代
- 築城者：村上吉房
- 特徴：海上の難所として知られる来島海峡に位置。三島水軍の来島村上氏が居城にした。慶長の役により城主・通総が死んで廃城になった。
- 住所：今治市波止浜
- アクセス：波止浜港より船

704 恵良城（えりょうじょう） 史跡
- 構造：山城／曲輪・城井戸・石垣
- 築城年：平安末期
- 築城者：河野通清
- 特徴：源頼朝に応じる形で河野氏が旗揚げ。峻険な岩山に城を築いた。戦国期には得居氏が居城として利用。関ヶ原の戦いの後に廃された。
- 住所：松山市上難波
- アクセス：JR予讃線・大浦駅よりバス

---

693 宇和島城（うわじまじょう） 重文 史跡 ▶P213
- 構造：平山城／天守・搦手口門・本丸など
- 築城年：慶長元年(1596)
- 築城者：藤堂高虎
- 特徴：橘遠保が、藤原純友の乱を平定するための本拠にした。戦国時代に西園寺氏の居城になる。文禄4年(1595)には藤堂高虎が入って改修を施し、本格的な城郭へと発展させた。板島城、丸串城とも呼ばれた。
- 住所：宇和島市丸之内
- アクセス：JR予讃線・宇和島駅より徒歩

宇和島城天守

694 甘崎城（あまさきじょう） 史跡
- 構造：不明／曲輪・井戸跡・石垣など
- 築城年：天智10年(671)
- 築城者：越智氏
- 特徴：白村江の戦い後、唐・新羅連合軍への対抗拠点として築城。水軍の城としては日本最古。後に来島村上氏の本拠にした。天崎城とも。
- 住所：今治市上浦町甘崎
- アクセス：JR予讃線・今治駅よりバス

695 湯築城（ゆづきじょう） 史跡
- 構造：平山城／外堀・内堀
- 築城年：建武3年(1336)
- 築城者：河野通盛
- 特徴：伊予の豪族・河野氏の本拠。天正13年(1585)に小早川氏により落城。現在は資料館や土塁の展示施設などを備える公園。湯月城とも。
- 住所：松山市道後公園
- アクセス：JR予讃線・松山駅より市電

696 大洲城（おおずじょう） 重文 史跡 ▶P213
- 構造：平山城／(復)天守・台所櫓・高欄櫓など
- 築城年：元弘元年(1331)
- 築城者：宇都宮豊房
- 特徴：伊予守護・宇都宮氏が統治の拠点として築城。文禄4年(1595)に藤堂高虎が入って改修。元和3年(1617)以降は加藤氏が城主を務めた。
- 住所：大洲市大洲
- アクセス：JR予讃線・伊予大洲駅より徒歩

697 三滝城（みたきじょう） 史跡
- 構造：山城／曲輪・石垣・井戸
- 築城年：永享年間(1429～1441)
- 築城者：紀実次
- 特徴：西園寺十五将のひとりに数えられる紀氏の本拠。築城者・実次は紀貫之の子孫。天正11年(1583)に長宗我部氏により落城。
- 住所：西予市城川町窪野
- アクセス：JR予讃線・卯之町駅より車

---

691 松山城（まつやまじょう） 重文 史跡 ▶P202
- 構造：平山城／天守・本丸・二の丸など
- 築城年：慶長7年(1602)
- 築城者：加藤嘉明
- 特徴：20万石大名になった加藤嘉明が築城をはじめるが完成前に移封。蒲生忠知が引き継いで竣工した。後に松平氏の城になる。櫓や門など21の建造物が国の重文に指定されている。別名・勝山城。
- 住所：松山市丸之内
- アクセス：JR予讃線・松山駅より市電

松山城天守

692 西条藩陣屋（さいじょうはんじんや）
- 構造：陣屋／大手門・曲輪・城塁など
- 築城年：寛永13年(1636)
- 築城者：一柳直重
- 特徴：一柳直盛の子・直重が築いた西条藩の本拠。現在、城跡には西条高校が建ち、かつての大手門が高校の正門として残っている。
- 住所：西条市明屋敷
- アクセス：JR予讃線・伊予西条駅より徒歩

大洲城 天守

705 川之江城（かわのえじょう）

構造：平山城／(復)天守・曲輪・石垣
築城年：暦応元年(1338)　築城者：河野通政
特徴：築城の際、山頂にあった仏殿を城に取り込んだという伝承から仏殿城の別名がある。現在は公園となり、復元された天守がある。
住所：四国中央市川之江町
アクセス：JR予讃線・川之江駅より徒歩

川之江城天守

706 大森城（おおもりじょう）

構造：山城／曲輪・石塁・空堀
築城年：不明
築城者：不明
特徴：西園寺十五将の土居清良が戦国末期に城主になり、土佐一条氏や長宗我部氏の攻撃から城を守った。城跡には清良神社が建つ。
住所：宇和島市三間町
アクセス：JR予土線・二名駅より徒歩

711 今治城（いまばりじょう）▶P212　史跡

構造：平城／(復)天守・(復)多聞櫓・(復)石垣など
築城年：慶長7年(1602)　築城者：藤堂高虎
特徴：来島海峡に面し、海水を利用した三重の水堀を備える。明治元年に取り壊されたが、天守や櫓が復元された。吹揚城の別名がある。
住所：今治市通町
アクセス：JR予讃線・今治駅よりバス

709 港山城（みなとやまじょう）

構造：山城／曲輪
築城年：南北朝時代
築城者：河野通盛
特徴：湯築城主・河野通盛が浜辺の守りを固めるべく築城。天正13年(1585)に小早川隆景に攻め落とされ、その後は廃された。
住所：松山市港山
アクセス：伊予鉄道・港山駅より徒歩

707 吉田藩陣屋（よしだはんじんや）

構造：陣屋／井戸・石垣・長屋
築城年：万治元年(1658)
築城者：伊達宗純
特徴：宇和島藩初代藩主伊達秀宗の子・宗純が3万石を分与されて居館を築いた。現在、跡地には陣屋を模した図書館が建っている。
住所：宇和島市吉田町
アクセス：JR予讃線・伊予吉田駅より徒歩

710 荏原城（えばらじょう）　史跡

構造：平城／土塁・堀
築城年：不明
築城者：不明
特徴：河野十八将のひとりに数えられる平岡氏の本拠。天正13年(1585)に小早川隆景により河野氏の湯築城が陥落した後、廃城になった。
住所：松山市恵原町
アクセス：JR予讃線・松山駅よりバス

708 新谷藩陣屋（にいやはんじんや）　重文

構造：陣屋／謁見所
築城年：元和9年(1623)
築城者：加藤直泰
特徴：新谷藩の在所。現在は跡地に小学校が建つ。当時の面影はないが麟鳳閣と呼ばれる謁見所が残り、県の重要文化財に指定されている。
住所：大洲市新谷町
アクセス：JR内子線・新谷駅より徒歩

今治城天守

地域別　中国・四国・九州・沖縄地方の城

国宝：国宝　重文：重要文化財(国)　重文：重要文化財(県)　史跡：国指定史跡　史跡：県指定史跡

四国地方の城

高知県

鎌倉時代に地頭を任せられた長宗我部氏が、戦国の世になって一条氏、香宗我部氏、本山氏、吉良氏、大平氏、津野氏などと競い合った。長宗我部元親の代に土佐を統一し、四国制覇の偉業に乗り出す。

713 本山城 もとやまじょう
- 構造：山城／曲輪・堀切
- 築城年：不明
- 築城者：不明
- 特徴：豪族・本山氏の居城として知られる。本山茂宗が土佐に移った後、子の茂辰が城主になるが、永禄7年(1564)に長宗我部元親が攻略。
- 住所：長岡郡本山町本山
- アクセス：JR土讃線・大杉駅よりバス

712 高知城 こうちじょう 【重文・史跡】 ▶P212
- 構造：平山城／天守・懐徳館・黒鉄門など
- 築城年：慶長6年(1601)
- 築城者：山内一豊
- 特徴：関ヶ原の戦いで武功を立てた山内一豊が築城。二代目城主の忠義が工事を引き継いで完成させた。山内氏以前に長宗我部元親がこの地に城を築こうとしたが、水害の問題を解決できず、諦めている。
- 住所：高知市丸ノ内
- アクセス：JR土讃線・高知駅より徒歩

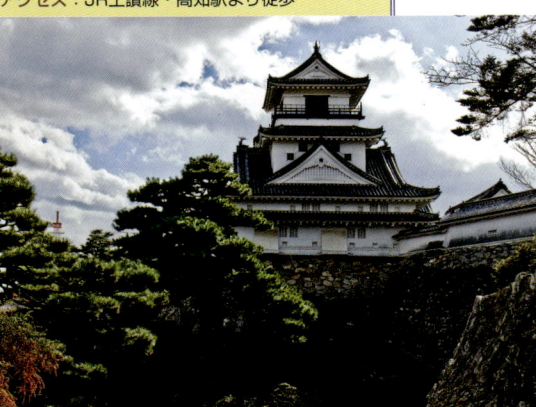

714 大津城 おおつじょう
- 構造：平山城／堀
- 築城年：不明
- 築城者：天竺氏
- 特徴：細川一族・天竺氏の居城。現在は地形が大きく変わっているが、かつては周りを海に囲まれていたという。天竺城とも呼ばれる。
- 住所：高知市大津
- アクセス：土佐電鉄・清和学園前駅より徒歩

715 秦泉寺城 じんぜんじじょう
- 構造：山城／曲輪・堀
- 築城年：不明
- 築城者：不明
- 特徴：長宗我部元親が家臣の中島氏を置く。しかし後に確執が生じ、元親は中島氏を攻め滅ぼした。尾根には堀が幾重にも設けられている。
- 住所：高知市東秦泉寺
- アクセス：JR土讃線・高知駅よりバス

高知城天守

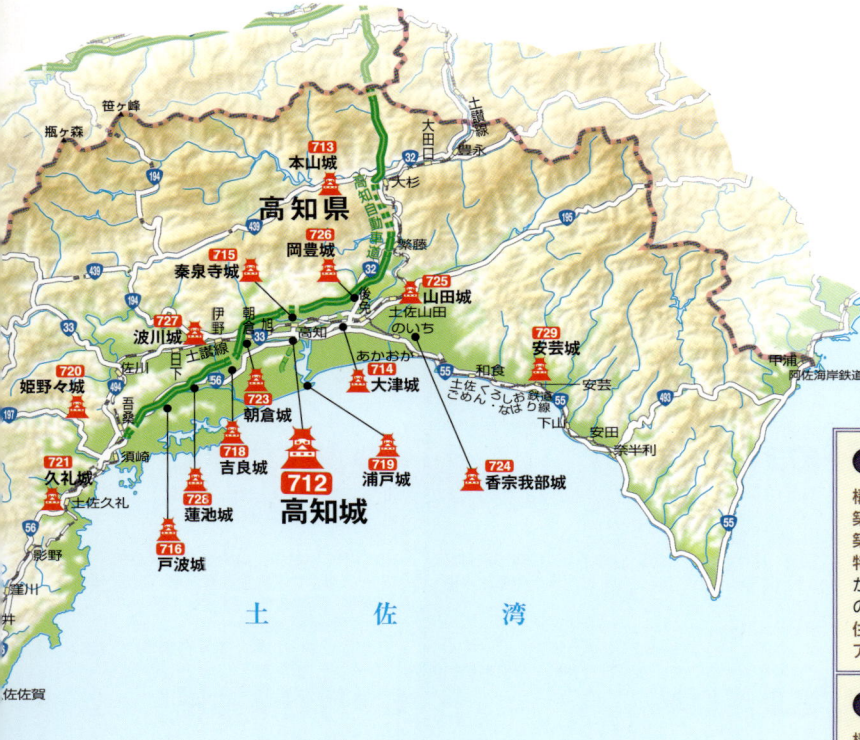

高知城追手門

716 戸波城 へわじょう
- 構造：平山城／不明
- 築城年：不明
- 築城者：不明
- 特徴：見晴らしのよい江良山の頂に位置。津野氏が居城にしていたが、一条氏が攻め落として家臣の福井玄番を置いた。別名・井場城。
- 住所：土佐市本村
- アクセス：JR土讃線・朝倉駅よりバス

717 中村城 なかむらじょう
- 構造：平山城／(復)天守・石垣・土塁
- 築城年：不明
- 築城者：不明
- 特徴：四万十川と後川に挟まれた立地。城跡のいたるところに石垣が残り、三の丸には天守を模した郷土資料館が建つ。為松城とも呼ぶ。
- 住所：四万十市中村・丸の内
- アクセス：土佐くろしお鉄道・中村駅より徒歩

岡豊城跡(写真／福井聡)

720 姫野々城 ひめののじょう
- 構造：山城／不明
- 築城年：不明
- 築城者：不明
- 特徴：姫野々集落の北に位置する津野氏の居城。後方を山、前方を川に守られ、小規模ながら堅牢な山城になっている。別名は半山城。
- 住所：高岡郡津野町姫野々
- アクセス：JR土讃線・須崎駅よりバス

718 吉良城 きらじょう
- 構造：平山城／本丸・土塁・空堀など
- 築城年：不明
- 築城者：不明
- 特徴：土佐七雄のひとりに数えられる吉良氏の本拠として知られる。城主・吉良宣直が鮎漁に出かけた隙に本山茂宗により攻め落とされた。
- 住所：高知市春野町弘岡上字大谷
- アクセス：JR土讃線・朝倉駅より車

726 岡豊城 おこうじょう 【史跡】
- 構造：山城／土塁・曲輪・井戸など
- 築城年：鎌倉時代　築城者：長宗我部氏
- 特徴：永正6年(1509)に本山茂宗に城を奪われるが、後に長宗我部国親が本山氏と和解して城に戻った。長宗我部氏の雄・元親出生の城。
- 住所：南国市岡豊町八幡
- アクセス：JR土讃線・高知駅よりバス

721 久礼城 くれじょう
- 構造：山城／井戸・曲輪・空堀など
- 築城年：不明
- 築城者：不明
- 特徴：大坂川と大沢川に挟まれた城山に位置。鎌倉末期に佐竹氏が築いたと推測される。天守台の役割を果たしたと思われる平坦地が残る。
- 住所：高岡郡中土佐町久礼
- アクセス：JR土讃線・土佐久礼駅より徒歩

719 浦戸城 うらどじょう 【史跡】
- 構造：平山城／本丸・堀切
- 築城年：天文年間(1532～1555)　築城者：本山茂宗
- 特徴：永禄3年(1560)に長宗我部国親により落城。元親が岡豊城から移り本拠とした。関ヶ原の戦い後、城主交替に伴い浦戸一揆が起こる。
- 住所：高知市浦戸
- アクセス：JR土讃線・高知駅よりバス

727 波川城 はかわじょう
- 構造：山城／本丸
- 築城年：不明
- 築城者：不明
- 特徴：波川玄蕃の居城。玄蕃は主君である長宗我部元親の怒りを買って滅ぼされた。伝承によれば、その際に城が焼き払われたという。
- 住所：吾川郡いの町
- アクセス：JR土讃線・波川駅より徒歩

722 宿毛城 すくもじょう
- 構造：平山城／天守跡・石垣
- 築城年：不明
- 築城者：不明
- 特徴：市街地の北東、伊予の国境近くに位置する。松田兵庫、依岡伯耆守が居城とし、天正3年(1575)に長宗我部元親により落城。
- 住所：宿毛市宿毛
- アクセス：土佐くろしお鉄道・東宿毛駅より徒歩

728 蓮池城 はすいけじょう
- 構造：平山城／本丸
- 築城年：嘉応2年(1170)
- 築城者：蓮池家綱
- 特徴：高岡市街を一望できる丘に位置。蓮池氏の後、大平氏、一条氏、本山氏、吉良氏と頻繁に城主が交替した。山麓に吉良神社が建つ。
- 住所：土佐市蓮池
- アクセス：JR土讃線・高知駅よりバス

723 朝倉城 あさくらじょう 【史跡】
- 構造：平山城／曲輪・塀跡・堀など
- 築城年：大永年間(1521～1527)　築城者：本山茂宗
- 特徴：本山城を本拠に長宗我部氏と土佐を二分した本山氏が、南方への進出拠点として築く。永禄5年(1562)に長宗我部元親により落城。
- 住所：高知市朝倉
- アクセス：JR土讃線・朝倉駅より徒歩

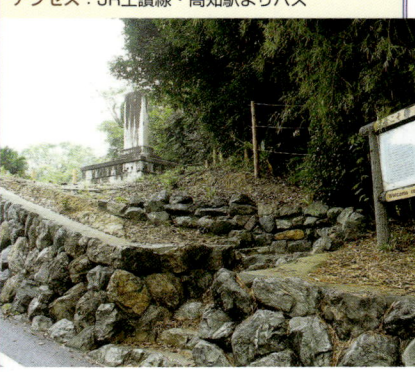

浦戸城跡(写真／福井聡)

729 安芸城 あきじょう
- 構造：平山城／曲輪・土塁・堀など
- 築城年：延慶2年(1309)　築城者：安芸親氏
- 特徴：東西を川に挟まれた難攻の立地。永禄12年(1569)に長宗我部元親軍に城を取り囲まれ、落城。関ヶ原の戦いの後は山内氏の家臣五藤氏が入り、一国一城令の対象にならぬよう城を改修。名を安芸土居と改めた。
- 住所：安芸市土居
- アクセス：土佐くろしお鉄道・安芸駅より車

朝倉城跡(写真／福井聡)

724 香宗我部城 こうそかべじょう
- 構造：平城／土塁・礎石
- 築城年：鎌倉時代
- 築城者：中原秋家
- 特徴：中原秋家が築き、香宗我部氏を名乗った。以降400年の長きに渡って香宗我部氏代々の本拠となる。構造的には城よりも館に近い。
- 住所：香南市野市町
- アクセス：土佐くろしお鉄道・のいち駅よりバス

725 山田城 やまだじょう
- 構造：平山城／曲輪・堀・土塁
- 築城年：不明
- 築城者：不明
- 特徴：市街地の北にある山に位置。土佐七雄のひとりに数えられる山田氏の居城。麓には山田氏の居館があったと思われる。楠目城とも。
- 住所：香美市土佐山田町
- アクセス：JR土讃線・土佐山田駅よりバス

安芸城跡

地域別　中国・四国・九州・沖縄地方の城

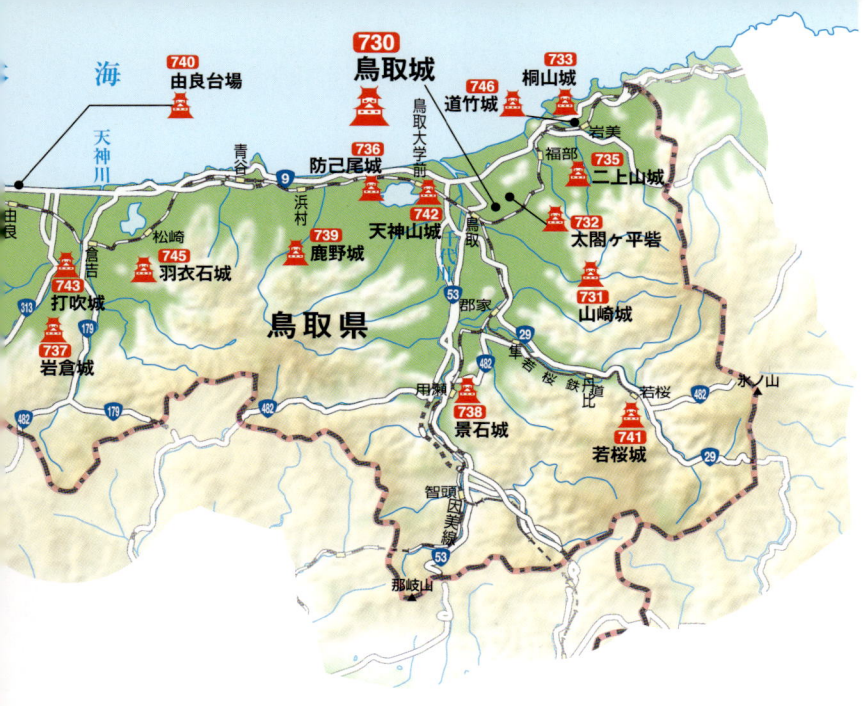

中国地方の城

鳥取県
(とっとりけん)

もともと名和長年が因幡、伯耆で力を持っていたが、足利尊氏に倒されると、変わって山名時氏が守護となる。やがて出雲から勢力を拡大してきた尼子氏と戦いを繰り返し、戦国時代には山中鹿介が奮闘する。

鳥取城石垣

736 防己尾城 つづらおじょう
- 構造：山城／不明
- 築城年：天正年間(1573〜1592)
- 築城者：吉岡定勝
- 特徴：羽柴秀吉が鳥取城を攻めた際、籠城する吉岡定勝が奇襲をしかけて豊臣軍を混乱させた。しかし秀吉の兵糧攻めにより落城。
- 住所：鳥取市福井
- アクセス：JR山陰本線・鳥取駅よりバス・車

732 太閤ヶ平砦 たいこうがなるとりで 史跡
- 構造：不明／不明
- 築城年：不明
- 築城者：豊臣秀吉
- 特徴：御本陣山に築かれた砦。天正9年(1581)に豊臣秀吉がここに本陣を構えて、鳥取城を攻めた。合戦は秀吉の勝利に終わっている。
- 住所：鳥取市百合
- アクセス：JR山陰本線・鳥取駅よりバス

737 岩倉城 いわくらじょう
- 構造：山城／石垣・曲輪
- 築城年：鎌倉時代
- 築城者：小鴨氏
- 特徴：永禄12年(1569)に6000の兵を率いた尼子勝久に昼夜を問わず攻め続けられて落城するが、小鴨元清がすぐに城を奪い返した。
- 住所：倉吉市岩倉
- アクセス：JR山陰本線・倉吉駅よりバス

733 桐山城 きりやまじょう
- 構造：山城／不明
- 築城年：14世紀中頃
- 築城者：不明
- 特徴：永禄年間(1558〜1573)の頃にはすでに廃されていたが、尼子氏の重臣・山中鹿介が拠点として利用した。別名・木井ノ山城。
- 住所：岩美郡岩美町
- アクセス：JR山陰本線・岩美駅より徒歩

730 鳥取城 とっとりじょう 史跡
▶P208
- 構造：山城・平山城／(復)城門・石垣
- 築城年：天文14年(1545)頃
- 築城者：山名誠通
- 特徴：山名氏の後、吉川氏が城主になる。天正9年(1581)に織田信長方の羽柴秀吉により落城。籠城する吉川軍に対する秀吉の厳しい兵糧攻めは「渇殺し」と称された。(➡P184)久松山に位置し、久松城とも呼ぶ。
- 住所：鳥取市東町
- アクセス：JR山陰本線・鳥取駅よりバス

738 景石城 かげいしじょう
- 構造：不明／不明
- 築城年：延文年間(1356〜1361)
- 築城者：不明
- 特徴：羽柴秀吉はこの城を重要視し、勇猛な武将として名高い磯部豊直を配す。豊直は山名氏に城を奪われるが、後に城主の座に返り咲く。
- 住所：鳥取市用瀬町用瀬
- アクセス：JR因美線・用瀬駅より徒歩

734 江美城 えびじょう
- 構造：平山城／(復)天守・空堀
- 築城年：文明16年(1484)
- 築城者：蜂塚氏
- 特徴：城主・蜂塚氏は尼子氏の家臣。毛利氏との戦いで尼子氏が劣勢に追いやられる中、江美城は最後まで尼子氏の拠点として機能した。
- 住所：日野郡江府町
- アクセス：JR伯備線・江尾駅より徒歩

735 二上山城 ふたがみやまじょう 史跡
- 構造：山城／不明
- 築城年：文和年間(1352〜1556)
- 築城者：山名時氏
- 特徴：峻険な二上山に山名時氏が築き、文正元年(1466)まで代々本拠にした。関ヶ原の戦いが終わった後に廃された。岩常城とも。
- 住所：岩美郡岩美町岩常
- アクセス：JR山陰本線・岩美駅よりバス

731 山崎城 やまざきじょう
- 構造：不明／不明
- 築城年：天文年間(1532〜1555)
- 築城者：因幡毛利氏
- 特徴：因幡地方の有力な国侍のひとりである因幡毛利氏による築城。同じ祖先を持つ山崎毛利氏がこの城を拠点に勢力拡大を図った。
- 住所：鳥取市国府町山崎
- アクセス：JR山陰本線・鳥取駅よりバス

景石城石垣
(写真／福井聡)

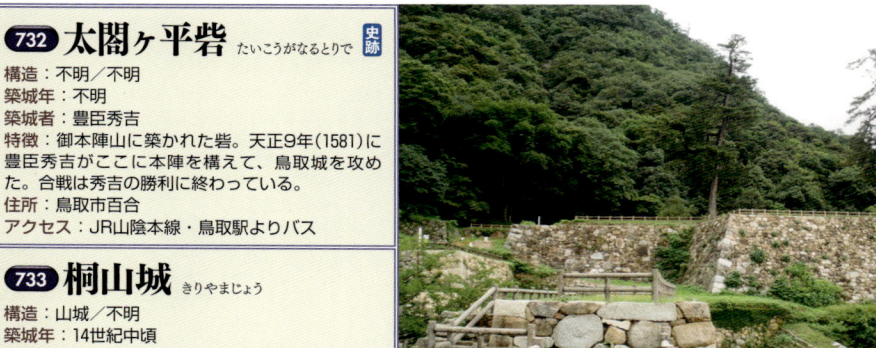

羽衣石城天守

745 羽衣石城 （うえしじょう） 史跡
- 構造：山城／(復)天守・曲輪
- 築城年：貞治5年(1366)　築城者：南条貞宗
- 特徴：南条貞宗が当時「崩岩山」と呼ばれていた山に築いた城。貞宗は「崩岩」という呼び名を嫌い、和歌から名を取って羽衣石城とした。
- 住所：東伯郡湯梨浜町羽衣石
- アクセス：JR山陰本線・松崎駅より車

746 道竹城 （どうちくじょう）
- 構造：山城／不明
- 築城年：天文年間(1532～1555)
- 築城者：三上兵庫
- 特徴：治安の乱れを正すために但馬山名氏の三上兵庫がこの地に迎え入れられ、城を築いた。永禄7年(1564)に因幡山名氏により落城。
- 住所：岩美郡岩美町
- アクセス：JR山陰本線・岩美駅より徒歩

747 船上山城 （せんじょうさんじょう） 史跡
- 構造：不明／不明
- 築城年：不明
- 築城者：不明
- 特徴：名和長年の城で、後醍醐天皇による鎌倉幕府討伐の旗揚げの城として知られる。後醍醐天皇の悲願は成就し、鎌倉幕府は崩壊した。
- 住所：東伯郡琴浦町
- アクセス：JR山陰本線・赤碕駅よりバス

742 天神山城 （てんじんやまじょう） 史跡
- 構造：平山城／不明
- 築城年：文正元年(1466)
- 築城者：山名勝豊
- 特徴：山名勝豊が二上山城から移って本拠とした。布施天神山城の名称が用いられることも多い。現在、跡地には高校が建っている。
- 住所：鳥取市湖山町
- アクセス：JR山陰本線・鳥取駅より車

739 鹿野城 （しかのじょう）
- 構造：山城／本丸・塁濠
- 築城年：不明
- 築城者：志加奴氏
- 特徴：志加奴氏は山名氏の家臣。天正8年(1580)に豊臣秀吉が攻め落として亀井茲矩を置いた。その後、茲矩は大規模な改修を行っている。
- 住所：鳥取市鹿野町鹿野
- アクセス：JR山陰本線・浜村駅よりバス

748 米子城 （よなごじょう） 史跡
- 構造：平山城／門・石垣
- 築城年：15世紀
- 築城者：山名氏
- 特徴：戦国時代に改築が重ねられ、四層五階の天守を擁する壮大な城になった。城としての役目を終えた後は、明治10年代(1877～1886)に古物商の山本新助に37円で売却され、解体された。
- 住所：米子市久米町
- アクセス：JR山陰本線・米子駅よりバス

天神山城跡

740 由良台場 （ゆらだいば） 史跡
- 構造：台場／不明
- 築城年：文久3年(1863)
- 築城者：池田氏
- 特徴：ペリー来航をきっかけとして、海上警備のために築いた台場。7門の大砲を設け、農民から民兵を募集して警備にあたらせたという。
- 住所：東伯郡北栄町由良宿
- アクセス：JR山陰本線・由良駅より徒歩

743 打吹城 （うつぶきじょう）
- 構造：山城／本丸
- 築城年：14世紀中頃
- 築城者：山名師義
- 特徴：戦国時代に尼子氏と毛利氏の戦いの舞台になる。一国一城令で廃された城のひとつだが、他に例を見ないほど入念に破壊されている。
- 住所：倉吉市仲ノ町
- アクセス：JR山陰本線・倉吉駅よりバス

741 若桜城 （わかさじょう） 史跡
- 構造：山城／天守台・石垣・空堀など
- 築城年：13世紀頃　築城者：矢部暉種
- 特徴：天正6年(1578)以降は豊臣秀吉の支配下に置かれ、一国一城令により元和3年(1617)に廃された。若桜鬼ヶ城ともいう。
- 住所：八頭郡若桜町若桜
- アクセス：若桜鉄道・若桜駅より徒歩

744 尾高城 （おだかじょう）
- 構造：平山城／土塁・空堀
- 築城年：不明
- 築城者：不明
- 特徴：交通の要所に位置し、戦国時代には尼子氏や毛利氏などが争奪戦を繰り広げた。発掘調査から室町以前の築城であると推定される。
- 住所：米子市尾高
- アクセス：JR山陰本線・米子駅よりバス

米子城の石垣

若桜城石垣
（写真／福井聡）

地域別　中国・四国・九州・沖縄地方の城

国宝　国宝　重文　重要文化財(国)　重文　重要文化財(県)　史跡　国指定史跡　史跡　県指定史跡

中国地方の城
島根県

室町時代に京極氏が守護になると、同族の尼子氏を守護代に据える。守護代を継いだ尼子経久は戦国大名になるべく野心を見せ、京極氏にいったん役目を解かれたが、やがて力を盛り返し出雲を手中に収めた。

751 白鹿城 しらがじょう
- 構造：山城／曲輪・井戸跡・空堀
- 築城年：永禄年間（1558～1569）
- 築城者：松田氏
- 特徴：月山富田城を本城とする10の支城の代表格。毛利氏の進撃に備えて築かれるが、永禄6年（1563）に毛利元就に攻め落とされた。
- 住所：松江市法吉町
- アクセス：JR山陰本線・松江駅よりバス

749 松江城 まつえじょう ▶P206 重文 史跡
- 構造：平山城／天守・(復)櫓・石垣など
- 築城年：慶長12年（1607）
- 築城者：堀尾吉晴
- 特徴：24万石大名の堀尾氏が月山富田城に不便を感じて築いた城。縄張を担当したのは小瀬甫庵で、完成までに4年を要した。五層六階の天守は国の重要文化財に指定されている。千鳥城とも呼ばれる。
- 住所：松江市殿町
- アクセス：JR山陰本線・松江駅よりバス

松江城天守

755 高瀬城 たかせじょう
- 構造：山城／本丸・二の丸・井戸
- 築城年：不明
- 築城者：米原氏
- 特徴：戦国時代の築城と推測される。建部氏が南北朝時代に築いた城が前身で、近江六角氏の流れを汲む米原氏が改修して拠点にした。
- 住所：出雲市斐川町学頭
- アクセス：JR山陰本線・荘原駅より車

752 三笠城 みかさじょう
- 構造：山城／井戸
- 築城年：室町時代
- 築城者：牛尾弾正忠
- 特徴：尼子氏の忠臣・牛尾氏の居城で、「尼子十旗」のひとつ。元亀元年（1570）に毛利氏によって落城した。別名を牛尾城という。
- 住所：雲南市大東町南村
- アクセス：JR木次線・出雲大東駅より車

756 鵜の丸城 うのまるじょう 史跡
- 構造：山城／不明
- 築城年：戦国時代
- 築城者：毛利元就
- 特徴：毛利氏の水軍基地として、温泉津港の東にある崖上に築かれた。眺望に優れ、港を見渡すことができる。慶長5年（1600）に廃城。
- 住所：大田市温泉津町温泉津
- アクセス：JR山陰本線・温泉津駅より徒歩

753 三刀屋城 みとやじょう 史跡
- 構造：山城／曲輪
- 築城年：承久3年（1221）頃
- 築城者：諏訪部扶長
- 特徴：諏訪部扶長が築き、子孫が三刀屋氏を名乗った。「尼子十旗」に数えられ、天神丸城の別名を持つ。現在は公園になっている。
- 住所：雲南市三刀屋町古城
- アクセス：JR木次線・木次駅よりバス

757 福光城 ふくみつじょう
- 構造：山城／石垣
- 築城年：室町末期
- 築城者：吉川経安
- 特徴：鳥取市に移る前の吉川氏の本拠。垂仁天皇の子がこの城を訪れた際に言葉を話せなくなったという伝説から物不言城の名がある。
- 住所：大田市温泉津町福光
- アクセス：JR山陰本線・石見福光駅より徒歩

754 三沢城 みざわじょう 史跡
- 構造：山城／本丸・大手門石垣・塁壕など
- 築城年：嘉元2年（1304）
- 築城者：三沢為長
- 特徴：天正17年（1589）に廃城されるまで三沢氏が居城とした。「尼子十旗」のひとつで、弘治3年（1557）以降は毛利氏の支配下に入った。
- 住所：仁多郡奥出雲町鴨倉
- アクセス：JR木次線・出雲三成駅よりバス

750 浜田城 はまだじょう 史跡
- 構造：平山城／本丸・石垣
- 築城年：元和5年（1619）
- 築城者：古田重治
- 特徴：松原湾の南にある亀山に築かれた城。慶応2年（1866）に長州軍によって落城。遺構の多くは焼失したが一部の石垣などは残っている。
- 住所：浜田市殿町
- アクセス：JR山陰本線・浜田駅より徒歩

山吹城跡

759 十神山城 とかみやまじょう
- 構造：山城／不明
- 築城年：室町時代
- 築城者：不明
- 特徴：松田氏の本拠で、後に尼子氏の支配下に入る。本城・月山富田城と支城の連携を高める中継拠点の役割を担う「尼子十砦」のひとつ。
- 住所：安来市安来町
- アクセス：JR山陰本線・安来駅より徒歩

山吹城跡（要害山）

765 山吹城　史跡
- 構造：山城／石垣・堀
- 築城年：延慶2年(1309)
- 築城者：大内弘幸
- 特徴：大内弘幸が大森で発見した銀山を守るために築城。後に各武将が銀山を狙ってこの城を奪い合った。江戸時代に入って廃城となる。
- 住所：大田市大森町銀山
- アクセス：JR山陰本線・大田市駅よりバス

760 勝山城 かつやまじょう
- 構造：山城／竪堀・曲輪
- 築城年：戦国時代
- 築城者：不明
- 特徴：月山富田城攻めの際に毛利元就が本陣を置いた。勝山城跡一帯は「京羅木山城砦群」と呼ばれ、周囲にいくつもの砦跡が残っている。
- 住所：安来市広瀬町
- アクセス：JR山陰本線・安来駅よりバス

766 益田氏城館 ますだしじょうかん　史跡
- 構造：居館／土塁・堀
- 築城年：応安年間(1368～1375)
- 築城者：益田兼見
- 特徴：慶長5年(1600)に益田元祥が長州に移るまで、約230年に渡る益田氏の居城。天正12年(1584)に修築。益田三宅御土居とも呼ぶ。
- 住所：益田市三宅町
- アクセス：JR山陰本線・益田駅より徒歩

761 月山富田城 がっさんとだじょう　史跡
- 構造：山城／曲輪・石垣・礎石など
- 築城年：保元年間(1156～1159)
- 築城者：不明
- 特徴：壮大な規模を誇る尼子氏の本城。「尼子十旗」と呼ばれる支城と「尼子十砦」と呼ばれる城砦を周囲に築いて、守りを固めた。
- 住所：安来市広瀬町富田
- アクセス：JR山陰本線・安来駅よりバス

767 満願寺城 まんがんじじょう
- 構造：平山城／階段状遺構・曲輪・堀など
- 築城年：大永元年(1521)
- 築城者：湯原信綱
- 特徴：尼子家臣の湯原氏が築城。岬の突端に位置し、軍港としても機能した。尼子氏が衰退すると毛利氏の支配下に入った。万願寺城とも。
- 住所：松江市西林佐陀町
- アクセス：JR山陰本線・松江駅よりバス

月山富田城石垣

768 津和野城 つわのじょう　史跡　▶P208
- 構造：山城／本丸・二の丸・三の丸など
- 築城年：永仁3年(1295)
- 築城者：吉見頼行
- 特徴：320年に渡って吉見氏が住み、その後は坂崎直盛が入って、最後は亀井氏が250年城主を務めた。坂崎氏が城主のときに大幅な改修が行われ、難攻不落と称される名城になった。三本松城ともいう。
- 住所：鹿足郡津和野町後田
- アクセス：JR山口線・津和野駅より徒歩

762 熊野城 くまのじょう
- 構造：山城／不明
- 築城年：15世紀
- 築城者：熊野久忠
- 特徴：尼子氏の本拠・月山富田城を守る「尼子十旗」のひとつ。永禄6年(1563)に毛利勢に攻められた際、鉄砲を駆使して撃退している。
- 住所：松江市八雲町
- アクセス：JR山陰本線・松江駅より車

763 二ツ山城 ふたつやまじょう　史跡
- 構造：山城／曲輪・段築・竪堀など
- 築城年：貞応2年(1223)
- 築城者：富永朝祐
- 特徴：城主・富永氏は出羽氏に改称。石見国では七尾城の次に長い歴史を持つ城。出羽氏は一度城を失うが、後に城主の座に返り咲いた。
- 住所：邑智郡邑南町
- アクセス：JR三江線・因原駅より車

758 新山城 しんやまじょう
- 構造：山城／曲輪・石垣
- 築城年：不明
- 築城者：不明
- 特徴：平忠度が平安時代末期に築いたという伝承があるが確証はない。永禄12年(1569)に山中鹿之介により落城。別名・真山城。
- 住所：松江市法吉町
- アクセス：JR山陰本線・松江駅よりバス

764 七尾城 ななおじょう　史跡
- 構造：山城／曲輪
- 築城年：鎌倉時代
- 築城者：益田兼高
- 特徴：中世における石見西部の雄・益田氏が築き、代々の本拠とした。弘治2年(1556)に藤兼が改修。益田城と呼ばれることも多い。
- 住所：益田市七尾町
- アクセス：JR山陰本線・益田駅よりバス

津和野城跡

新山城(真山城)跡

地域別　中国・四国・九州・沖縄地方の城

国宝　重要文化財(国)　重要文化財(県)　国指定史跡　県指定史跡

中国地方の城

岡山県
おかやまけん

室町時代に播磨、備前、美作の三国の守護に赤松氏が就き、山名氏と激しく競争する。一時は山名氏に三国を奪われるが、応仁の乱を契機に復帰。以後、権力は浦上氏に移るが、宇喜田直家の下克上にあう。

岡山城天守

769 岡山城 おかやまじょう 【重文・史跡】
- 構造：平山城／(復)天守・月見櫓・西手櫓など
- 築城年：14世紀
- 築城者：金光備前
- 特徴：金光氏の後に宇喜多氏が城主になり、大規模な改修を行った。その後、小早川氏、池田氏も城を拡張した。月見櫓と西手櫓が国の重要文化財に指定されており、天守も復元されている。別名・烏城。
- 住所：岡山市丸の内
- アクセス：JR山陽本線・岡山駅より市電

774 楪城 ゆずりはじょう
- 構造：山城／本丸・二の丸・三の丸など
- 築城年：南北朝初期
- 築城者：新見氏
- 特徴：永禄8年(1565)に三村家親が城を奪って弟の元範を置くが、天正2年(1574)に毛利氏に攻め落とされた。紅城、弓絵葉城とも呼ぶ。
- 住所：新見市上市小谷
- アクセス：JR伯備線・新見駅より車

771 三石城 みついしじょう 【史跡】
- 構造：山城／曲輪・土塁・石垣など
- 築城年：正慶3年(1333)
- 築城者：伊藤二郎
- 特徴：室町以前はたびたび城主が変わるが、室町以降は備前守護・浦上氏が代々の居城とする。後に天神山の支城として利用された。
- 住所：備前市三石
- アクセス：JR山陽本線・三石駅より徒歩

775 撫川城 なつかわじょう 【史跡】
- 構造：平城・沼城／本丸・石垣・塀など
- 築城年：10世紀末
- 築城者：妹尾氏
- 特徴：平清盛家臣・妹尾氏の築城。戦国期には毛利氏が宇喜多氏への対抗拠点として利用した。高下ノ城、芝揚城などの別称を持つ。
- 住所：岡山市北区撫川
- アクセス：JR山陽本線・庭瀬駅より徒歩

772 岩屋城 いわやじょう 【史跡】
- 構造：山城／水門・曲輪・堀切など
- 築城年：嘉吉元年(1441)
- 築城者：山名教清
- 特徴：美作地方の中央に位置し、浦上氏・尼子氏・毛利氏などの各勢力がこの城をめぐって激しく争った。天正18年(1590)に廃城。
- 住所：津山市中北上
- アクセス：JR姫新線・美作追分駅よりバス

770 津山城 つやまじょう 【史跡】
- 構造：平山城／曲輪・石垣・堀
- 築城年：嘉吉元年(1441)　築城者：山名忠政
- 特徴：慶長8年(1603)に森忠政が城主になり、13年かけて整備・拡張。壮大で美しい城として知られ、大規模な石垣が残る。鶴山城とも。
- 住所：津山市山下
- アクセス：JR津山線・津山駅より徒歩

773 高田城 たかだじょう
- 構造：山城／曲輪・石垣・井戸など
- 築城年：14世紀末
- 築城者：三浦貞宗
- 特徴：地頭・三浦貞宗が如意山に築いた城。南に位置する勝山には出城がある。美作の重要拠点として、尼子氏、毛利氏らが奪い合った。
- 住所：真庭市勝山
- アクセス：JR姫新線・中国勝山駅より徒歩

撫川城水門　　　津山城備中櫓

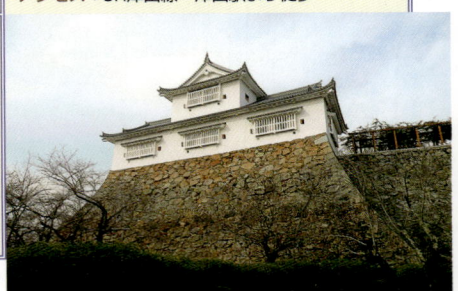

地域別 中国・四国・九州・沖縄地方の城

784 富山城 とみやまじょう
- 構造：山城／曲輪・石垣・礎石など
- 築城年：仁和元年(885)
- 築城者：富山重興
- 特徴：応仁元年(1467)に松田元隆が攻め落として、改修を施し居城にした。松田氏の滅亡後は宇喜多氏の城になる。万成城とも呼ぶ。
- 住所：岡山市北区矢坂東町
- アクセス：JR吉備線・大安寺駅より徒歩

785 金川城 かながわじょう
- 構造：山城／本城曲輪・外城各曲輪・石垣
- 築城年：承久年間(1219～1222)
- 築城者：松田盛朝
- 特徴：龍臥山に築かれた岡山県で最も大きな山城。自然の地形に守られた堅固な城だが、永禄11年(1568)に宇喜多直家に攻略された。
- 住所：岡山市北区御津金川
- アクセス：JR津山線・金川駅より徒歩

786 猿掛城 さるかけじょう
- 構造：山城／本丸跡・出丸跡・土塁など
- 築城年：南北朝時代
- 築城者：庄資政
- 特徴：細川氏に仕えた備中守護代・庄氏の居城。天文22年(1553)に三村家親に攻められるが、和睦が成立。関ヶ原の戦い後に廃城。
- 住所：小田郡矢掛町
- アクセス：井原鉄道・三谷駅より徒歩

787 成羽城 なりわじょう
- 構造：不明／不明
- 築城年：天文2年(1533)
- 築城者：三村家親
- 特徴：毛利氏の力を借りて勢力を伸ばした三村氏の城。鶴首山の頂近くに城を築いて、麓には居館を置いた。後に成羽藩の陣屋が築かれた。
- 住所：高梁市成羽町
- アクセス：JR伯備線・備中高梁駅よりバス

788 備中松山城 びっちゅうまつやまじょう 【重文】【史跡】
▶P204
- 構造：山城／天守・二重櫓・三の平櫓東土塀
- 築城年：延応2年、仁治元年(1240)
- 築城者：秋庭重信
- 特徴：現存天守を持つ12城のひとつで、日本三大山城にも数えられる名城。天守は江戸時代に水谷氏が築いたもので、二重櫓や三の平櫓東土塀とともに、国の重要文化財に指定されている。別名・高梁城。
- 住所：高梁市内山下
- アクセス：JR伯備線・備中高梁駅よりバス

778 庭瀬城 にわせじょう
- 構造：平城／曲輪・堀・礎石
- 築城年：慶長5年(1600)以後
- 築城者：戸川達安
- 特徴：戸川氏の後、天和3年(1683)に久世重之、元禄6年(1693)に松平信通が入る。松平氏の転封降は板倉氏が入り、明治を迎えて廃された。
- 住所：岡山市北区庭瀬
- アクセス：JR山陽本線・庭瀬駅より徒歩

779 常山城 つねやまじょう
- 構造：山城／曲輪・石垣・井戸など
- 築城年：不明
- 築城者：不明
- 特徴：天正3年(1575)に毛利軍に攻められた際、城主・上野隆徳の妻である鶴姫が合戦に参加して討死したエピソードが有名。城跡に墓が残る。
- 住所：玉野市宇藤木・用吉
- アクセス：JR宇野線・常山駅より徒歩

780 下津井城 しもついじょう
- 構造：山城／天守台・曲輪・石垣など
- 築城年：戦国時代
- 築城者：不明
- 特徴：宇喜多氏の築城とする説が有力。関ヶ原の戦い後に小早川秀秋や池田長政が入って改修・強化した。長浜城、鳥留守城の別名がある。
- 住所：倉敷市下津井
- アクセス：JR山陽本線・岡山駅よりバス

781 備中高松城 びっちゅうたかまつじょう 【史跡】
- 構造：平城／高松城水攻め築堤跡・本丸・二の丸など
- 築城年：永禄年間(1558～1570)頃
- 築城者：石川氏
- 特徴：天正10年(1582)に羽柴秀吉が水攻めを行い、城主・清水宗治の切腹で和睦が成立した。城跡には宗治の首塚がある。(▶P185)
- 住所：岡山市北区高松
- アクセス：JR吉備線・備中高松駅より徒歩

備中高松城の堀

782 天神山城 てんじんやまじょう 【史跡】
- 構造：山城／曲輪・石垣・井戸など
- 築城年：享禄5年(1532)
- 築城者：浦上宗景
- 特徴：浦上宗景が築き、45年間城主を務めた。天正5年(1577)に、かつての家臣である宇喜多直家に攻められて落城。一代限りで廃城となる。
- 住所：和気郡和気町
- アクセス：JR山陽本線・和気駅より徒歩

783 徳倉城 とくらじょう 【史跡】
- 構造：山城／曲輪・石垣・石塁
- 築城年：不明
- 築城者：不明
- 特徴：築城に関しては諸説あるが、松田氏が本拠・金川城の支城として築いたと推測される。後に宇喜多氏の支配下に入った。土倉城とも。
- 住所：岡山市北区御津河内
- アクセス：JR津山線・金川駅より車

776 足守陣屋 あしもりじんや
- 構造：不明／庭園・掘割
- 築城年：元和元年(1615)
- 築城者：木下利房
- 特徴：大坂の陣の功績を評価されて大名になった木下利房が築いた足守藩の陣屋。現在は公園になっており、木下氏の庭園「近水園」が残る。
- 住所：岡山市北区足守
- アクセス：JR山陽本線・岡山駅よりバス

777 鬼ノ城 きのじょう
▶P209
- 構造：山城／(復)角楼・塁状遺構・水門跡など
- 築城年：7世紀後半　築城者：不明
- 特徴：奈良時代に築かれた防御施設。非常に長い歴史を持ちながら文献に名前が出てこない謎の多い城。複数の水門跡が残っている。
- 住所：総社市奥坂
- アクセス：JR吉備線・服部駅より徒歩

備中松山城天守

鬼ノ城西門

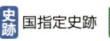

中国地方の城
山口県（やまぐちけん）

周防、長門からなる山口県では、周防の大内氏が力をつけ、防長両国に基盤を築いた。大内氏の勢力拡大は北九州にまで及んだが、尼子氏との戦いで衰退し、やがて防長の支配は毛利氏に移り変わる。

791 徳山城（とくやまじょう）
- 構造：館／不明
- 築城年：慶安2年(1649)
- 築城者：毛利就隆
- 特徴：徳山藩主・毛利就隆の館。天保7(1836)に幕府から城主格を認められ、城扱いとなる。官邸は昭和まで残ったが、戦災で失われた。
- 住所：周南市公園区
- アクセス：JR山陽新幹線・徳山駅よりバス

792 築山館（つきやまやかた） 史跡
- 構造：館／築地・庭石・石塀
- 築城年：室町時代
- 築城者：大内教弘
- 特徴：大内氏館のそばに築かれた豪華絢爛な別邸。邸内に設けられた築山の美しさからその名がついたという。現在、跡地には神社がある。
- 住所：山口市上竪小路
- アクセス：JR山口線・上山口駅より徒歩・バス

793 山口藩庁（やまぐちはんちょう）
- 構造：館／表門・堀
- 築城年：元治元年(1864)
- 築城者：毛利敬親
- 特徴：明治維新後に毛利氏が萩城から長州藩の本拠を移した。藩内では山口屋形の呼称が用いられたが、山口城と呼ばれることも多かった。
- 住所：山口市滝町
- アクセス：JR山口線・山口駅より徒歩

790 萩城（はぎじょう） ▶P210 重文 史跡
- 構造：平山城／石垣・土塁・堀
- 築城年：慶長9年(1604)
- 築城者：毛利輝元
- 特徴：関ヶ原の戦いで敗れた毛利輝元が、広島城から移って本拠にした。山頂の山城と麓の平城という役割の異なる2城からなる平山城。五層五階の天守を擁していたが、明治7年(1874)に解体された。
- 住所：萩市堀内字旧城
- アクセス：JR山陰本線・東萩駅より徒歩

萩城天守台

789 鞍掛城（くらかけじょう）
- 構造：山城／本丸・二の丸・三の丸
- 築城年：天文15年(1546)
- 築城者：杉隆泰
- 特徴：弘治元年(1555)に、杉隆泰の裏切りを知った毛利氏が攻め落とす。この戦いは鞍掛合戦と呼ばれ、戦死者を弔う千人塚が今も残る。
- 住所：岩国市玖珂町谷津
- アクセス：JR岩徳線・玖珂駅より徒歩

若山城跡

796 清末陣屋 きよすえじんや
- 構造：館／堀
- 築城年：万治2年(1659)
- 築城者：毛利元知
- 特徴：清末御殿と称された清末藩主の館。裏門、表門、書院などが周辺の寺院に移築されて残っており、跡地には中学校が建っている。
- 住所：下関市清末陣屋
- アクセス：JR山陽本線・小月駅より徒歩

794 高嶺城 こうのみねじょう 史跡
- 構造：山城／石垣・井戸
- 築城年：弘治3年(1557)
- 築城者：大内義長
- 特徴：毛利氏の侵攻に備えて着工するが、完成前に毛利氏に攻め込まれ、城を奪われる。後に大内輝弘が城を攻めたが攻略はならなかった。
- 住所：山口市上宇野令字高嶺
- アクセス：JR山口線・山口駅よりバス

803 若山城 わかやまじょう 史跡
- 構造：山城／蔵屋敷・本丸・二の丸など
- 築城年：15世紀中頃　築城者：陶氏
- 特徴：城主・陶晴賢は厳島の合戦で毛利氏に敗れて自害。若山城は陶長房が守っていたが、杉重輔により落城。長房も自ら命を断った。
- 住所：周南市福川
- アクセス：JR山陽本線・福川駅より徒歩

797 勝山城 かつやまじょう
- 構造：山城／石垣
- 築城年：不明
- 築城者：不明
- 特徴：弘治3年(1557)に、高嶺城を捨てて毛利氏から逃げてきた大内義長がこの城に籠った。城は落とされるが、義長は生き延びた。
- 住所：下関市田倉
- アクセス：JR山陽本線・新下関駅よりバス

795 岩国城 いわくにじょう ▶P207
- 構造：山城／(復)天守・石垣・堀など
- 築城年：慶長6年(1601)　築城者：吉川広家
- 特徴：毛利元就の孫である吉川広家が築く。一国一城令を受けて廃城となるが、麓に設けられた御土居は明治維新まで残った。横山城とも。
- 住所：岩国市横山
- アクセス：JR山陽新幹線・新岩国駅よりバス

804 荒滝城 あらたきじょう
- 構造：山城／石垣
- 築城年：室町時代
- 築城者：内藤隆春
- 特徴：城主・内藤氏は大内氏の重臣で、後に毛利氏に従った。遺構は少ないものの、城跡周辺には内藤家臣ゆかりの地名が今なお残る。
- 住所：宇部市東吉部
- アクセス：JR山陽本線・宇部駅よりバス

798 勝山御殿 かつやまごてん
- 構造：館／石垣
- 築城年：元治元年(1864)
- 築城者：毛利元周
- 特徴：下関戦争において、フランス水軍の攻撃から避難するために築かれた。着工から7ヵ月で完成させ、明治の廃藩置県の後に廃された。
- 住所：下関市田倉
- アクセス：JR山陽本線・新下関駅よりバス

岩国城天守

805 東郷山城 とうごうやまじょう
- 構造：山城／不明
- 築城年：弘治年間(1555～1558)
- 築城者：来島通康
- 特徴：毛利水軍として厳島の合戦で活躍した来島通康の築城。所在地は東郷峠付近とする説が有力だが、はっきりとはわかっていない。
- 住所：大島郡周防大島町
- アクセス：JR山陽本線・大島駅からバス

799 串崎城 くしざきじょう
- 構造：山城／(復)天守台・石垣
- 築城年：不明
- 築城者：不明
- 特徴：戦国時代に内藤隆春が居城にし、関ヶ原の戦いの後は毛利秀元が入った。城跡には数百mも続く石垣が残る。櫛崎城、雄山城とも。
- 住所：下関市長府宮崎町
- アクセス：JR山陽本線・下関駅よりバス

806 大内氏館 おおうちしやかた 史跡
- 構造：館／(復)庭園・(復)西門・堀など
- 築城年：正平15年(1360)頃　築城者：大内弘世
- 特徴：複数国の守護になった大内氏が約200年に渡って居館とした。全国でも有数の規模を誇る壮大な館。弘治3年(1557)に大内氏は滅亡し、跡地には毛利隆元が大内氏の菩提寺として建てた龍福寺がある。
- 住所：山口市大殿大路
- アクセス：JR山口線・山口駅より徒歩

800 上関城 かみのせきじょう
- 構造：山城／石垣
- 築城年：室町時代
- 築城者：村上吉敏
- 特徴：村上氏が設けた私関。行き交う船から通行料を徴収した。村上氏は後に厳島の合戦で毛利方として活躍し、毛利水軍の主力になる。
- 住所：熊毛郡上関町
- アクセス：JR山陽本線・柳井駅よりバス

801 敷山城 しきやまじょう 史跡
- 構造：山城／石組
- 築城年：南北朝時代
- 築城者：不明
- 特徴：南朝方として僧静尊が旗揚げ。山岳の験観寺を城郭化して、足利尊氏に対する拠点とした。後に北朝の連合軍に攻め落とされた。
- 住所：防府市牟礼
- アクセス：JR山陽本線・防府駅よりバス

802 霜降城 しもふりじょう 史跡
- 構造：山城／空堀・土塁
- 築城年：治承3年(1179)
- 築城者：厚東武光
- 特徴：源平合戦において平家を助けた厚東氏の城。南北朝時代に大内弘世と対立し、延文3年(1358)に攻め落とされた。その後は廃城。
- 住所：宇部市大字末信
- アクセス：JR宇部線・宇部駅よりバス

龍福寺(大内氏館跡・写真／福井聡)

地域別 中国・四国・九州・沖縄地方の城

国宝：国宝　重文：重要文化財(国)　重文：重要文化財(県)　史跡：国指定史跡　史跡：県指定史跡

中国地方の城
広島県
ひろしまけん

毛利元就が厳島の戦いで陶晴賢を破ったことをきっかけに、中国地方に巨大な勢力が展開された。山陰を抑えた吉川元春、山陽を治めた小早川隆景による毛利両川体制が支配力の拡大に大きく寄与した。

816 桜尾城（さくらおじょう）
- 構造：山城／曲輪
- 築城年：鎌倉時代
- 築城者：吉見氏
- 特徴：厳島合戦の際、毛利氏家臣の桂元澄がこの城に配された。桂氏の後は穂田元清が入っている。現在は桂公園として整備されている。
- 住所：廿日市市桜尾本町
- アクセス：JR山陽本線・廿日市駅より徒歩

817 蔀山城（しとみやまじょう） 史跡
- 構造：山城／曲輪・空堀・井戸など
- 築城年：正和5年(1316)
- 築城者：山内通資
- 特徴：山内氏の庶家である多賀山内氏が18代275年間に渡って居城にした。川と絶壁に守られ、攻めやすく守りやすい立地にある。
- 住所：庄原市高野町
- アクセス：JR芸備線・備後庄原駅よりバス

818 福山城（福山市）（ふくやまじょう） 重文 史跡
- 構造：平山城／(復)天守・伏見櫓・筋鉄御門など
- 築城年：元和8年(1622)
- 築城者：水野勝成
- 特徴：徳川家康の従兄弟にあたる水野勝成が、幕府の後押しを受けて築城。水野氏の後は松平氏、阿部氏が城主を務めた。伏見櫓や筋鉄御門は国の重要文化財。復元天守は歴史博物館になっている。久松城とも。
- 住所：福山市丸之内
- アクセス：JR山陽本線・福山駅より徒歩

福山城天守

819 甲山城（こうやまじょう） 史跡
- 構造：山城／曲輪・堀切・土塁
- 築城年：文和4年(1355)
- 築城者：山内通資
- 特徴：山内通資が、蔀山城を弟の通俊に任せて新たに本拠として築く。山の全域に渡って250もの曲輪を設けた。鳩山城、兜山城とも。
- 住所：庄原市山内町
- アクセス：JR芸備線・山ノ内駅より車

820 福山城（三次市）（ふくやまじょう）
- 構造：山城／曲輪・土塁・井戸など
- 築城年：戦国時代
- 築城者：湯谷久豊
- 特徴：湯谷久豊が支城として築城し、子の実義を置く。永禄12年(1569)に久豊が毛利元就に殺され、城も落とされた。伏山城とも。
- 住所：三次市三良坂町
- アクセス：JR福塩線・三良坂駅より車

809 相方城（さがたじょう） 史跡
- 構造：山城／曲輪・空堀・石垣など
- 築城年：戦国末期
- 築城者：有地元盛
- 特徴：神辺平野にある丘に築かれた城。有地氏は毛利方の武将として活躍。城門が素盞嗚神社に移築されている。佐賀田城とも表記される。
- 住所：福山市新市町大字相方
- アクセス：JR福塩線・上戸手駅より徒歩

810 高山城（たかやまじょう） 史跡
- 構造：山城／曲輪・石垣・井戸
- 築城年：建永元年(1206)
- 築城者：小早川茂平
- 特徴：沼田川と椋梨寺に挟まれた難攻の城。小早川隆景が新高山城を築いて移るまで、約350年に渡って小早川氏の居城になった。
- 住所：三原市高坂町・豊田郡本郷町本郷
- アクセス：JR山陽本線・本郷駅より徒歩

811 新高山城（にいたかやまじょう） 史跡
- 構造：山城／本丸・井戸・曲輪など
- 築城年：天文21年(1552)
- 築城者：小早川隆景
- 特徴：小早川氏が高山城から移って本拠にした。高山城と沼田川を挟んで向かい合う位置にある。大手門が宗光寺の山門として残っている。
- 住所：三原市本郷町本郷
- アクセス：JR山陽本線・本郷駅より徒歩

812 猿掛城（さるかけじょう） 史跡
- 構造：山城／曲輪・空堀・土塁
- 築城年：明応9年(1500)
- 築城者：毛利弘元
- 特徴：毛利弘元が築き、子・元就は吉田郡山城に移るまでの若き日々をこの城で過ごした。山の中腹には弘元とその妻の墓が今なお残る。
- 住所：安芸高田市吉田町
- アクセス：JR山陽本線・広島駅よりバス

813 小倉山城（おぐらやまじょう） 史跡
- 構造：山城／曲輪
- 築城年：南北朝時代
- 築城者：吉川経見
- 特徴：吉川氏の新たな本拠として築かれた。新庄盆地の丘に位置する。現在は公園になり、いくつもの曲輪が残っている。紅葉山城とも。
- 住所：山県郡北広島町
- アクセス：JR山陽本線・広島駅よりバス

814 吉川元春館（きっかわもとはるやかた） 史跡
- 構造：館／平壇・石垣・門跡など
- 築城年：天正10年(1581)
- 築城者：吉川元春
- 特徴：吉川元春が隠居生活を送った館。小倉山城などとあわせ、吉川氏居館跡として国の史跡になっている。御土居とも呼ばれる。
- 住所：山県郡北広島町
- アクセス：JR山陽本線・広島駅よりバス

815 銀山城（かなやまじょう） 史跡
- 構造：山城／曲輪・空堀・門跡
- 築城年：承久3年(1221)
- 築城者：武田信宗
- 特徴：安芸国守護の武田信宗による築城。天文10年(1541)に久豊が毛利元就に攻められて落城した。30個以上の曲輪や5つの空堀がある。
- 住所：広島市安佐南区祇園町
- アクセス：JR可部線・下祇園駅より徒歩

807 広島城 ▶P209 史跡
- 構造：平城／(復)天守・本丸・二の丸など
- 築城年：天正17年(1589)
- 築城者：毛利輝元
- 特徴：120万石大名になった毛利輝元が10年をかけて築き、郡山城から移って本拠にした。原爆で失われた天守が復元され、現在は歴史博物館として利用されている。鯉城、在間城などの別名でも呼ばれる。
- 住所：広島市中区基町
- アクセス：JR山陽本線・広島駅より市電

広島城天守（写真／福井聡）

808 神辺城（かんなべじょう）
- 構造：山城／曲輪・空堀・石垣など
- 築城年：南北朝時代
- 築城者：朝山景連
- 特徴：越後国守護の朝山景連による築城。以降約300年の間守護所が置かれた。現在は公園になる。城門が福山市の実相寺に残っている。
- 住所：福山市神辺町
- アクセス：JR福塩線・神辺駅より徒歩

825 吉田郡山城 よしだこおりやまじょう ▶P210 史跡
構造：山城／曲輪・堀・居館跡など
築城年：建武3年(1336)
築城者：毛利時親
特徴：広島城に移る前の毛利氏の居城。大永3年(1523)に元就が大幅に拡張した。尼子氏の大軍を撃退し、難攻不落の城として知られる。
住所：安芸高田市吉田町吉田
アクセス：JR山陽本線・広島駅よりバス

823 鷲尾山城 わしおやまじょう 史跡
構造：山城／曲輪・空堀・土塁など
築城年：南北朝初期
築城者：杉原信平・為平
特徴：九州の多々良浜の合戦で功績を残した杉原兄弟がこの地の領主となり、木梨山に築いた。以来約250年の間、木梨杉原氏の居城。
住所：尾道市木ノ庄町
アクセス：JR山陽本線・尾道駅よりバス

821 桜山城 さくらやまじょう 史跡
構造：山城／曲輪・空堀
築城年：応長元年(1311)
築城者：桜山茲俊
特徴：備後一宮・吉備津神社の南にある丘陵に位置。城主・桜山茲俊は、元弘元年(1331)に起こった元弘の乱で楠木正成に応じて挙兵した。
住所：福山市新市町
アクセス：JR福塩線・新市駅より徒歩

824 五龍城 ごりゅうじょう 史跡
構造：山城／曲輪・空堀・土塁など
築城年：南北朝時代
築城者：宍戸朝家
特徴：常陸の宍戸氏が、合戦での功績により建武元年(1334)に安芸守に任命されてこの地へ移り、築城した。慶長5年(1600)以降は廃城。
住所：安芸高田市甲田町
アクセス：JR芸備線・甲立駅よりバス

822 鞆城 ともじょう 史跡
構造：山城／曲輪・石垣
築城年：天文13年(1544)
築城者：毛利氏
特徴：都を追われた将軍・足利義昭のために毛利氏が築城した。市街地を一望できる眺望に優れた立地。現在は歴史民俗資料館が建つ。
住所：福山市鞆町
アクセス：JR山陽本線・福山駅よりバス

吉田郡山城跡
(写真／福井聡)

地域別　中国・四国・九州・沖縄地方の城

231

映画やドラマのモデルとなった城　コラム

　時代物の映画やドラマでは、日本各地の城が物語の舞台として登場する。しかし、そのなかには現存していない城や、現存していても撮影には適さない城も少なくなく、実際は違う場所で撮影されている場合がほとんどだ。例えばNHK大河ドラマ「江～姫たちの戦国～」では稲葉山城や小谷城、伊勢上野城などが登場したが、それらの撮影場所は稲葉山城が茨城県の歴史公園ワープステーション江戸、小谷城が長野県の荒砥城、伊勢上野城が山梨県の風林火山会館と、本当の場所はひとつもない。またドラマ「大奥」では、二条城が実際に二条城として登場したかと思えば、別のシーンでは江戸城として登場している。このように、撮影場所は思いのほか大雑把なのである。

　そのため、見栄えや使い勝手の良い城は、さまざまなドラマに違う名の城として登場している。彦根城の庭園はその最たるもので、近年だけを取ってみても「江～姫たちの戦国～」（安土城）、「水戸黄門」（高松城）、「プリンセストヨトミ」（大坂城）と、毎年のように撮影場所となっている。また、姫路城は江戸城として登場することが多く、本当に江戸城だと勘違いしている人も少なくないだろう。

江戸城として登場することが多い姫路城

---

832 亀居城（かめいじょう）
- 構造：平山城／曲輪・堀切・石垣など
- 築城年：慶長8年(1603)
- 築城者：福島正則
- 特徴：関ヶ原の戦いの後に減封された毛利氏に代わり広島城主になった福島正則が、支城のひとつとして築いた。慶長16年(1611)に廃城。
- 住所：大竹市小方
- アクセス：JR山陽本線・玖波駅よりバス

833 今田城（いまだじょう）　史跡
- 構造：不明／不明
- 築城年：15世紀初頭
- 築城者：山県氏
- 特徴：山県氏の代々の居城。合戦向きの山城と、居住用に設けられた麓の館がセットになった中世城郭の典型的な形式。別名・河内山城。
- 住所：山県郡北広島町今田
- アクセス：JR山陽本線・広島駅よりバス

834 鈴尾城（すずおじょう）　史跡
- 構造：山城／曲輪・空堀・石塁など
- 築城年：永徳元年(1381)
- 築城者：福原広世
- 特徴：吉川元春の五男・広世が、父から福原村の所領を譲り受けて築いた城。毛利元就が生まれた城ともいわれる。別名を福原城という。
- 住所：安芸高田市吉田町福原
- アクセス：JR山陽本線・広島駅よりバス

835 府中出張城（ふちゅうでばりじょう）
- 構造：山城／曲輪
- 築城年：15世紀初頭
- 築城者：白井胤時
- 特徴：城主・白井胤時は千葉氏の後裔。交通の要所に位置し、ここを拠点に白井氏は府中における支配力を拡大した。府中城とも呼ばれる。
- 住所：安芸郡府中町
- アクセス：JR山陽本線・広島駅よりバス

828 頭崎城（かしらざきじょう）　史跡
- 構造：山城／曲輪・竪堀・堀切など
- 築城年：大永3年(1523)
- 築城者：平賀弘保
- 特徴：城主・平賀氏は大内氏の家臣。大内氏と尼子氏との戦いが本格化する情勢に対応するために、平賀氏が戦に適した山城を築いた。
- 住所：東広島市高屋町
- アクセス：JR山陽本線・西高屋駅よりバス

829 三入高松城（みいりたかまつじょう）　史跡
- 構造：山城／曲輪・空堀・井戸など
- 築城年：室町初期
- 築城者：熊谷直経
- 特徴：関ヶ原の戦いの後、毛利氏とともに山口県の萩に移るまで、熊谷氏が代々居城にした。峻険な高松山に位置し、麓には居館がある。
- 住所：広島市安佐北区
- アクセス：JR可部線・可部駅よりバス

830 駿河丸城（するがまるじょう）　史跡
- 構造：山城／曲輪・空堀・土塁
- 築城年：鎌倉末期
- 築城者：吉川経high
- 特徴：四代目城主経見が小倉山城に本拠を移すまで吉川氏が本拠とした。平安末期に平氏が住んでいたという伝承から平家丸の別名がある。
- 住所：山県郡北広島町
- アクセス：JR山陽本線・広島駅よりバス

831 日野山城（ひのやまじょう）　史跡
- 構造：山城／曲輪・空堀・土塁など
- 築城年：16世紀中頃
- 築城者：吉川元春
- 特徴：吉川元春が小倉山城から移って本拠にした。圏内屈指の規模を誇る山城で、山麓には平素の居住用に設けられた吉川元春館がある。
- 住所：山県郡北広島町
- アクセス：JR山陽本線・広島駅よりバス

826 鏡山城（かがみやまじょう）　史跡
- 構造：山城／曲輪・井戸・土塁など
- 築城年：15世紀中頃
- 築城者：大内氏
- 特徴：大内氏が西条盆地の中心部に築いた安芸攻略の拠点。大永3年(1523)に毛利元就や亀井安綱を擁する尼子経久軍に攻められて落城。
- 住所：東広島市西条町
- アクセス：JR山陽本線・西条駅よりバス

827 三原城（みはらじょう）　史跡
- 構造：平城／天守台・濠・本丸など
- 築城年：永禄10年(1567)
- 築城者：小早川隆景
- 特徴：海上交通の要所に築かれた小早川氏の水軍基地。関ヶ原の戦いの後は福島氏や浅野氏が入った。都市開発により多くの遺構が失われたが、三原駅そばに天守台が残る。跡地の一部は公園になっている。
- 住所：三原市城町
- アクセス：JR山陽本線・三原駅より徒歩

三原城石垣

名城秘話 1 城にまつわる悲劇の物語

浅井長政、自害の城

〈おだにじょう〉**小谷城**（滋賀県）

戦国時代は、落城は珍しいことではなかったが、生涯で二度も落城を経験した人間はそう多くはない。お市とその子供たちは稀有な例であろう。最初の落城が小谷城である。

お市は、一説によれば天文16年（1547）に織田信秀の第五女として生まれた。これも諸説あるが、永禄11年（1568）に浅井長政の元へ嫁いだ。信長と長政との軍事同盟の証である。これで、信長は京へ上るときに道中敵地を通らずに済むようになった。一方の長政も、美濃の覇者斎藤氏を下した信長を味方につけておいたほうがよいと考えたのだろう。

しかし、この蜜月は長く続かなかった。約2年後の永禄13年（＝元亀元年、1570）、朝倉義景が信長のいうことを聞かなかった。これに腹を立てた信長が、朝倉氏の一乗谷へ攻め込もうとした時、長政は従わなかったのだ。様々な理由が挙げられているが、いずれにしても長政は秘かに朝倉・浅井が協力した比叡山や武田との戦いに区切りがついた天正元年（1573）8月、信長は再び小谷城攻めを決行する。5万の大軍を率いて一気に攻めた。そして越前へと退却した朝倉氏を追いかけ、本拠地一乗谷ごと滅ぼしてしまう。

元亀元年6月、信長は長政討伐のため近江へと向かう。しかし、長政の居城小谷城へと攻め込む前に手前の姉川河川敷で朝倉・浅井軍が待ち構えており、戦闘となった。これが姉川の戦いである。この戦いで負けたのは長政のはずだが、このころ信長は本願寺との戦いに悩まされており、とてもこの後小谷城へ攻め込んで止めを刺す状況ではなかった。

その後小谷城に戻り長政を追い詰めた。長政は自害して果てた。お市と子供たちを信長のもとへ送ったのは、長政が信長との同盟を破ったことへのせめてもの罪滅ぼしだったのだろうか。

浅井長政とお市像
小谷城跡もよりのJR河毛駅前に建つ。落城時、長政は29歳であった。

小谷城跡
崩れかかっているものの、本丸には石垣が残っている。

名城秘話 ❷ 城にまつわる悲劇の物語

女城主が辿った運命

〈いわむらじょう〉**岩村城**（岐阜県）

織田信長が残忍だといわれる一因が岩村城攻めにあるだろう。

岩村城は近世三大山城に数えられており、標高700メートルを超える山頂に石垣が残っている。源頼朝の重臣加藤景廉が築いたと伝わるがよく分かっていない。しかし、永正年間には加藤景廉を祖とする遠山氏が城主となっていたようだ。

桶狭間の戦いで今川義元を降し、勢いに乗る織田信長は、美濃攻略に乗り出した。手始めに美濃に領地を持つ遠山氏と同盟関係を結ぶ。そのために自分の叔母のおつやの方を一族の棟梁遠山景任に嫁がせた。

美濃を狙っていたのは信長だけではなかった。武田信玄も同じように考えていたのだ。元亀元年（1570）、信玄が岩村城を攻めたが、信長の応援もあって、城を守りぬいた。だが翌年、景任が亡くなると、信長は自分の五男坊丸を叔母の養子として入れ、遠山家の当主とした。だが、坊丸は6歳と幼かったために、おつやの方が城主となった。

元亀3年（1572）、武田信玄は徳川家康と戦うために出陣する。これが徳川家康が惨敗した三方ヶ原の戦いである。同時に再び岩村城を攻めるため、秋山信友（のぶとも）が城へ向かった。城を取り囲んだものの、女城主が守る城は堅固でなかなか落ちない。おつやの方と、秋山信友が結婚し、開城することになった。武田方とも同盟を結んだ方がよいという考えがあったのだろうか。

天正2年（1574）、武田信玄死去。勝頼が家督を継ぐ。この年、明智城、高天神城（たかてんじん）を攻略。勢いに乗って長篠城攻略へと打って出るが、織田・徳川連合軍の前に歯が立たなかった。この敗戦によって武田軍が弱体化したと感じた信長は、今こそ岩村城を取り返す好機と、嫡男信忠に岩村城を攻めさせた。約五ヵ月間にわたる攻防戦の末、城は織田側の手に落ちた。

秋山信友、おつやの方らの命を助けることが開城の条件にあったが、信長はこれを翻し長良川の河原で磔にした。

岩村城 標高717メートルと日本で一番高い場所に築かれた城郭。写真や図版で見ても壮大な曲輪と石垣が見て取れる。

『日本古城絵図　美濃国岩村城絵図』（図版／国立国会図書館）

名城秘話 **3** 城にまつわる悲劇の物語

赤く染まった滝

〈はちおうじじょう〉八王子城（東京都）

天正18年（1580）、豊臣秀吉は小田原城に拠る北条氏への攻撃を開始する。北条氏をたたかなければ、天下統一は難しい。関東の覇者北条氏の支城は、百近くに上ったが、秀吉軍は次々と攻略していき、本城小田原城以外には、忍城、鉢形城、八王子城ぐらいしか残っていない。

そこで、秀吉は、忍城と八王子城へ総攻撃をかけた。

6月17日、前田利家、上杉景勝らに八王子城攻めの命が下る。そのころ八王子城では領内に動員令を出す。武士だけでなく、16歳から60歳までの農民や商人、職人、神職、僧侶、修行僧までもが戦いのために集められた。槍や弓、鉄砲だけでなく鍬、まさかりなども武器として持参するように申し付けられる。武士の妻や子供にも八王子城に入るための準備をするように伝えられた。

武装した領民らが次々と入城し、戦闘態勢が整えられる中、6月21日、八王子城代横地与三郎に宛てた降伏勧告状が送られてきたが、無視して徹底抗戦の決意を固めた。

6月23日夜、前田利家は戦闘を開始する。この日は霧が立ちこめたため、苦労したようであるが、日が昇り霧が晴れると、城下のところどころで煙があがり、前田軍が金子曲輪まで侵入、搦手では上杉軍が攻めていた。

八王子城側も必死の抵抗を試みたが、一庵曲輪（いちあん）への退却をよぎなくされてしまう。曲輪にあった陣屋に火を着け、焼き払う作戦に出たものの、この煙を見るや秀吉軍は総攻撃をかけてきた。約14時間にわたる秀吉軍の激しい攻撃のため、八王子城は死の城と化してしまった。

城内には戦闘員として動員された男性だけでなく、武士の妻や子供がおり、落城の際に御主殿（ごしゅでん）で自害し、滝に身を投じたという。この滝を水源とする川に血が流れ、麓の村ではこの水で炊いた米が真っ赤に染まったと伝わる。また、先祖供養のために落城の日に小豆で赤く染めた米を墓前にそなえる習慣があったともいわれている。

御主殿の滝 落城時に北条方が自刃し、身を投じたという滝。

石段 山麓にあった御主殿に続く通路。城は麓の居住地区と山頂の詰城に分かれている。

A 天守 天守は高さ約33m、破風がまったくない層塔型で、下部には海鼠壁が張られている。白亜五層の見事な天守閣は、いつ見ても美しい。

島原城

築城主：松倉重政
史蹟区分：市指定史蹟

長崎県
元和4年（1618）築
城番号 901
参照頁 P251

白亜五層の天守閣から有明海と雲仙岳が一望

元和2年（1616）、有馬直純が日向国延岡藩に転封になり、代わって**松倉重政**が有馬氏の居城であった日野江城に入城する。しかし日野江城が手狭であると考えた重政は、新しい居城に築城を開始。約7年かけて島原城を築城した。ちなみに重政は築城の名人であり、二見城、唐津城、丸亀城などの縄張をしたことで知られているが、完成した島原城は石高4万3千石でありながら、10万石の大名の城に匹敵する**分不相応な規模**であった。島原城築城の費用を得るため、領民から過酷な搾取を重ね、領民の不満はみるみる募っていった。

また、重政は幕府からキリシタン禁教令が出るとルソン島攻略を独自に計画し幕府に上申。同島に家臣を侵入させ、さらには城内に討伐用の武器を備蓄するなど、徹底的に領内の**キリシタン弾圧**に努め、残忍な拷問や処刑を行ったとの記録も残されている。

重政の子、勝家の悪政ぶりはさらに酷く、人の生死にまで税金を課したという。こうして、度重なる

その他

豊富な湧き水も水奉行が厳重管理

武家屋敷の7つの町筋は碁盤の目のようにできており、ここには扶持取り70石以下の武士の屋敷が690戸あった。町筋の中央を流れる清水は、北西の「熊野神社」を水源とする湧き水であり、かつては飲料水として使われていた。いかにも"水の都"島原らしいエピソードではあるが、当時この水は水奉行を置くほど厳重に管理されていたのだという。なお島原では、現在も湧き水を管理する現代版水奉行が存在している。

城下町の武家屋敷中央の水路

城知識 島原城はかつて四壁山や森岳などと呼ばれた小高い丘を利用して築かれたので、別名「森岳城」「高来城」とも呼ばれている。

◉西櫓 明治に廃城処分となった後、天守に先立って昭和35年(1960)に復元された。天守よりも一段高い場所に位置している。

二の丸御門跡

丑寅櫓

Ⓐ 天守

二の丸

本丸

Ⓑ 巽櫓

Ⓓ 高石垣

時鐘楼

廊下橋跡

Ⓒ 西櫓

Ⓓ高石垣 素朴な打込接の石垣が美しい。防衛上の死角をなくすための屈曲(突角)が13ヵ所ある。写真は南側の外堀からみた眺め。

Ⓑ巽櫓 復元された巽櫓は彫刻家北村西望の記念館となっている。もうひとつの櫓、丑寅櫓は民具資料館として使われている。

城下町に流れる水路は豊富な湧き水を利用

石高に対して不釣り合いな規模の城だけあって、その造りは目を見張るものがある。**白亜五重の天守**のほかに三重櫓(丑寅櫓・巽櫓・西櫓)が3つも存在する実に豪壮な造りであり、屋上からは有明海と雲仙岳を一望できる。ちなみに城の縄張は、本丸・二の丸・三の丸が南から北へと一直線に配置されており、本丸と二の丸は深い内堀で囲まれ、三の丸はその外にあって、外郭の石垣で取り囲まれている。この本丸は廊下橋で二の丸と結ばれ、戦闘時には切り落とされて本丸が完全に孤立できるという仕様であった。

る非常識な搾取と異常なまでのキリシタン弾圧が、のちに「**島原の乱**」を引き起こす原因となったのである。勝家はその責を自らの命をもって負わされることとなり、同時に松倉氏が改易となる。その後城主は譜代大名の高力氏・松平氏・戸田氏と入れ替わり、安永3年(1774)松平忠恕が入封すると、以降は明治7年(1874)の廃城令まで**松平家**が藩主を務めることとなった。

なお、現在の天守はキリシタン資料館となっており、南蛮貿易時代から「島原の乱」までの貴重な資料の数々、さらにはマリア観音や踏絵など、キリシタン迫害の歴史を学ぶことができる。

また「**鉄砲町**」もしくは「**足軽屋敷**」と呼ばれる城西側の武家屋敷跡では一部藩士の邸宅が無料公開されているほか、かつて飲用水として利用された小さな水路が残されている。

地域別 中国・四国・九州・沖縄地方の城

主な城主と出来事

年	出来事
1618	10月、島原の乱起こる。翌年2月、終結。高力忠房、遠江浜松から入封
1637	松平忠房、丹波福知山から入封
1669	戸田忠盈、下野宇都宮から入封
1749	松平忠恕、下野宇都宮から入封。以降幕末まで、松平氏が世襲
1774	雲仙岳噴火、藩政が困窮
1792	廃城。民間に払い下げ、天守は取り壊される
1874	西の櫓を復元。天守、巽櫓、丑寅櫓、時鐘楼も順次復元される
1960	

城知識 1960年に西櫓が、1964年には念願だった天守の復元が叶った。その後、1972年には巽櫓も復元。さらに1996年には、雲仙普賢岳噴火災害を紹介する「観光復興館」が開館した。

琉球の政治、外交、文化を担っていた琉球王国の首都・首里。その王城は中国の影響を強く受けており、建築物全体が朱塗りされている。

首里城

史蹟区分 ▶ 国指定史跡、世界文化遺産
築城主 ▶ 不明

沖縄県
14世紀頃築
城番号 **986**
参照頁 ▶ P260

中国の影響を強く受け日本の城とは趣が異なる

沖縄県下最大規模にして琉球建築最高傑作とされる首里城は、生長2年（1429）に**尚巴志王**が三山を統一し琉球王朝を立てたあと、国王の居城として用いられるようになった。琉球王国最大の木造建築である正殿は、国王の象徴である龍が随所に散りばめられ、また、**大龍柱**と呼ばれる石柱や屋根上の棟飾り、唐破風などが施されてある。正門以外にも見どころは多数あり、歓会門、瑞泉門、漏刻門など、枚挙に暇がない。

しかしながら首里城はこれまでに何度も焼失しており、一時的に学校として利用されたこともある。そのため急速に荒廃が進み、崩壊寸前まで陥ったものの、昭和初期に改修工事が進み**国宝**に指定。歴代国王および初代琉球王である舜天が祀られるも、第二次世界大戦の最中、アメリカ軍の砲撃によって再び焼失した。

戦後は琉球大学のキャンパスになったが、日本復帰後に首里城再建計画が策定され、平成12年（2000）には「首里城跡」として**世界遺産**に登録された。

歴史

数々の武勇を持つ伝説的な人物

琉球王国の初代琉球王舜天は、保元の乱に破れて伊豆大島に流された源為朝が永万元年（1165）に琉球に上陸し、領主の妹をめとって生まれた子とされている。琉球王国の『中山世鑑』のなかでは正史として扱われているが、伝説の域を出ないのもまた事実であろう。ちなみに為朝は2mを超す大男で、弓の名手であったと伝えられている。「保元の乱」では鎧を着た敵に放った矢が貫通し、後ろにいた人物に突き刺さったとの伝説も。

源為朝の肖像画。

城知識 首里城は那覇市を見渡せる弁ヶ岳に位置しており、その周辺は「首里城公園」として整備されている。正殿や前庭はもちろん、二千円札にも描かれた守礼門も是非見ておきたい。

佐賀城（さがじょう）

佐賀県

慶長13年（1608）築

城番号 865
参照頁 ▶ P248

- 史蹟区分：重要文化財1件、県指定史蹟、市指定重要文化財1件
- 築城主：鍋島直茂

享保11年（1726）に焼失してから現在に至るまで天守は再建されていないが、本丸御殿は復元され佐賀城本丸歴史館となっている。

佐賀藩鍋島氏の居城で佐賀の乱では激戦の舞台

佐賀城は佐賀平野のほぼ中央に位置する平城で、かつて肥前から九州北部にわたって勢力を拡大していた龍造寺家の居城・村中城がその前身となる。

島津氏との「沖田畷の戦い」で「肥前の熊」こと龍造寺隆信が敗死したあと、龍造寺家は衰退し重臣であった鍋島直茂が家督を継承。その子の勝茂が初代佐賀藩主として認められると慶長13年（1608年）より本丸の改修が開始され、3年後に五重の天守を持つ城として完成することとなった。

佐賀城は敵の攻撃を受けた場合、八反井樋と今宿江をせき止め、城下を含めた周辺地域を天守と本丸の一部を除いて水没させることで、敵の侵入を阻む仕組みになっていたとされる。また、堀を囲む土塁にマツやクスノキが植えられ、遠ざかるにつれて天守が沈んでいくように見えたことから「沈み城」の別名でも呼ばれた。明治7年（1874）の「佐賀の乱」では反乱軍に一時占拠されるなど激戦が繰り広げられており、現在も鯱の門には当時の弾痕が残っている。

その他

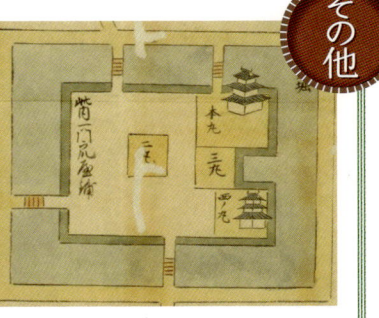

いまだに謎に包まれた佐賀城五重の天守

「日本古城絵図・佐賀県」（図版・国立国会図書館）

佐賀城の本丸北西には天守が存在していたが、享保11年（1726）に火災で焼失。天保9年（1838）の本丸御殿復元の際にも再建されることはなく、現在も高さ約9mもの石垣でできた巨大な天守台が残るのみとなっている。『肥前国佐賀城覚書』などの文献や絵図に記された五重・高さ38mということ以外、天守の実態は謎とされており、佐賀城築城400年にあたる2011年から、謎を解明する遺構調査が行われている。

地域別：中国・四国・九州・沖縄地方の城

城知識：一度も櫓が建てられることがなかったという南西隅櫓台だが、城内で唯一となる亀甲形に整えた切り石を積み上げていく「亀甲乱積」という技法で作られた石垣となっている。

小倉城

福岡県

史蹟区分：特になし
築城主：毛利氏

永禄12年（1569）築
城番号：843
参照頁：P246

天守閣東側にある小倉城主・小笠原氏の下屋敷跡地には小倉城庭園が整備され、美しい日本庭園や大名屋敷を再現した小笠原会館などが建てられている。

陸海の交通を制する九州支配の重要拠点

関門海峡を挟んで九州と本州を結ぶ陸海交通の要衝であるという重要性から、**小倉城**は文永年間より何度も戦いによって所有者を変えてきた。豊臣秀吉の九州平定後には**毛利勝信**が城主の座につき、現在にみられるような縄張の城郭となる。しかし「関ヶ原の戦い」で西軍方についた毛利氏は減封。代わりに豊前国を領することになった東軍方の**細川忠興**が入城し、慶長7年（1602）より7年の歳月をかけて小倉城を改築して自らの居城とした。

さらに寛永9年（1632）より小笠原氏が豊前小倉藩15万石の藩主としてこの城を受け継ぎ、西国の譜代大名筆頭として、九州外様諸藩を監視する拠点として存在し続けた。

切石を使わない野面積（→P270）の石垣と堀に囲まれた**平城**で、四重五階の天守は四階の屋根のひさしが無く、最上階である黒く塗られた五階部分が張り出している「**南蛮造**」という外観が特徴。江戸中期に焼失し、昭和に復元されるまで再建されることはなかった。

歴史

長州征伐のハイライト 小倉口の戦いの舞台

幕府軍と長州藩が戦火を交えた「第二次長州戦争」では、幕府老中の小笠原長行が総督としてこの小倉城に入り九州諸藩からなる小倉口の幕府軍を指揮した。しかし、幕府軍は高杉晋作の率いる奇兵隊の攻撃によって各所で敗退。さらに将軍・徳川家茂死去の知らせを受けた小笠原長行が単身離脱するに至って、小倉城には火が放たれ落城。その後も長州藩の占領下に置かれたまま明治維新を迎えることになった。

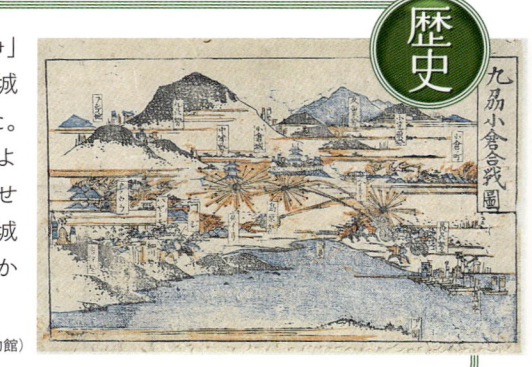

九州小倉合戦図（図版／山口県立山口博物館）

城知識

現在見られる四重五階の天守は昭和9年（1934）に再建されたもの。特徴的な「南蛮造」などはそのままだが、旧来の天守は破風のない層塔型だったりと、往時のものとは形状はかなり異なっている。

福岡城

史蹟区分 国指定史蹟、重要文化財1件
築城主 黒田長政

福岡県
慶長6年（1601）築
城番号 836
参照頁 ▶P246

名軍師黒田如水が手がけた九州最大の規模を誇る名城

福岡城は、面積46万平方mを誇る九州最大の平山城である。博多湾側から見た城の形が空舞う鶴の姿に似ていることから別名「舞鶴城」とも呼ばれているこの城は、「関ヶ原の戦い」の功績によって徳川家から筑前52万石を与えられた福岡藩初代藩主・黒田長政によって、慶長6年（1601）から7年の歳月をかけて那珂郡警固村福崎の地に築城された。この時、黒田氏ゆかりの地である備前国邑久郡福岡（現在の岡山県瀬戸内市）にちなんで「福」という地名は「福岡」に改名されたという。

現存する城跡には石垣、堀、潮見櫓、御祈念櫓、南の丸多聞櫓などがあり、中でも南の丸多聞櫓は国の重要文化財に指定されている。また昭和40年（1965）に現在の場所に移築された母里太兵衛長屋門は「黒田節」で有名な武将・母里太兵衛の屋敷にあった長屋門である。

なお天守については、これまでは徳川幕府に配慮して作らなかったという説が一般であった。しかし近年、天守が建てられたあとに解体されたと推測される史料が見つかったため、その有無が論じられている。

福岡城南の丸多聞櫓

大野城

史蹟区分 国指定特別史蹟
築城主 大和朝廷

福岡県
天智天皇4年（665）築
城番号 846
参照頁 ▶P246

大陸からの侵攻に備え飛鳥時代に築かれた城

大宰府北方の四王寺山にあった大野城は、飛鳥時代に九州防衛の要所として築かれた朝鮮式山城である。天智天皇2年（663）白村江の戦いで敗れ、九州（主に大宰府）警備のために力を注がざるをえなくなった大和朝廷は平野に水城（▶P247）、山頂に大野城を築いたといわれる。

大野城は守りやすく攻めにくい山城で、北方に1ヵ所、南部に2ヵ所に城門が存在していた。山の尾根線に1ヵ所、南部に2ヵ所に城門が存在していた。山の尾根線に1ヵ所、南部に2ヵ所に城門が存在していた。山城を囲むように壁が築かれており、その総計は8kmにも及ぶ。往時の建物は失われているが、石垣や門柱の礎石、そして土塁跡などが現在も点在している。

大野城百間石垣

歴史

戦国時代とは異なる造り

大野城は百済人の指導を受けて築かれた、典型的な朝鮮式山城（古代山城ともいわれる）である。九州や瀬戸内地方に多くみられ、居住スペースがないなど、戦国期の中世山城、江戸期の近世山城の造りとは大きく異なっている。

地域別 中国・四国・九州・沖縄地方の城

城知識 福岡城を築城した黒田長政は築城名人・黒田孝高（如水）の長男である。「如水」とは長政に家督を譲った際に剃髪し名乗った号で、晩年は福岡城で過ごしており三の丸に隠居跡の石碑が残る。

名護屋城

史蹟区分：国指定史蹟
築城主：豊臣秀吉
佐賀県
天正20年（1592）築
城番号 876
参照頁 ▶P249

名護屋城跡

豊臣秀吉によって造られた大陸侵攻の拠点となった城

文禄・慶長の役に際して、朝鮮出兵の拠点として築かれたのが名護屋城だ。玄界灘を一望する波戸岬の丘陵にそびえ立つこの城は、17万平方mもの面積を誇る巨城で、当時としては大坂城（▶P16）に次ぐ規模であった。名護屋城建造は天正19年（1591）にはじまり、諸大名によってわずか数カ月あまりで完成した。しかし2度に渡る朝鮮出兵の失敗、秀吉の死も相まって慶長3年（1598）、諸大名の陣屋が構築され10万人を超える人々が集ったと言われた名護屋城はその役目を終えることとなる。

江戸時代に入り解体された名護屋城だが、現在は城跡と23ヵ所の陣跡が国の特別史蹟に指定されている。

その他
名護屋城のリサイクル

その役目を終え解体された名護屋城だが、のちに初代唐津藩主・寺沢広高がその廃材を利用し唐津城を築城したといわれる。唐津城本丸跡より名護屋城の瓦片と同じ文様のものが見つかり、その通説の裏付けと期待される。

割普請

平戸城

史蹟区分：国指定文化財1件
築城主：松浦鎮信
長崎県
慶長4年（1599）築
城番号 882
参照頁 ▶P250

平戸城天守

三方を海に囲まれる天然の要塞

長崎県北部の豪族であった松浦氏は豊臣秀吉の「九州征伐」の際に肥前北部及び壱岐を安堵され、「関ヶ原の戦い」後は徳川家康より6万3千石の領地を安堵されたことにより平戸藩を治める藩主となった。

その1年前、慶長4年（1599）より第26代松浦家当主・松浦鎮信によって着工されていた平戸城だが、完成を目前に控えた慶長18年（1613）、幕府への政治的配慮のために、当主自らの手で焼き捨てられてしまう。しかしその後、第29代当主・鎮信と彼の師事する山鹿素行が構想を練り、享保3年（1718）、第31代当主・篤信の治世に落成した新城が「亀岡城」とも呼ばれる現在の平戸城である。

平戸瀬戸に突出した当城は周囲三方を海に囲まれた天然の要塞の体を成しており、海城の性格を持っている。また城下町には、港を中心に商人たちが集まりよく栄えた。

以降明治維新までのおよそ150年間、平戸藩政の中心として機能してきたが、明治4年（1871）の廃藩置県により廃城。現在の城は昭和37年（1962）に復元されたもので、城内には平戸藩時代の遺品等が多く展示されている。

城知識：元禄16年（1703）に築城が許可された平戸城であるが、江戸時代中期に新たな城の建設が許されることは滅多になかった。

人吉城

史蹟区分: 国指定史蹟
築城主: 相良氏
熊本県
建久10年（1199）築
城番号: 919
参照頁: P253

壮大な歴史を持つ相良氏代々の居城

日本三大急流のひとつに数えられる球磨川が城の石垣を洗う人吉城は、遠江国・相良の出身で人吉荘の地頭に任じられた相良長頼が築城。以後、人吉城は相良氏の居城として廃藩置県までの約700年に渡り存続することとなる。

人吉の主となった長頼がまず取り掛かったのは、城館の修築であった。この工事の最中に三日月型の奇岩「繊月石」が発掘されたため、人吉城は「三日月城」「繊月城」といった優美な別名で呼ばれることもある。

近世人吉城の本格的な築城は、20代長毎によって天正17年（1589）、豊後から石工を招きはじめられた。慶長6年（1601）には本丸・二の丸・堀・櫓御門まで完成し、同12年からは川沿いの石垣を築きはじめる。その間、豊臣秀吉による「文禄・慶長の役」や「関ヶ原の戦い」への出兵等で普請は遅れたものの、寛永16年（1639）にようやく完成をみた。

明治10年（1877）の西南戦争では西郷軍の拠点となり、石垣を除いてほとんどが破壊された。城跡は人吉城公園として整備され、平成17年（2005）には人吉城歴史館が開館した。

角櫓、長塀、多聞櫓

大分府内城

史蹟区分: 県指定史蹟、市指定史蹟
築城主: 福原直高
大分県
慶長2年（1597）築
城番号: 938
参照頁: P255

整備された城下町が大分市の基礎になる

慶長2年（1597）、福原直高により着工され、2年後に完成を迎えた。築城当初は「荷落（交易）」の場所に城地を定めたことから「荷落城」と呼ばれることになっていたが、落ちるでは縁起が悪いということで、「荷揚城」に改められた。その後、直高に代わって城主となった竹中重利により「府内城」に再度呼び名が変更される。

海に接した立地から「白雉城」とも呼ばれ、寛保3年（1743）に城下で起こった大火で天守閣をはじめ城の施設が多く焼失した。本丸跡北西隅に二重の人質櫓と西の丸に宗門櫓が現存し、大分県の史蹟に指定されている。

西の丸西南隅櫓

その他

僅か1ヵ月で改易

築城が終わって1ヵ月経った慶長5年（1600）5月、福原直高は突如領地の没収をいい渡される。かつて豊臣秀吉の側近の1人であった直高は、石田三成の妹婿でもある。秀吉の死とともに、三成の失脚が、直高の人生を大きく変えたのである。

地域別: 中国・四国・九州・沖縄地方の城

城知識: 大分府内城は戦時中には空襲で櫓数棟が焼失したが、昭和40年（1965）に東の丸着到櫓、二重櫓、西丸二重櫓、大手門が、平成8年（1996）に西丸と山里曲輪を結ぶ廊下橋がそれぞれ復元されている。

岡城（おかじょう）

史蹟区分 国指定史跡
築城主 緒方惟栄

大分県
文治元年（1185）築
城番号 941
参照頁 ▶ P255

三の丸の高石垣

敵を本丸に近づけぬ難攻不落の山城

作曲家、滝廉太郎の『荒城の月』は、岡城跡からイメージを得ているとされる。城には廉太郎の銅像が、九重連山の山並みを眺められる所に建てられており、時折哀愁のメロディーが鳴り響く、何とも趣深い城だ。

築城は文治元年（1185）まで遡り、**緒方惟栄**が、源頼朝と仲違いをしていた弟・義経を迎えるため築城したと伝えられている。しかしその真偽は明らかでなく、岡城の名がはっきりと歴史上に登場するのは、天正14年（1586）のことである。

九州制覇を目指す島津軍が豊後に侵攻した折りに、志賀氏17代当主・**志賀親次**が岡城に籠城し、見事島津軍を撃退したという記録が残る。

文禄3年（1594）、親次に代わって播磨三木から**中川秀成**が入封。以後は廃藩置県まで、中川氏の代で岡城は大改修され、本丸を中心に二の丸、三の丸、西の丸を整備。高石垣を張り巡らし、天守の代用となる御三階櫓も築かれた。

明治に入り建物は解体され、現存しているのは**高石垣**のみだが見応え十分。山上に連なる勇壮な石垣を見ようと、観光客が後を絶たない。

城知識：岡城は岩盤の上に築かれたため、台風や地震などの自然災害や、それに伴う火事などの被害を多く受け、明和年間（1764〜1771）には城内の大半を焼く大火が起きている。

飫肥城（おびじょう）

史蹟区分 市指定史蹟
築城主 土持氏

宮崎県
正平年間（1346〜1370）築
城番号 946
参照頁 ▶ P256

飫肥城大手門

伊東氏と島津氏による日本史上最長の攻防戦

飫肥城は日向の地の武士団、**土持氏**が築城したのがはじまりとされる。時代は下って長禄2年（1458）、薩摩国の島津氏が、日向国の伊東氏南下に備え、**新納忠続**を飫肥城に入城させたことが発端となり、飫肥城は近世城郭が整備されるが、戦国期の縄張は残された。明治時代に建物は解体されるも、飫肥杉を使用し**大手門**を復元した。

歴史：典型的な南九州型

飫肥城は、巨大なシラス台地を空堀で区画した南九州型の城だ。熊本県の人吉城と同じく本丸などを織豊系の縄張で石垣化したものの、人吉城のそれとは違い、本格的な改修ではなく、あくまでも表側のみにとどまっている。

り続けられるが、豊臣秀吉が行った「九州攻略」の功により**伊東祐兵**が飫肥を与えられ、幕末まで飫肥城を支配した。

江戸期を通して大規模な地震に3度襲われ、その度に修繕が行われている。貞享3年（1636）の伊東祐実統治のころには近世城郭が整備されるが、戦国期の縄張は残された。明治時代に建物は解体されるも、飫肥杉を使用し**大手門**を復元した。

鹿児島城（かごしまじょう）

史蹟区分 県指定史蹟
築城主 島津家久

鹿児島県
慶長6年（1601）築
城番号 970
参照頁 ▶ P259

鹿児島城の石垣

今も残る石垣には西南戦争の弾痕が

慶長6年（1601）、島津家久に築城された鹿児島城。しかし、家久とその父・義弘の間には築城にあたって意見の対立があった。度重なる戦で藩の財政状況が逼迫していたこと。築城予定地が海岸に近く、防御の面で相当の問題があること。これらを理由に義弘は、清水城（P259）を改修利用すべきと築城に反対していたとされる。

父の反対を押し切り城山の麓に築城された鹿児島城は、本丸と二の丸を並べただけの非常に簡素な縄張で、天守も櫓もなかった。72万石の大大名の城とは思えないほどに質素な造りは、家久の言葉「城をもって城とせず、人をもって城となす」が端的に物語っている。天守が存在しないのは財政的な理由のほか、徳川幕府に対する恭順の意を示す狙いがあったようだ。

鹿児島城を居城とした島津家は12代続いて廃藩置県を迎えた。本丸の藩庁、居館などは明治6年（1873）の大火で焼失後建て替えられることはなかった。また、二の丸の居館や庭園も西南戦争で炎上してしまい、現在は石垣だけ残る。

今帰仁城（なきじんぐすく）

史蹟区分 国指定史蹟、世界文化遺産
築城主 不明

沖縄県
13世紀末頃
城番号 1006
参照頁 ▶ P261

今帰仁城の石垣

北山の王の居城は今では世界遺産に

沖縄本島北部に位置する今帰仁城は、中国や東南アジアなどの陶磁器が出土する城跡であり、世界遺産にも登録されている。

もともとは琉球王国成立以前に存在した北山の国王・北山王の居城であり、正確な築城年は伝わっていないが13世紀末頃と推定されている。1416年、中山王は琉球統一を実現させた。北山王は琉球統一を実現させた中山王尚氏に滅ぼされるが、城郭自体は琉球王朝による北山統治に利用された。慶長14年（1609）、薩摩藩の琉球攻めにより炎上、廃城となった。

万里の長城を彷彿させる壮大な曲線を描く石垣、両脇に狭間が設けられた見事な正門「平郎門」などが楽しめる。

人物：三山王鼎立時代

琉球本島では、本土の室町時代にあたる時代を三山王鼎立時代と呼んでいる。即ち、今帰仁城を北山王が、浦添城と首里城は中山王が、そして南山城は南山王がそれぞれ居城とし、覇を競っていた。なお、北山王については中国の史書にも記されている。

地域別 中国・四国・九州・沖縄地方の城

城知識 今帰仁城内では旧盆の明けの亥の日をはさみ3日間「ウンジャミ（海神祭）」の祭祀が行われる。ただし、祭祀を行う人々の老齢化から、古式に則った祭祀は行えなくなりつつある。

小倉城天守

九州地方の城

福岡県
ふくおかけん

九州北部に位置する福岡県は、古くから中国や朝鮮との貿易を通して、本州に物資を送り込む拠点だった。室町時代に大内氏が勢力を拡大するが、やがて大友宗麟が北九州を平定。島津氏の北上に対抗した。

843 ▶P240 小倉城 こくらじょう
- 構造：平城／(復)天守・(復)櫓・石垣など
- 築城年：永禄12年(1569)
- 築城者：毛利氏
- 特徴：上の階が下の階より大きい南蛮造の天守が特徴的だったが、昭和30年代に再建された現在の建物には多くの破風が存在する。北九州市の中心部に位置し、北九州市役所が隣接。湧金城、指月城とも。
- 住所：北九州市小倉北区城内
- アクセス：JR鹿児島本線・西小倉駅より徒歩

839 名島城 なじまじょう
- 構造：平山城／本丸・二の丸・堀切
- 築城年：天文年間(1532〜1555)
- 築城者：立花鑑載
- 特徴：立花城主が支城として築き、天正15年(1587)に小早川隆景によって大きく改修される。三方が海に面する立地から水軍を擁した。
- 住所：福岡市東区名島
- アクセス：西鉄貝塚線・名島駅より徒歩

840 岩屋城 いわやじょう
- 構造：山城／本丸
- 築城年：天文年間(1532〜1555)
- 築城者：高橋鑑種
- 特徴：宝満山城の支城。高橋紹運がわずか700あまりの兵で籠城し、島津の大軍と激戦を繰り広げた。城跡に紹運らを称える石碑がある。
- 住所：大宰府市大字太宰府
- アクセス：西鉄太宰府線・太宰府駅より徒歩

847 久留米城 くるめじょう 史跡
- 構造：平山城／本丸跡石塁・堀割
- 築城年：天正15年(1587)
- 築城者：毛利秀包
- 特徴：もとは土地の豪族が築いた篠原城と伝えられる。豊臣秀吉の九州平定の後、毛利元就の子・秀包が新しく城郭を形成。来目城とも。
- 住所：久留米市篠山町
- アクセス：JR鹿児島本線・久留米駅よりバス

841 馬ヶ岳城 うまがたけじょう 史跡
- 構造：山城／土塁・空堀
- 築城年：天慶5年(942)
- 築城者：源経基
- 特徴：源経基が如体権現を参った際、神馬に乗った愛宕神のお告げを聞いたことが、築城のきっかけとなった。後に一国一城令により破却。
- 住所：行橋市大字津積
- アクセス：平成筑豊鉄道・新豊津駅より徒歩

836 ▶P241 福岡城 ふくおかじょう 史跡 重文 重文
- 構造：平山城／櫓・(復)大手門・天守台など
- 築城年：慶長6年(1601)
- 築城者：黒田長政
- 特徴：名軍師として重用された黒田孝高の長男・長政が父とともに築城。舞鶴城、石城と称される。広大な敷地に47を数える櫓がそびえる。多聞櫓、二の丸南隅櫓は国の重要文化財に指定されている。
- 住所：福岡市中央区城内
- アクセス：地下鉄・大濠公園駅より徒歩

848 柳川城 やながわじょう 史跡
- 構造：平城／天守台石垣・堀割
- 築城年：文亀年間(1501〜1504)
- 築城者：蒲池治久
- 特徴：文亀年間(1501〜1504)の蒲池治久の築城と伝わるが、史料の裏付けがあるのは孫・鑑盛が永禄年間(1558〜1570)に築いたとする説。
- 住所：柳川市本城町
- アクセス：西鉄天神大牟田線・西鉄柳川駅よりバス

842 香春岳城 かわらだけじょう
- 構造：山城／土塁・曲輪跡・石塁など
- 築城年：天慶3年(940)
- 築城者：藤原純友
- 特徴：大宰府から奈良朝廷に向かう道があったため、古くから要所として重視された。石灰岩の採掘により山頂周辺の遺構が失われている。
- 住所：田川郡香春町
- アクセス：JR日田彦山線・香春駅より徒歩

849 門司城 もじじょう
- 構造：山城／石垣
- 築城年：元暦2年(1185)
- 築城者：紀井通資
- 特徴：関門海峡が眼下に広がる古城山の山頂に築かれた九州最北の要所。瀬戸内海国立公園を構成する和布刈公園に立地し風光明媚で有名。
- 住所：北九州市門司区
- アクセス：JR鹿児島本線・門司港駅よりバス

844 城井谷城 きいだにじょう
- 構造：山城／本丸・石垣・米倉跡
- 築城年：建久6年(1195)
- 築城者：宇都宮信房
- 特徴：同地の豪族・宇都宮氏が築き、後に坂井姓を名乗った。入り口が狭く内部がふくれた特徴的な形状から瓢箪城の別名がつけられた。
- 住所：築上郡築上町
- アクセス：JR日豊本線・築城駅よりバス

福岡城南の丸多聞櫓

850 長野城 ながのじょう
- 構造：山城／土塁・空堀・竪堀など
- 築城年：保元2年(1157)
- 築城者：平康盛
- 特徴：平清盛の六男である修理判官康盛が築城。以後、長野氏を名乗り、大内氏や毛利氏などの家臣になった。天正15年(1587)に廃城。
- 住所：北九州市小倉南区
- アクセス：JR日豊本線・下曽根駅よりバス

845 岩石城 がんじゃくじょう
- 構造：山城／曲輪跡・石垣・空堀など
- 築城年：保元3年(1158)
- 築城者：大庭景親
- 特徴：大庭景親が平清盛の命を受け築いたという記録が残る。以後、大友氏、大内氏の管理下に置かれるが、秀吉の軍勢により1日で落城。
- 住所：田川郡添田町大字添田
- アクセス：JR日田彦山線・添田駅より徒歩

837 花尾城 はなおじょう
- 構造：山城／曲輪・石垣・井戸など
- 築城年：建久5年(1194)
- 築城者：宇都宮重業
- 特徴：花尾山の頂上に立地する。3年間もの籠城戦に耐えた逸話が知られており、本丸北に残る潤沢な井戸が、その歴史を証明している。
- 住所：北九州市八幡西区大字熊手
- アクセス：JR鹿児島本線・黒崎駅よりバス

851 山鹿城 やまがじょう
- 構造：山城／本丸・二の丸・三の丸など
- 築城年：天慶年間(938〜947)
- 築城者：藤原藤次
- 特徴：遠賀川河口の丘陵地に位置。築城者の藤原藤次は山鹿姓を名乗る。山鹿氏は源氏との戦いに敗れ、城には宇都宮氏(麻生氏)が入る。
- 住所：遠賀郡芦屋町
- アクセス：JR鹿児島本線・折尾駅よりバス

846 ▶P241 大野城 おおのじょう 史跡
- 構造：山城／石垣・土塁・門跡など
- 築城年：天智天皇4年(665)　築城者：大和朝廷
- 特徴：唐・新羅の侵攻に備え、大宰府北側の守りおよび全土防衛の最前線として築造された。四王寺山をぐるりと約8kmに渡り土塁や石垣で取り囲み、中には数々の建物の礎石が確認できる。
- 住所：糟屋郡宇美町四王寺、太宰府市、大野城市
- アクセス：西鉄太宰府線・太宰府駅より徒歩

838 立花城 たちばなじょう
- 構造：山城／曲輪・石垣
- 築城年：元徳2年(1330)
- 築城者：大友貞載
- 特徴：築城者の大友貞載は立花氏を名乗り、「西大友」として存在感を示した。関ヶ原後、黒田長政の筑前入封に伴い破却。立花山城とも。
- 住所：糟屋郡新宮町・久山町・福岡市東区
- アクセス：JR鹿児島本線・筑前新宮駅よりバス

859 猫尾城 (ねこおじょう) 史跡
- 構造：山城／曲輪跡・空堀・石垣
- 築城年：文治年間(1185～1190)
- 築城者：源助能
- 特徴：大友氏家臣・黒木氏の居城だったが、家長が大友氏を裏切り、天正12年(1584)に攻め滅ぼされた。黒木氏の後は城代が置かれた。
- 住所：八女郡黒木町
- アクセス：JR鹿児島本線・羽犬塚駅よりバス

852 松山城 (まつやまじょう)
- 構造：山城／曲輪・石垣
- 築城年：天平12年(740)
- 築城者：藤原広嗣
- 特徴：周防灘に面する半島に立地する。資源の採掘により、半島は往事の姿から様変わりした。慶長11年(1606)に廃城となる。
- 住所：京都郡苅田町
- アクセス：JR日豊本線・刈田駅よりバス

860 水城 (みずき) 史跡
- 構造：水城／土塁・木樋・水堀
- 築城年：天智3年(664)
- 築城者：天智天皇
- 特徴：唐・新羅の侵攻に備えて各所に築かれた防御拠点。内部に水を入れた土塁によって敵を阻む。県内では6ヵ所確認されている。
- 住所：太宰府市水城ほか
- アクセス：西鉄天神大牟田線・都府楼前駅より徒歩

856 高祖山城 (たかすやまじょう) 史跡
- 構造：山城／曲輪・堀切・空堀など
- 築城年：建長元年(1249)
- 築城者：原田種継
- 特徴：奈良時代に築かれたという怡土城の遺構を使って築城された。天正15年(1587)に小早川隆景が率いた軍勢に包囲され落城した。
- 住所：糸島市高祖
- アクセス：JR筑肥線・周船寺駅よりバス

853 障子ヶ岳城 (しょうじがたけじょう) 史跡
- 構造：山城／本丸・二の丸・空堀など
- 築城年：建武3年(1336)
- 築城者：足利統氏
- 特徴：足利尊氏一族の統氏が築城するが、応安元年(1368)、千葉光胤の攻撃を受けて落城。牙城と称され、城跡からの展望に優れる。
- 住所：京都郡みやこ町勝山松田
- アクセス：平成筑豊鉄道・行橋駅よりバス

861 秋月城 (あきづきじょう) 史跡
- 構造：平山城／掘割・石垣・城門
- 築城年：寛永元年(1624)
- 築城者：黒田長興
- 特徴：同地の有力者秋月氏が築城するが、転封によって廃城。江戸時代になって、黒田長政の三男・長興により改築された。別名秋月陣屋。
- 住所：朝倉市秋月野鳥
- アクセス：甘木鉄道甘木線・甘木駅よりバス

857 益富城 (ますとみじょう)
- 構造：山城／本丸・二の丸・出丸など
- 築城年：永享年間(1429～1441)
- 築城者：大内盛見
- 特徴：関ヶ原の戦いの後は黒田氏の城となり、一国一城令により廃城。搦手門が麟翁寺の山門として移築されている。別名は大隈城。
- 住所：嘉麻市中益
- アクセス：JR筑豊本線・桂川駅よりバス

854 元寇防塁 (げんこうぼうるい) 史跡
- 構造：防塁／石塁
- 築城年：建治2年(1276)
- 築城者：北条時宗
- 特徴：モンゴル帝国の襲来に対抗すべく、鎌倉幕府が防衛拠点として設置。黒田長政が福岡城を築城する際に石塁を流用したと伝えられる。
- 住所：福岡市西区・早良区・中央区など
- アクセス：地下鉄空港線・藤崎駅より徒歩

858 発心城 (ほっしんじょう) 史跡
- 構造：山城／曲輪・土塁・空堀
- 築城年：天正5年(1577)
- 築城者：草野家清
- 特徴：平安末期から同地方で強い支配力を誇っていた名家・草野氏の築城。堅城として知られるが、天正15年(1587)に豊臣秀吉により落城。
- 住所：久留米市草野町
- アクセス：JR久大本線・筑後草野駅より徒歩

855 柑子ヶ岳城 (こうじがたけじょう)
- 構造：山城／本丸・二の丸・堀切
- 築城年：天文元年(1532)
- 築城者：大内氏
- 特徴：大内氏が築城し、永禄年間(1558～1570)に大友宗麟が改築。立花城や岩屋城とともに、筑前の守備を担った。草場城とも呼ばれる。
- 住所：福岡市西区
- アクセス：JR筑肥線・九大学研都市駅よりバス

秋月城長尾門

地域別 中国・四国・九州・沖縄地方の城

岸岳城石垣（写真／福井聡）

九州地方の城

佐賀県(さがけん)

小規模な国人に過ぎなかった龍造寺氏が、龍造寺家兼の時代に飛躍し、肥前で権力をふるう戦国大名となる。一時は島津氏、大友氏と並び九州の支配を分け合うが、龍造寺隆信の死後、配下の鍋島氏に実権が移る。

865 佐賀城（さがじょう） ▶P239 重文 史跡
- 構造：平城／続櫓門・天守台・城壁の一部など
- 築城年：慶長13年(1608)
- 築城者：鍋島直茂
- 特徴：国の重要文化財である「鯱の門」には佐賀戦争でつけられた無数の弾痕が残っている。天守は享保11年(1726)の火災で失われた。本丸跡には佐賀城本丸歴史館が建つ。亀甲城、栄城ともいう。
- 住所：佐賀市城内
- アクセス：JR長崎本線・佐賀駅よりバス

佐賀城鯱の門

870 岸岳城（きしだけじょう） 史跡
- 構造：山城／本丸・二の丸・三の丸など
- 築城年：平安末期
- 築城者：波多氏
- 特徴：北波多村と相知町の境界に位置。この地にはかつて鬼に例えられる山賊が住んでいたという伝承があり、鬼子城の別名がある。
- 住所：唐津市相知町佐里・北波多岸山
- アクセス：JR唐津線・唐津駅よりバス

871 獅子城（ししがじょう） 史跡
- 構造：山城／曲輪・石垣・堀切など
- 築城年：治承・文治年間(1177～1190)
- 築城者：源披
- 特徴：源披が築いて居城とするが、二代目の源持は本拠を平戸に移す。以降は廃城となるも、天文14年(1545)に鶴田氏が再建した。
- 住所：唐津市厳木町
- アクセス：JR唐津線・厳木駅より車

872 潮見城（しおみじょう）
- 構造：山城／堀・かくれ道
- 築城年：嘉禎3年(1237)
- 築城者：橘公業
- 特徴：峻険な潮見山に位置する。初代城主・橘公業から15代公師まで続いたが、有馬義直により落城。城跡の入り口に潮見神社が建つ。
- 住所：武雄市橘町
- アクセス：JR佐世保線・武雄温泉駅より徒歩

866 勝尾城（かつおじょう） 史跡
- 構造：山城／石垣・空堀
- 築城年：応永30年(1423)
- 築城者：渋川義俊
- 特徴：渋川氏の築城後、城主が頻繁に交替。天正14年(1586)以降に廃されたと思われる。三上城、筑紫城、山浦城などの別名を持つ。
- 住所：鳥栖市河内町・牛原町・山浦町
- アクセス：JR鹿児島本線・鳥栖駅よりバス

862 綾部城（あやべじょう）
- 構造：山城／曲輪・空堀・井戸
- 築城年：平治元年(1159)
- 築城者：藤原幸通
- 特徴：宮山城、鷹取城などこの地に固まる複数の城を総称して綾部城という。基肄城などとともに大宰府防衛の目的で築かれたとする説も。
- 住所：三養基郡みやき町
- アクセス：JR長崎本線・中原駅より徒歩

873 住吉城（すみよしじょう）
- 構造：平山城／曲輪・空堀・土塁など
- 築城年：戦国時代
- 築城者：後藤氏
- 特徴：黒髪山の麓にある丘に築かれた城。城跡には新しく林道が作られ、一部が畑になっているが、大半は林のまま状態を留めている。
- 住所：武雄市山内町
- アクセス：JR佐世保線・三間坂駅より車

867 三瀬城（みつせじょう）
- 構造：山城／石垣・石塁・館
- 築城年：文永元年(1264)
- 築城者：大江氏
- 特徴：築城者の大江氏は三瀬氏の始祖。戦国時代には神代勝利が居城として利用した。江戸時代に入り、神代氏が本拠を移したため廃城。
- 住所：佐賀市三瀬村
- アクセス：JR長崎本線・佐賀駅より車

863 基肄城（きいじょう） 史跡
- 構造：山城／城門・水門・礎石建物跡など
- 築城年：天智4年(665)
- 築城者：天智天皇
- 特徴：大宰府の防御を固めるために設けられた城。現在は草木が生い茂っているが、都市開発の影響が少なく往時の姿に近い遺構が残る。
- 住所：三養基郡基山町
- アクセス：JR鹿児島本線・基山駅より徒歩

874 千葉城（ちばじょう）
- 構造：山城／石塁の一部
- 築城年：鎌倉末期
- 築城者：千葉氏
- 特徴：地頭職の千葉氏が築き、居城にした。牛頭山の頂に位置し、麓には祇園川があり、水堀の役目を果たす。遺構はほぼ失われている。
- 住所：小城市小城町
- アクセス：JR唐津線・小城駅より徒歩

868 姉川城（あねがわじょう） 史跡
- 構造：平城／堀・内曲輪
- 築城年：正平15年(1360)
- 築城者：菊池武安
- 特徴：菊池武安が少弐氏の侵攻に備えて築き、姉川姓を名乗った。周りをクリークに囲まれた特徴的な立地で、現在は田畑になっている。
- 住所：神埼市神埼町
- アクセス：JR長崎本線・神埼駅よりバス

864 唐津城（からつじょう）
- 構造：平城／(復)天守・(復)渡櫓・(復)城門など
- 築城年：慶長7年(1602)
- 築城者：寺沢広高
- 特徴：豊臣家臣の寺沢広高が6年かけて完成させた。広高はその後、信長、家康に仕えた。現在は城跡の一部が公園。舞鶴城の別名を持つ。
- 住所：唐津市東城内
- アクセス：JR唐津線・唐津駅よりバス

875 須古城（すこじょう）
- 構造：平山城／外堀・曲輪
- 築城年：天文年間(1532～1555)
- 築城者：平井氏
- 特徴：標高40mほどの小丘に位置する。猛将として知られる龍造寺隆信が12年かけて4度攻撃を仕掛け、ようやく攻め落とした。
- 住所：杵島郡白石町
- アクセス：JR長崎本線・肥前白石駅より徒歩

869 蓮池城（はすいけじょう）
- 構造：平城／水堀
- 築城年：応永34年(1427)
- 築城者：小田直光
- 特徴：築城者の小田氏は龍造寺氏と協力関係にあったが、後に確執が生じ龍造寺隆信に城を攻め落とされた。かつては小田城と呼ばれた。
- 住所：佐賀市蓮池町
- アクセス：JR長崎本線・佐賀駅よりバス

唐津城天守

地域別 中国・四国・九州・沖縄地方の城

名護屋城跡

880 徳川家康陣 史跡
とくがわいえやすじん
- 構造：陣／土塁・石塁・石垣
- 築城年：文禄元年(1592)
- 築城者：徳川家康
- 特徴：文禄・慶長の役における徳川家康の陣所。竹ノ丸陣とも呼ばれ、名護屋城との距離は700mほど。竹ノ丸陣が本陣だが、規模は呼子町の別陣の方が大きく、主力武将の多くは別陣に配された可能性が高い。
- 住所：唐津市鎮西町
- アクセス：JR唐津線・唐津駅よりバス

878 塚崎城 つかさきじょう
- 構造：平山城／西門・三の丸窯
- 築城年：元永年間(1118～1119)
- 築城者：後藤資茂
- 特徴：築城以来、後藤氏が代々居城とし、天正14年(1586)に住吉城に移る。しかし城が焼失したため再び塚崎城に戻った。武雄城とも。
- 住所：武雄市武雄町
- アクセス：JR佐世保線・武雄温泉駅より徒歩

879 高木城 たかぎじょう
- 構造：平城／館跡
- 築城年：久安年間(1145～1151)
- 築城者：高木貞永
- 特徴：高木氏はこの城を拠点に勢力を拡大し、肥前屈指の豪族になったが、室町末期に龍造寺隆信に敗北して没落。城も廃されている。
- 住所：佐賀市高木瀬東
- アクセス：JR長崎本線・佐賀駅より徒歩

876 名護屋城 史跡
なごやじょう ▶P242
- 構造：平山城／本丸・二の丸など
- 築城年：天正20年(1592)
- 築城者：豊臣秀吉
- 特徴：豊臣秀吉が文禄・慶長の役の拠点とするべく、九州各地の大名を集めて古城を改築した。5つの城門が現存。城周辺には徳川家康をはじめとする諸大名の陣跡が多数あり、そのうち23ヵ所は国の特別史跡。
- 住所：唐津市鎮西町名護屋
- アクセス：JR唐津線・唐津駅よりバス

877 鹿島城 かしまじょう 重文
- 構造：平城／本丸表門・大手門・本丸など
- 築城年：文化4年(1807)
- 築城者：鍋島直彜
- 特徴：鹿島藩主の居城。明治時代に遺構の多くは失われたが、赤門と呼ばれる丹塗りの本丸表門は残り、県の重要文化財になっている。
- 住所：鹿島市高津原
- アクセス：JR長崎本線・肥前鹿島駅よりバス

徳川家康陣(昭和60年発掘調査のもの)
(写真・佐賀県立名護屋城博物館)

国宝：国宝　重文：重要文化財(国)　重文：重要文化財(県)　史跡：国指定史跡　史跡：県指定史跡

九州地方の城
長崎県

九州北西部に位置する長崎県は、対馬や五島列島など島々が多く、さまざまな勢力があった。強力な水軍を擁する松浦党が発展し、大村氏も長く存在感を示したが、戦国時代が到来すると勢力地図は一新、秀吉の直轄地となる。

---

882 平戸城（ひらどじょう） ▶P242 史跡
- 構造：平山城／(復)天守・乾櫓・狸櫓など
- 築城年：慶長4年(1599)
- 築城者：松浦鎮信
- 特徴：慶長4年(1599)に松浦鎮信が築城をはじめるも、工事途中で城が焼失。幕府の圧力もあり鎮信は築城を断念する。約100年の時を経て、松浦棟が築城をはじめ城が完成した。亀岡城とも。
- 住所：平戸市岩の上町
- アクセス：松浦鉄道・たびら平戸口駅よりバス

平戸城天守

881 三城城（さんじょうじょう）
- 構造：平山城／本丸・二の曲輪・三の曲輪
- 築城年：永禄7年(1564)
- 築城者：大村純忠
- 特徴：「三城七騎籠り」の逸話が有名な城。後藤氏ら連合軍の急襲を受けた際、三城城にいた7人の家臣が知略をこらして敵を撃退した。
- 住所：大村市三城町
- アクセス：JR大村線・大村駅より徒歩

883 諫早城（いさはやじょう）
- 構造：山城／本丸・馬場・井戸
- 築城年：文明年間(1468～1486)
- 築城者：西郷尚善
- 特徴：西郷氏が代々居城にして勢力を拡大したが、豊臣秀吉の九州侵攻に参陣しなかったため領地没収となった。跡地は公園。高城とも。
- 住所：諫早市高城町
- アクセス：JR長崎本線・諫早駅より徒歩

平戸城遠景

250

玖島城板敷櫓(写真／福井聡)

891 石田城 〈いしだじょう〉 史跡
- 構造：平城／門・本丸・二の丸など
- 築城年：文久3年(1863)
- 築城者：五島盛徳
- 特徴：一度も城を持つことがなかった五島氏が、何度も幕府に許可を願い出てようやく築いた。5年後に明治維新で破却。別名は福江城。
- 住所：五島市池田町
- アクセス：福江港より徒歩

884 鶴亀城 〈つるかめじょう〉 史跡
- 構造：海城／本丸・二の丸・三の丸など
- 築城年：鎌倉後期
- 築城者：神代氏
- 特徴：沖田畷の戦いの舞台。龍造寺氏と有馬氏が肥後国の覇権を賭けて火花を散らした。江戸時代には鍋島陣屋が置かれた。別名・神代城。
- 住所：雲仙市国見町神代丙
- アクセス：島原鉄道・神代町駅より徒歩

898 玖島城 〈くしまじょう〉 史跡
- 構造：平山城／(復)櫓・本丸・船蔵など
- 築城年：慶長4年(1599)　築城者：大村喜前
- 特徴：キリシタン大名の大村喜前が三城から本拠を移した。城跡に残る高石垣は加藤清正の教えを受けて築かれたという。別名は大村城。
- 住所：大村市玖島
- アクセス：JR大村線・大村駅よりバス

892 直谷城 〈なおやじょう〉 史跡
- 構造：山城／本丸・物見台・大手門跡など
- 築城年：寛元年間(1243～1247)
- 築城者：志佐貞
- 特徴：福井川を見下ろす山に位置。安徳天皇がこの城に隠れたという伝説から内裏城の別名がある。城跡には壮大な三重の土塁が残る。
- 住所：佐世保市吉井町
- アクセス：松浦鉄道・佐世保駅よりバス

885 日野江城 〈ひのえじょう〉 史跡
- 構造：平山城／石塁
- 築城年：建保年間(1213～1219)
- 築城者：有馬経澄
- 特徴：慶長17年(1612)に転封となるまで有馬氏が本拠にした。築城時期は南北朝時代にさかのぼるとする説もある。日之江城とも。
- 住所：南島原市北有馬町戊谷川名
- アクセス：島原鉄道・島原駅よりバス

899 日の岳城 〈ひのたけじょう〉 史跡
- 構造：平山城／本丸・櫓台・石垣
- 築城年：慶長4年(1599)
- 築城者：松浦鎮信
- 特徴：平戸城の前身となる城。完成直前に城は焼失するが、これは改易を恐れた城主・松浦鎮信自らの放火によるものだといわれている。
- 住所：平戸市岩の上町
- アクセス：松浦鉄道・たびら平戸口駅よりバス

893 原城 〈はらじょう〉 史跡
- 構造：平山城／本丸・二の丸・三の丸など
- 築城年：明応5年(1496)
- 築城者：有馬貴純
- 特徴：有明海に面する壮麗な城。あまりの美しさに舟人が時間を忘れていつまでも見入ってしまう、という意味で日暮城の別名がついた。
- 住所：南島原市南有馬町大江名・浦田名
- アクセス：島原鉄道・島原駅よりバス

886 桟原城 〈さじきばらじょう〉 史跡
- 構造：平山城／城壁・城門・石垣
- 築城年：延宝6年(1678)
- 築城者：宗義真
- 特徴：宗義真が18年かけて築いた。府中の東北部にあり、朝鮮通信使一行のための迎賓館としての役割も担った。別名は府中城・厳原城。
- 住所：対馬市厳原町桟原
- アクセス：厳原港よりバス

900 金田城 〈かねだじょう〉 史跡
- 構造：山城／城壁・水門・望楼跡など
- 築城年：天智6年(667)
- 築城者：大和朝廷
- 特徴：峻険な岩山に位置する。頂上には望楼の跡が残り、浅海湾を一望できる。1kmにも及ぶ石垣などもあり堅牢な城だったことが伺える。
- 住所：対馬市美津島町黒瀬城山
- アクセス：対馬空港よりバス

894 梶谷城 〈かじやじょう〉 史跡
- 構造：山城／門・本丸・館跡など
- 築城年：延久元年(1069)
- 築城者：源久
- 特徴：西肥前を見渡すことができる眺望に優れた城。城跡には大手門が現存し、麓に県内最大規模の城壁が残っている。勝谷とも。
- 住所：松浦市今福町
- アクセス：松浦鉄道・今福駅より徒歩

887 清水山城 〈しみずやまじょう〉 史跡
- 構造：山城／城壁・一の丸・二の丸など
- 築城年：天正19年(1591)
- 築城者：毛利高政
- 特徴：文禄・慶長の役の兵站基地。名護屋城と朝鮮をつなぐ中継拠点とすべく、豊臣秀吉の命を受け毛利高政が築城。状態のよい遺構が残る。
- 住所：対馬市厳原町厳原西里
- アクセス：厳原港よりバス

901 島原城 〈しまばらじょう〉 ▶P236
- 構造：平城／(復)天守・(復)櫓・本丸など
- 築城年：元和4年(1618)
- 築城者：松倉重政
- 特徴：松倉重政が7年の歳月をかけて築いた。49の櫓を擁する壮大な城で、築城に伴って領民への負担が増し、島原の乱を引き起こす一因になる。高来城、森岳城とも呼ばれる。
- 住所：島原市城内
- アクセス：島原鉄道・島原駅より徒歩

895 俵石城 〈たわらいしじょう〉
- 構造：山城／石塁・竪堀・矢石
- 築城年：室町時代
- 築城者：深堀氏
- 特徴：地頭株の深堀氏による築城。城跡には石塁や俵型の矢石の他、放射線状に設けられた竪堀がある。麓には深堀純賢の陣屋跡が残る。
- 住所：長崎市深堀町
- アクセス：JR長崎本線・長崎駅よりバス

888 金石城 〈かねいしじょう〉 史跡
- 構造：平城／(復)大手門・庭園・石垣など
- 築城年：享禄元年(1528)
- 築城者：宗将盛
- 特徴：内乱で居館を失った宗将盛が清水山の麓に築いた。当初は館だったが、徐々に城郭化した。庭園が現存し、国の名勝になっている。
- 住所：対馬市厳原町今屋敷
- アクセス：厳原港より徒歩

896 深江城 〈ふかえじょう〉
- 構造：平城／本丸・大手門跡
- 築城年：応永年間(1394～1427)
- 築城者：安富氏
- 特徴：城主・安富氏は天正年間(1573～1592)に有馬氏の支配下に入り、龍造寺氏と戦った。その後、安富氏が佐賀に移って城は廃された。
- 住所：南島原市深江町
- アクセス：島原鉄道・島原駅よりバス

889 勝本城 〈かつもとじょう〉 史跡
- 構造：山城／本丸・礎石・石垣
- 築城年：天正19年(1591)
- 築城者：松浦鎮信
- 特徴：対馬の清水山城と同じく文禄・慶長の役の兵站拠点として築かれた。松浦鎮信が昼夜を問わず工事を進め、3ヵ月足らずで完成させた。
- 住所：壱岐市勝本町坂本触
- アクセス：郷ノ浦駅よりバス

897 富江陣屋 〈とみえじんや〉
- 構造：陣屋／石倉
- 築城年：寛文6年(1662)
- 築城者：五島盛清
- 特徴：五島藩の政庁。跡地は宅地や田畑になったため当時の面影はないが、火薬や穀物などを収容するための石造りの倉庫が残っている。
- 住所：五島市富江町
- アクセス：福江港より車

890 亀丘城 〈かめのおじょう〉 史跡
- 構造：山城／本丸・石垣
- 築城年：永仁2年(1293)
- 築城者：波多宗無
- 特徴：備前・岸岳城主の波多宗無が築いた出城。戦国期には松浦氏の支配下に置かれた。その後、一国一城令を受けて廃城。城跡は公園。
- 住所：壱岐市郷ノ浦町本村触
- アクセス：郷ノ浦港よりバス

島原城天守

地域別 中国・四国・九州・沖縄地方の城

国宝　重文 重要文化財(国)　重文 重要文化財(県)　史跡 国指定史跡　史跡 県指定史跡

904 熊本城 ▶P12 【重文】【史跡】

- 構造：平山城／(復)天守・櫓・門など
- 築城年：慶長12年(1607)
- 築城者：加藤清正
- 特徴：慶長12年(1607)に52万石大名の加藤清正が、出田氏が築いた城を大規模に改築。日本の三名城のひとつに数えられる壮大な城が完成した。13の建造物が国の重文。別名は銀杏城。
- 住所：熊本市本丸
- アクセス：JR鹿児島本線・熊本駅より市電

902 守山城 もりやまじょう

- 構造：山城／空堀・竪堀・土塁
- 築城年：正平22年(1367)
- 築城者：菊池氏
- 特徴：この城を本拠に城主・菊池氏は守護大名にまでのし上がるが、内紛を幾に衰退。替わって赤星氏が城主になる。隈府城、菊池城とも。
- 住所：菊池市隈府
- アクセス：JR鹿児島本線・熊本駅よりバス

903 御船城 みふねじょう

- 構造：平山城／不明
- 築城年：14世紀以前
- 築城者：不明
- 特徴：戦国期に御船氏が本拠とし、甲斐氏、島津氏、加藤氏と城主が入れ替わった。城跡の一部が公園になり、甲斐宗運追善の碑が立つ。
- 住所：上益城郡御船町御船
- アクセス：JR鹿児島本線・熊本駅よりバス

九州地方の城
熊本県 (くまもとけん)

室町時代に、古くから同地で力を持っていた菊池氏が守護となり、阿蘇氏、名和氏、相良氏などが各地を支配するが、争乱が絶えなかった。やがて大友氏が肥後に進出し、龍造寺氏、島津氏と対立することになる。

熊本城天守

905 岩尾城 いわおじょう

- 構造：山城／平坦地・堀切・土塁
- 築城年：貞応元年(1222)
- 築城者：阿蘇氏
- 特徴：豪族・阿蘇氏の本拠。南北朝時代には南朝勢の拠点として利用された。天正13年(1585)に島津義久に攻められて落城した。
- 住所：上益城郡山都町城原
- アクセス：JR鹿児島本線・熊本駅よりバス

人吉城跡

913 隈部館 くまべやかた 〔史跡〕
- 構造：館／堀切・土塁・建造物跡
- 築城年：戦国時代
- 築城者：隈部氏
- 特徴：県内の城・館の中で最も高所に位置。隈部館の名は昭和49年に決められたもので、江戸時代の文献では猿返城の館と書かれている。
- 住所：山鹿市菊鹿町
- アクセス：JR鹿児島本線・熊本駅よりバス

906 古麓城 ふるふもとじょう 〔史跡〕
- 構造：山城／堀切・曲輪
- 築城年：室町初期
- 築城者：名和氏・相良氏
- 特徴：峰続きに位置する7つの城から構成される。主城は飯盛城で、他に見張り用の城や連絡拠点となる城があり、それぞれ役割が違う。
- 住所：八代市古麓町
- アクセス：JR鹿児島本線・八代駅より車

919 人吉城 ひとよしじょう ▶P243 〔史跡〕
- 構造：平山城／(復)櫓・石垣・礎石
- 築城年：建久10年(1199)
- 築城者：相良氏
- 特徴：明治維新まで相良氏が本拠とした。修築工事の際、三日月の文様を持つ不思議な石が発見されたことから、三日月城の別名がついた。
- 住所：人吉市麓町
- アクセス：JR肥薩線・人吉駅より徒歩

914 宇土古城 うとこじょう 〔史跡〕
- 構造：山城／建築跡・堀・石塁
- 築城年：永承3年(1048)
- 築城者：宇土氏
- 特徴：築城者の宇土氏は菊池氏の一族。城跡には石塁や堀の他、鎌倉式の多重塔などが残る。発掘調査では陶磁器が多数見つかっている。
- 住所：宇土市神馬町
- アクセス：JR鹿児島本線・宇土駅より車

907 鍋城 なべじょう 〔史跡〕
- 構造：山城／平坦地・石垣・堀切
- 築城年：鎌倉時代
- 築城者：上相良氏
- 特徴：県内屈指の規模を持ち、自然の地形を生かした堅城。この城を本拠とする相良氏の一族は上相良氏と呼ばれた。鍋倉城ともいう。
- 住所：球磨郡多良木町黒肥地
- アクセス：くま川鉄道・多良木駅より車

920 菊之池城 きくのいけじょう
- 構造：館／平坦地・水堀
- 築城年：延久2年(1070)
- 築城者：不明
- 特徴：菊池則隆の築城と伝えられる。菊池氏が正平22年(1367)に守山城を築いて本拠を移すまで、代々の居城になった。別名・雲上城。
- 住所：菊池市深川
- アクセス：JR豊肥本線・肥後大津駅よりバス

915 八代城 やつしろじょう 〔史跡〕
- 構造：平城／松浜軒正門・庭園・本丸大書院など
- 築城年：元和8年(1622)
- 築城者：加藤忠広
- 特徴：もともとこの地には小西行長が築いた麦島城があったが、加藤清正の子である忠広が改築して八代城とした。松江城とも呼ばれる。
- 住所：八代市松江城町
- アクセス：JR鹿児島本線・八代駅よりバス

908 佐敷城 さしきじょう 〔史跡〕
- 構造：山城／不明
- 築城年：南北朝時代
- 築城者：佐敷氏
- 特徴：地元豪族の佐敷氏が築いた山城。天正9年(1581)に島津義久によって攻め落とされた。加藤清正入封後は城代として重次が置かれた。
- 住所：葦北郡葦北町佐敷字下町
- アクセス：肥薩おれんじ鉄道・佐敷駅より徒歩

921 鷹峰城 たかみねじょう
- 構造：山城／平坦地
- 築城年：天文3年(1534)
- 築城者：相良氏
- 特徴：古麓城を構成する城のひとつ。相良氏は天文2年(1533)に古麓城に本拠を移し、翌年、名和氏の5城に新城と高峰城の2城を加えた。
- 住所：八代市古麓町
- アクセス：JR鹿児島本線・八代駅より車

八代城石垣

909 水俣城 みなまたじょう
- 構造：不明／石垣
- 築城年：南北朝時代
- 築城者：水俣氏
- 特徴：島津勢がこの城を攻めた際、島津方の先鋒を務める新納忠元と水俣方の犬童氏が、矢文で和歌の応酬をしたというエピソードがある。
- 住所：水俣市古城町
- アクセス：JR鹿児島本線・水俣駅よりバス

922 田中城 たなかじょう 〔史跡〕
- 構造：丘城／高台・堀切・曲輪
- 築城年：14世紀以前
- 築城者：和仁氏
- 特徴：地方豪族の和仁氏による築城。天正15年(1587)に和仁親実は国主・佐々成政に対し一揆を起こして城に籠ったが、仲間の辺春親行に裏切られて殺された。城も落とされ、その後は廃城。舞鶴城とも。
- 住所：玉名郡三加和町和仁
- アクセス：JR鹿児島本線・玉名駅より車

916 久玉城 くたまじょう 〔史跡〕
- 構造：山城／石垣・堀切・土塁
- 築城年：室町時代
- 築城者：不明
- 特徴：久玉氏の本拠。かつては海の間近に位置し、三方を天然の地形に守られた堅牢な城だったが、現在は陸地が増えている。
- 住所：天草市久玉町
- アクセス：本渡バスセンターよりバス

910 本渡城 ほんどじょう
- 構造：山城／曲輪・堀切
- 築城年：永禄年間(1558~1569)
- 築城者：天草氏
- 特徴：島原の乱ではこの城で唐津藩と一揆勢が激しい戦いを繰り広げた。現在城跡には戦死者を弔う千人塚が設けられ、公園になっている。
- 住所：天草市本渡町
- アクセス：本渡バスセンターより車

917 筒ヶ嶽城 つつがだけじょう
- 構造：山城／平坦地・堀切・土塁など
- 築城年：鎌倉時代
- 築城者：小代行平
- 特徴：玉名・南関・荒尾の3市町にまたがる小岱山に位置する。現在は公園で、野面積みの石垣や、深さ3mほどの二重堀などが残る。
- 住所：荒尾市府本
- アクセス：JR鹿児島本線・玉名駅より車

911 富岡城 とみおかじょう
- 構造：平山城／(復)櫓・大手門・本丸など
- 築城年：慶長10年(1605)
- 築城者：寺沢広高
- 特徴：寺沢広高が関ヶ原の戦いで武功を立てて天草地方の領主となり、居城を築いた。島原の乱の激戦地のひとつで城跡には供養碑がある。
- 住所：天草郡苓北町富岡
- アクセス：本渡バスセンターよりバス

918 鞠智城 きくちじょう 〔史跡〕
- 構造：山城／(復)鼓楼・(復)米倉・石列など
- 築城年：7世紀後半
- 築城者：不明
- 特徴：肥後最古の城。唐・新羅連合軍に対する拠点として築かれた。現在は公園になっており、復元された建造物を見ることができる。
- 住所：山鹿市菊鹿町米原
- アクセス：JR鹿児島本線・熊本駅よりバス

912 宇土城 うとじょう
- 構造：平山城／本丸跡・二の丸跡・三の丸跡
- 築城年：天正17年(1589)
- 築城者：小西行長
- 特徴：キリシタン大名・小西行長の城で、この天守を移築したのが熊本城宇土櫓といわれた。現在は公園。本丸跡には小西行長の銅像がある。
- 住所：宇土市古城町
- アクセス：JR鹿児島本線・宇土駅よりバス

田中城和仁三兄弟の像

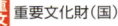

地域別　中国・四国・九州・沖縄地方の城

九州地方の城

大分県

豊後は源頼朝に守護を任せられた大友氏が長く治める。南北朝の内乱が終息したころ、大内氏が九州に進出し豊前守護となる。両者は対立するが、大内氏が陶氏の謀反などで衰退し、大友氏が大分を掌握した。

927 臼杵城 (うすきじょう) 〈史跡〉
- 構造：平山城／二重櫓・本丸・二の丸など
- 築城年：永禄5年(1562)
- 築城者：大友宗麟
- 特徴：キリシタン大名・大友宗麟が築き、豊後府内城から本拠を移した。関ヶ原の戦いの後に稲葉氏が入って改修。31の櫓を有する壮麗な城になったが、主要な建造物の多くは明治に入って破却された。
- 住所：臼杵市大字臼杵
- アクセス：JR日豊本線・臼杵駅より徒歩

924 高田城 (たかだじょう)
- 構造：平山城／土塁・水堀・石垣
- 築城年：建久7年(1196)
- 築城者：高田重定
- 特徴：文禄3年(1594)に竹中半兵衛の従兄弟の重利が入り改築。関ヶ原の戦いの後は松平重直が城主になった。跡地には小学校が建つ。
- 住所：豊後高田市玉津
- アクセス：JR日豊本線・宇佐駅よりバス

925 杵築城 (きつきじょう)
- 構造：平山城／(復)天守・石塁・堀
- 築城年：明徳4年(1393)
- 築城者：木付頼直
- 特徴：天正14年(1586)に4万を超える薩摩島津軍に攻められても陥落しなかった難攻不落の城。その堅牢さから勝山城とも呼ばれた。
- 住所：杵築市大字杵築
- アクセス：JR日豊本線・杵築駅よりバス

926 日隈城 (ひのくまじょう)
- 構造：平山城／不明
- 築城年：文禄3年(1594)
- 築城者：宮木長次郎
- 特徴：玖珠郡・日田郡の守護代になった宮木長次郎が日隈山に築城。後に毛利高政が入り、五層六階の天守を備える壮大な城になる。
- 住所：日田市亀山町
- アクセス：JR久大本線・日田駅より徒歩

923 月隈城 (つきくまじょう)
- 構造：山城／城塁・石垣・水堀
- 築城年：慶長6年(1601)
- 築城者：小川光氏
- 特徴：小川光氏が古砦を整備・拡張して居城にした。寛永16年(1639)には幕府の管轄となり、代官所が置かれた。丸山城、氷山城とも。
- 住所：日田市丸山
- アクセス：JR久大本線・日田駅より徒歩

臼杵城跡

中津城の水堀

岡城跡

935 安岐城 あきじょう
- 構造：山城／堀・土塁
- 築城年：応永年間（1394〜1428）
- 築城者：田原親幸
- 特徴：海に面する台地に位置。東・南を海と川に守られ、西北には水堀を設けた堅固な城。発掘調査で城跡から前方後円墳が見つかった。
- 住所：国東市安岐町
- アクセス：杵築バスターミナルよりバス

928 日出城 ひじじょう
- 構造：平山城／天守台・櫓台・石垣など
- 築城年：慶長7年（1602）
- 築城者：木下延俊
- 特徴：豊臣秀吉の妻・北政所の甥である木下延俊の築城。現在は日出小学校が建ち、隅櫓が仁王地区に移されて残っている。別名・暘谷城。
- アクセス：JR日豊本線・暘谷駅より徒歩

941 岡城 おかじょう ▶P244 史跡
- 構造：山城・平山城／櫓台・石塁
- 築城年：文治元年（1185）
- 築城者：緒方惟栄
- 特徴：滝廉太郎の「荒城の月」のモデルになった城。建造物はほとんど失われているが、石塁が多く残る。竹田城、臥牛城の別名がある。
- 住所：竹田市大字竹田
- アクセス：JR豊肥本線・豊後竹田駅より徒歩

936 真玉城 またまじょう 史跡
- 構造：平城／水堀・空堀
- 築城年：文和2年（1353）
- 築城者：真玉重実
- 特徴：木付氏の分家である真玉氏の本拠。真玉氏は九代で滅び、その後城も廃された。現在、城跡には水堀に囲まれた真玉寺がある。
- 住所：豊後高田市西真玉
- アクセス：JR日豊本線・宇佐駅より車

929 高崎城 たかさきじょう
- 構造：山城／石垣・烽台
- 築城年：正平13年（1358）
- 築城者：大友氏時
- 特徴：豊後守護の大友氏時が、阿南惟家の古砦を利用して新たに城を築いた。城がある高崎山はニホンザルの生息地としても知られる。
- 住所：大分市大字神崎
- アクセス：JR日豊本線・別府駅よりバス

942 森陣屋 もりじんや 史跡
- 構造：館／庭園・門・石垣
- 築城年：天保8年（1837）
- 築城者：来島康親
- 特徴：森藩初代藩主・来島康親が築いた陣屋。栖鳳楼（茶室）や庭園が現存し、前者は県の有形文化財、後者は県の名勝。久留島陣屋とも。
- 住所：玖珠郡玖珠町
- アクセス：JR久大本線・豊後森駅よりバス

937 立石陣屋 たていしじんや
- 構造：陣屋／不明
- 築城年：寛永18年（1641）
- 築城者：木下延由
- 特徴：木下延由が日出城から5000石を分与されて築いた陣屋。十二代俊明まで続いて明治維新に至った。延由を豊臣秀頼の遺児とする説も。
- 住所：杵築市山香町
- アクセス：JR日豊本線・立石駅より徒歩

930 角牟礼城 つのむれじょう 史跡
- 構造：山城／櫓台・石垣・井戸など
- 築城年：弘安年間（1278〜1288）
- 築城者：森朝通
- 特徴：要害堅固な城。森氏が城主を務めていた天正14年（1586）に、島津軍6000人に攻められるが、籠城して1000人の城兵で城を死守した。
- 住所：玖珠郡玖珠町
- アクセス：JR久大本線・豊後森駅よりバス

943 大友館 おおともやかた 史跡
- 構造：平山城／堀
- 築城年：鎌倉後期
- 築城者：大友氏泰
- 特徴：天文19年（1550）に大友義鑑が殺されたお家騒動「二階崩れの変」の舞台として知られる。発掘調査で庭園の跡などが見つかった。
- 住所：大分市上野町
- アクセス：JR日豊本線・大分駅よりバス

938 大分府内城 おおいたふないじょう ▶P243 史跡
- 構造：平城／櫓・天守台・櫓台など
- 築城年：慶長2年（1597）　築城者：福原直高
- 特徴：大友義統に代わって府内に入った福原直高が築城。宗門櫓と人質櫓が今もお残っている。大分城、荷揚城、白雉城とも呼ばれる。
- 住所：大分市荷揚町
- アクセス：JR日豊本線・大分駅より徒歩

大分府内城西南隅二重櫓

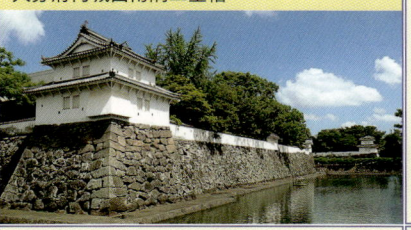

931 佐伯城 さいきじょう 重文
- 構造：平山城／三の丸櫓門・本丸・本丸外曲輪など
- 築城年：慶長11年（1606）
- 築城者：毛利高政
- 特徴：城の形が羽を広げた鶴のように見えることから、鶴城、鶴ヶ城、鶴谷城などの別名がある。三の丸櫓門は重文。現在は公園。
- 住所：佐伯市西谷
- アクセス：JR日豊本線・佐伯駅よりバス

944 中津城 なかつじょう
- 構造：平城／（復）天守・（復）二重櫓・堀など
- 築城年：天正16年（1588）
- 築城者：黒田孝高
- 特徴：名軍師として名高い黒田孝高の築城。孝高は宇都宮鎮房をこの城に招いて謀殺している。黒田氏が関ヶ原の戦いで功績を残して筑前へ移った後は細川忠興が入り、大規模な改修を施した。扇城の別名を持つ。
- 住所：中津市二ノ丁
- アクセス：JR日豊本線・中津駅より徒歩

932 富来城 とみくじょう
- 構造：平山城／石垣・堀・土塁
- 築城年：13世紀
- 築城者：富来氏
- 特徴：築城者は富来忠文もしくは忠政。富来氏の滅亡後は豊臣秀吉が垣見純を置くが、慶長5年（1600）に黒田軍に攻められ開城した。
- 住所：東国東郡国東町
- アクセス：国東バスターミナルよりバス

939 栂牟礼城 とがむれじょう
- 構造：山城／曲輪・空堀・土塁
- 築城年：大永年間（1521〜1528）
- 築城者：佐伯惟治
- 特徴：大永7年（1527）に、佐伯惟治が当主・大友義鑑に謀反を疑われて城を攻められる。城は堅固だったが、謀略にかかり惟治は自害した。
- 住所：佐伯市弥生
- アクセス：JR日豊本線・上岡駅より徒歩・車

933 長岩城 ながいわじょう
- 構造：山城／石垣・空堀
- 築城年：建久9年（1198）
- 築城者：野仲重房
- 特徴：宇都宮重房が城を築いて野仲氏を名乗った。築城以来、22代に渡って野仲氏の居城になる。天正16年（1585）に黒田長政により落城。
- 住所：下毛郡耶馬溪町川原口
- アクセス：JR日豊本線・中津駅よりバス

940 田原城 たわらじょう
- 構造：山城／空堀・石垣
- 築城年：鎌倉後期
- 築城者：田原直平
- 特徴：大友泰広を祖とする田原氏の居城。四代目の貞広は東国東郡の飯塚城に本拠を移した。城跡近くの村にある直平の墓は国の重文。
- 住所：杵築市大田沓掛
- アクセス：JR日豊本線・宇佐駅より車

934 光岡城 みつおかじょう
- 構造：山城／不明
- 築城年：貞和6年（1350）
- 築城者：赤尾種綱
- 特徴：永禄9年（1566）に、佐野親重が赤尾氏の法要の日を狙って城に攻め込み、赤尾氏の一族や家臣を皆殺しにした。赤城城とも呼ばれる。
- 住所：宇佐市赤尾
- アクセス：JR日豊本線・豊前善光寺駅より車

地域別　中国・四国・九州・沖縄地方の城

中津城天守

国宝　国宝　重文　重要文化財（国）　重文　重要文化財（県）　史跡　国指定史跡　史跡　県指定史跡

九州地方の城
宮崎県

守護大名の伊東氏が権力を持つが、木崎原の戦いで島津氏に大敗を喫すると、豊後の大友氏を頼った。島津氏と大友氏は激しく争い、最終的には豊臣秀吉の九州統一によって争乱にピリオドが打たれた。

946 飫肥城（おびじょう）
▶P244
- 構造：平山城／(復)櫓門・石垣
- 築城年：正平年間(1346〜1370)
- 築城者：土持氏
- 特徴：長禄2年(1458)に島津氏の支城になる。その後、約100年に渡って伊東氏との争奪戦が繰り広げられたが、天正15年(1587)に豊臣秀吉の九州侵攻で功績を残した伊東氏が城主の座に就いた。
- 住所：日南市飫肥
- アクセス：JR日南線・飫肥駅より徒歩

飫肥城大手門

945 松山塁（まつやまるい）
- 構造：砦／曲輪・空堀
- 築城年：天正6年(1578)
- 築城者：佐伯宗天
- 特徴：大友宗麟が高城を攻めた際、長期戦に備えて築かせた。その後、天正15年(1578)には、豊臣秀長がここに陣所を置いて高城を攻撃した。
- 住所：児湯郡川南町松山
- アクセス：JR日豊本線・高鍋駅よりバス

947 高鍋城（たかなべじょう）
- 構造：平山城／本丸・曲輪・石垣
- 築城年：斉衡年間(854〜857)
- 築城者：柏木左衛門尉
- 特徴：平安時代に柏木氏が築いた城を、慶長9年(1604)に秋月氏が改修して本拠とした。かつては財部城と呼ばれていた。現在は舞鶴公園。
- 住所：児湯郡高鍋町
- アクセス：JR日豊本線・高鍋駅よりバス

948 宮崎城（みやざきじょう）
- 構造：山城／曲輪・空堀
- 築城年：延元元年(1336)
- 築城者：図師慈円
- 特徴：伊東氏の家臣・図師慈円が南朝方の武将として挙兵した城。大淀川を見下ろす丘に位置し、眺望に優れる。池内城、龍峯城とも呼ぶ。
- 住所：宮崎市池内町城
- アクセス：JR日豊本線・宮崎駅よりバス

256

高城時計台

955 清武城 きよたけじょう
構造：山城・本丸・空堀
築城年：永和5年(1379)
築城者：清武氏
特徴：伊東四十八城のひとつ。数ある伊東氏の城の中でも島津氏に対する拠点として特に重要視された。城跡には壮大な空堀が残る。
住所：宮崎市清武町
アクセス：JR日豊本線・清武駅より徒歩

949 綾城 あやじょう
構造：山城／空堀
築城年：元弘年間(1331～1334)
築城者：綾氏
特徴：城を築いた後、綾氏は伊東氏に従属し、綾城は伊東四十八城のひとつになる。天正5年(1577)に島津氏の領地になり、新納氏が入城。
住所：東諸県郡綾町北俣錦原
アクセス：JR日豊本線・南宮崎駅よりバス

961 高城 たかじょう
構造：山城・本丸・曲輪・空堀
築城年：建武2年(1335)　築城者：島津時久
特徴：難攻不落と称された堅城。天正6年(1578)に5万の大友宗麟軍に取り囲まれたが、500余の城兵と600騎の援軍で撃退した。
住所：児湯郡木城町高城
アクセス：JR日豊本線・高鍋駅よりバス

956 目井城 めいじょう
構造：山城／不明
築城年：天文年間(1532～1554)
築城者：島津氏
特徴：日向灘を見下ろす岩山に位置する。南を除く三方を急崖に守られている。天文14年(1541)に島津忠広が日高氏を置いて守らせた。
住所：日南市南郷町
アクセス：JR日南線・南郷駅より徒歩

950 穆佐城 むかさじょう 史跡
構造：山城／不明
築城年：元弘年間(1331～1334)
築城者：足利尊氏
特徴：南朝勢に対する拠点として足利尊氏が築く。戦国期には島津氏と伊東氏がこの城をめぐって激しく争った。六笠城の別名がある。
住所：東諸県郡高岡町小山田
アクセス：JR日豊本線・宮崎駅よりバス

962 祝吉館 いわよしだて 史跡
構造：館／不明
築城年：建久8年(1197)
築城者：惟宗忠久
特徴：島津氏の祖・惟宗忠久の居館。この館を築いた当時、忠久は薩摩・大隅・日向の守護だった。この館で島津氏活躍の基礎が築かれる。
住所：都城市郡元町
アクセス：JR日豊本線・都城駅よりバス

957 櫛間城 くしまじょう
構造：平山城／不明
築城年：建武年間(1334～1337)
築城者：野辺氏
特徴：野辺氏の城を島津氏が奪い、天正15年(1587)には秋月種長が入る。現在は鉄道・道路の建造によって城域東部が失われている。
住所：串間市西方字上ノ城
アクセス：JR日南線・日向北方駅より徒歩

951 梶山城 かじやまじょう
構造：山城／不明
築城年：応永年間(1394～1428)
築城者：高木氏
特徴：天然の地形を生かして築かれた山城。周囲を川や谷によって守られる。戦国期に島津氏と伊東氏の争いの舞台になった城のひとつ。
住所：北諸県郡三股町長田
アクセス：JR日豊本線・三股駅よりバス

963 松尾城 まつおじょう
構造：山城／曲輪
築城年：文安3年(1446)
築城者：土持宣綱
特徴：伊東氏と関係が悪化したことを受け、合戦に備えて土持氏が築城した。土持氏はこの城を拠点に2度伊東氏と戦うが、敗北した。
住所：延岡市松山町
アクセス：JR日豊本線・延岡駅よりバス

958 佐土原城 さどわらじょう 史跡
構造：山城／(復)御殿
築城年：建武年間(1334～1337)
築城者：田島氏
特徴：都於郡城とともに伊東氏が本拠にした。城が焼失したために伊東氏はいったん宮崎城に移ったが、後に佐土原城を再建して戻った。
住所：宮崎郡佐土原町上田島
アクセス：宮交シティよりバス

952 勝岡城 かつおかじょう
構造：山城／空堀
築城年：文保年間(1317～1319)
築城者：島津資久
特徴：島津資久が城を築いて樺山氏を名乗った。明応4年(1495)に伊東氏の領所となり家臣が城を守った。元和元年(1615)に廃される。
住所：北諸県郡三股町蓼池
アクセス：JR日豊本線・三股駅より車

佐土原城二の丸御殿

964 延岡城 のべおかじょう
構造：平山城／(復)門・館・曲輪など
築城年：慶長8年(1603)
築城者：高橋元種
特徴：初代城主・高橋元種の後、有馬氏が入って城を拡張した。「千人殺し」と称される石垣が残っており、伝承によれば、この石垣の石をひとつでも外すと石垣全体が崩れて1000人を押しつぶすという。
住所：延岡市東本小路城山公園
アクセス：JR日豊本線・延岡駅よりバス

953 都城城 みやこのじょうじょう
構造：山城／(復)楼門
築城年：天授元年(1375)
築城者：北郷義久
特徴：島津氏分家の北郷氏の居城。遺構は残っていないが、現在は城山公園として整備され、天守を模した歴史資料館がある。鶴丸城とも。
住所：都城市都島町
アクセス：JR日豊本線・都城駅よりバス

959 南郷城 なんごうじょう
構造：山城／不明
築城年：慶長6年(1601)
築城者：伊東氏
特徴：島津氏の侵攻に対する拠点として伊東氏が築城した。眺望に優れた山頂に位置。現在は跡地の一部が公園として整備されている。
住所：日南市南郷町
アクセス：JR日南線・大堂津駅より徒歩

954 都於郡城 とのこおりじょう 史跡
構造：山城／本丸・二の丸
築城年：建武4年(1337)
築城者：伊東祐持
特徴：最盛期には48の城を支配下に置いた日向国の雄・伊東氏の本拠。天正遣欧使節の伊東マンショが生まれた城としても知られる。
住所：西都市都於郡町
アクセス：JR日豊本線・佐土原駅よりバス

960 加久藤城 かくとうじょう
構造：山城／不明
築城年：応永年間(1394～1428)
築城者：北原氏
特徴：伊東軍がこの城に攻め寄せ、夜明けを待って攻撃しようと休んでいるところを島津義弘が強襲。主力武将の大半を斬り捨てた。
住所：えびの市小田
アクセス：JR吉都線・えびの駅より徒歩

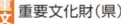

延岡城石垣　　　都於郡城跡

九州地方の城
鹿児島県(かごしまけん)

大隈、薩摩、そして日向の一部で構成される鹿児島県。古くから海外との交易が盛んで、大隈の肝付氏、日向の伊東氏が、いち早く合戦に鉄砲を取り入れた。守護の島津氏が同地を支配し、九州全土を席巻した。

968 栗野城 〈くりのじょう〉
- 構造:平山城/石垣・土台石・空堀など
- 築城年:天正15年(1587)
- 築城者:島津氏
- 特徴:天正18年(1590)に、猛将として名高い島津義弘が城主の座についた。その際、城が改修されている。別名を松尾城という。
- 住所:姶良郡栗野町木場
- アクセス:JR肥薩線・栗野駅より徒歩

966 平佐城 〈ひらさじょう〉
- 構造:平山城/不明
- 築城年:不明
- 築城者:不明
- 特徴:薩摩氏による鎌倉末期の築城と推測される。桂氏が城主のとき、豊臣秀吉勢約8000の兵に対して300の兵で城を守った。
- 住所:薩摩川内市平佐町藤崎
- アクセス:JR鹿児島本線・川内駅より徒歩

965 伊作城 〈いざくじょう〉 史跡
- 構造:山城/本丸・西之城・裏之城など
- 築城年:文永8年(1271) 築城者:島津氏
- 特徴:豊臣秀吉と九州の覇権を賭けて争う義久・義弘をはじめ、島津氏を代表する多くの名将がこの城で生まれた。城跡に誕生碑が立つ。
- 住所:日置市吹上町中原
- アクセス:JR鹿児島本線・伊集院駅より徒歩

969 蒲生城 〈かもうじょう〉
- 構造:平山城/門・曲輪・空堀など
- 築城年:保安年間(1120～1124)
- 築城者:蒲生舜清
- 特徴:県内屈指の城域を誇る壮大な平山城。弘治2年(1556)に島津氏によって攻め落とされるまで、430年間に渡って蒲生氏の居城だった。
- 住所:姶良市蒲生町久末
- アクセス:JR鹿児島本線・重富駅よりバス

967 加治木城 〈かじきじょう〉
- 構造:平山城/曲輪・空堀・土塁
- 築城年:平安時代
- 築城者:大蔵氏
- 特徴:築城者の大蔵氏は、関白藤原頼忠の三男である経平とする説が有力。経平は豪族・大蔵氏の娘と結婚してこの地に帰化している。
- 住所:姶良市加治木町
- アクセス:JR日豊本線・加治木駅よりバス

伊作城跡(写真/todo)

志布志城跡(写真／todo)

975 頴娃城 (えいじょう) 史跡
- 構造：山城／土塁・堀・門跡など
- 築城年：応永27年(1420)
- 築城者：頴娃兼政
- 特徴：天正15年(1587)に大幅に拡張されて壮大な城になった。拡張を行った頴娃久虎は工事の年に落馬して死んでいる。獅子城とも。
- 住所：南九州市頴娃町
- アクセス：JR指宿枕崎線・頴娃駅より車

970 鹿児島城 (かごしまじょう) ▶P245 史跡
- 構造：平城／石垣・堀
- 築城年：慶長6年(1601)
- 築城者：島津家久
- 特徴：77万石大名・島津家久の築城だが島津氏の格を考えれば質素な城だった。天守も櫓もなかったといわれる。別名の鶴丸城は島津家の家紋に由来するとも、地形が羽を広げた鶴に見えるからともいわれる。
- 住所：鹿児島市城山町
- アクセス：JR鹿児島本線・鹿児島中央駅より市電

鹿児島城石垣

982 志布志城 (しぶしじょう) 史跡
- 構造：山城／土塁・石塁・空堀など
- 築城年：12世紀頃　築城者：不明
- 特徴：松尾城、内城、高城、新城の4城で構成される。城主が頻繁に替わったが、最後は島津氏の城として一国一城令を迎え、廃された。
- 住所：志布志市志布志町
- アクセス：JR日南線・志布志駅より徒歩

976 清色城 (きよしきじょう) 史跡
- 構造：山城／本丸・堀切・堀など
- 築城年：鎌倉中期
- 築城者：渋谷氏
- 特徴：渋谷氏一族・入来院氏の本拠。永正12年(1569)に島津氏の支配下に入る。曲輪の間に堀切を設けた当地域の典型的な縄張。
- 住所：薩摩川内市入来町
- アクセス：JR鹿児島本線・川内駅より車

983 恒吉城 (つねよしじょう)
- 構造：山城／本丸・曲輪・空堀
- 築城年：不明
- 築城者：恒吉氏
- 特徴：鎌倉初期に当地を支配していた恒吉大膳亮の築城と推測される。その後、市成氏、島津氏と領主が替わった。日輪城の名もある。
- 住所：曽於市大隅町恒吉
- アクセス：JR日豊本線・西都城駅より車

977 建昌城 (たてまさじょう)
- 構造：山城／曲輪・空堀・土塁など
- 築城年：享徳3年(1455)
- 築城者：島津季久
- 特徴：豊州島津氏の居城。明の頴川三官がこの城を見て中国の建昌城に似ていると言ったことから今の名になったという。建晶城とも書く。
- 住所：姶良市西餅田
- アクセス：JR日豊本線・帖佐駅よりバス

984 清水城 (しみずじょう)
- 構造：不明／不明
- 築城年：嘉慶元年(1387)　築城者：島津氏久
- 特徴：東福寺城より政務に適した居城として移転。平地の居城と裏山に後詰めの城を持つ。のちに島津氏の居城は鹿児島城に移り廃城。居城跡は中学校が置かれ遺構は残っていない。
- 住所：鹿児島市清水町
- アクセス：JR日豊本線・鹿児島駅よりバス

978 出水城 (いずみじょう)
- 構造：平山城／曲輪・土塁・空堀など
- 築城年：建久年間(1190〜1199)
- 築城者：和泉兼保
- 特徴：五代目の直久が応永24年(1417)に戦死して和泉氏は滅亡。代わって島津氏が城に入った。亀ヶ城、和泉城、花見ヶ城の別名がある。
- 住所：出水市麓町
- アクセス：JR肥薩線・出水駅より徒歩

971 東福寺城 (とうふくじじょう)
- 構造：山城／本丸・空堀・土塁
- 築城年：天喜元年(1053)
- 築城者：長谷場純純
- 特徴：築城者の長谷場純純は藤原純友の後裔。暦応4年(1341)に島津貞久により落城し、以後嘉慶元年(1387)年まで島津氏が本拠とした。
- 住所：鹿児島市清水町
- アクセス：JR日豊本線・鹿児島駅より徒歩

985 知覧城 (ちらんじょう) 史跡
- 構造：丘城／曲輪・空堀
- 築城年：平安末期
- 築城者：頴娃氏
- 特徴：木佐貫原の高台にある城。南北朝時代に島津氏の居城になった。応永年間(1394〜1428)に伊集院氏に攻め落とされた後に奪還。
- 住所：南九州市知覧町永里
- アクセス：JR鹿児島本線・鹿児島中央駅よりバス

知覧城跡(写真／todo)

979 富隈城 (とみのくまじょう)
- 構造：平城／石垣・水堀
- 築城年：文禄4年(1595)
- 築城者：島津義久
- 特徴：島津義弘が豊臣秀吉に降伏した後、慶長9年(1604)までこの城で隠居生活を送った。加藤清正の寄進といわれる巨石が残っている。
- 住所：霧島市隼人町
- アクセス：JR日豊本線・隼人駅よりバス

972 高山城 (こうやまじょう) 史跡
- 構造：山城／本丸・二の丸・門柱跡
- 築城年：長元9年(1036)
- 築城者：肝付兼俊
- 特徴：400年に渡って大隅一の勢力を誇った肝付氏の本拠。天然の地形に守られた壮大な山城で、難攻不落と称された。別名・肝付城。
- 住所：胆属郡高山町
- アクセス：JR日南線・志布志駅より車

980 一宇治城 (いちうじじょう)
- 構造：平山城／塁壁・空堀・井戸跡
- 築城年：建久年間(1190〜1199)
- 築城者：伊集院時清
- 特徴：交通の要所に立地する島津一族・伊集院氏の本拠。島津貴久がフランシスコ・ザビエルをこの地に招いた。伊集院城、鉄山城とも。
- 住所：日置市伊集院町
- アクセス：JR鹿児島本線・伊集院駅より徒歩

973 加世田城 (かせだじょう)
- 構造：平山城／不明
- 築城年：治承元年(1177)
- 築城者：不明
- 特徴：別府城とも呼ばれる別府氏の居城。後に島津氏の支配下に入る。島津家では家督争いが起こり、実久と忠良がこの城で戦っている。
- 住所：南さつま市加世田
- アクセス：JR鹿児島本線・鹿児島中央駅よりバス

981 長尾城 (ながおじょう)
- 構造：山城／曲輪・空堀・土塁
- 築城年：承久年間(1219〜1222)
- 築城者：横川時信
- 特徴：横川時信が築き、横川氏六代が居城とした。後に島津氏家臣の菱刈氏が入るが謀反を起こして城を攻め落とされる。横川城とも呼ぶ。
- 住所：霧島市横川町
- アクセス：JR肥薩線・大隅横川駅より徒歩

974 指宿城 (いぶすきじょう)
- 構造：平山城／不明
- 築城年：文治年間(1185〜1190)
- 築城者：指宿忠光
- 特徴：錦江湾に面した丘陵に位置する指宿氏の居城。南北朝時代に島津氏に攻められて落城。島津氏の家臣である阿多氏が城主になった。
- 住所：指宿市西方
- アクセス：JR指宿枕崎線・宮ヶ浜駅より徒歩

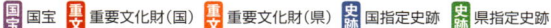

沖縄地方の城
沖縄県

按司（豪族）が地方を治めた時代から、琉球王国の成立まで、沖縄県ではグスクと呼ばれる城が多く築かれた。首里城跡をはじめ、複数の史跡が「琉球王国のグスク及び関連遺産群」として世界遺産になっている。

986 首里城
▶P238　史跡
- 構造：平山城／(復)正殿・(復)守礼門・石積みなど
- 築城年：14世紀頃
- 築城者：不明
- 特徴：琉球の王が住んだ城。琉球王国は海外貿易で栄えたが、薩摩島津氏に攻められ、従属国になった。戦災で城の大部分が失われたものの、正殿や守礼門を再建。首里城跡として世界遺産に登録された。
- 住所：那覇市首里当蔵町
- アクセス：ゆいレール・首里駅より徒歩

首里城正殿

987 名護城　なごぐすく
- 構造：山城／不明
- 築城年：不明
- 築城者：名護按司
- 特徴：14世紀頃に築城されたとする説が有力。石積みの城壁を持たない。16世紀のはじめに名護按司が首里へ移住し、廃城となる。
- 住所：名護市名護
- アクセス：名護バスターミナルよりバス

988 中城城　なかぐすくじょう　史跡
- 構造：山城／石積み
- 築城年：13〜15世紀
- 築城者：護佐丸
- 特徴：優秀な築城家でもある武将・護佐丸が築いた。沖縄城郭を代表する見事な石積みが、ほぼ完全な状態で残っている。世界遺産。
- 住所：中頭郡北中城村
- アクセス：那覇バスターミナルよりバス

中城城の石垣

地図上の城：
- 1000 伊是名城（伊是名島）
- 1006 今帰仁城
- 987 名護城
- 1003 座喜味城
- 996 伊波城
- 997 安慶名城
- 989 勝連城
- 998 伊祖城
- 990 浦添城
- 988 中城城
- 986 首里城
- 1005 大里城
- 1004 大城城
- 991 知念城
- 994 南山城
- 999 垣花城
- 1002 具志川城
- 992 糸数城
- 993 玉城
- 995 具志川城（久米島）
- 1001 宇江城

260

座喜味城跡

1003 座喜味城 （ざきみぐすく） [史跡]
- 構造：山城／一の曲輪並びに拱門・二の曲輪並びに拱門
- 築城年：15世紀頃　築城者：護佐丸
- 特徴：琉球中に武名を轟かせた護佐丸が築城。別名は読谷山城。アーチ型の拱門など見事な遺構があり、世界遺産に登録されている。
- 住所：中頭郡読谷村座喜味原
- アクセス：那覇バスターミナルよりバス

1004 大城城 （うふぐしくぐすく） [史跡]
- 構造：平山城／石積み
- 築城年：14世紀頃
- 築城者：大城真武按司（伝承）
- 特徴：四面を崖に囲まれた城。初代琉球国王・尚巴志の祖父にあたる大城真武按司が築城したと伝えられる。ウフグスクの別名を持つ。
- 住所：南城市大里
- アクセス：那覇バスターミナルよりバス

1005 大里城 （おおざとぐすく） [史跡]
- 構造：山城／石積み・井戸
- 築城年：13世紀頃
- 築城者：島添大里按司（伝承）
- 特徴：尚巴志が最初に攻め落とした。島添大里城とも呼ばれる。大里城を攻略した尚巴志は勢力を拡大し、ついに三山統一を果たす。
- 住所：南城市大里
- アクセス：那覇バスターミナルよりバス

1006 今帰仁城 （なきじんぐすく） ▶P245 [史跡]
- 構造：山城／一の曲輪礎石・石積み
- 築城年：13世紀末頃
- 築城者：不明
- 特徴：三山時代の北山王朝の城。本部半島の石灰台地、標高100mの位置にあり、規模は沖縄で最大級である。築城時期は13世紀頃と非常に古い歴史を持つが、多くの遺構が残り、世界遺産にもなっている。
- 住所：国頭郡今帰仁村字今泊
- アクセス：名護バスターミナルよりバス

今帰仁城の石垣

996 伊波城 （いはぐすく） [史跡]
- 構造：山城／石積み
- 築城年：13〜14世紀
- 築城者：不明
- 特徴：丘の上の小規模な城。伝承によれば、城主は伊波按司。その祖先は、元亨2年(1322)に落城した今帰仁城の主とされている。
- 住所：石川市伊波
- アクセス：読谷バスターミナルよりバス

997 安慶名城 （あげなぐすく） [史跡]
- 構造：山城／石積み
- 築城年：14世紀頃
- 築城者：安慶名按司
- 特徴：自然の起伏を利用して築かれた輪郭式の城。本丸を囲うように二の丸を設ける輪郭式は沖縄では非常に珍しい。大川城とも呼ばれる。
- 住所：うるま市安慶名
- アクセス：那覇バスターミナルよりバス

998 伊祖城 （いそぐすく） [史跡]
- 構造：山城／石積み
- 築城年：13世紀
- 築城者：不明
- 特徴：善政で知られる英祖王の居城と伝えられる。景観に優れた場所に建てられた小さな城。2種類の積み方で城壁が造られている。
- 住所：浦添市伊祖
- アクセス：那覇バスターミナルよりバス

999 垣花城 （かきのはなぐすく） [史跡]
- 構造：山城／一の曲輪・二の曲輪・石積み
- 築城年：13〜14世紀
- 築城者：不明
- 特徴：玉城村垣花の南にある台地上に築かれた城。築城されたのは三山時代と考えられている。現在、遺構は生い茂る木々に囲まれている。
- 住所：南城市玉城村
- アクセス：那覇バスターミナルよりバス

1000 伊是名城 （いぜなぐすく） [史跡]
- 構造：山城／石積み
- 築城年：不明
- 築城者：不明
- 特徴：伊平屋島を治めていた屋蔵大王が、伊是名を統治させるべく息子の佐銘川大主を派遣。佐銘川大主が城を修築して拠点とした。
- 住所：島尻郡伊是名村
- アクセス：仲田港より徒歩

1001 宇江城 （うえぐすく） [史跡]
- 構造：山城／石垣・溜め井
- 築城年：不明
- 築城者：久米仲城按司
- 特徴：四方絶壁の要害地形に築かれた城。仲城や仲里城と呼ばれていた時代もあった。首里王府に従わなかったため、滅ぼされたという。
- 住所：島尻郡久米島町
- アクセス：久米島空港より車

1002 具志川城 （ぐしかわぐすく） [史跡]
- 構造：不明／一の曲輪・二の曲輪・城門
- 築城年：13世紀頃
- 築城者：不明
- 特徴：具志川城（久米島）の城主・真金声按司が沖縄本島に逃れて築いた同名の城。本島最南端に位置する喜屋武海岸の崖上にある。
- 住所：糸満市喜屋武
- アクセス：糸満バスターミナルよりバス

989 勝連城 （かつれんぐすく） [史跡]
- 構造：山城／一の曲輪・二の曲輪・三の曲輪など
- 築城年：13世紀
- 築城者：不明
- 特徴：世界遺産。築城者は不明だが、最後の修繕者は当時の城主だった阿麻和利。阿麻和利は琉球統一を目指したが、志半ばで倒れた。
- 住所：うるま市勝連町南風原
- アクセス：那覇バスターミナルよりバス

990 浦添城 （うらそえぐすく） [史跡]
- 構造：山城／不明
- 築城年：13世紀
- 築城者：不明
- 特徴：舜天、英祖、察度の3王朝にわたり、代々の王が居城とした。この地は太平洋戦争の激戦地になったため城跡はほぼ失われた。
- 住所：浦添市仲間城跡
- アクセス：那覇バスターミナルよりバス

991 知念城 （ちねんぐすく） [史跡]
- 構造：山城／石積み・城門
- 築城年：不明
- 築城者：知念按司
- 特徴：古城と新城があり、古城の築城年は正確にはわからない。新城の築城は1477年から1526年、築城者は内間大王といわれる。
- 住所：南城市知念村知念
- アクセス：那覇バスターミナルよりバス

992 糸数城 （いとかずぐすく） [史跡]
- 構造：山城／石積み・城門
- 築城年：14世紀頃
- 築城者：不明
- 特徴：約2ヘクタールの広大な面積を占める城。玉城按司の三男である糸数按司により築かれたと伝えられる。上間按司に攻め落とされた。
- 住所：南城市玉城村糸数
- アクセス：那覇バスターミナルよりバス

993 玉城 （たまぐすく） [史跡]
- 構造：山城／一の曲輪・城門
- 築城年：不明
- 築城者：不明
- 特徴：神話で語られる城のうち、最古のもののひとつ。築城時期は不明も13世紀から14世紀頃の可能性が高い。糸数城、垣花城の近隣。
- 住所：南城市玉城村玉城
- アクセス：那覇バスターミナルよりバス

994 南山城 （なんざんぐすく） [史跡]
- 構造：山城／石積み
- 築城年：14世紀頃
- 築城者：不明
- 特徴：三山時代の南山王の居城といわれる。琉球統一を果たした中山・尚巴志が、最後に攻め落としたとされる城でもある。高嶺城とも。
- 住所：糸満市大里
- アクセス：糸満バスターミナルよりバス

995 具志川城（久米島） （ぐしかわぐすく） [史跡]
- 構造：山城／石積み
- 築城年：1420年頃
- 築城者：真他勃按司
- 特徴：沖縄には具志川城という名の城が3つあるが、そのなかで最も大きい。堅固な城だが、尚真王が率いる首里の大軍に滅ぼされた。
- 住所：島尻郡久米島町
- アクセス：久米島空港より車

地域別　中国・四国・九州・沖縄地方の城

[国宝] 国宝　[重文] 重要文化財（国）　[重文] 重要文化財（県）　[史跡] 国指定史跡　[史跡] 県指定史跡

日本三大○○城を探せ！

日本にはたくさんの城があり、それぞれの特徴がある。それを「三大○○」の括りで紹介しよう。

日本三名城

三名城は時代やくくり方によって異なるが、江戸城を除いた、名高い城を上げる場合が多い。

熊本城

- **熊本城**（熊本県熊本市）⇒P12
- **名古屋城**（愛知県名古屋市）⇒P20
- **姫路城**（兵庫県姫路市）⇒P8

日本三大山城（近世）

岩村城は日本一高い場所に、高取城は麓からの標高差日本一、備中松山城は現存天守中一番高い場所にある。

- **岩村城**（岐阜県恵那市）⇒P131
- **高取城**（奈良県高取町）⇒P161
- **備中松山城**（岡山県高梁市）⇒P204

備中松山城

日本三大平山城

左の三つは三大平山城にあげられることが多い。平山城自体は城郭の大多数を占める。

津山城

- **津山城**（岡山県津山市）⇒P226
- **姫路城**（兵庫県姫路市）⇒P8
- **伊予松山城**（愛媛県松山市）⇒P202

日本三大水城

堀に海水を引き込むなど海を利する城郭を水城（海城）とも呼ぶ。今治城は船で堀内に入ることができた。

今治城

- **高松城**（香川県高松市）⇒P211
- **今治城**（愛媛県今治市）⇒P212
- **中津城**（大分県中津市）⇒P255

日本三大桜名所

桜の三大名所には弘前城と高遠城が挙げられている。遺構と桜の取り合わせが美しい。

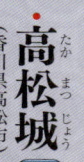

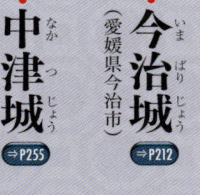

弘前城の桜

- **弘前城**（青森県弘前市）⇒P40
- **高遠城址公園**（長野県伊那市）
- **吉野山**（奈良県吉野郡）⇒P77

日本五大山城（戦国）

歴史学者の小和田哲男氏が『戦国大名浅井氏と小谷城』にて特に著名な山城として取り上げたもの。

- **春日山城**（新潟県上越市）⇒P72
- **月山富田城**（島根県安来市）⇒P225
- **観音寺城**（滋賀県近江八幡市）⇒P158
- **小谷城**（滋賀県長浜市）⇒P156
- **七尾城**（石川県七尾市）⇒P129

七尾城

解説

城の歴史と構造

『日本古城絵図 小田原城図』
(図版／国立国会図書館)

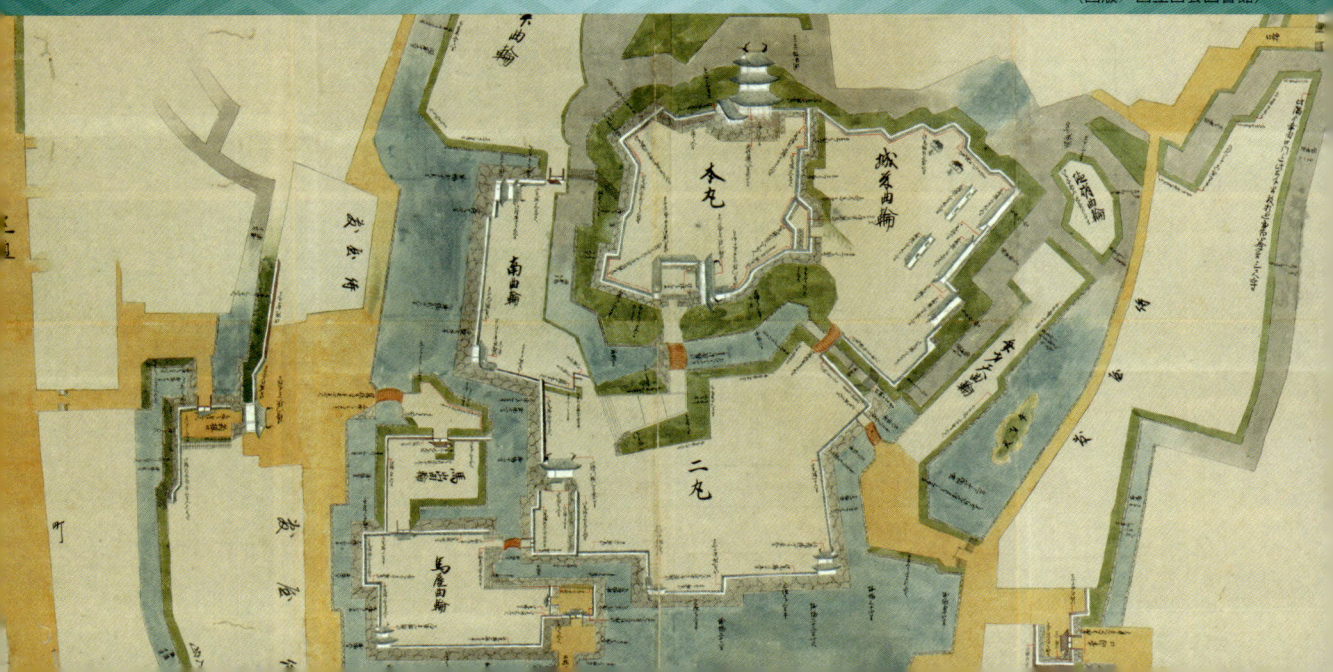

城の歴史をたどる

城といえば天守や櫓をイメージするが、天守の出現は城の歴史ではごく最近である。ここでは古代の環濠集落から幕末の要塞まで、城と呼ばれる建造物の歴史を追った。

築城は国家から個人へ

城は、住居の周囲に堀や柵を廻らせて敵の侵入を防いだことに始まり、**古代の城**は国家が築城した。鎌倉時代の後半から国家ではなく、個人が城を築くようになった。戦国時代になると、戦闘の拠点として多くの**山城**が造られたが、戦国時代の終盤に革命的な城が出現する。それが織田信長の安土城で、豪華絢爛な天主を持っていた。戦いのためではなく、**権力を見せ付けるための城**の誕生だ。慶長3年（1598）、秀吉が死去すると、天下は不安定となり、数多くの城が造られた。**近代城郭**の多くは、慶長年間に築城されている。徳川の世になると城に対して**様々な制限**がなされた。幕末になり異国からの脅威に再び城が造られるようになる。

明治になると、多くの城がとり壊され、戦災によりさらに多くの城が失われたが、高度成長期以降、各地で城が**復興**されていった。

古代　環濠集落

城は、敵から身を守るために住居の周りに堀や柵などを巡らしたものである。周囲に濠を巡らせた城の先祖といってもよい。九州から南関東、北陸までの広い地域でこうした環濠集落が見られる。

環濠集落は、九州から南関東、北陸までの広い地域で見られる。

環濠集落が広がったのには、稲作が朝鮮半島からもたらされたことが関係している。労働力確保のために集団で住む必要が生まれたこと、水利権などの争いがあったからだと考えられている。

古代　古代の城

古代の城は、中国大陸や朝鮮半島の影響が色濃く残っている。国の中心であった藤原京や平城京、平安京は、古代中国の**都城**と呼ばれる都の造り方に倣ったものである。都の中心に政庁を置き、周囲を城壁を巡らす。大宰府や多賀城はそのミニチュア版であった。

古代の山城は、『日本書紀』に記述のある**朝鮮式山城**と、記述のない十六の**神籠石式古代山城**とに分けられる。いずれも朝鮮半島の山城の影響を受けた。

朝鮮式山城は四国や九州に分布し、神籠石式古代山城は西日本に残っている。

吉野ヶ里遺跡
集落の周りに柵が巡らされている。

多賀城復元模型
東国の支配拠点として造られた。写真は4回造成された内、第2期（8世紀後半）の多賀城。
写真／国立歴史民俗博物館

鬼ノ城
神籠石式古代山城。現在復元整備されており、古代山城の堅固な石垣や水門などを見学することができる。

大野城
古代の九州を統括するための役所・大宰府を守るために造られた。

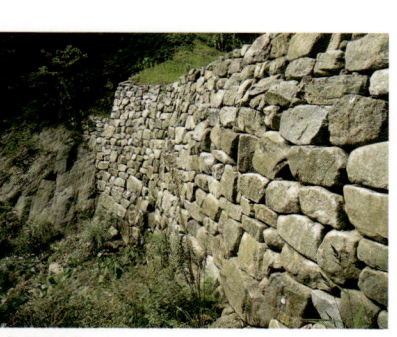

城知識　多賀城は大きく4回の造営が行われた。写真は第Ⅱ期（762〜780年）のもの。

コラム

北海道特有の城 チャシとは？

チャシとはアイヌ語で「囲い」を意味する。名前が表すようにアイヌの城で、北海道各地に400～500ほど点在する。丘の上に居館を築き、空堀や土塁などで守っていて、他の地方の中世山城に似ている。

しかし、戦いの場としてだけでなく、祭礼や話し合いの場としても使用されていたようである。

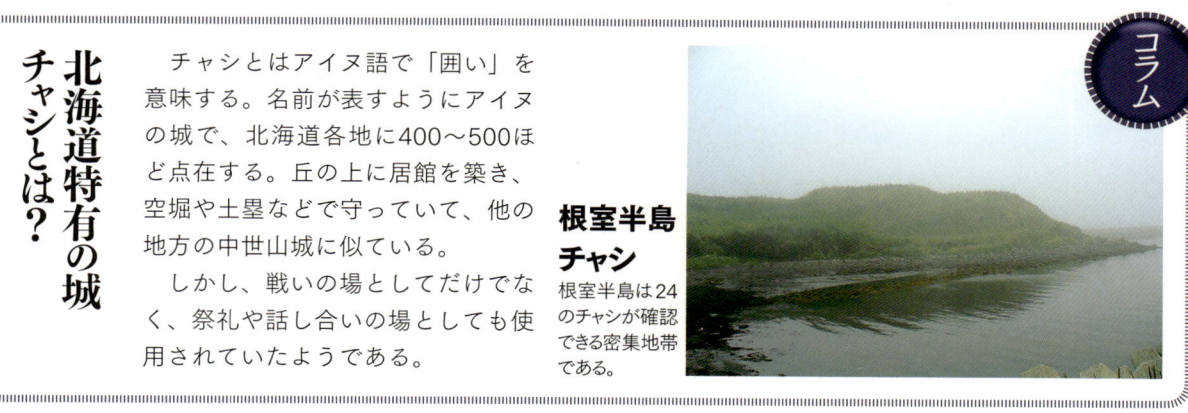

根室半島チャシ
根室半島は24のチャシが確認できる密集地帯である。

鎌倉時代 防塁

鎌倉は、海の交通の要衝であったが、残りの三方を険しい丘陵に囲まれた天然の要害であった。鎌倉に入るには七か所の切通しと海だけしか通り道はない。切通しの周囲には堀切や竪堀もあった。

やがて、海外から宣戦布告され攻め込まれるという大事件が起こった。元寇である。幕府は再度の来襲に備えて九州の現在の福岡県福岡市の海岸沿いに石築地を築いた。これが現在も残る元寇防塁である。

二度目の元寇襲来の時にはこの防塁が元の上陸を阻んだ。

鎌倉復元模型 写真／国立歴史民俗博物館
鎌倉は、山と海で四方を取り囲んだ城塞都市であった。

元寇防塁 写真／福岡市教育委員会
元の軍隊の上陸を阻止するため福岡の海岸沿いに築かれた。

中世 館と山城

守護・地頭の制度は鎌倉幕府の地方支配を支えていた。地頭に任命された御家人は、現地での実質的な支配を行うため、任地に館を構えるようになった。館の周囲に水堀を掘り、土塁を築き、柵を建てて、中心部に館を構えた。足利市にある鑁阿寺は当時の館の面影を今に伝えている。鎌倉以前の城は、国家による築城であった。しかし、鎌倉時代になると武士たちが、自らのために城を築くようになる。財力がないため小規模で、有事の場合を想定し、山に城を造った。

こうした山城を拠点として台頭してくる。こうした傭兵集団のなかでも有名だったのが、楠木正成である。

鑁阿寺 写真／足利市民文化財団
鑁阿寺は、元々は地元に拠点を置く足利氏の屋敷であった。

千早城復元模型 写真／千早赤阪村郷土資料館
楠木正成は、山城である千早城の地形を活かし、自分に有利なように戦った。

解説 城の歴史と構造

城知識 東北には古代城柵と呼ばれる城跡が残っている。これは、北に住む蝦夷支配のために造られた。多賀城、秋田城、志波城、払田柵、城輪柵などがこれにあたる。

室町時代 守護の館

足利将軍は、京都相国寺の西側（現在の同志社大学付近）に館を造る。巨大な庭園を配した公式の場であった。初代将軍足利尊氏の子基氏が鎌倉に入り、鎌倉公方と呼ばれるようになる。その子孫が古河に移り古河公方と呼ばれた。こうした歴代の公方たちが住んだ館は**御所**と呼ばれた。しかし、館は大戦には持ちこたえることができず、戦いのための城が築かれることになった。

上杉本洛中洛外図屏風に描かれた公方御所
この御所は足利義晴の室町邸か、足利義輝の立売邸と考えられている。
（写真／米沢市上杉博物館）

戦国時代 山城の増加

南北朝時代から戦国時代にかけて、**山城**が多く築かれた。山城は戦いのための城で、戦略的拠点でもあった。

しかし山城は交通の便が悪く、領地支配に向かない。そのため、多くの大名は山裾に**居館**を建て、山城は防御のための**詰城**として使用した。

やがて大名の数がどんどん淘汰され、力ある大名が城を領地支配の拠点として使うようになると、小高い丘などに**平山城**を築城するようになる。

吉田郡山城
全山が要塞化された山城。山中に城主家臣ともどもの屋敷が用意されていた。

安土桃山時代 織豊時代の城

戦国時代の後期織田信長の岐阜城と安土城は、**革命的な城**であった。石垣を多用し、恒久的な絢爛豪華な建物を建てた。

織田信長の横死の後、実質的な後継者となった豊臣秀吉は、さらにその城を戦いの道具としてだけでなく、権力の象徴としても進化させていく。一門の大名だけに金箔を貼った瓦の使用を許し、自身の城の建築に大名たちを手伝わせた。

また、文禄・慶長の役で肥前名護屋城に集められた武将たちはそこで、最新式の城を目にする。やがて武将は自分の領地に戻り、秀吉の城を手本に新しい城を造り始めた。

岐阜城
信長の安土城のたたき台ともいうべき城である。

岡山城天守
秀吉の一門の城には、黄金に輝く金箔瓦が使用されていた。

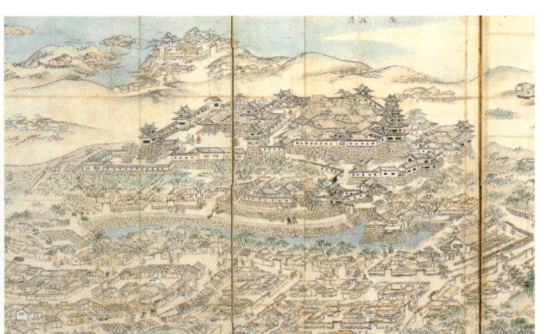

名護屋城図屏風
文禄・慶長の役で朝鮮半島に渡る武将達の前線基地であった。
写真／佐賀県名護屋城博物館

城知識 毛利輝元は、豊臣秀吉の城を見て居城を山城の吉田郡山城から、平城の広島城に移した。

江戸時代 天下普請の城

天下普請と参勤交代で、大名の財力を削いだのが、江戸幕府の支配の特徴だといわれる。両方とも豊臣秀吉が行っていたことを制度として整えたに過ぎないが、天下普請によって、江戸城、大坂城、名古屋城といった巨大な城が造られたのも事実である。各大名がそれぞれ持ち場を分担した。石垣に残る○や×などの記号は、その名残りである。

大坂の陣により豊臣氏が滅亡した後の慶長20年（1615）に一国一城令が出された。領国内の城は、一つを残して破壊しなければならず、幕府に無届けの城の新築や修理も禁止された。

厳しいように思われる一国一城令であるが、実は例外もあった。伊達領内には仙台城のほかに城が例外として認められた。また、犬山城は、尾張徳川家領内のもう一つの城である。

彦根城天守
井伊という一大名の城でありながら、普請には10人以上の大名を動員。

名古屋城天守
大坂に残る豊臣氏への備えとして多くの大名たちによって築城された。

近代 幕末の要塞

幕末になり、日本近海を異国の船が出没するようになる。幕府は異国からの攻撃に備えて、**台場**や**箱館奉行所**（五稜郭）などの建設を進めた。五稜郭は西洋の軍学書を研究して造られた。

台場は東京の観光施設の密集している「お台場」だけでない。幕府だけでなく、各藩でも同じような施設が造られた。神戸には和田岬砲台が残っている。また、土佐藩では当時江戸藩邸のあった鮫洲に台場を築いた記録が残っている。また、兼ねてから築城の許可を願い出ていた松前氏に許可を下した。これが結果的には**最後の日本式の城**となった松前城である。

海からの攻撃を考えて造られたが、背面からの攻撃には弱く、戊辰戦争で簡単に落城している。戊辰戦争を経て、明治になると、城は無用の長物として取り壊されていった。

五稜郭
異国からの攻撃に備えて、西洋式の城郭として造られた。

東京湾に残る台場
江戸の沖合いには、第一から第六台場まで計画されたが、第三台場と第六台場以外の台場は取り壊された。

解説　城の歴史と構造

コラム：沖縄独自の城 グスクとは？

グスクは沖縄の城のことで、沖縄諸島に点在し、世界遺産に登録されている。首里城、今帰仁城、中城城、座間味城、勝連城などが有名である。

他の地方の石垣と違い、石垣が壮大で曲線を描いている。また、上部がアーチ状になった栱門も他の地方では見られない。水堀がないことも特徴である。城内の建物は、中国大陸や朝鮮半島の宮殿建築に影響されていた。首里城ではそうした建物が復元されている。

中城城
雄大な曲線と、アーチ状の石の門を持ったグスクの特徴を備えた城である。

城知識　現代の城のブームにも傾向がある。最初のブームは高度成長期で、天守が造られた。平成のお城ブームでは、木造天守が建てられた。現在は、御殿など天守以外の建物が造られている。

城の種類と縄張

時代によって城や縄張の構造は異なるが、分類は可能である。ここでは戦国と近世の城を中心に、城の基本的な分類について解説しよう。

構造の違い

織田信長以降の近世の城は、戦国の城から構造などについて大きな進化を遂げていた。

写真／加藤理文

戦国の城

小屋　太田金山城
小屋や物見櫓といった掘立柱で板作りの簡便な建物が多かった。

板葺の建物　高根城土塀
簡便な建物のため屋根は板葺きであった。

土塁　春日山城
曲輪の区切り部分などに土を突き固めた土塁を廻していた。

近世の城

礎石建物　姫路城天守
防腐のため木の柱を礎石の上に立て、壁を塗壁や下見板張にした。

瓦葺の屋根　彦根城
雨に強い瓦屋根にすることにより、建物の耐久年数が長くなった。

石垣　福岡城・本丸石垣
石垣の上に建物を造ることで、巨大な建物の建設が可能となった。

城の種類

城は立地によって大きく3つに分けることができる。このほか、海を縄張に取り込んだ場合に海城という呼称を用いることもある。

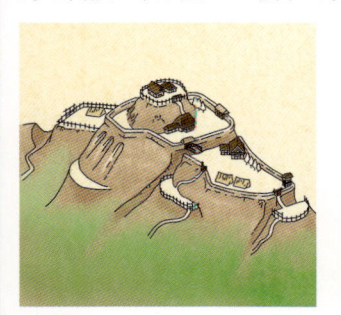

山城
見晴らしのよい山全体を城として使用している。中世の城に多い。

平山城
小高い丘を中心に城を築いている。平山城と平城の明確な区別はない。

平城
平地に広大な城を築く。平和になり、領地支配のため、城は山から降りた。

戦いの城から見せる城へ変化

中世の城は、戦いの時だけ使用されるものであった。小高く遠くまで見渡せる見晴らしのよい丘や、山の上に設けるのが一般的であった。敵の様子を把握するのに城に籠もって戦うのに便利だったからである。最終的には城に籠もって戦うのに便利だったからである。斜面を削って平らな場所を確保することは大変な労働力が必要となる。そのため、各曲輪の面積は狭く、必要な広さを確保するために数で補った。中世の山城では曲輪の数は多く、20、30は当たり前であった。

戦国の山城では、敵を寄せ付けないようにするため、山の尾根を分断するための切岸や堀切などが造られた。堀の底は、V字に鋭く尖っており、底の部分を移動することは困難であった。

しかし、山の上では資材や物資を運び上げるのは困難な上、水の確保も難しいため、城主たちは、

城知識
現在のお城ブームは、これまで注目度の低かった中世山城までおよんでいる。各地の中世城郭の中には復元整備が進み、見学しやすいところもある。

縄張の違い

城の縄張は、軍学上いくつかの形式に区分される。ここでは代表的な3つの形を紹介する。

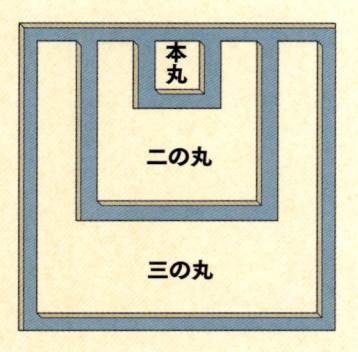

梯郭式
城の背後に崖や巨大な河川など天然の要害がある場合の曲輪の形。本丸を直接要害部分に接するように造る。

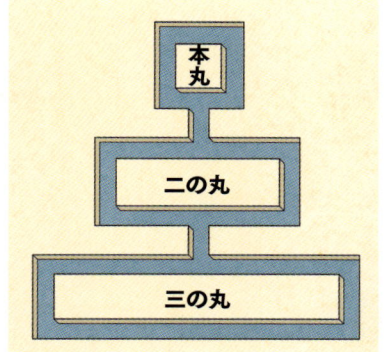

連郭式
本丸、二の丸、三の丸が一直線上に並ぶ。

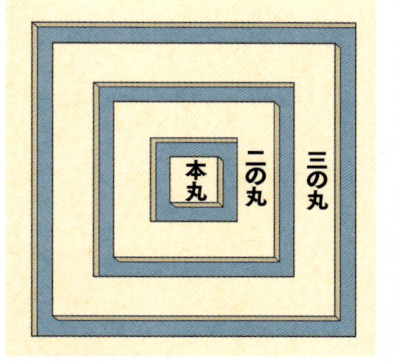

輪郭式
本丸を取り囲むように、二の丸、三の丸が造られている。

文久図（図版／小田原城天守閣）

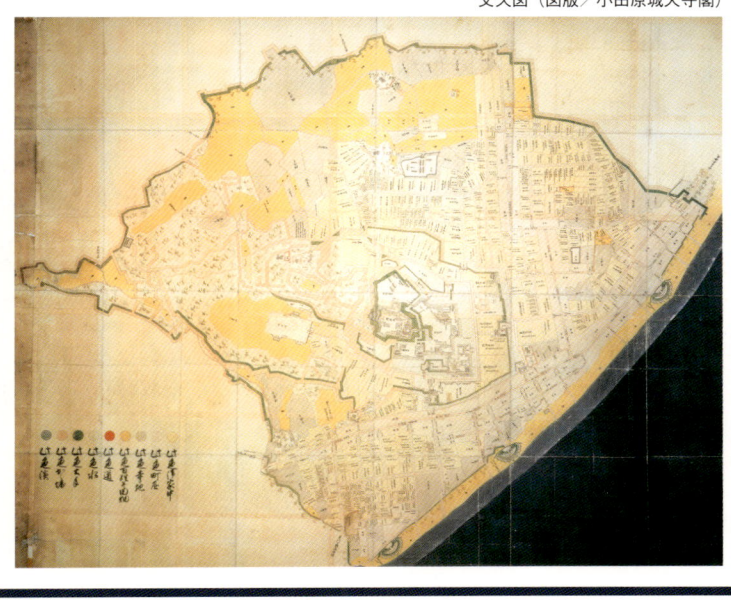

縄張とは？

　縄張とは、城の設計図のことである。城を造るため縄を用いて長さを測ったことからこう呼ばれるようになった。城の中心にあたる本丸、それに隣接するように二の丸、さらにその外側に三の丸が造られる。こうした城の区切られた空間を曲輪と呼ぶ。ある程度の広さがとれる平山城や平城では数が少なく、平らな土地がとりにくい山城では、数が多い。中世の山城では100を超える例も見られた。

　戦いのない江戸時代には、縄張を研究する「軍学」という学問が盛んになった。赤穂城や松前城など軍学に基づいた城も造られた。

　普段は山の麓に築かれた館で生活を送っていた。

　やがて戦国時代の終わりごろになると領主たちは、領国支配に本格的に取り組むようになった。そのためには山の上よりも、領民が住む**領地に近い丘**や、**平地**に城を構えるようになっていった。織田信長が岐阜城下で行った楽市楽座は、領国の町を活性化させる政策であった。

　また、織田信長は、岐阜城や安土城で以後に大きな影響を与える城造りを行った。本格的な**石垣**で城の守りを固め、**礎石建物**を造ったのだ。特に安土城天主は高価な漆で壁を塗り、屋根の瓦には金箔を貼り、当時の人々を驚かせた。このような城の造りを他の城主たちも模倣していく。

　その後、城は**権力の象徴**であると同時に、領国支配のための**役所**としての色を濃くしていく。城の中心部には城主の居住空間であり、役所でもある**御殿**が造られるようになり、その数も面積も多くなっていった。やがて城の中心部は、政務や生活のための御殿で埋めつくされるようになった。

城知識　城の縄張について各地に様々な伝説が残っている。狐が走り回って縄張を教えた、鳥が舞い降りたところに城を造ったなど動物に関する事柄が多い。

石垣の歴史と種類

現在でも石垣が残っている城郭は多い。一見同じように見えて石垣の積み方の種類は多彩で、大きさの異なる石で構成されたもの、整然と積まれたものなど種類はさまざまだ。

石垣の種類
（写真／加藤理文）

石垣は積み上げる石材の加工の程度によって分類される。また積み方によっても不揃いの石を積む「乱積」と横目地が通るように石を積む「布積」などに分けられる。

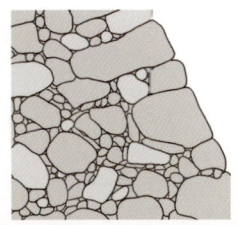

野面乱積
大和郡山城天守台石垣

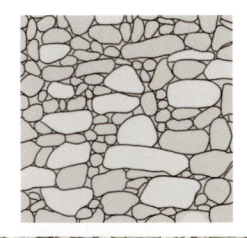

打込接乱積
南関城本丸の石垣

切込接乱積
金沢城石川門の石垣

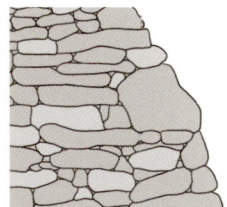

野面布積
浜松城天守台の石垣

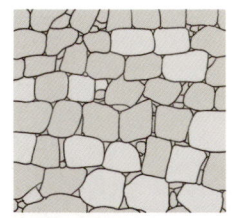

打込接布積
大坂城本丸の石垣

切込接布積
仙台城本丸の石垣

天然石の石垣が発展し加工石を使った石垣へ

石垣は、城の防御のためや建物の土台にするために石を積み上げて造られた構築物である。織田信長が造り上げた安土城は、石垣を多用して造られた城の先駆とされている。

石垣は、積み方によって主に**野面積**、**打込接**、**切込接**に分けられる。この「ハギ」という言葉は、江戸時代の儒学者荻生徂徠が著書『鈐録』の中で用いた言葉である。

野面積は**天然石**を積み上げたものである。様々な大きさの石を使用した**野面乱積**と、大きさをそろえ、横の目地を通した**野面布積**とに分けられる。

打込接は、隙間を減らすため石の接合部分を**加工**した石を使用して積んだものである。隙間には間詰石が詰められる。横の目地が通らないものを**打込接乱積**、通るものを**打込接布積**とに分けられる。

切込接は、隙間がなくなるまで

城知識 江戸城の石垣の石は伊豆半島から、大坂城の石垣の石は、瀬戸内海の島々などから運ばれた。

石垣の構造

　石垣を崩れないように高く積むには様々な工夫がされている。ここではごく簡単に模式図によって説明する。石垣には苦労して遠方から運ばれた石が使用されることが多かった。

　石垣の裏側にはたくさんの石が使われている。表面に見えている大きな石を固定するためや、雨によって石垣が崩壊しないよう水はけをよくするために、友飼石や裏込め石と呼ばれる石を積んだ。

石垣の模式図

駿府城の築城の様子を描いたといわれている。写真は、石垣用の巨石を丸い棒で使って運んでいるところ。
（築城図屏風　図版／名古屋市博物館）

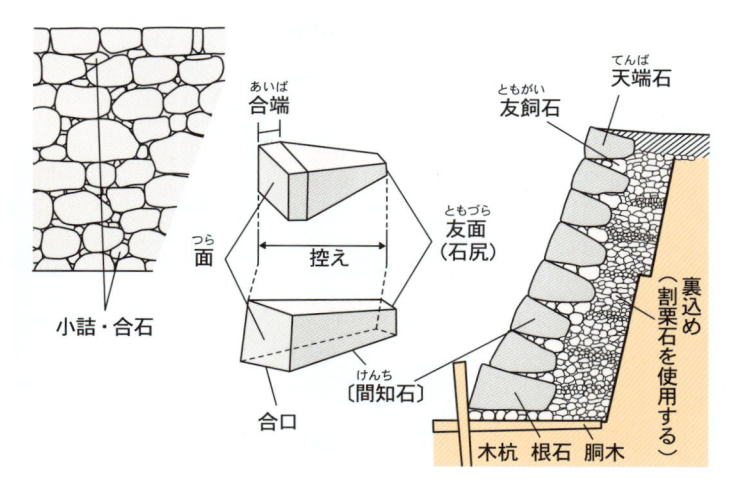

いろいろな石垣

　石垣を作る際の石材は山から石を切り出したり、自然石をかき集めるが、だが石材が不足する場合は墓石を使ったり、土塁と組み合わせることで石材を節約することもあった。

（写真／加藤理文）

石垣で土塁を挟み込んだ彦根城の腰巻鉢巻石垣。

「石垣に使って欲しい」と老婆が、石臼を差し出した伝承を持つ、姫路城の姥ヶ石。

城の入り口には巨石が使われることがあった。写真は大坂城一表面積の広い蛸石。

　加工した石を使用して積んだもので、統一されていない石材を使用した**切込接乱積**と、規格統一した石材を使用した**切込接布積**とに分けられる。

　野面積から打込接を経て切込接へと発展していった。しかし、崩れた石垣を元の石材を使って元のように積み直した例もあり野面積みの方が切込接より古いとは一概にはいえない。

　表面に見えている部分だけでなく、裏側の見えない部分にも、**石材**が使用される。そのため、石垣を造るのには大量の石材が必要である。関東以東の城には石垣が少ないのは、石垣を築くのに必要な大きさの石材が入手困難だったためだ。

　不足する石材を補うために、墓石や石仏、古墳の石棺、石臼なども集められ築かれた石垣もある。また、石垣の一部を土塁にすることによって、使用する石材の量を抑える工夫もなされた。

　その一方で、城の大手口など人の目につく場所にとてつもなく**巨大な石**をはめ込んだ石垣も築かれた。大坂城には10を超える巨石が残されている。

城知識　途中まで運んだものの、最終的には石垣に使われなかった石を残念石という。

城の防備・堀と土塁

侵入を防ぐための城の仕掛けとして、堀と土塁は欠かせないものである。建物のない城でも堀や土塁は残っている場合が多く、もっとも確認しやすい城郭の遺構でもある。

堀の構造

堀は城における最初の防御設備である。江戸時代に堀に関する研究も進み、その分類も確立している。

■堀の種類

山城には空堀が多く、平城には水堀が多い。堀の幅は鉄砲の出現によって広くなった。

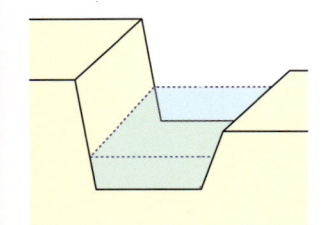

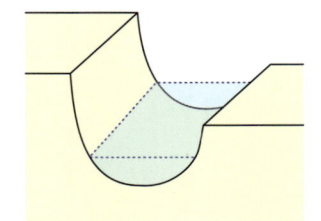

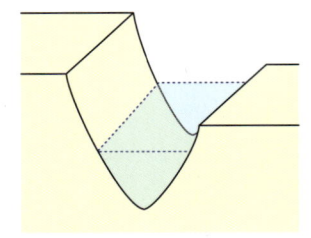

箱堀
堀の底が箱のように平うになっている。

毛抜堀
堀の底が毛抜きの形になっている。

薬研堀
堀の底が、漢方薬などを調合するときに使用する薬研の形になっている。

◀空堀
佐倉城の空掘。堀底にいる敵を上から狙って攻撃する。

水堀▶
広島城の水堀。幅の広い水堀は渡るのが非常に困難。

コラム 重要な任務を担った水鳥

馬は戦には必要な動物であった。犬も軍用犬として徴用された。伝書鳩はかつて大切な通信の担い手であった。そして、堀で優雅に泳ぐ水鳥も重要な任務を担った軍用動物である。水鳥は、水面に異常があると騒ぎたてる習性がある。とくにアヒルは見知らぬ者への警戒心が強く、中国では番犬代わりに飼うという。

江戸城大手門辺りの堀

土でできた防御施設 堀と土塁

堀は、敵の動きを阻むために設けられた巨大な溝である。見事な石垣に囲まれ水をたたえた**水堀**が一般的だ。水堀は城の歴史の中では新しく、平山城や平城が出現して多く造られるようになった。

中世から戦国時代にかけて主流を占めていた山城では、水をためておくことが難しく、水堀はほとんど造られていない。

その代わりに、**空堀**が造られた。中世の山城では「**切岸**」と呼ばれるような急な斜面を人工的に作り出した。また、山の尾根を切断するために「**堀切**」「**竪堀**」という堀で曲輪を区切っていた。

鉄砲が多用されるようになってから堀の幅は広くなった。鉄砲の弾が城内側に届かないようにするためである。堀の底は、幅を広くしても掘りやすい水平なものが主流となった。敵の動きを封じるということで

城知識 奈良県の高取城には、山城では数少ない水堀が現存している。

土塁の構造

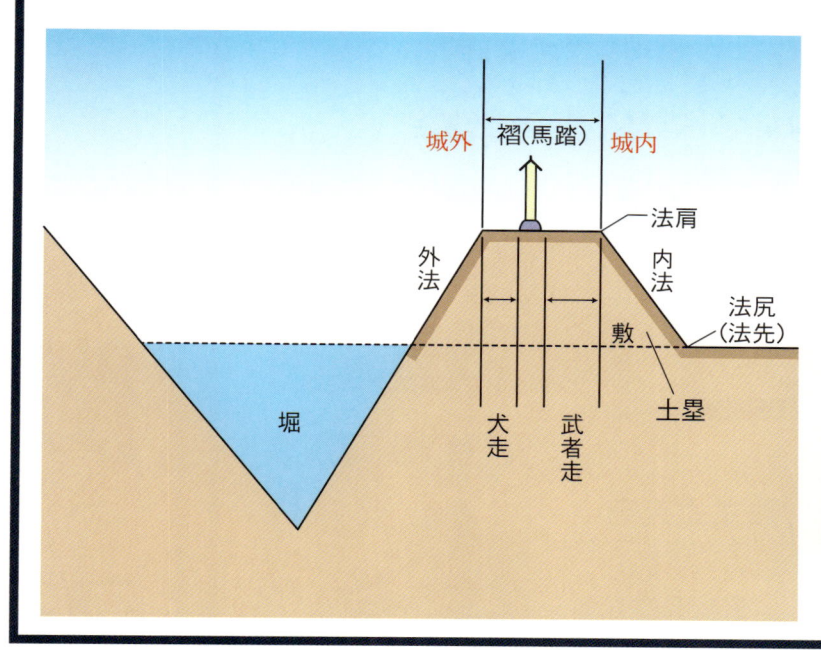

土塁は、堀を掘った時や曲輪を削りだす時に出る土砂を利用して造られた。ただし、土は雨風ですぐに形が崩れてしまう。そのため土塁や空堀などは、風化が激しく石垣にくらべて格段に残りにくく、遺構も確認しにくい。

図中ラベル：城外／褶(馬踏)／城内／法肩／内法／外法／法尻(法先)／堀／犬走／武者走／敷／土塁

高根城の土塁。両側の堀をほった土を積み上げている。（写真／加藤理文）

山城の堀

山城は斜面を削りだして曲輪や堀を造りだし、敵の侵入を遮断した。尾根を切断した堀切は、敵の尾根から侵入を防ぐもの。山の斜面を垂直に掘った竪堀は敵の移動を制限し、味方の攻撃を集中させた。

図中ラベル：曲輪／曲輪／堀切／竪堀／障子堀／畝堀

山中城の畝堀。堀に直角になるように土塁を築いた。（写真／加藤理文）

高根城の堀切。尾根伝いの侵入を防ぐための堀。（写真／加藤理文）

土塁は、土を盛って固めて敵の侵入や攻撃を防ぐ施設である。関東や東北など東国の城に多く見られ、近畿より西側の城には、あまり使われていない。石垣にするための石が手に入りにくい場所で多用されたといわれている。

土をたたき固めて造った土塁を「たたき土居」という。だが、現在は、城が機能していたころのようにきめの細かい手入れができなくなってしまったため、この二つの区別がつきにくい。

土塁も空堀も土を固めて成形したものである。その長い年月を経て、風化が進み、一見しただけでは、堀や土塁とわかりにくくなってしまっている。

あれば、戦国時代に画期的な堀が「畝堀」「障子堀」と呼ばれる堀が造られた。堀の内部が土塁でいくつもの空間に区切られている。堀の中に入った敵が、次の空間から次の空間まで土塁を上り下りして移動するのには時間がかかる。このため、城方が攻撃できる時間は長くなり、そのうえ敵は反撃しにくいので、城を守るほうに有利である。

城知識　「堀障子」はその形から「畝堀」と「障子堀」とに区別される。北条氏の築いた城に多く用いられている。静岡県の山中城は北条氏の居城小田原城の支城で、多くの畝堀や障子堀が見られる。

城の象徴、天守

織田信長が「天主」と呼ばれる建築物を作って以来、天守は近世城郭を象徴する建物となった。ここではその種類や構造をじっくりと紹介する。

天守の構成

天守だけが独立しているもの、大小の天守を結び防御力を上げているものなど多様な構成がある。

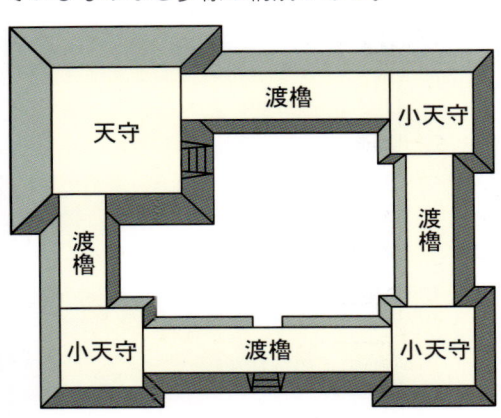

連立式天守
天守と2基以上の小天守(櫓)が渡櫓で結ばれているもの。姫路城など。

姫路城天守

連結式天守
天守と小天守(櫓)が渡櫓で結ばれているもの。名古屋城、松本城など

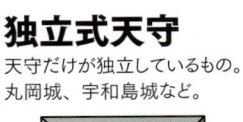

独立式天守
天守だけが独立しているもの。丸岡城、宇和島城など。

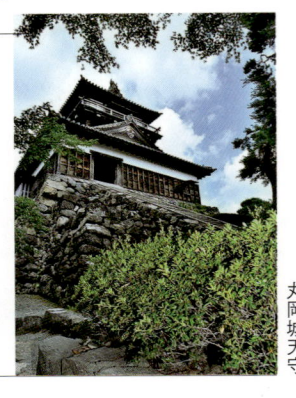

丸岡城天守

複合式天守
付櫓、小天守などが付随しているもの。犬山城、彦根城など。

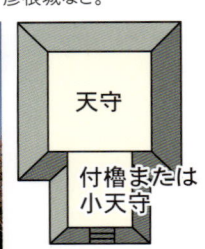

名古屋城天守

犬山城天守

天守の造成は信長以降に流行した

天守は城を代表する建物である。織田信長以降に多く造られるようになったので、近世の城の特徴ともいえる。**城=天守**と考えている人が多いが、江戸時代には、さまざまな制約から天守の建築が大変困難であった。そのため、天守が造られなかった城も多い。天守の建て方の構造形式は、4つに分けられる。

まずは天守だけ単独で建てられた**独立式**で、丸岡城、高知城などがこれにあたる。

次に天守に付櫓という櫓か小天守が直結した形式を**複合式**という。天守に付櫓が付いた例は、福山城があり、付櫓が付いた例としては犬山城、彦根城、松江城などが挙げられる。

天守に渡櫓でつなげた小天守をつなげた形式が**連結式**だ。名古屋城や広島城、松本城などがこれにあたる。

天守と二基以上の小天守や隅櫓形式が**連立式**だ。姫路城などがこれにあたる。

城知識 広島城に、もともと2基の小天守を従えた連結式天守であったが、昭和33年(1958)に復興されたときに独立式天守となった。

天守の構造

近世城郭の特徴の一つに天守があげられる。一口に天守といってもさまざまな種類がある。そしてその様式は櫓や門にも当てはまる。

■望楼型天守

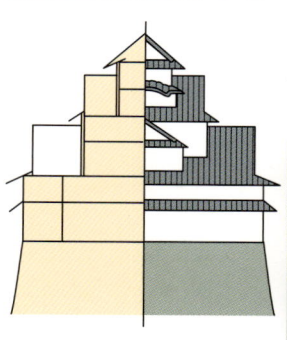

初期型の天守で、一～二階建の大きな入母屋造りの建物に三重三階の望楼を乗せた形をしている。犬山城など。

犬山城天守

■層塔型天守

後期型の天守で、上階を下階より段階的に小さくして積み上げている。天守各階の柱の位置がずれている。弘前城など。

弘前城天守

■破風の形の違い

建築様式によって屋根の形も異なる。特徴的なのが入母屋破風と千鳥破風。前者は望楼型天守を見分ける手掛かりになる。

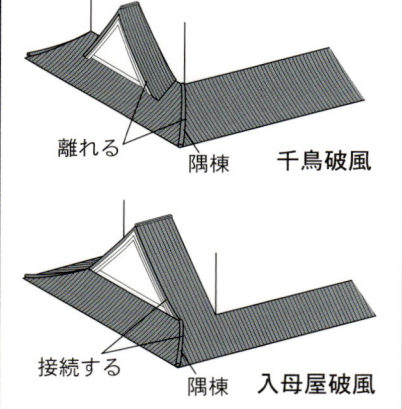

千鳥破風（離れる／隅棟）
入母屋破風（接続する／隅棟）

■重と階

天守や櫓の外観と内部の階数は一致しないこともある。そのため、外観の屋根の数を「重」、内部の階数を「階」と表わす。

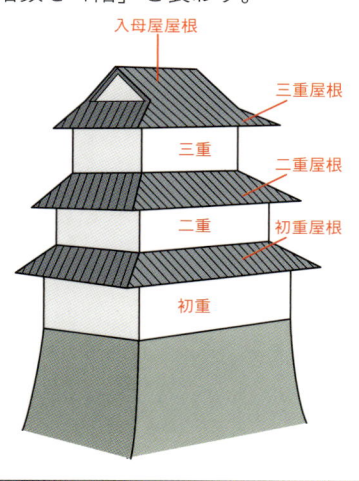

入母屋屋根／三重屋根／二重屋根／初重屋根
三重／二重／初重

■黒と白の天守

天守や櫓には耐久性や耐火性を上げるための工夫を施している

下見板張の天守（松江城）。天守の下層部の黒い部分が下見板張の部分である。

漆喰の天守（姫路城天守）。白漆喰の美しい姿から姫路城は白鷺城と呼ばれる。

望楼型天守は天守が生まれた時からある形で、天守台がゆがんでいても建てることができる。一方の層塔型天守は、規格化された材料を使用して造ることができる。

このほか、天守の外観の色で区別することもある。俗に**豊臣の城は黒く、徳川の城は白い**といわれているが、徳川家康の隠居城である駿府城は、白くなかった。信長の安土城では、漆が使われていたという。現在では、柿渋を板に塗っている。こうすることで板の持ちがよくなるのだ。天守の外壁が黒いのは、下見板張という意匠が使われているからだ。

一方の白い漆喰は耐火性に優れているものの、耐久性には欠け、定期的に塗りなおさなければならない。

天守の形式の分け方には他にも方法がある。天守の最上階で見分けるのだ。一階建てもしくは二階建ての入母屋造りの建物の上に、物見（望楼）を乗せた**望楼型天守**と、五重塔を太くしたような**層塔型天守**の二つの形がある。

を内側の空間を取り囲むように渡櫓でつなげた形式が**連立式**である。姫路城や松山城などの例がある。

城知識　現在、一般の建物で漆喰を使うことが激減してしまった。そのため漆喰技術をもった左官職も減っている。城を維持していくためには、こうした人材の確保も欠かせない。

天守分解図

連結式で望楼型の天守、名古屋城の構造の詳細をみてみよう。天守にはさまざまな防御設備があるのがわかるはずだ。

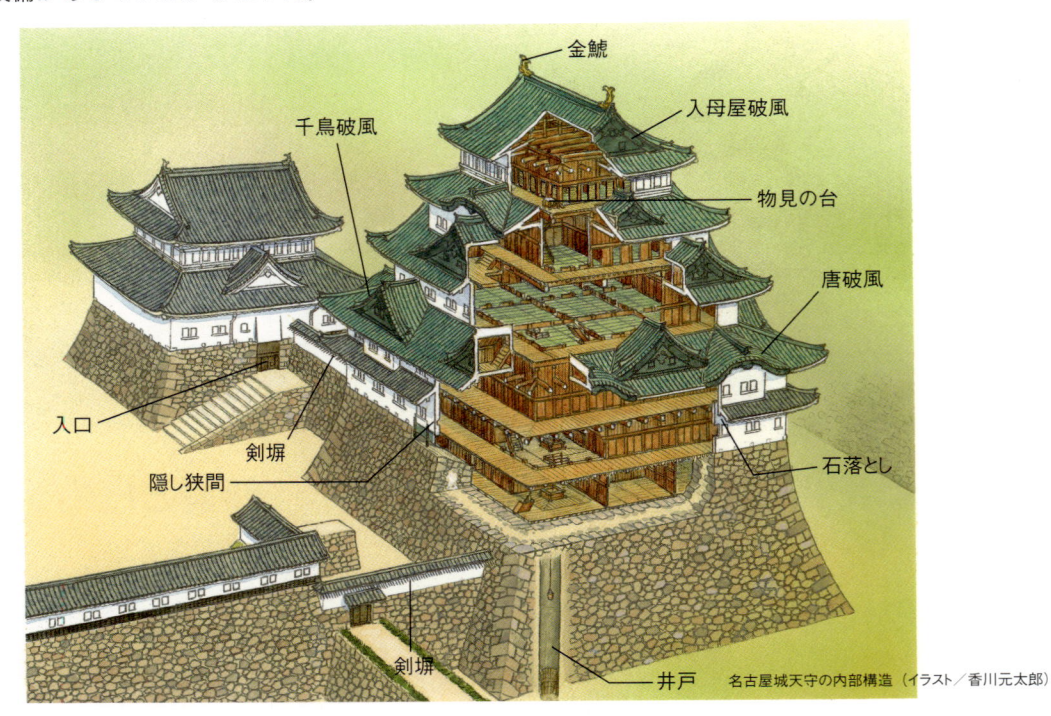

名古屋城天守の内部構造（イラスト／香川元太郎）

ラベル：金鯱、入母屋破風、千鳥破風、物見の台、唐破風、入口、剣塀、隠し狭間、石落とし、剣塀、井戸

名古屋城は、徳川家康が大坂城に拠る豊臣秀頼の対策のために建てた城である。豊臣方が江戸に攻めてきた場合にここで食い止めるため、当時最新鋭の防御が施されていた。天守入口の上に石落としが造られている。また、天守近くの塀は剣塀と呼ばれる刃物を埋め込んだものであった。同時に徳川の威厳を誇示するために金鯱が天守にあげられ、高価な銅瓦が使用されていた。

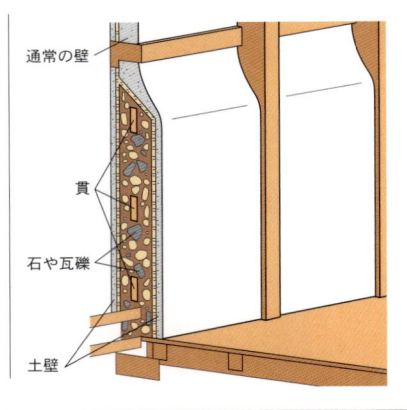

■太鼓壁の構造

天守の壁はただの板塀ではない。丸亀城などで見られる太鼓壁は壁の内部に瓦礫などを入れて弾を通しにくい構造になっている。壁の厚さは4〜5センチ。太鼓の皮のように両側に壁を作ることから、太鼓壁と呼ばれるようになった。

（図ラベル：通常の壁、貫、石や瓦礫、土壁）

合戦時における天守の役割とは？

天守は、城の象徴であると同時に、**戦いの場**でもあった。時代劇で描かれるように、天守から城下を眺めて城主が悦に入るということはほとんどなかった。ただし名古屋城には大名が天守の窓から外を見るための踏み台が残されている。一般的に城主が天守に上る時は、城主になった儀式の一環としてや戦いの最後の局面で、切腹する時など特別な場合に限られていた。

特に合戦が行われていた時代に造られた天守は、自身を守るために様々な工夫が施されている。

天守の入り口は、大きな金属を貼り付けた扉で守られている。すぐに天守本体に入れないように、付櫓を経由する場合などが多い。天守の中の階段は勾配が急で幅が狭く登りにくい。さらに、階段の途中に扉を設けて、道をふさいでしまえる姫路城の例もある。

壁には四角や三角の小さな穴が開いている。これは、天守の中から鉄砲や弓矢で攻撃するための**狭間**と呼ばれる穴なのだ。壁を登ろうとしても、忍び返しという金製のトゲがついている。

城知識　現在江戸時代以前の天守が残るのは、弘前城、丸岡城、松本城、犬山城、彦根城、姫路城、備中松山城、松江城、丸亀城、宇和島城、松山城、高知城の12城である。

276

天守の仕掛け

(写真／加藤理文)

天守には侵入者を撃退するための石落としと狭間といった仕掛けが施されている。また籠城のために生活のための設備もそろっている。

■武器棚

急な戦いに備えて、天守には武器が備えつけられていた。槍棚のほか、鉄砲棚などがある。

姫路城天守の武器棚

■狭間

天守や櫓、塀などの壁面にある小窓。そこから鉄砲や矢などで攻撃をする。武器によって位置や形状が異なっている。写真の三角形の底の部分の板をはずして、鉄砲などで攻撃する。

彦根城天守の狭間

■石落とし

天守や櫓の出窓の下などがハッチになっており、そこから鉄砲などで攻撃するようになっている。写真左側の出張っているいる部分の床が開閉するようになっている。

熊本城宇土櫓の石落とし

■籠城戦の備え

何ヵ月もの籠城戦に耐えられるように、城には厠(トイレ)から井戸まで、生活できる設備も備えられている。

階段(彦根城) 天守の階段は、武器を持って上るのが困難なほど急な勾配が多い。

厠(姫路城) 籠城戦に備えて厠が作られていた。籠城戦が行われなかった姫路城の厠は、未使用である。

流し(姫路城) 籠城の炊き出しのために流しも造られていた。

井戸(松江城) 生活用水を確保するため、井戸が掘られていた場合もあった。

■窓の格子

窓には格子がはめられており、攻撃しやすいように、斜めに木材が配されている。

犬山城天守の窓の格子

城が備えるいろんな仕掛け

出窓の床はハッチのように開閉できる。これも天守の真下にいる敵を攻撃するための装置だ。破風の裏側には攻撃するための小部屋が設けられている場合もある。敵からの鉄砲や大砲の弾に耐えられるように壁を厚くした。これを**太鼓壁**という。福山城のように守りの薄い方向の外壁に鉄板を張った場合もあった。

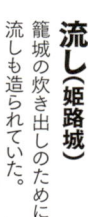

窓も外から敵が入ってこないように**格子**になっている。格子も内側からの攻撃を考えて、木が窓枠に対して斜めにはめられている。壁にはいつ戦いになっても戦えるように武器がかけられていた。

さらに籠城戦となった場合に対応できるようにも造られていた。非常の際には畳が敷かれ、寝泊りできるようになっていた。**井戸、流し、厠(トイレ)**が造られ、当面の間生活できるようになっていたのだ。記録では湯屋(風呂)が造られていた天守もあった。また、城主がここへやってくることを考えて、着替えるための部屋や、居間が造られていた。

城知識 天守は「天守閣」とも呼ばれるが、これは明治以降の呼び方である。江戸時代にはもっぱら天守と呼ばれていた。

虎口・城門・櫓など

城には天守以外にもさまざまな建物が存在する。中でも多く遺構が残っているのが城門、櫓、そして城の出入り口である虎口である。

虎口

虎口とは城の出入口。周辺はさまざなま場所から攻撃できるようにし、守りを固めていた。

障壁

蔀と蔀（しとみ・かざし）
見通せないように置かれた遮蔽物で、城内側のものを蔀、外側のものを蔀という。

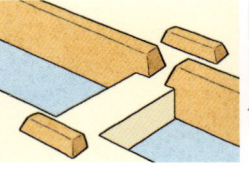

一文字土居（いちもんじどい）
敵が一気に入れないよう虎口の内側に土塁（土居）が造られた。

屈折

折坂虎口（おりさかこぐち）
山城の上り坂を曲げたものである。

喰違虎口（くいちがいこぐち）
虎口の通路を屈折させて、敵が直進できないようにする。

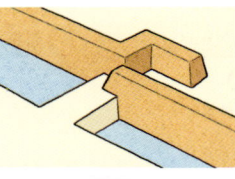

枡型

外枡形（そとますがた）
枡形とは四角形のこと。二重に構えた門と門の間に四角い広場を設けた。城の外側にあるのが外枡形である。

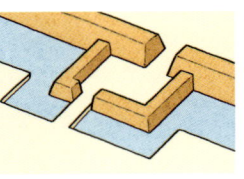

内枡形（うちますがた）
城の内側に設けたものを内枡形という。枡形に入り込んだ敵を狙い撃ちしたとも、味方をこの中に入れて数を数えたともいわれている。

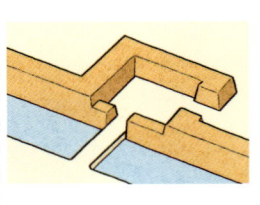

馬出

丸馬出（まるうまだし）
城の防御だけでなく攻撃の拠点となる。半月型の丸馬出は武田氏の城で多く見られた。

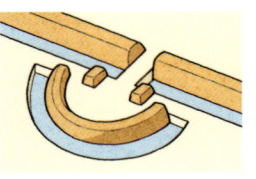

角馬出（かくうまだし）
四角い馬出を角馬出という。北条氏の城に使われた。

（写真／小田原城天守閣）

枡形の例。小田原城銅門

城の出入口は虎口という。敵兵が城内に入り込まないように、門を二重にしたり、直進できないように道を折り曲げたりする。また、遠くまで見通せないように遮蔽物を設けることもあった。敵を上から攻撃するため多重建ての門や、櫓をそばに設けた。

その他の建物

江戸城同心番所

掛川城二の丸御殿

城には天守、櫓、門のほかに物を収納する蔵、警備する者が詰める番所、役所兼城主の生活空間である御殿などの建物があった。大坂城では、金をしまっておく金蔵、火薬を入れておく焔硝蔵が現存している。蔵の名称は中に入れる品物からつけられた。江戸城には、大手門を入ったところに、同心番所、百人番所、大番所が残っている。掛川城には日本で唯一二の丸御殿が現存。御殿はいわゆる役所であり、城主が政務を行う表御殿、生活空間の中奥が残っている。

城知識 城の御殿が復元された例として篠山城、佐賀城、熊本城などがある。現在名古屋城でも2017年度の完成を目指して工事が行われている。

門

　門は城の防御に重要な役割を果たす建造物であった。門には様々な種類があり、用途に応じて配置する。二階、もしくは三階建ての上階から攻撃をしかけることができる櫓門は、守りを固めたい場所に造った。門扉は厚く大きく、さらに金属の板を貼り付けてあるなど簡単には破れなかった。

埋門（姫路城）
いざというときに、石や土嚢などで門をふさぎ使えなくした。

櫓門（二条城大手門）
門の中央の窓や床下の石落としから門を通過する敵を攻撃する。

高麗門（江戸城桜田門）
薬医門の進化形で、屋根が三つに分かれている。

薬医門（宇和城上り立ち門）
門扉が雨に濡れないように巨大な屋根が付いている。

戸無門（松山城）
最初から門扉が造られていない珍しい門である。

唐門（二条城）
御所などに造られる格式の高い門。現存例は二条城だけである。

塀重門（二条城）
騎乗したまま通過できるよう門の上部が造られていない。

長屋門（二条城桃山門）
長屋と呼ばれる細長い建物の途中が門になっている。

（写真／加藤理文）

櫓

　櫓は城の防御の柱となる建物である。
　二重櫓が基本で、高いところから遠くを見渡し、敵の頭上から攻撃を加える。城壁の曲がり角や門付近といった場所に設けることで、強固な守りを実現した。
　また多聞櫓と呼ばれる細長い櫓を城壁代わりに造り、鉄壁の守りとすることもできる。

多聞櫓（金沢城五十間櫓）
金沢城には数多くの多聞櫓があった。

大型の二重櫓（大坂城千貫櫓）
大坂城の二重櫓はいずれも大型である。

太鼓櫓（掛川城太鼓櫓）
内部の太鼓で時を知らせた。このほか、月見櫓など役割を表す名前がついた櫓もあった。

三重櫓（熊本城宇土櫓）
他の城の天守よりも大型の三重櫓。小西行長の宇土城天守だったという伝承を持つ。

城知識　櫓は、櫓の建つ方角の名称で呼ばれることが多かった。江戸時代の方角の表し方は、北から30度ごとに子から順に十二支を割り振っていく。北東の櫓なら丑寅という具合である。

ら・わ

りかんじょう	利神城(兵庫県)	167
りゅうおうさんじょう	龍王山城(奈良県)	169
りゅうしょうざんじょう	龍松山城(和歌山県)	171
れんぼうやしき	連方屋敷(山梨県)	93
わかえじょう	若江城(大阪府)	165
わかさじょう	若桜城(鳥取県)	223
わかばやしじょう	若林城(宮城県)	61
わかまつじょう	若松城(福島県)	43、62、111、196
わかみこじょう	若神子城(山梨県)	93
わかやまじょう	和歌山城(和歌山県)	161、171
わかやまじょう	若山城(山口県)	229
わきもとじょう	脇本城(秋田県)	57
わくやじょう	涌谷城(宮城県)	60
わしおじょう	鷲尾城(長野県)	99
わしおやまじょう	鷲尾山城(広島県)	231
わしじょう	鷲城(栃木県)	81
わだやまじょう	和田山城(石川県)	137
わたりじょう	亘理城(宮城県)	61

参考文献

『日本城郭大系(全20巻)』新人物往来社
『ビジュアルワイド 日本の城』小学館
『お城の地図帳』辰巳出版
『こんな城もあったんだ 日本名城・奇城ガイド』 本岡勇一著　TOブックス
『ヴィジュアル新発見 日本の城郭 名将のプライド』 西野博道著　柏書房
『ヴィジュアル新発見 日本の城郭 築城者の野望』 西野博道著　柏書房
『歴史がおもしろいシリーズ! 図解 日本の城』 西東社
『日本の名城・古城もの知り事典』 小和田哲男監修　主婦と生活社
『ハンディ版 日本の100名城 公式ガイドブック』 学研パブリッシング
『図説 日本100名城の歩き方』 小和田哲男・千田嘉博著　河出書房新書
『日本の名城 復元イラストと古絵図で見る』 全国城郭管理者協議会監修　碧水社
『日本の城ハンドブック新版』 小和田哲男監修　三省堂
『地図で知る戦国(上・下)』 武揚堂
『よみがえる日本の城(1～30巻)』 中井 均・三浦正幸 監修　学習研究社
『歴史群像シリーズ特別編集 決定版 図説 幕末戊辰西南戦争』 学習研究社
『地図で読み解く 戦国合戦の真実』 小和田哲男監修　小学館
『信長と石山合戦』 神田千里著　吉川弘文館
『徹底図解 日本の城』 中井 均監修　新星出版社
『品川台場史考 幕末から現代まで』 佐藤正夫著　理工学社
『城郭の見方・調べ方ハンドブック』 西ヶ谷恭弘、阿部和彦、大橋健一、笹崎 明著　東京堂出版
『名城物語 3』 学研パブリッシング
『新潮社古典文学アルバム14 太平記』 大森北義　島田雅彦著　新潮社
『五稜郭』 田原良信著　同成社
『歴史REAL VOL.4 戦国の城を攻める!』 洋泉社
『太平記』 山崎正和　世界文化社
『歴史群像名城シリーズ 彦根城』 学習研究社
『浅井長政のすべて』 小和田哲男編　新人物往来社
『多摩歴史散歩2』 佐藤孝太郎著　有峰書店新社
『合戦場の女たち』 横山茂彦著　状況社
『天守のすべて』 三浦正幸監修　学習研究社
『日本の軍隊ものしり物語part1』 熊谷直著　光人社
『武蔵武士』 福島正義著　さきたま出版会
『黒田如水のすべて』 安藤英男編　新人物往来社
『大阪城400年』 岡本良一　作道洋太郎　原田伴彦　松田毅一　渡辺武著　大阪書院
『特別展 石田三成と忍城水攻め』(行田市郷土博物館)
『戦国の食術 勝つための食の極意』永山久夫著 (学研新書)

写真協力

加藤理文／福井聡／todo

JTBフォト／安土町観光協会／伊賀市／伊那市観光協会高遠町支部／岡山県立図書館／会津若松市／会津若松市観光公社／岐阜県観光連盟／岐阜市／京都市文化市民局／金沢市／犬山市／弘前市／国立国会図書館／国立歴史民俗博物館／佐賀県名護屋城博物館／三木市／三木市教育委員会／山口県公文書館／山口県立山口博物館／滋賀県教育委員会／七尾市／小谷城戦国歴史資料館／小田原城天守閣／松山城二之丸史跡庭園／松本市／上越市／盛岡市／赤穂市歴史博物館／千早赤阪村郷土資料館／足利市民文化財団／大阪城天守閣／大槌町役場／棚倉町役場／朝来市／鳥取県立博物館／鳥取市／鳥取市教育委員会／津金学校／鶴岡市郷土資料館／東京都立中央図書館特別文庫室／島原市／二本松市／函館市中央図書館／彦根市教育委員会／姫路市／富山市立埋蔵文化財センター／福岡市教育委員会／米沢市教育委員会／米沢市上杉博物館／毎日フォトバンク／湊川神社／名古屋市博物館／名古屋城総合事務所／名護屋城博物館／擽見寺

まついだじょう	松井田城	(群馬県)	………	83
まつえじょう	松江城	(島根県)	………	206、224
まつおじょう	松尾城	(長野県)	………	98
まつおじょう	松尾城	(宮崎県)	………	257
まつがしまじょう	松ヶ島城	(三重県)	………	148
まつくらじょう	松倉城	(富山県)	………	135
まつくらじょう	松倉城	(岐阜県)	………	142
まつさかじょう	松阪城	(三重県)	………	133、149
まつしろじょう	松代城	(長野県)	………	76、98
まつだいらじょう	松平城	(愛知県)	………	147
まつたけじょう	松竹城	(東京都)	………	89
まっとうじょう	松任城	(石川県)	………	137
まつねじょう	松根城	(石川県)	………	137
まつばじょう	松葉城	(愛媛県)	………	218
まつまえおおだて	松前大館	(北海道)	………	50
まつまえじょう	松前城	(北海道)	………	45、51
まつまえはんへきりちじんや	松前藩戸切地陣屋	(北海道)	………	51
まつもとじょう	松本城	(長野県)	………	24、98
まつやまじょう	松山城	(山形県)	………	59
まつやまじょう	松山城	(埼玉県)	………	84
まつやまじょう	松山城	(福岡県)	………	247
まつやまるい	松山塁	(宮崎県)	………	256
まりこじょう	丸子城	(静岡県)	………	140
まりやつじょう	真里谷城	(千葉県)	………	87
まるおかじょう	丸岡城	(山形県)	………	59
まるおかじょう	丸岡城	(福井県)	………	127、139
まるおかはんほうだいあと	丸岡藩砲台跡	(福井県)	………	138
まるがめじょう	丸亀城	(香川県)	………	205、217
まるねとりで	丸根砦	(愛知県)	………	147
まるやまじょう	丸山城	(三重県)	………	148
まんがんじじょう	満願寺城	(島根県)	………	225
まんぎじょう	万喜城	(千葉県)	………	87
みいりたかまつじょう	三入高松城	(広島県)	………	232
みかさじょう	三笠城	(島根県)	………	224
みかぶりじょう	箕冠城	(新潟県)	………	95
みきじょう	三木城	(兵庫県)	………	167、183
みさかじょう	御坂城	(山梨県)	………	93
みざわじょう	三沢城	(島根県)	………	224
みずき	水城	(福岡県)	………	247
みたきじょう	三滝城	(愛媛県)	………	218
みたけじょう	三岳城	(静岡県)	………	141
みついしじょう	三石城	(岡山県)	………	226
みつおかじょう	光岡城	(大分県)	………	255
みつせじょう	三瀬城	(佐賀県)	………	248
みとじょう	水戸城	(茨城県)	………	70、78
みとやじょう	三刀屋城	(島根県)	………	224
みながわじょう	皆川城	(栃木県)	………	81
みなくちじょう	水口城	(滋賀県)	………	172
みなとじょう	湊城	(秋田県)	………	57
みなとやまじょう	港山城	(愛媛県)	………	219
みなまたじょう	水俣城	(熊本県)	………	253
みなもとのつねもとやかた	源経基館	(埼玉県)	………	85
みねじょう	峯城	(三重県)	………	149
みのわじょう	箕輪城	(群馬県)	………	73、83
みはらじょう	三原城	(広島県)	………	232
みはるじょう	三春城	(福島県)	………	63
みふねじょう	御船城	(熊本県)	………	252
みやこのじょうじょう	都城城	(宮崎県)	………	257
みやざきじょう	宮崎城	(宮城県)	………	61
みやざきじょう	宮崎城	(富山県)	………	134
みやざきじょう	宮崎城	(宮崎県)	………	256
みやづじょう	宮津城	(京都府)	………	162
みやのじょう	宮野城	(群馬県)	………	83
みゆきづかじょう	御幸塚城	(石川県)	………	137
みょうじょう	名生城	(宮城県)	………	61
むかいはぐろやまじょう	向羽黒山城	(福島県)	………	63
むかさじょう	穆佐城	(宮崎県)	………	257
むもじょう	武茂城	(栃木県)	………	81
むやじょう	撫養城	(徳島県)	………	215
むらかみじょう	村上城	(栃木県)	………	81
むらかみじょう	村上城	(新潟県)	………	95
めいじょう	目井城	(宮崎県)	………	257
もじじょう	門司城	(福岡県)	………	246
モシリヤチャシ	モシリヤチャシ	(北海道)	………	51
もてぎじょう	茂木城	(栃木県)	………	80
もとさくらじょう	本佐倉城	(千葉県)	………	87
もとやまじょう	本山城	(高知県)	………	220
もとよいたじょう	本与板城	(新潟県)	………	94
もべつだて	茂別館	(北海道)	………	50
もりおかじょう	盛岡城	(岩手県)	………	44、54
もりぐちじょう	守口城	(大阪府)	………	164
もりじんや	森陣屋	(大分県)	………	255
もりでらじょう	森寺城	(富山県)	………	135
もりやじょう	守谷城	(茨城県)	………	78
もりやまじょう	守山城	(富山県)	………	135
もりやまじょう	守山城	(熊本県)	………	252
もろとじょう	師戸城	(千葉県)	………	87

や

やおじょう	八尾城	(大阪府)	………	165
やぎじょう	八木城	(京都府)	………	163
やぎじょう	八木城	(兵庫県)	………	167
やぎゅうじょう	柳生城	(奈良県)	………	169
やくないじょう	八口内城	(秋田県)	………	57
やしまじょう	屋島城	(香川県)	………	217
やすだじょう	安田城	(富山県)	………	135
やたかじあと	弥高寺跡	(滋賀県)	………	172
やつしろじょう	八代城	(熊本県)	………	253
やとじょう	谷戸城	(山梨県)	………	93
やながわじょう	梁川城	(福島県)	………	63
やながわじょう	柳川城	(福岡県)	………	121、246
やなぎのごしょ	柳之御所	(岩手県)	………	55
やまがじょう	山鹿城	(福岡県)	………	246
やまがたじょう	山形城	(山形県)	………	48、58
やまかみじょう	山上城	(群馬県)	………	82
やまぐちじょう	山口城	(埼玉県)	………	85
やまぐちはんちょう	山口藩庁	(山口県)	………	228
やまざきじょう	山崎城	(京都府)	………	163
やまざきじょう	山崎城	(鳥取県)	………	222
やまざきやまじょう	山崎山城	(滋賀県)	………	173
やましなほんがんじ	山科本願寺	(京都府)	………	163
やまだじょう	山田城	(埼玉県)	………	84
やまだじょう	山田城	(高知県)	………	221
やまとこおりやまじょう	大和郡山城	(奈良県)	………	168
やまなかじょう	山中城	(静岡県)	………	141
やまねだて	山根館	(秋田県)	………	57
やまぶきじょう	山吹城	(島根県)	………	225
やまべじょう	山家城	(長野県)	………	99
やまもとやまじょう	山本山城	(滋賀県)	………	172
やむらじんや	谷村陣屋	(山梨県)	………	93
ゆあさじょう	湯浅城	(和歌山県)	………	171
ゆうきじょう	結城城	(茨城県)	………	79
ユクエピラチャシ	ユクエピラチャシ	(北海道)	………	51
ゆぐちちゃうすたて	湯口茶臼館	(青森県)	………	52
ゆさじょう	由佐城	(香川県)	………	217
ゆずりはじょう	楪城	(岡山県)	………	226
ゆづきじょう	湯築城	(愛媛県)	………	218
ゆみのきじょう	弓木城	(京都府)	………	162
ゆみのしょうじょう	弓庄城	(富山県)	………	134
ゆむらやまじょう	湯村山城	(山梨県)	………	93
ゆらだいば	由良台場	(鳥取県)	………	223
よいたじょう	与板城	(新潟県)	………	94
ようがいじょう	要害城	(山梨県)	………	93、116
よこすかじょう	横須賀城	(静岡県)	………	141
よこてじょう	横手城	(秋田県)	………	57
よこやまじょう	横山城	(滋賀県)	………	108、172
よしだこおりやまじょう	吉田郡山城	(広島県)	………	210、231
よしだじょう	吉田城	(愛知県)	………	147
よしだはんじんや	吉田藩陣屋	(愛媛県)	………	219
よどじょう	淀城	(京都府)	………	163
よなごじょう	米子城	(鳥取県)	………	223
よねざわじょう	米沢城	(山形県)	………	48、58、111

なみおかじょう 浪岡城(青森県)……………53	はちのへじょう 八戸城(青森県)……………53	ふかうらだて 深浦館(青森県)……………53
なりわじょう 成羽城(岡山県)……………227	はちまんやまじょう 八幡山城(和歌山県)………171	ふかえじょう 深江城(長崎県)……………251
なるみじょう 鳴海城(愛知県)……………145	はちまんやまじょう 八幡山城(滋賀県)…………173	ふかくさじょう 深草城(山梨県)……………93
なんごうじょう 南郷城(宮崎県)……………257	はつさわじょう 初沢城(東京都)……………89	ふかざわじょう 深沢城(静岡県)……………140
なんざんぐすく 南山城(沖縄県)……………261	はなおじょう 花尾城(福岡県)……………246	ふかみじょう 深見城(神奈川県)……………90
なんだいさんじょう 難台山城(茨城県)…………79	はなざわだて 花沢館(北海道)……………51	ふかやじょう 深谷城(埼玉県)……………84
なんばたじょう 難波田城(埼玉県)……………84	はなぞのじょう 花園城(埼玉県)……………85	ふくいじょう 福井城(福井県)……………138
にいたかやまじょう 新高山城(広島県)…………230	はなまきじょう 花巻城(岩手県)……………55	ふくおかじょう 福岡城(福岡県)………241、246
にいやはんじんや 新谷藩陣屋(愛媛県)………219	はまぐりじょう 蛤城(岐阜県)……………143	ふくしまじょう 福島城(青森県)……………53
にしおじょう 西尾城(愛知県)……………147	はまだじょう 浜田城(島根県)……………224	ふくしまじょう 福島城(新潟県)……………95
にしたかぎけじんや 西高木家陣屋(岐阜県)…143	はまましけじんや 浜益毛陣屋(北海道)…………51	ふくすみいのいちじょう 福住井之市城(奈良県)…169
にしもないじょう 西馬音内城(秋田県)…………57	はままつじょう 浜松城(静岡県)………103、140	ふくちやまじょう 福知山城(京都府)……………163
にじょうざんじょう 二上山城(奈良県)…………169	はもちじょう 羽茂城(新潟県)……………96	ふくみつじょう 福光城(島根県)……………224
にじょうじょう 二条城(京都府)………154、163	はやしじょう 林城(長野県)……………97	ふくやまじょう 福山城(福山市)(広島県)……230
にほんまつじょう 二本松城(福島県)……49、63	はらじょう 原城(長崎県)……………251	ふくやまじょう 福山城(三次市)(広島県)……230
にゅうやまじょう 入山城(和歌山県)……………171	ひえだかんごう 稗田環濠(奈良県)……………169	ふしみじょう 伏見城(京都府)……110、158、163
にらやまじょう 韮山城(静岡県)……………140	ひがしのやまじょう 東野山城(滋賀県)…………172	ふたがみやまじょう 二上山城(鳥取県)…………222
にわせじょう 庭瀬城(岡山県)……………227	ひがしやまじょう 東山城(徳島県)……………214	ふたごじょう 二子城(岩手県)……………55
ぬまたじょう 沼田城(群馬県)……………83	ひけたじょう 引田城(香川県)……………216	ふたつやまじょう 二ツ山城(島根県)……………225
ぬまづじょう 沼津城(静岡県)……………141	ひこねじょう 彦根城(滋賀県)………32、172	ふたまたじょう 二俣城(静岡県)……………141
ねこおじょう 猫尾城(福岡県)……………247	ひさかわじょう 久川城(福島県)……………62	ふちゅうじょう 府中城(福井県)……………139
ねごやじょう 根小屋城(群馬県)……………83	ひじじょう 日出城(大分県)……………255	ふちゅうでばりじょう 府中出張城(広島県)……232
ねごろじ 根来寺(和歌山県)……………170	びっちゅうたかまつじょう 備中高松城(岡山県)	ふとげじょう 二曲城(石川県)……………137
ねじょう 根城(青森県)……………53	……………185、227	ふなおかじょう 船岡城(宮城県)……………61
ねちじょう 根知城(新潟県)……………96	びっちゅうまつやまじょう 備中松山城(岡山県)	ふなおかじょう 舟岡城(石川県)……………137
ねむろはんとうちゃしあとぐん 根室半島チャシ跡群(北海道)	……………204、227	ふるふもとじょう 古麓城(熊本県)……………253
……………45、51	ひとよしじょう 人吉城(熊本県)………243、253	ふるみやじょう 古宮城(愛知県)……………145
のうみねじょう 直峰城(新潟県)……………95	ひのえじょう 日野江城(長崎県)……………251	へいすがじょう 平須賀城(和歌山県)……………171
のしまじょう 能島城(愛媛県)……………218	ひのくまじょう 日隈城(大分県)……………254	へわじょう 戸波城(高知県)……………220
のだじょう 野田城(愛知県)……………147	ひのじょう 日野城(滋賀県)……………173	ほしがじょう 星ヶ城(香川県)……………216
のちせやまじょう 後瀬山城(福井県)……………139	ひのたけじょう 日の岳城(長崎県)……………251	ぼだいさんじょう 菩提山城(岐阜県)……………142
のべおかじょう 延岡城(宮崎県)……………257	ひのはらじょう 檜原城(東京都)……………89	ほっしんじょう 発心城(福岡県)……………247
のべさわじょう 延沢城(山形県)……………59	ひのやまじょう 日野山城(広島県)……………232	ほりこしじょう 堀越城(青森県)……………52
	ひめじじょう 姫路城(兵庫県)……8、109、167	ほんどうじょう 本堂城(秋田県)……………57
## は	ひめののじょう 姫野々城(高知県)……………221	ほんどじょう 本渡城(熊本県)……………253
	ひやまじょう 檜山城(秋田県)……………57	
はいばらじょう 埴原城(長野県)……………99	ひらいじょう 平井城(群馬県)……………83	## ま
はかわじょう 波川城(高知県)……………221	ひらがじょう 平賀城(長野県)……………99	
はぎじょう 萩城(山口県)………210、228	ひらかただて 平形館(山形県)……………59	まえばしじょう 前橋城(群馬県)……………82
はぎわらすわじょう 萩原諏訪城(岐阜県)……144	ひらさじょう 平佐城(鹿児島県)……………258	まかべじょう 真壁城(茨城県)……………79
はくさんじょう 白山城(山梨県)……………93	ひらじまやかた 平島館(徳島県)……………215	まきしまじょう 槇島城(京都府)……………163
はくちじょう 白地城(徳島県)……………215	ひらせじょう 平瀬城(長野県)……………97	まきのしまじょう 牧之島城(長野県)……………97
はさたにじょう 波佐谷城(石川県)……………137	ひらつかじょう 平塚城(東京都)……………88	ましのじょう 真篠城(山梨県)……………93
はすいけじょう 蓮池城(高知県)……………221	ひらどじょう 平戸城(長崎県)………242、250	ますがたやまじょう 桝形山城(神奈川県)……91
はすいけじょう 蓮池城(佐賀県)……………248	ひらばやしじょう 平林城(新潟県)……………94	ますしまじょう 増島城(岐阜県)……………144
はせどうじょう 長谷堂城(山形県)……………59	ひるさわだて 昼沢館(岩手県)……………55	ますだしじょうかん 益田氏城館(島根県)……225
はたやじょう 畑谷城(山形県)……………59	ひろさきじょう 弘前城(青森県)………40、52	ますとみじょう 益富城(福岡県)……………247
はちおうじじょう 八王子城(東京都)………75、89	ひろしまじょう 広島城(広島県)………209、230	ますやまじょう 増山城(富山県)……………135
はちがたじょう 鉢形城(埼玉県)………72、85	ひわさじょう 日和佐城(徳島県)……………215	またまじょう 真玉城(大分県)……………255

読み	城名	ページ
たげじょう	多気城（栃木県）	81
たけだじょう	竹田城（兵庫県）	36、167
たけなかしじんや	竹中氏陣屋（岐阜県）	142
たけべやまじょう	建部山城（京都府）	162
たちばなじょう	立花城（福岡県）	121、246
たつおかじょう	龍岡城（長野県）	97
たつごやまじょう	龍子山城（茨城県）	79
たつのじょう	龍野城（兵庫県）	166
たていしじんや	立石陣屋（大分県）	255
たてじょう	館城（北海道）	51
たてばやしじょう	館林城（群馬県）	82
たてまさじょう	建昌城（鹿児島県）	259
たてやまじょう	館山城（山形県）	59
たてやまじょう	館山城（千葉県）	87
たどつじんや	多度津陣屋（香川県）	217
たなかじょう	田中城（熊本県）	253
たなくらじょう	棚倉城（福島県）	63
たなべじょう	田辺城（京都府）	163
たなべじょう	田辺城（和歌山県）	171
たねさとじょう	種里城（青森県）	53
たはらじょう	田原城（愛知県）	147
たまぐすく	玉城（沖縄県）	261
たまなわじょう	玉縄城（神奈川県）	90
たまるじょう	田丸城（三重県）	149
だみねじょう	田峯城（愛知県）	147
たもんじょう	多聞城（奈良県）	169
たわらいしじょう	俵石城（長崎県）	251
たわらじょう	田原城（大分県）	255
たんなんじんや	丹南陣屋（大阪府）	165
ちがさきじょう	茅ヶ崎城（神奈川県）	90
ちねんぐすく	知念城（沖縄県）	261
ちばじょう	千葉城（千葉県）	87
ちばじょう	千葉城（佐賀県）	248
ちはやじょう	千早城（大阪府）	159、165、178
チャルコロモイチャシ	チャルコロモイチャシ（北海道）	51
ちょうこうじじょう	長光寺城（滋賀県）	174
ちらんじょう	知覧城（鹿児島県）	259
つかさきじょう	塚崎城（佐賀県）	249
つがわじょう	津川城（新潟県）	94
つきくまじょう	月隈城（大分県）	254
つきやまやかた	築山館（山口県）	228
つくいじょう	津久井城（神奈川県）	91
つじょう	津城（三重県）	133、148
つだじょう	津田城（大阪府）	164
つちうらじょう	土浦城（茨城県）	79
つちざわじょう	土沢城（岩手県）	55
ついいじょう	筒井城（奈良県）	168
つつがだけじょう	筒ヶ嶽城（熊本県）	253
つつじがさきやかた	躑躅ヶ崎館（山梨県）	92、117
つづらおじょう	防己尾城（鳥取県）	222
つねやまじょう	常山城（岡山県）	227
つねよしじょう	恒吉城（鹿児島県）	259
つのむれじょう	角牟礼城（大分県）	255
つばおかみじょう	椿尾上城（奈良県）	169
つばたじょう	津幡城（石川県）	136
つまぎじょう	妻木城（岐阜県）	144
つまごじょう	妻籠城（長野県）	99
つやまじょう	津山城（岡山県）	226
つるがおかじょう	鶴ヶ岡城（山形県）	59
つるがじょう	敦賀城（福井県）	139
つるがだいちゃらんけちゃし	鶴ヶ岱チャランケチャシ（北海道）	51
つるかめじょう	鶴亀城（長崎県）	251
つわのじょう	津和野城（島根県）	208、225
てどりじょう	手取城（和歌山県）	171
てらいけじょう	寺池城（宮城県）	61
てんじんやまじょう	天神山城（埼玉県）	85
てんじんやまじょう	天神山城（鳥取県）	223
てんじんやまじょう	天神山城（岡山県）	227
てんどうじょう	天童城（山形県）	59
といしじょう	戸石城（長野県）	97
といじょう	土肥城（神奈川県）	91
とうごうまきやまじょう	東郷槇山城（福井県）	139
とうごうやまじょう	東郷山城（山口県）	229
どうちくじょう	道竹城（鳥取県）	223
とうふくじじょう	東福寺城（鹿児島県）	259
とおいちじょう	十市城（奈良県）	169
とかみやまじょう	十神山城（島根県）	225
とがむれじょう	栂牟礼城（大分県）	255
とくがわいえやすじん	徳川家康陣（佐賀県）	249
とくしまじょう	徳島城（徳島県）	211、214
とくやまじょう	徳山城（山口県）	228
とくらじょう	戸倉城（東京都）	89
とくらじょう	徳倉城（岡山県）	227
とけじょう	土気城（千葉県）	87
としまだて	豊島館（秋田県）	57
とちおじょう	栃尾城（新潟県）	96、114
とっこじょう	十狐城（秋田県）	56
とっさかじょう	鳥坂城（新潟県）	94
とっとりじょう	鳥取城（鳥取県）	184、208、222
とのこおりじょう	都於郡城（宮崎県）	257
とばじょう	鳥羽城（三重県）	149
とびやまじょう	飛山城（栃木県）	81
とみえじんや	富江陣屋（長崎県）	251
とみおかじょう	富岡城（熊本県）	253
とみくじょう	富来城（大分県）	255
とみのくまじょう	富隈城（鹿児島県）	259
とみやまじょう	富山城（岡山県）	227
ともじょう	鞆城（広島県）	231
とやじょう	鳥屋城（和歌山県）	171
とやまじょう	富山城（富山県）	134
とよだじょう	豊田城（奈良県）	169
とらごぜんやまじょう	虎御前山城（滋賀県）	172
とらまるじょう	虎丸城（香川県）	216
とりごえじょう	鳥越城（石川県）	137

な

読み	城名	ページ
なえぎじょう	苗木城（岐阜県）	142
なおやじょう	直谷城（長崎県）	251
ながいざかじょう	長井坂城（群馬県）	82
ながいわじょう	長岩城（大分県）	255
ながおかじょう	長岡城（新潟県）	96
ながおじょう	長尾城（鹿児島県）	259
なかぐすくじょう	中城（沖縄県）	260
なかさいじょう	那珂西城（茨城県）	79
なかさとじょう	中里城（青森県）	53
ながしのじょう	長篠城（愛知県）	132、145
ながしまじょう	長島城（三重県）	149
なかつじょう	中津城（大分県）	255
ながぬまじょう	長沼城（福島県）	62
なかのじょう	中野城（和歌山県）	171
ながのじょう	長野城（福岡県）	246
ながはまじょう	長浜城（静岡県）	141
ながはまじょう	長浜城（滋賀県）	108、157、174
なかむらじょう	中村城（福島県）	63
なかむらじょう	中村城（高知県）	220
なかやまじょう	中山城（山形県）	59
ながやまじょう	長山城（岐阜県）	144
なきじんぐすく	今帰仁城（沖縄県）	245、261
なきりじょう	波切城（三重県）	149
なぐるみじょう	名胡桃城（群馬県）	83
なごぐすく	名護城（沖縄県）	260
なごやじょう	名古屋城（愛知県）	20、145
なごやじょう	那古野城（愛知県）	105、147
なごやじょう	名護屋城（佐賀県）	110、242、249
なじまじょう	名島城（福岡県）	246
なすかんだじょう	那須神田城（栃木県）	81
なつかわじょう	撫川城（岡山県）	226
ななおじょう	七尾城（宮城県）	61
ななおじょう	七尾城（石川県）	129、136
ななおじょう	七尾城（島根県）	225
なばりじょう	名張城（三重県）	148
なべくらじょう	鍋倉城（岩手県）	55
なべじょう	鍋城（熊本県）	253
なべやまじょう	鍋山城（岐阜県）	142

よみ	城名	所在地	ページ
さじきばらじょう	桟原城	(長崎県)	251
ざすだて	座主館	(岩手県)	55
さどわらじょう	佐土原城	(宮崎県)	257
さなだまるでじろ	真田丸出城	(大阪府)	165
さなだやかた	真田館	(長野県)	97
さぬきじょう	佐貫城	(千葉県)	86
さぬまじょう	佐沼城	(宮城県)	60
さのじょう	佐野城	(栃木県)	80
さめがおじょう	鮫ヶ尾城	(新潟県)	94
さやまじんや	狭山陣屋	(大阪府)	165
さるかけじょう	猿掛城	(岡山県)	227
さるかけじょう	猿掛城	(広島県)	230
さるくらじょう	猿倉城	(富山県)	135
さわじょう	沢城	(奈良県)	169
さわやまじょう	沢山城	(東京都)	89
さわやまじょう	佐和山城	(滋賀県)	173
さんじょうじょう	三城城	(長崎県)	250
さんのへじょう	三戸城	(青森県)	53
じおうじんや	地黄陣屋	(大阪府)	165
しおみじょう	潮見城	(佐賀県)	248
しかのじょう	鹿野城	(鳥取県)	223
しぎさんじょう	信貴山城	(奈良県)	169
しきやまじょう	敷山城	(山口県)	229
しぎやまじょう	鴫山城	(福島県)	62
しげきよじょう	重清城	(徳島県)	214
ししがじょう	獅子城	(佐賀県)	248
ししがせじょう	鹿ヶ瀬城	(和歌山県)	171
ししくじょう	獅子吼城	(山梨県)	93
ししどじょう	宍戸城	(茨城県)	79
しずがたけとりで	賤ヶ岳砦	(滋賀県)	173
しずくいしじょう	雫石城	(岩手県)	55
しずはらじょう	静原城	(京都府)	163
したぐらやまじょう	下倉山城	(新潟県)	95
しちのへじょう	七戸城	(青森県)	53
しとみやまじょう	蔀山城	(広島県)	230
しながわだいば	品川台場	(東京都)	89
しのりだて	志苔館	(北海道)	51
しばたじょう	新発田城	(新潟県)	75、94
しぶしじょう	志布志城	(鹿児島県)	259
シベチャリチャシ	シベチャリチャシ	(北海道)	51
しまざきじょう	島崎城	(茨城県)	79
しまばらじょう	島原城	(長崎県)	236、251
しみずじょう	清水城	(山形県)	59
しみずじょう	清水城	(鹿児島県)	259
しみずやまじょう	清水山城	(滋賀県)	174
しみずやまじょう	清水山城	(長崎県)	251
しむらじょう	志村城	(東京都)	88
しもだじょう	下田城	(静岡県)	140
しもついじょう	下津井城	(岡山県)	227
しもふりじょう	霜降城	(山口県)	229
しゃくじいじょう	石神井城	(東京都)	88
しゅうざんじょう	周山城	(京都府)	163
じゅらくだい	聚楽第	(京都府)	110、162
しゅりじょう	首里城	(沖縄県)	238、260
しょうじがたけじょう	障子ヶ岳城	(福岡県)	247
しょうずいじょう	勝瑞城	(徳島県)	215
しょうつうじじょう	聖通寺城	(香川県)	217
じょうへいじじょう	上平寺城	(滋賀県)	172
じょうぼうじじょう	浄法寺城	(岩手県)	55
しょうりゅうじじょう	勝龍寺城	(京都府)	162
しょばたじょう	勝幡城	(愛知県)	105、145
しらおいじんや	白老陣屋	(北海道)	51
しらがじょう	白鹿城	(島根県)	224
しらとりじょう	白鳥城	(富山県)	134
しらはたじょう	白旗城	(兵庫県)	166
しりはちだて	尻八館	(青森県)	53
しりょうかく	四稜郭	(北海道)	50
しろいしじょう	白石城	(宮城県)	46、61、112
しろいじょう	白井城	(群馬県)	83
しろがねちょうじゃやしき	白金長者屋敷	(東京都)	89
しんぐうじょう	新宮城	(和歌山県)	171
しんぐうじょう	新宮城	(滋賀県)	174
しんじょうじょう	新庄城	(山形県)	59
じんぜんじじょう	秦泉寺城	(高知県)	220
しんだいじじょう	深大寺城	(東京都)	89
しんぷじょう	新府城	(山梨県)	93
しんやまじょう	新山城	(島根県)	225
ずいせんじじょう	瑞泉寺城	(富山県)	135
すえもりじょう	末森城	(石川県)	136
すえもりじょう	末森城	(愛知県)	145
すかがわじょう	須賀川城	(福島県)	63
すがやじょう	菅谷城	(埼玉県)	85
すぎやまじょう	杉山城	(埼玉県)	85
すくもじょう	宿毛城	(高知県)	221
すけがわかいぼうじょう	助川海防城	(茨城県)	79
すこじょう	須古城	(佐賀県)	248
すずおかじょう	鈴岡城	(長野県)	99
すずおじょう	鈴尾城	(広島県)	232
すのまたじょう	墨俣城	(岐阜県)	108、142
すみよしじょう	住吉城	(佐賀県)	248
すもとじょう	洲本城	(兵庫県)	167
すよしじょう	栖吉城	(新潟県)	94
するがまるじょう	駿河丸城	(広島県)	232
すわはらじょう	諏訪原城	(静岡県)	141
すんぷじょう	駿府城	(静岡県)	103、128、141
せきどうさんじょう	石動山城	(石川県)	137
せきやどじょう	関宿城	(千葉県)	86
ぜぜじょう	膳所城	(滋賀県)	172
せたがやじょう	世田谷城	(東京都)	88
せんじょうさんじょう	船上山城	(鳥取県)	223
せんだいじょう	仙台城	(宮城県)	46、61、112
せんばやまじょう	千馬山城	(埼玉県)	85
そごうじょう	十河城	(香川県)	217
そねじょう	曽根城	(岐阜県)	142
そのべじょう	園部城	(京都府)	162
そまやまじょう	杣山城	(福井県)	139

た

よみ	城名	所在地	ページ
たいこうがなるとりで	太閤ヶ平砦	(鳥取県)	222
だいこうじじょう	大光寺城	(青森県)	53
だいしょうじじょう	大聖寺城	(石川県)	137
たいらじょう	平城	(福島県)	63
たかおかじょう	高岡城	(富山県)	129、135
たかおじょう	高尾城	(石川県)	137
たかおじょう	鷹尾城	(兵庫県)	167
たかぎじょう	高木城	(佐賀県)	249
たかさきじょう	高崎城	(群馬県)	82
たかさきじょう	高崎城	(大分県)	255
たかしまじょう	高島城	(長野県)	97
たかじょう	高城	(宮崎県)	257
たがじょう・たがのき	多賀城・多賀柵	(宮城県)	47、60
たかすじょう	高須城	(岐阜県)	142
たかすやまじょう	高祖山城	(福岡県)	247
たかせじょう	高瀬城	(島根県)	224
たかだじょう	高田城	(新潟県)	94
たかだじょう	高田城	(奈良県)	169
たかだじょう	高田城	(岡山県)	226
たかだじょう	高田城	(大分県)	254
たかつきじょう	高月城	(東京都)	89
たかつきじょう	高槻城	(大阪府)	165
たかてんじんじょう	高天神城	(静岡県)	141
たかとおじょう	高遠城	(長野県)	77、98
たかとりじょう	高取城	(奈良県)	161、169
たかなべじょう	高鍋城	(宮崎県)	256
たかねじょう	高根城	(静岡県)	141
たかのすじょう	鷹ノ巣城	(神奈川県)	91
たかのすじょう	鷹巣城	(石川県)	137
たかはらすわじょう	高原諏訪城	(岐阜県)	143
たかまつじょう	高松城	(香川県)	211、216
たかみねじょう	鷹峰城	(熊本県)	253
たかやじょう	高屋城	(大阪府)	165
たかやまじょう	高山城	(岐阜県)	144
たかやまじょう	高山城	(広島県)	230
たきやまじょう	滝山城	(東京都)	89
たくまじょう	詫間城	(香川県)	217

読み	城名	ページ
からかわじょう	唐川城(青森県)	52
からさわやまじょう	唐沢山城(栃木県)	81
からすやまじょう	烏山城(栃木県)	80
からつじょう	唐津城(佐賀県)	248
かりやじょう	刈谷城(愛知県)	147
かわごえしやかた	河越氏館(埼玉県)	85
かわごえじょう	川越城(埼玉県)	74、84
かわさきじょう	川崎城(宮城県)	61
かわしまじょう	川島城(徳島県)	215
かわてじょう	革手城(岐阜県)	144
かわのえじょう	川之江城(愛媛県)	219
かわむらじょう	河村城(神奈川県)	91
かわらだけじょう	香春岳城(福岡県)	246
がんじゃくじょう	岩石城(福岡県)	246
かんなべじょう	神辺城(広島県)	230
かんのんじじょう	観音寺城(滋賀県)	158、173
かんべじょう	神戸城(三重県)	149
きいじょう	基肄城(佐賀県)	248
きいだにじょう	城井谷城(福岡県)	246
きおかじょう	喜岡城(香川県)	217
ぎおんじょう	祇園城(栃木県)	81
きくちじょう	鞠智城(熊本県)	253
きくのいけじょう	菊之池城(熊本県)	253
きしたけじょう	岸岳城(佐賀県)	248
きしわだじょう	岸和田城(大阪府)	165
きたがたじょう	北方城(岐阜県)	142
きたじょうじょう	北条城(新潟県)	94
きたのしょうじょう	北庄城(福井県)	138
きっかわもとはるやかた	吉川元春館(広島県)	230
きつきじょう	杵築城(大分県)	254
きづじょう	木津城(徳島県)	215
きぬがさじょう	衣笠城(神奈川県)	91
きのじょう	鬼ノ城(岡山県)	209、227
きはらじょう	木原城(茨城県)	79
ぎふじょう	岐阜城(岐阜県)	106、124、142
きふねじょう	木舟城(富山県)	135
きぶねじょう	木舟城(長野県)	97
きやまじょう	城山城(香川県)	217
きよしきじょう	清色城(鹿児島県)	259
きよすえんや	清末陣屋(山口県)	229
きよすじょう	清洲城(愛知県)	106、131、147
きよたけじょう	清武城(宮崎県)	257
きらじょう	吉良城(高知県)	221
きりはらじょう	桐原城(長野県)	97
きりやまじょう	霧山城(三重県)	148
きりやまじょう	桐山城(鳥取県)	222
きりゅうじょう	桐生城(群馬県)	83
くげたじょう	久下田城(茨城県)	79
ぐしかわぐすく	具志川城(久米島)(沖縄県)	261
ぐしかわぐすく	具志川城(沖縄県)	261
くしざきじょう	串崎城(山口県)	229
くしまじょう	玖島城(長崎県)	251
くしまじょう	櫛間城(宮崎県)	257
ぐじょうはちまんじょう	郡上八幡城(岐阜県)	143
くたまじょう	久玉城(熊本県)	253
くつかけじょう	沓掛城(愛知県)	145
くつきじょう	朽木城(滋賀県)	172
くにみねじょう	国峯城(群馬県)	83
くによしじょう	国吉城(福井県)	139
くのうざんじょう	久能山城(静岡県)	141
くのじょう	久野城(静岡県)	141
くのへじょう	九戸城(岩手県)	55
くぼたじょう	久保田城(秋田県)	47、56
くまのじょう	熊野城(島根県)	225
くまべやかた	隈部館(熊本県)	253
くまもとじょう	熊本城(熊本県)	12、199、252
くらかけじょう	鞍掛城(山口県)	228
くらがのじょう	倉賀野城(群馬県)	83
くりのじょう	栗野城(鹿児島県)	258
くるしまじょう	来島城(愛媛県)	218
くるめじょう	久留米城(福岡県)	246
くるりじょう	久留里城(千葉県)	86
くれじょう	久礼城(高知県)	221
くろいじょう	黒井城(兵庫県)	167
くろいしじんや	黒石陣屋(青森県)	53
くろきじょう	黒木城(福島県)	63
くろせじょう	黒瀬城(愛媛県)	218
くろばねじょう	黒羽城(栃木県)	81
くろまるじょう	黒丸城(福井県)	139
くわなじょう	桑名城(三重県)	149
くわばらじょう	桑原城(長野県)	98
げんこうぼうるい	元寇防塁(福岡県)	247
げんばおじょう	玄蕃尾城(福井県)	139
こいずみじょう	小泉城(群馬県)	83
こいずみじょう	小泉城(奈良県)	169
こうこくじじょう	興国寺城(静岡県)	141
こうざしじょう	神指城(福島県)	62
こうじがたけじょう	柑子ヶ岳城(福岡県)	247
こうすいじじょう	高水寺城(岩手県)	55
こうそかべじょう	香宗我部城(高知県)	221
こうちじょう	高知城(高知県)	118、212、220
こうづきじょう	上月城(兵庫県)	166
こうのだいじょう	国府台城(千葉県)	86
こうのみねじょう	高嶺城(山口県)	229
こうふじょう	甲府城(山梨県)	71、93
こうやまじょう	甲山城(広島県)	230
こうやまじょう	高山城(鹿児島県)	259
こえさしだて	小枝指館(秋田県)	57
こおりにしやまじょう	桑折西山城(福島県)	63
こがじょう	古河城(茨城県)	79
ごかしょじょう	五ヶ所城(三重県)	149
こくらじょう	小倉城(福岡県)	240、246
こさわじょう	小沢城(神奈川県)	91
こじまじょう	小島城(岐阜県)	143
ごぜんばらじょう	御前原城(栃木県)	81
こたかりじょう	小鷹利城(岐阜県)	144
こづくえじょう	小机城(神奈川県)	90
こつくりじょう	木造城(三重県)	149
このすみやまじょう	此隅山城(兵庫県)	167
こまがみねじょう	駒ヶ峰城(福島県)	63
こまきやまじょう	小牧山城(愛知県)	106、145
こまつじょう	小松城(石川県)	137
こまみやじょう	駒宮城(山梨県)	92
こまるじょう	小丸城(福井県)	139
こまるやまじょう	小丸山城(石川県)	136
こみねじょう	小峰城(福島県)	49、63
こもろじょう	小諸城(長野県)	77、97
こやまじょう	児山城(栃木県)	81
こやまじょう	小山城(静岡県)	141
ごりゅうじょう	五龍城(広島県)	231
ごりょうかく	五稜郭(北海道)	42、50、198
こんぷくじじょう	根福寺城(大阪府)	165

さ

読み	城名	ページ
さいかじょう	雑賀城(和歌山県)	170
さいきじょう	佐伯城(大分県)	255
さいじょうじょう	西条城(徳島県)	215
さいじょうはんじんや	西条藩陣屋(愛媛県)	218
さいみょうじじょう	西明寺城(栃木県)	81
さがえじょう	寒河江城(山形県)	59
さがじょう	佐賀城(佐賀県)	239、248
さかたじょう	坂田城(千葉県)	87
さがたじょう	相方城(広島県)	230
さかどじょう	坂戸城(新潟県)	94
さかもとじょう	坂本城(滋賀県)	172
ざきみぐすく	座喜味城(沖縄県)	261
さぎもりじょう	鷺森城(愛媛県)	218
さぎやまじょう	鷺山城(岐阜県)	142
さくらいじょう	桜井城(愛知県)	147
さくらおじょう	桜尾城(広島県)	230
さくらじょう	佐倉城(千葉県)	74、87
さくらやまじょう	桜山城(広島県)	231
さけのべじょう	鮭延城(山形県)	58
ささやまじょう	篠山城(兵庫県)	159、166
ささわきじょう	篠脇城(岐阜県)	142
さしきじょう	佐敷城(熊本県)	253

おうらじょう　尾浦城(山形県)……58	おぐらじょう　小倉城(埼玉県)……84	かせやまじょう　鹿背山城(京都府)……163
おおいしじょう　大石城(滋賀県)……174	おぐらやまじょう　小倉山城(岐阜県)……144	かたおかじょう　片岡城(奈良県)……169
おおいだじょう　大井田城(新潟県)……95	おぐらやまじょう　小倉山城(広島県)……230	かたくらじょう　片倉城(東京都)……89
おおいたふないじょう　大分府内城(大分県)…243、255	おこうじょう　岡豊城(高知県)……118、221	かたのじょう　交野城(大阪府)……165
おおうちしやかた　大内氏館(山口県)……229	おしじょう　忍城(埼玉県)……85、190	かつうらじょう　勝浦城(千葉県)……87
おおうらじょう　大浦城(青森県)……52	おぞやしき　於曾屋敷(山梨県)……93	かつおかじょう　勝岡城(宮崎県)……257
おおがきじょう　大垣城(岐阜県)……143	おだかじょう　小高城(福島県)……63	かつおじょう　勝尾城(佐賀県)……248
おおがじょう　大桑城(岐阜県)……144	おだかじょう　尾高城(鳥取県)……223	かつがじょう　勝賀城(香川県)……216
おおごじょう　大胡城(群馬県)……83	おだじょう　小田城(茨城県)……79	がっさんとだじょう　月山富田城(島根県)……225
おおさかじょう　大坂城(大阪府)	おだにじょう　小谷城(滋賀県)……156、173	かつぬましやかた　勝沼氏館(山梨県)……93
……16、103、109、164、194	おだわらじょう　小田原城(神奈川県)……68、90	かつぬまじょう　勝沼城(東京都)……89
おおざとぐすく　大里城(沖縄県)……261	おちゃやごてん　御茶屋御殿(千葉県)……87	かつもとじょう　勝本城(長崎県)……251
おおざとだて　大里館(秋田県)……57	おどい　御土居(京都府)……163	かつやまごてん　勝山御殿(山口県)……229
おおじじょう　大椎城(千葉県)……87	おのじじょう　小野路城(東京都)……89	かつやまじょう　勝山城(山梨県)……93
おおしまじょう　大島城(長野県)……98	おばたじょう　小幡城(茨城県)……79	かつやまじょう　勝山城(新潟県)……96
おおずじょう　大洲城(愛媛県)……213、218	おばたじょう　小幡城(愛知県)……145	かつやまじょう　勝山城(福井県)……139
おおだかじょう　大高城(愛知県)……145	おばまじょう　小浜城(福島県)……63	かつやまじょう　勝山城(和歌山県)……171
おおたきじょう　大多喜城(千葉県)……86	おばまじょう　小浜城(福井県)……139	かつやまじょう　勝山城(山口県)……229
おおたじょう　太田城(茨城県)……78	おびじょう　飫肥城(宮崎県)……244、256	かつやまじょう　勝山城(島根県)……225
おおたじょう　太田城(和歌山県)……170	おゆみじょう　小弓城(千葉県)……87	かつやまだて　勝山館(北海道)……51
おおたわらじょう　大田原城(栃木県)……81	おりしろやまじょう　小里城山城(岐阜県)……144	かつらおじょう　葛尾城(長野県)……97
おおづくじょう　大築城(埼玉県)……85	おんちじょう　恩智城(大阪府)……165	かつらがおかちゃし　桂ヶ岡チャシ(北海道)……51
おおつじょう　大津城(滋賀県)……174		かつらやまじょう　葛山城(長野県)……97
おおつじょう　大津城(高知県)……220	## か	かつらやまじょう　葛山城(静岡県)……140
おおつちじょう　大槌城(岩手県)……55		かつれんぐすく　勝連(沖縄県)……261
おおともやかた　大友館(大分県)……255	かいふじょう　海部城(徳島県)……215	かながわじょう　金川城(岡山県)……227
おおにしじょう　大西城(徳島県)……215	かがみやまじょう　鏡山城(広島県)……232	かながわだいば　神奈川台場(神奈川県)……91
おおのじょう　大野城(福井県)……138	かきざきじょう　柿崎城(新潟県)……96	かなざわじょう　金沢城(石川県)……130、137
おおのじょう　大野城(和歌山県)……171	かきのはなぐすく　垣花(沖縄県)……261	かなやまじょう　金山城(群馬県)……73、83
おおのじょう　大野城(福岡県)……241、246	かくだじょう　角田城(宮城県)……61	かなやまじょう　金山城(新潟県)……96
おおばさわじょう　大葉沢城(新潟県)……94	がくでんじょう　楽田城(愛知県)……145	かなやまじょう　銀山城(広島県)……230
おおばじょう　大庭城(神奈川県)……91	かくとうじょう　加久藤城(宮崎県)……257	かねいしじょう　金石城(長崎県)……251
おおみぞじょう　大溝城(滋賀県)……172	かくのだてじょう　角館城(秋田県)……57	かねがさきじょう　金ヶ崎城(福井県)……139
おおもりじょう　大森城(秋田県)……56	かげいしじょう　景石城(鳥取県)……222	かねだじょう　金田城(長崎県)……251
おおもりじょう　大森城(愛媛県)……219	かけがわじょう　掛川城(静岡県)……128、141	かねやまじょう　金山城(宮城県)……61
おおゆだて　大湯館(秋田県)……57	かごしまじょう　鹿児島城(鹿児島県)……245、259	かねやまじょう　金山城(岐阜県)……142
おかざきじょう　岡崎城(神奈川県)……91	かごもりじょう　河後森城(愛媛県)……218	かのうじょう　加納城(岐阜県)……142
おかざきじょう　岡崎城(愛知県)…103、132、145	かさぎじょう　笠置城(京都府)……163	かばさわじょう　樺沢城(新潟県)……95
おかじょう　岡城(大分県)……244、255	かさしまじょう　笠島城(香川県)……217	かまくらじょう　鎌倉城(神奈川県)……91
おかやまじょう　岡山城(滋賀県)……173	かさまじょう　笠間城(茨城県)……79	かまはじょう　鎌刃城(滋賀県)……173
おかやまじょう　岡山城(岡山県)……226	かじきじょう　加治木城(鹿児島県)……258	かみあかさかじょう　上赤坂城(大阪府)……165、178
おがわじょう　小川城(滋賀県)……174	かしまじょう　鹿島城(茨城県)……79	かみのせきじょう　上関城(山口県)……229
おかわちじょう　大河内城(三重県)……149	かしまじょう　鹿島城(佐賀県)……249	かみのやまじょう　上山城(山形県)……59
おきしおじょう　置塩城(兵庫県)……166	かじやじょう　梶谷城(長崎県)……251	かめいじょう　亀居城(広島県)……232
おぎのやまなかはんじんや　荻野山中藩陣屋(神奈川県)	かじやまじょう　梶山城(宮崎県)……257	かめのおじょう　亀丘城(長崎県)……251
……91	かしらざきじょう　頭崎城(広島県)……232	かめやまじょう　亀山城(三重県)……149
おぎゅうじょう　大給城(愛知県)……147	かすがやまじょう　春日山城(新潟県)……72、94、115	かめやまじょう　亀山城(京都府)……163
おぐにじょう　小国城(最上郡)(山形県)……59	かすみじょう　霞城(長野県)……99	かめやまじょう　亀山城(和歌山県)……170
おぐにじょう　小国城(鶴岡市)(山形県)……59	かせだじょう　加世田城(鹿児島県)……259	かもうじょう　蒲生城(鹿児島県)……258

城名索引

あ

読み	城名	ページ
あおじょう	阿尾城(富山県)	135
あおやぎじょう	青柳城(長野県)	97
あかぎじょう	赤木城(三重県)	149
あかしじょう	明石城(兵庫県)	160、167
あかだてじょう	赤館城(福島県)	63、122
あかつかじょう	赤塚城(東京都)	88
あかやまじょう	赤山城(埼玉県)	85
あきじょう	安芸城(高知県)	221
あきじょう	安岐城(大分県)	255
あきたのじょう・でわのき	秋田城・出羽柵(秋田県)	57
あきづきじょう	秋月城(徳島県)	215
あきづきじょう	秋月城(福岡県)	247
あくたがわじょう	芥川城(大阪府)	164
あけちじょう	明知城(岐阜県)	142
あげなぐすく	安慶名城(沖縄県)	261
あこうじょう	赤穂城(兵庫県)	160、167
あざかじょう	阿坂城(三重県)	148
あさくらじょう	朝倉城(高知県)	221
あさくらやまじょう	朝倉山城(福井県)	139
あさごいじょう	浅小井城(滋賀県)	174
あさひやまじょう	旭山城(長野県)	99
あさひやまじょう	朝日山城(石川県)	137
あさひやまとりで	旭山砦(山梨県)	93
あしかがしやかた	足利氏館(栃木県)	81
あしかがまさうじやかた	足利政氏館(埼玉県)	85
あしがらじょう	足柄城(神奈川県)	91
あしなざわだて	芦名沢館(青森県)	53
あしのじょう	芦野城(栃木県)	81
あしもりじんや	足守陣屋(岡山県)	227
あすけじょう	足助城(愛知県)	147
あたぎほんじょう	安宅本城(和歌山県)	171
あづちじょう	安土城(滋賀県)	30、107、172
あなみずじょう	穴水城(石川県)	136
あねがわじょう	姉川城(佐賀県)	248
あねたいじょう	姉帯城(岩手県)	55
あべたて	安倍館(岩手県)	55
あまがさきじょう	尼崎城(兵庫県)	167
あまぎりじょう	天霧城(香川県)	216
あまさきじょう	甘崎城(愛媛県)	218
あまたきじょう	雨滝城(香川県)	216
あやじょう	綾城(宮崎県)	257
あやべじょう	綾部城(佐賀県)	248
あらいじょう	新井城(神奈川県)	91
あらたきじょう	荒滝城(山口県)	229
あらためじょう	新田目城(山形県)	59
あらとじょう	荒戸城(新潟県)	95
ありこやまじょう	有子山城(兵庫県)	167
あんしょうじょう	安祥城(愛知県)	147
あんなかじょう	安中城(群馬県)	83
いいだかじょう	飯高城(千葉県)	87
いいだじょう	飯田城(長野県)	98
いいもりじょう	飯盛城(愛知県)	147
いいもりやまじょう	飯盛山城(大阪府)	165
いいやまじょう	飯山城(長野県)	97
いがうえのじょう	伊賀上野城(三重県)	126、149
いけだじょう	池田城(大阪府)	165
いざくじょう	伊作城(鹿児島県)	258
いさはやじょう	諫早城(長崎県)	250
いしがきやまじょう	石垣山城(神奈川県)	91、108
いしがみじょう	石神城(茨城県)	78
いしだじょう	石田城(長崎県)	251
いしどりやだて	石鳥谷館(秋田県)	57
いしなだやかた	石那田館(栃木県)	81
いずしじょう	出石城(兵庫県)	167
いずみじょう	出水城(鹿児島県)	259
いぜなぐすく	伊是名城(沖縄県)	261
いそぐすく	伊祖城(沖縄県)	261
いたみじょう	伊丹城(兵庫県)	167
いちうじじょう	一宇治城(鹿児島県)	259
いちじょうじじょう	一乗寺城(富山県)	135
いちじょうだにじょう	一乗谷城(福井県)	130、139
いちのへじょう	一戸城(岩手県)	55
いちのみやじょう	一宮城(徳島県)	215
いとかずぐすく	糸数城(沖縄県)	261
いなしじんや	伊奈氏陣屋(埼玉県)	84
いなつけじょう	稲付城(東京都)	89
いなにわじょう	稲庭城(秋田県)	57
いなむらじょう	稲村城(千葉県)	87
いなわしろじょう	猪苗代城(福島県)	63
いぬやまじょう	犬山城(愛知県)	34、145
いのうえじょう	井上城(長野県)	99
いはぐすく	伊波城(沖縄県)	261
いばらきじょう	茨木城(大阪府)	164
いびじょう	揖斐城(岐阜県)	142
いぶすきじょう	指宿城(鹿児島県)	259
いまいじんば	今井陣場(神奈川県)	91
いまだじょう	今田城(広島県)	232
いまばりじょう	今治城(愛媛県)	212、219
いよまつやまじょう	伊予松山城(愛媛県)	202、218
いわおじょう	岩尾城(兵庫県)	167
いわおじょう	岩尾城(熊本県)	252
いわがさきじょう	岩ヶ崎城(宮城県)	61
いわきりじょう	岩切城(宮城県)	61
いわくにじょう	岩国城(山口県)	207、229
いわくらじょう	岩倉城(石川県)	137
いわくらじょう	岩倉城(徳島県)	214
いわくらじょう	岩倉城(鳥取県)	222
いわさきじょう	岩崎城(愛知県)	145
いわつきじょう	岩槻城(埼玉県)	84
いわでやまじょう	岩出山城(宮城県)	61、112
いわとのじょう	岩殿城(山梨県)	92
いわびつじょう	岩櫃城(群馬県)	83
いわむらじょう	岩村城(岐阜県)	131、144
いわやじょう	岩屋城(岡山県)	226
いわやじょう	岩屋城(福岡県)	120、246
いわやどうじょう	岩谷堂城(岩手県)	55
いわよしだて	祝吉館(宮崎県)	257
うえぐすく	宇江城(沖縄県)	261
うえざくらじょう	上桜城(徳島県)	215
うえしじょう	羽衣石城(鳥取県)	223
うえすぎやかた	上杉館	96、114
うえだじょう	上田城(長野県)	76、97、192
うえのじょう	上野城(三重県)	149
うえはらじょう	上原城(長野県)	98
うおづじょう	魚津城(富山県)	134
うさやまじょう	宇佐山城(滋賀県)	172
うしきじょう	牛岐城(徳島県)	215
うしくじょう	牛久城(茨城県)	79
うすいじょう	臼井城(千葉県)	87
うすきじょう	臼杵城(大分県)	254
うだまつやまじょう	宇陀松山城(奈良県)	169
うつのみやじょう	宇都宮城(栃木県)	80
うつぶきじょう	打吹城(鳥取県)	223
うとこじょう	宇土古城(熊本県)	253
うとじょう	宇土城(熊本県)	253
うのまるじょう	鵜の丸城(島根県)	224
うふぐしくぐすく	大城城(沖縄県)	261
うまがたけじょう	馬ヶ岳城(福岡県)	246
うらそえぐすく	浦添城(沖縄県)	261
うらどじょう	浦戸城(高知県)	119、221
うりじょう	宇利城(愛知県)	147
うわじまじょう	宇和島城(愛媛県)	213、218
えいじょう	頴娃城(鹿児島県)	259
えがみだて	江上館(新潟県)	94
えどじょう	江戸城(東京都)	28、88、102
えばらじょう	荏原城(愛媛県)	219
えびじょう	江美城(鳥取県)	222
えましもだて	江馬下館(岐阜県)	143
えりょうじょう	恵良城(愛媛県)	218

● 著者紹介

大野 信長
[おおの のぶなが]
特集2を執筆。歴史研究家。著書に『知れば知るほど面白い・人物歴史丸ごとガイド織田信長』『戦国武将100 家紋・旗・馬印FILE』(共に学研パブリッシング刊)など。

有沢 重雄
[ありさわ しげお]
特集1を執筆。編集者、フリーライター。自然科学分野を中心とした編集、執筆活動を行う。主な著書に『自由研究図鑑』(福音館書店)など。

加唐 亜紀
[かから あき]
特集3、解説などを執筆。編集者、ライター。歴史分野を中心とした編集、執筆活動を行う。

- ●イラスト────大管雅晴　香川元太郎
- ●地図────株式会社ジェオ　小野寺美恵
- ●執筆協力────杉原誉洋　富宗治（株式会社シェルパ）　近藤勲
- ●デザイン────佐々木容子（カラノキデザイン制作室）
- ●DTP────株式会社明昌堂
- ●編集協力────株式会社スリーシーズン

ビジュアル百科
日本の城1000城 1冊でまるわかり！

2012年4月5日発行　第1版
2015年7月15日発行　第3版　第4刷

- ●著　者────大野 信長　有沢 重雄　加唐 亜紀［おおの のぶなが・ありさわ しげお・かから あき］
- ●発行者────若松 和紀
- ●発行所────株式会社西東社
　〒113-0034 東京都文京区湯島2-3-13
　営業部：TEL（03）5800-3120　FAX（03）5800-3128
　編集部：TEL（03）5800-3121　FAX（03）5800-3125
　URL：http://www.seitosha.co.jp/

本書の内容の一部あるいは全部を無断でコピー、データファイル化することは、法律で認められた場合をのぞき、著作者及び出版社の権利を侵害することになります。
第三者による電子データ化、電子書籍化はいかなる場合も認められておりません。
落丁・乱丁本は、小社「営業部」宛にご送付ください。送料小社負担にて、お取替えいたします。
ISBN978-4-7916-1894-1